# 抗戰以來

韬奋

# 目次

附錄

# 序

抗戰以來這本書的內容和用意，在第一篇開場白和最後一篇關於態度和主張的補充說明，都曾有相當的說明，現在有許多朋友和遠道的讀者都認為有印行單行本的必要，同時也有出版家有意出版這本書。在出版的時候，我願在這裏再寫一些補充的說明。

我於今年二月廿五日離開陪都，三月五日到了香港。我在未到以前，已有幾位朋友正在籌備華商報，於四月八日出版，要我寫一篇長篇連載的文章。長江先生的鼓勵尤為懇摯。我適逢華商報出版需文的機會，便貢獻了抗戰以來這篇長文，從華商報創刊日登起，至六月三十日登完，共得文七十七篇：（註）這便是抗戰以來這本書之所由來。

這本書的寫出雖似乎是『適逢其會』，但是我要寫這樣一本書的意思卻早已蘊蓄在我的胸中。這原因有一部分已在開場白中說起。我到了香港以後，注意中國政治實況及抗戰前途的朋友們都願意聽聽我二三年來在『政海漩渦』中所親目觀察到的情形，我也曾就所知，撮要報告，但究竟零碎片段，不是整個較有系統的敘述，現在有了這本書，也許可以填補這個缺憾

如同我這本書裏所曾經提及，我的辭去國民參議員，意在以光明磊落的辭職行動，喚起國人對於政治改

革的認識和努力，用意是積極的而不是消極的；我的這本書的寫出，也意在以光明磊落的公開言論，喚起國人對於政治改革的認識和努力，用意也是積極的而不是消極的。我在這本書裏所談到的實況及所引起的問題，主要的是集中於說明要加速抗戰勝利，政治實有迅速澈底改革的必要，都是可以公開提出討論的；至於有關國防、外交、財政的祕密，不應公開提出的，本書都完全避免。但同時我們却都明白，政治改革實爲一切改革的樞紐，這個基本問題能得到合理的解決，其他一切都可迎刃而解。

關於當前政治改革的主張，有三篇文章可供參考：一篇是我和幾位朋友共同發表的：我們對於國事的態度和主張；還有一篇是拙作我對於民主政治的信念；還有一篇是張友漁先生著的我們要怎樣的民主政治？這三篇裏所已說過的話，也是本書所要說而未說的話，所以就加在本書的附錄裏。

爲着中國政治的光明前途，爲着中國抗戰建國的光明前途，我很誠懇地貢獻抗戰以來這本書。

韜奮記於香港一九四一，七，十四。

（註）全文原有七十七篇，其中第六篇由編者略去，故存七十六篇。

——韜奮出版社編輯部。一九四六年八月

# 一　開場白

我國的抗戰在實際上雖開始於一九三七年的七月七日，但全面抗戰的發動却在一九三七年的八月十三日。自一九三七年的『八一三』到現在，如以本年二月底第二屆國民參政會第一次會議的前夜爲止計算起來，光陰似箭，已足足有了三年半，在這三年半的抗戰過程中，在許多方面有着不少的進步，在有些方面也有人在努力把『意志』和『力量』都集中到開倒車，妄想要把歷史鉅輪拉向後轉，這其間的悲歡離合，波譎雲詭，令人在冷靜沉默中回想起來，撫今追昔，實不勝其感慨系之。種瓜得瓜，種豆種豆，對於已往的檢討，足爲將來的借鑑，所以我們對於這三年半來的追溯回憶，其意義不只是敍述前塵影事而已，實也含有積極的作用。

此外還有個事實使記者要還一種心願似的。近來有許多熱心國事的讀者朋友們從海內外寫了許多信來詢問關於當前的種種問題，詢問記者對於這種問題的觀察與意見，詢問記者和若干共同奔走國事共艱苦患難的同志們的近況，詢問國內抗日各黨派對於政治的意見，詢問中國的實際現狀與可能的前途，詢問我們應該共同努力的動向和途徑。記者雖在復信中略就所知回答，但紙短言長，每感未能盡所欲言，殊覺歉然，很想俟有相當機緣時作一相當詳盡的總答覆，以副盛意。現在華商報主筆先生督促記者著文應徵，給與記者還却這個心願的機會，這是記者所不勝欣幸，而不得不勉力有所自效的。

當然在本文裏所談到論到的只是就記者所見到聽到感到的說。我常把大自然當作一個大學校看，認爲我們每一個人的一生都是在學習的過程中，我們應當以虛心學習的態度在這過程中作最大可能的努力，並且盡可能把學習所得公諸社會，擴大個人學習所得的成果。記者曾經根據這個原則，將在國外學習所得著成萍蹤寄語和萍蹤憶語，將在學校苦學，社會服務，及參加救國運動時期學習所得，著成經歷一書，以貢獻於國人。我國這次反侵略的神聖抗戰時代，是歷史上空前偉大的時代，也是最值得我們學習的極可寶貴的時期，抗戰期中令人感奮令人警惕的種種事實都是我們的課程。我們對於這種事實的觀察和研究，應該具着求眞理的精神和客觀的科學的態度，好像我們在學校裏研究歷史地理物理化學等等的課程一樣，我在這個偉大的學習時期和學校裏，始終未曾離開文化的崗位，所以也許可以說我所選習的這是文化一部門，我願以有關抗戰建國文化這一部門的觀察感想報告給讀者諸友。但是我同時又在無意中得到參加國民參政會的機會，擴大了我所選習的課程範圍，我所原來選習的文化，原是偏於政治性的，而由於參加了國民參政會，對於政治的實際內幕，更給我一種實際研究的機緣，也可以說是加習了政治這一重要部門課程，我願以更直接地有關抗戰建國的政治這一部門的觀察感想報告給讀者諸友。我對抗戰爆發以前的救國運動，只是肩着一枝禿筆去參加，戰期中由於參加了國民參政會，得有機會與抗日各黨派共同參加實際的政治活動，得到更多的實際的政治的接觸。我也願以有關抗戰建國的實際的政治前途的觀察感想報告給讀者諸友。

有一位朋友看我要開始寫這篇文章，和我開玩笑，說勞易喬治曾著有大戰回憶錄出版，政治家大概都有什麼政治筆記或回憶錄問世。我說不要開玩笑，我不要說不是什麼政治家，根本不是可以造成政治家的材料，我只是以一個平凡記者的姿態，拉雜寫來和讀者談談而已。不過有一點却不無遺憾，不得不先向讀者說明的；

外國的有關現實政治的筆記或回憶錄之類的書每在著者死後問世，或在民主政治比較上軌道的環境中問世，所以說來少顧忌，記者不幸尙未死得其所，中國的政治環境也還未許盡言，而爲着國際觀聽和國內情緒，有的事情也不得盡言，所以本文也只就盡可能可以公開談起的提出來談談。還有一點也可附帶聲明的，記者執筆寫本文時，遇有所檢討或批評，完全出於善意的誠懇的態度，以有益於國家民族爲依歸，決無意攻訐任何方面或任何個人。

## 二　發動全面抗戰的基本條件

自一九三七年『八一三』全面抗戰發動以來的三年半中，如依我國政治中心的轉移來說，可以分做三個階段。自『八一三』起至同年（一九三七）十二月國民政府由南京撤退止爲第一階段，這一階段約四個月。自政治中心遷到武漢至一九三八年十月由漢口撤退止爲第二階段，這一階段約十個月。自政治中心遷到重慶至一九四一年二月底，第二屆國民參政會第一次會議的前夜，爲第三階段，這一階段約二年零四個月。這三個階段，由四個月到十個月，再由十個月到二年零四個月，每一階段都比前一階段長，現在重慶仍繼續爲繼續抗戰中的陪都，這是竭誠擁護抗戰國策的每一個同胞所感覺興奮而快慰的。

本文爲便於敍述起見，想依據這三個階段的時期，就各階段中值得提出談談或研究的事實，略加以編述或檢討。

在第一階段中，與抗戰最有重要關係的事情，莫過於民族統一陣線的形成，即全國精誠團結起來，一致在政府的抗戰國策和領袖的堅强領導之下，反抗日本帝國主義對於中國的侵略。關於這一點，我可以連帶談到救國會的朋友們對於國事的態度。團結禦侮的民族統一陣線固然是全國同胞的一致願望與要求，也是在當時排除萬難，不顧艱險，努力促進救國運動的救國會的中心主張。當時參加救國運動的朋友們所主張的停止內戰，釋放政治犯，實現民主等等，都是以形成全國精誠團結一致對外的民族統一陣線爲最主要的對象。關於這方面，有一點值得指出的，是當時我們都認爲領導全國抗戰的責任非國民政府和領袖莫屬，同時也都認爲國民黨在全國抗戰的偉業中實居於領導的地位（詳見當時救國會的重要文件及拙著坦白集及該書附錄中我與沈鈞儒、章乃器、陶行知諸先生所共同發表的團結禦侮的最低條件與要求一文。）這不僅是救國會少數人的意見，實是反映全國愛國同胞的希望。換句話說，我們是在擁護政府與領袖，以及愛護國民黨的態度之下，對於國事的辦法有所主張與建議而已。這一點所值得提出的，是這不僅是我和許多朋友們的過去的態度，也是我和許多朋友們現在的態度。在不違背抗戰國策的原則下，對國事的改進有所主張與建議，這是一件事；擁護政府或領袖是一件事。這二件事是相輔相成而不是對立的。但是令人感到不無遺憾的，是有些人往往把這二件事對立起來。他們認爲對國事有所主張與建議，便犯了反對政府或領袖的大罪。他們認爲要表示擁護政府或領袖，只有歌功頌德之一途！這些人的這種態度雖不一定在口頭上或文字上表示出來，但在實際上却使人感覺到他們有着這樣的傾向。我們以爲有功可歌有德可頌的地方，我們爲國家民族慶幸，應該歌頌，而且也要自發地歌頌，但是我們同時却也堅決地相信，在不違背抗戰國策的原則下，對國事的改進有所主張與建議，和擁護政府或領袖是並不衝突的。

上面所提及的民族統一陣線的形式，便是一個顯明的例子。我想諸位總還記得，在當時這件事雖爲全國愛國同胞一致的願望，有些人仍昧於時代的要求，力持異議，關於『安內』與『攘外』的論爭，盛極一時，可是在實際上只是對於國事辦法上的論爭，並不發生反對政府的問題。民族統一陣線形成之時，即全面抗戰發動之日，全國各方面在政府抗戰國策領導之下，一致爲中華民族爭取自由解放的偉業而努力奮鬥，民族統一陣線的形成，實爲全面抗戰的基本條件，得到事實上的證明。這個重要基本條件的建立，不但不發生反對政府的問題，而且反而給與政府執行抗戰國策以莫大的便利！

現在的形勢與第一階段時期的形勢當然不同。在當時是要建立民族統一陣線，在現在是要鞏固民族統一陣線。建立民族統一陣線是發動全面抗戰的基本條件，鞏固民族統一陣線是爭取全面抗戰最後勝利的基本條件。怎樣才能鞏固民族統一陣線呢？這是我們所應該加以深切研究的問題。

# 三　民主政治的初步展開

自一九三七年八月十三日全面抗戰開始，至同年十二月國民政府由南京撤退止的四個月，作爲第一階段，在這第一階段間，第一件重要的事情是民族統一戰線的建立，因爲這是發動全面抗戰的基本條件，關於這一點，記者在上次已有過相當的說明。簡單說來，民族統一戰線的目的是在團結全國黨派，動員全國民力，由此貫澈抗戰國策。民族統一戰線的目的既然是在團結禦侮，對於領導團結禦侮的國民政府、領袖、和國民黨，當然是擁護的，關於這一點，上次也已有過相當的說明。

爲發動全面抗戰，要把民族統一戰線建立起來，爲保證全面抗戰的勝利，要使民族統一戰線鞏固起來。鞏固民族統一戰線的基礎是什麼呢？是民主政治。所以在第一階段中，第一件事值得大書特書的是民族統一戰線的建立，第二件事值得大書特書的便是民主政治的初步開展——具體的表現是國民參政會的前身國防參議會的設立，雖則這個表現還是非常薄弱的。

在進一步說到國防參議會以前，値得先提及的是立法院院長孫哲生先生在民國二十一年（即『九一八』事變發生的第二年）十二月十五日所舉行的國民黨四屆三中全會中所提出的『集中國力挽救危亡案，』因爲他在這個提案中對於民主政治的開展與抗戰國策的關係有着很重要的闡明。他在該案中首先指出：『今日最重要待決之問題，莫過於抗日救亡，然欲澈底抗日，必須內部一致，而欲內部一致，又必須澈底抗日而後能。』但當時『內部何以不能一致』呢？他在該案中進一步指出，認爲實由於『（一）爲國內政派分歧，互相攻擊，此緣於政治主張不一致，而政權未公開，言論無自由之故。（二）爲國內軍事力量互相疑忌，彼此牽制，此緣於中央與地方未能實行均權共治之旨，中央無適應民意之方針以領導全國之故。』因此對於內政，『爲使全國人力集中，各盡其才，俾得內部相安，共禦外侮，及調節中央與地方之關係，消弭一切內戰計，除另訂促成憲政召集國民代表大會辦法外，』在內政上即須實行的事項，最重要的是：『切實履行本黨保障人民集會、結社、言論、出版、居住、信仰各種自由之政綱，禁止一切非法干涉濫行拘捕。』此外該提案中並鄭重說明：『全國人民在不危害中華民國，不違反三民主義原則之下，皆得自由組織政治團體，參加政治。』

上段所引有着引號的話，均見中蘇文化協會民國廿九年四月廿五日出版的孫哲生先生最近講演集中所發表的該提案原文中語，該提案並且曾經國民黨四屆三中全會通過的。哲生先生是國父中山先生的哲嗣，是黨國的重要人物，他的愛護國民黨，愛護中國，希望國民黨領導中國國民革命達於成功，這都是誰也不能否認的，但是他却强調主張『促成憲政』是使全國人力集中，各盡其才，內部相安，『共同禦侮』的基礎，强調主張『切實履行本黨保障人民集會、結社、言論、出版、居住、信仰各種自由之政綱，禁止一切非法干涉濫行拘捕，』强調主張『全國人民在不危害中華民國，不違反三民主義原則之下，皆得自由組織政治團體，參加政治，』這是非常值得我們注意的。這表示了什麼？這表示了中國如要在實際上眞能團結全國黨派，動員全國民力，貫澈抗戰國策，非眞心誠意實行民主政治不可。這表示了眞是忠實於國父中山先生遺敎的人，必然是要誠懇坦白地承認民主政治在今日抗戰建國時期的特別重要性。這表示了實行民主政治以加强抗戰力量，加速建國成功，不僅是在野各抗日黨派及無黨無派的主張，同時也是國民黨中的賢明政治家的主張。這表示了有些人存着成見，一聽到有人在倡導民主政治，便忙着給你戴上一頂紅色帽子，說你是在附和共產黨的主張，好像把國父中山先生的遺教及國民黨中賢明政治家的主張都毫無顧惜地一筆勾銷，是多麼的無知和可笑。其實在一九三七年『八一三』之後，國民政府即於同年同月集合全國各黨派的領袖們組織國防參議會，在事實上承認了民主政治在抗戰期間的重要性。關於這一段的史話，下次再談。

# 四 參政會的胚胎

在『八一三』全面抗戰爆發後的最緊張的時期，國民政府即於同年同月（八月底）集合於全國各黨派的領袖們組織國防參議會，這表示民主政治和抗戰國策一開始就結着不解緣，而這種不解緣實根據於事實上的需要，實根據於民主政治與切實執行抗戰國策的密切關係。

當然國防參議會的本身實遠夠不上民主政治的這個美名，但是這件事實之所以值得我們提起，一則因爲這是抗戰與民主分不開的明證，二則因爲它是國民參議會的胚胎，究竟是民主在抗戰期間開始發展的小小萌芽。

這個國防參議會最初爲十五人，後來屢次擴充，增加至二十餘人，都是用當時國防最高會議主席蔣委員長的名義聘請而來的。國防參議會的主席即由國防最高會議主席兼任，但因蔣委員長一日萬幾，在實際上很難兼顧，所以會議當由當時的國防最高會議副主席（汪精衛）主持，由甘乃光擔任祕書長，每次會議由祕書長召集，每週開會一次或二次。每次會議時，由政府派主管長官出席報告，國防參議會亦得要求政府派人報告某項事件。政府得將提案交該會討論，惟所有決議須交國防最高會議通過後才付實行。參議員得於會議時用書面或口頭提出建議，並得向政府提出詢問，要求解答。

這個國防參議會，在組織及職權上，可謂簡單之極。據說當時根本沒有什麼文字上的規定，沒有什麼組織條例，亦沒有什麼辦事細則。職權亦沒有什麼一定的規定，至少有幾位曾經參加過當時國防參議會的朋友告訴我，說他們從沒有看見過什麼條例或章則，連全體參議員的名單也未曾見過。所謂聽取報告、建議及詢問等等，只是想當然耳，也都沒有一定的規定。由該會討論決議提案，轉達政府之後，國防最高會議是否採用，採用後實行的狀況如何，也沒有規定應有怎樣向該會報告的手續，只是由代理主席的汪精衛把大家的意見口頭轉達給政府當局，有時也把政府當局的意見口頭轉達給該會同人，如此而已。所以有些熱心的參議員，常就所曾經決議過的提案，屢次提出向代理主席追問，來給他不少的麻煩。據說每次開會時，總有二三個有關當時重要問題的提案提出來討論一番，其中最重要的要算由政府交議的國民總動員大綱，但是該案經該會決議之後，久久未見有何動靜，某參議員因關心此事的實行，曾向代理主席提出追問，他答復不得要領，又第二次向他提出追問，他又答復不得要領，又第三次向他提出追問，他又答復不得要領。當時也被政府派去參加國防參議會的某鉅公背後對人譏笑這位參議員眞是不懂事的書生，這樣不憚煩地一而再再而三地追問着，實行怎樣怎樣幹什麼？

除了最重要的國民總動員大綱這一提案外，還有一件趣聞，有某參議員提出一個有關農村的提案，代理主席認爲農村的農字含有階級鬥爭的意味，極力反對，一定要把農村改爲鄉村，才算風平浪靜，把這提案通過。中國人民有百分之八十以上還是農民，依上面所說的這個意思，大概都只要改稱爲鄉民，便可『姜太公在此百無禁忌』了。

但是要說回來，國防參議會的組織和職權雖這樣簡陋，但究竟是抗戰開始後民主政治發展史中的一頁，而且在當時只是被作爲諮詢機關，如把民意機關相較，誠然要無一是處。不過檢查當時參議員的姓名，却可看出，除國民黨參加外有中國共產黨（未到）、青年黨、國社黨、第三黨、救國會派、職敎派、村治派、敎授派等，含有團結各黨派來參加抗戰大計，共同爲國努力的意思，這一點的作用雖並未得到充分的發揮，但仍然是值得重視的。

國防參議會本身儘管薄弱，但是它無論如何是抗戰期間，團結與民主的巨流中的產物，指示着這個巨流的動向。我們認爲它是抗戰第一階段中第二件重要的事情，原因也就在此。

## 五　共赴國難的黨派團結

記者在上次談起國防參議會，會指出一個特別値得注意的要點，那就是在『八一三』全面抗戰剛爆發的同一個月的月底，政府雖在軍務倥偬之際，仍注意到延攬全國各抗日黨派的領袖們參加國防參議會（此外當然還有其他無黨派的社會領袖們）這在事實上證明了黨派團結與爭取抗戰勝利有着很密切的關係。

在『精誠團結共赴國難』的原則之下，中國共產黨於民國二十六年八九月間發表合作宣言，聲明『當這國難極嚴重民族生命存亡絕續之時，我們爲着挽救祖國的危亡，在和平統一團結禦侮的基礎上，已經獲得了中國國民黨的諒解，而決心共赴國難了。』蔣委員長亦接着發表關於中共宣言的談話，很正確地指出：『吾人革命所爭者不在個人之意氣與私見，而爲三民主義之實行。在存亡危急之秋，更不應計較過去之一切，而當使全國國民澈底更始，力謀團結，以共保國家之生命與生存。』在同一原則之下，青年黨、國社黨、第三黨、救國會派、職教派、村治派、教授派等，也都接受政府的延攬，參加國防參議會及後來的國民參政會，爲抗戰救國而共同努力。

青年黨即以前常被人稱爲國家主義派，有十五六年的歷史。國社黨爲國家社會黨的簡稱，有十年左右的歷史。第三黨的原名爲民族解放行動委員會。救國會派是以前全國各界救國聯合會的產物，有六七年的歷史。職教派爲中華職業教育社以及與該社有密切關係的先生們。村治派爲多年提倡鄉村自治，曾在山東各處領導過鄉村實驗工作的先生們。教授派是若干主張接近的大學教授們，在國民參政會中更爲顯著起來。在國民參政會中還有東北派（東北四省的參政員）不過他們的聯繫似乎不如其他各派的密切，雖則他們對於收復東北失地這一點是一致特別堅强的。各黨派的後面，或多或少，都有着他們的羣衆力量，各黨派在共赴國難中團結起來，也就是把它們所代表的羣衆力量團結起來，在政府抗戰國策及領袖領導之下，集中力量於抗戰建國的共同大目標。

『抗日救國是關係整個民族生死存亡的大問題，所以只有集合一切人力、財力、智力、物力，實行全國總動員，才能得最後的勝利。』（見拙著坦白集附錄中團結禦侮的幾個基本條件與最低要求一文）就這個意義說，我們要達到中國民族解放事業的成功，必須團結全國人力共同奮鬥，而不是僅限於全國各抗日黨派的團結。但是全國人民衆多，尤其是在教育尚未普及，一般政治意識比較薄弱的中國，必須有領導全國人民的團結軸心——構成民族軸心——加强團結人民在民族軸心的週圍，才能完成民族解放這一巨大的歷史使命。全國各抗日黨派便是形成這個民族軸心，在這軸心的週圍，加强團結人民到抗戰建國的這個大纛下面來，共同奮鬥。國民黨是這個民族軸心的中心，蔣委員長是這個民族軸心的偉大的領袖。團結全國各抗日黨派於這個民族軸心之中，只會加强這個軸心的中心力量，而不會減少這個軸心的中心力量。團結全國人民於這個民族軸心的週圍，只會更加强這個民族軸心的中心力量，而不會減少這個民族軸心的中心力量。

本來政黨是代表社會中某些階層的利益，但是中國反對日本帝國主義侵略的抗戰是全國各階層的共同的要求，在這一點上有着全國一致的共同利害，所以造成全國各階層的團結，因此也就造成抗日各黨派的團結。此外還有一個因素，便是三民主義在中國目前這一個歷史階段，不是某一階層的政治思想，而可以說是整個民族的政治思想。在中國當前的社會發展階段，即令具有其他政治思想的人，不但沒有反對三民主義的理由，而且爲了推動中國社會的向前發展，反而要忠於三民主義的切實執行。因爲民族解放、民主自由、民生幸福，是適於全國各階層的共同需要的。我們了解了黨派團結對於民族軸心的效用及在理論上的根據，便明白我們站在民衆的立場，促進黨派團結，並不是爲着任何黨派的本身利益，而是爲着整個國家民族的利益，反過來說，凡是挑撥離間，破壞黨派團結的企圖，在實際上是在破壞民族軸心，也就是在破壞抗戰的基礎，這一點是應該嚴格指出的。

# 六　初期民運的寶貴教訓

中國抗戰眞是偉大的時代！在『八一三』全面抗戰爆發後的第一階段中（以政府退出南京爲止，）短短三四個月的時期裏，就發生了在數千年數百年中所絕無僅有的事情。（如就全面抗戰，一致　外反抗侵略這一點說，簡直是在數千年歷史上空前的事情。）例如我們在前面所已談及的民族統一戰線的建立，民主政治的初步開展，共赴國難的黨派團結，雖到現在這些方面都還有不少的問題，有待於我們努力設法解決，以貫徹抗戰國策，達到最後勝利，但是這幾件事都在抗戰第一階段短短三四個月內放出了一點點曙光，確是無可否認的事實。在第一階段的過程中，最後還有一件事值得提及的，是初期民運的寶貴教訓。

在第一階段中，軍事方面最重要的當然是整整三個月的淞滬陣地戰。這一場震動寰宇的抗戰，堅定了國人抗戰必勝的心理，摧毀了日軍不敗的信念，提高了中國的國際地位，固當歸功於我軍作戰的英勇，但是同時由於當時在最直接的後方——上海——民衆運動得到了相當順利的開展，對於前方有了相當切實的協助（雖然還做得不充分）也是一個重要的因素。推溯當時民衆運動方面對於協助抗戰的工作所以還可得到相當順利的開展，一由於上海黨政軍當局對於民衆團體能不存成見，能開誠布公合作，二由於各方面的人才不因黨派的不同而致被歧視甚至被排斥，都同樣地可以參加工作。例如上海的地方協會，便是地方上原有的一個民衆團體，並不一定要經過什麼呆定的方式才許參加工作，該會便集中了它在平日所聯繫的工商界一部分的力量，對協助抗戰工作盡了不少的貢獻又例如上海的一個青年最有力的自我教育與救亡工作的民衆團體名叫蟻社的，該社包括的職業青年很廣，普通商店店員、學徒、電器工人、開電梯、寫字間工作者、海關、銀行、鐵路職員等等，都有不少人參加，辦有圖書館、學校、歌詠班、旅行團、刊物、種種文化事業，經費全是由社員自己負擔，有許多工作（例如圖書館）是在夜間工作人都是由許多業餘青年自告奮勇來擔任的。它在抗戰第一階段中也動員了不少職業界青年參加協助後方工作。除各界原有的民衆團體外，各黨各派以及無黨派的其他工作者——編輯人、著作家、大學教授、中小學教員，都站在民族統一戰線的立場上，都在擁護的大目標下，團結起來，在戰爭發生後不到一個星期，便成立了編輯人協會及文化界救亡協會，尤其是後者，對於救護、慰勞、宣傳、動員、訓練幹部等等方面，都起了很大的作用。因爲有了這樣的基礎，所以後來我軍雖因戰略退出了上海，上海民衆的救國工作只是變了方式，更加深入，更加發展，並沒有沉寂下去。

當時我們在黨政軍及各界民衆團體代表聯席會議中，可以看到各黨派的公開代表參加會議，彼此交換報告，交換意見，推動工作。當時上海編輯人協會所主辦的文化戰線和上海文化界救亡協會所主辦的救亡日報，都包括各黨派的熱心文化工作者，在宣傳工作和文化工作者的動員方面，都起了很大的推動作用。當時各民衆團體的自發性與積極性不但沒有妨礙政府的統一領導和指揮，而且還以平日原有的種種力量增加了政府的統一領導和指揮的效率。政府只須在無綫電廣播中宣布前方急迫需要什麽，各民衆團體便分頭自動去動員，在一二小時或數小時內把數百件數千件的需要品就搜集完成，送到前方去，是一件常事。

我無意歌頌當時的上海動員民衆的工作，因爲在事實上還有許多不滿人意的地方，我只是要鄭重指出當時有二個特點是值得我們重視，也就是在上面已經指出的第一是肯運用民間已有的、自發的、確有了歷史和羣衆基礎的民衆團體；第二是對於各方面的人力，無論它屬於那一黨那一派（當然以擁護抗戰國策者爲限，）都讓他們有工作的自由，並不加以歧視或排斥。這種在實際上團結一切力量於抗戰的工作，對於抗戰有利是無疑的。所可惜的是這種良好的作風，在後來並沒有得到良好的發展，這一點在論到第二階段再談吧。

# 七　七個月兩萬人

自從國府於一九三七年十二月由南京撤退政治中心轉移至漢口以後，踏上了抗戰的第二階段。當時雖上海南京相繼淪陷，民衆對於抗戰的信念並不因之有所動搖，在最初幾個月內民衆對於加强組織和參加工作的情緒非常熱烈，尤其是特別熱情英勇的青年，他們的組織和工作更是一日千里，蒸蒸日上。尤其顯著的是當時的『青年救國團』在成立後七個月的發展中，竟擁有團員兩萬人！倘若這個青年自動組織的團體不在當年八月底『夭折』，依此速率發展到抗戰四十八個月的今日，至少是十萬人以上的有更偉大貢獻於抗戰建國的青年團體。在上海南京失陷以後，有許多愛國青年從平津京滬各地流亡到武漢，聯合武漢當地的青年，進行或參加各種救國工作，根據實際成績，慢慢地建立起這個最有羣衆基礎的青年團體，對於政府的每一次號召總是熱烈響應，切實工作。該團曾經提倡青年參戰運動，鼓勵青年投考中央各種軍事學校及幹部訓練班，介紹過二三百個英勇堅决的青年到現代化部隊裏去當新戰士，在豫東及第五戰區作游擊戰的團員達七八千人。該團曾經努力參加後方各地動員民衆工作，服務傷兵醫院，在武漢及其他有傷兵醫院的地方，該團的女團員組織了服務隊，按時到醫院去代受傷的將士寫書信，向他們報告時事，爲他們敷藥，用歌詠或談話來鼓勵安慰他們。凡是有難民收容所的地方，該團的同志們就按時進去做宣傳和教育的工作。他們在各地辦圖書館，書報供應所，辦民衆學校，擴充原有民衆教育館，舉辦各種研究會，講演會。該團的自發性和積極性，以及適合於抗戰的工作，成爲內容充實，發展迅速的主要原因。

此外如記者在前面曾經談及的蟻社，在上海淪陷後移到漢口，也仍舊本着他們那種工作的積極性，兄弟般的精誠團結作戰似的緊張精神，恢復了他們的事業，並且吸收了武漢不少新的社員，包括了四五百個青年店員，成爲動員商人的一個核心。

再加上各黨派的份子在進行籌備中的『救亡總會』已在推動民衆工作的開展，各方面的文化工作者也在熱心組織編著人的團體。含有許多學生羣衆的學聯會，含有許多東北救亡志士與東北武裝民衆的東北救亡總會等等，都在事實上表現它們的實力與工作。我們知道漢口的戰時首都只支持了十個月，但在最初幾個月，民氣的振作，抗戰情緒的高漲，民衆工作的活躍，實佔抗戰史中最值得回憶的一頁。

但是在當年八九月間武漢正漸趨危急的時候，民衆運動遭到了不幸的厄運。例如當局規定民衆團體召集會員大會，須於期前三日呈請核准。我們知道，眞有羣衆基礎的團體，是由會員組織成功的，一切工作方針往往須由會員大會或代表大會決定以後執行。會員大會能否按期舉行，對於一個團體的生存及其工作的進行，實有重大的關係。這個核准與否未可逆料的規定，在實際上不免壓抑了工作的熱情和效率。此外又規定各民衆團體不得召集聯席會議，開辦訓練班講習會等，都是使民衆運動受到桎梏而無法發展的。甚至有幾個最有奮鬥歷史、最有羣衆基礎、最有實際工作的民衆團體被無故解散，有十幾個民衆團體被無故勒令停止活動，這對於國家民族終是一個不幸的創傷。

我們承認民衆運動須在政府領導之下統一起來，但是最重要的不是形式的統一，而是眞能把民衆力量統一起來。因此凡是確有廣大羣衆基礎與救國工作表現的民衆團體都應該准許它們繼續努力，把它們的力量，納在政府領導之下運用起來。民衆團體的力量不是掛上幾塊顯赫的空招牌就能像奇蹟似地發生出來的，必須有多時艱苦奮鬥的幹部與多時在實踐努力中的羣衆；所以動員民衆必須重視民間團體的力量，只須使其符合於總的抗戰國策，而不必作細枝末節的限制，更不可隨時解散。在當時不僅漢口犯了這個毛病，例如有友人從西安來談起，該處確有廣大羣衆基礎與救國工作表現的十三個民衆團體也被停止活動，當局却在極短時期內新成立五十幾個沒有羣衆基礎的『民衆團體，』這有什麽用，大家是可以想像得到的。

# 八　領袖晤談記

蔣委員長自從在第一屆國民參議會第三次大會擔任議長後，參議員和他晤談的機會比較多些，但是多集體晤談，所以說話的機緣並不多。我在這篇短文裏所記述的却不是參政員和議長的談話，而是在一九三八年的春季國民政府遷移至武漢不久以後，有一次承蔣委員長約我和杜重遠先生同往武昌他的寓所裏談話。我們約談了三刻鐘，比較地詳細，所以值得一記。

我們同到蔣委員長公館時，在外客廳裏坐候了不到五分鐘，當時看見等候接見的人已有二十個以上，圍坐在一個長方桌的周圍，我們因約見的時間已到，被引至內客廳。除我和杜先生外，在房角還有一位穿黑色中山裝的職員，後來我們和委員長談話時，他在手上的小簿子上紀錄着，才知道他是紀錄員。我們在內客廳裏坐，一會兒，委員長就微笑着出來了。我以記者的眼光對這位民族領袖全身端詳了一番，見他剃着光頭，容光煥發，兩眼明銳，上唇蓄着一撮整潔的小鬍子，身上穿着一套深黃綠色的嗶嘰絨中山裝，腳上穿着一雙黑漆皮的圓頭的中國鞋。我和杜先生坐在一張長沙發上，委員長坐在長沙發的旁邊略向前排着的一張單人沙發上。

當時我和杜先生都尚未被選聘爲參政員，委員長首先很和靄誠懇地詳詢我們各人的工作情形，並問及我們平日所敬佩的有若干什麼朋友，乃至問到他們的姓名和職業，我所有的許多好友，大都也是杜先生的好友，所以我們兩人對於這一點可以說是出於『集體創作』，你說幾個，我說幾個，便算交了卷。

接着委員長首先對我們談及的是研究問題須重視科學的方法，告訴了我們關於科學的方法所以重要的理由。其次他問起我們對於國事有什麼意見，杜先生因爲以前曾有機會和委員長作過較詳的談話，所以讓我多說話。我所貢獻於委員長最重要的一點，是希望委員長的重視他不僅是一黨的領袖，而且是整個民族的領袖。我的解釋是：他不僅要善用黨內的賢才，同時還要注意善用黨外的賢才。我反覆鄭重說明領袖的偉大不在事必躬親，而在善於用人，能善用人，則各人的專長集合攏來即成爲領袖偉大力量的構成部分。我同時並談到委員長既爲民族的領袖，對於黨外的人材，應該一視同仁，不因黨的界限而有所歧視。

這些話在普通情形看來，也許不免交淺言深，因爲我這回還只是與委員長作初次的晤談，但是他既是我們所擁護的全國的領袖，他的一舉一動都與國家民族的前途有着密切的關係，所以我也就顧不得人微言輕，盡我所能見到的竭誠貢獻一番。

我至今回想起來，我當時對委員長說的這些話，在今日的政治上還是有着它的重要的意義。當時委員長很注意地傾聽，頻頻點頭稱是。

其次在委員長對我們的指示中，特別注重組織的重要。說了許多組織重要的理由，他說尤其是社會上的『知名之士』須注意到組織的重要。組織的重要，在原則上我們是無可否認的。可是我當時不明白委員長所指的是什麼組織，所以未多貢獻意見，只說國家便是一個大組織，而委員長便是這個大組織的舵手，我的意思還是注重民族領袖的責任更大於一黨的領袖。

但是我們和委員長握別退出以後，我對於委員長所鄭重提出的所謂組織，仍迴旋在腦際，走出房門（出客廳)後，曾見陳布雷先生適在隔壁房間裏，我與陳先生在上海時事新報有同事之雅，他原是報界前輩，所以我便於徵得杜先生的同意後，跑到隔室和陳先生又詳談一番。他的意思，委員長所提的組織，是指黨的組織，他說委員長十餘年來有個理想要集中中國一切人材組織一個偉大的政黨，由他領導起來。我問：據布雷先生看來，中共肯毀黨加入嗎？他說這確是問題，毛澤東第一個就不贊成。我問那怎麼辦呢？他說，那也希望除中共外，其他一致集合起來組織一個政黨。

中國是否能夠只有一個政黨？這是一個值得研究的問題。

# 九　領袖與工具

我昨日寫了一篇領袖晤談記貢獻給讀者諸友，寫完之後，意猶未盡，因爲我想起有一位領袖所信任的要人對我談過一段話，使我發生很深的感觸。這段話在說的人當然衷心認爲很正確的，所以毫無保留地對我說了，我現在所欲提出討論的是這段話的內容而不是對於任何人有所批判，因此在這裏對於說這段話的個人沒有指明的必要。

他很誠懇地對我談起他對於領袖的態度。他說他因鑒於領袖對國家民族所負責任的重大，所以他只一心一意地做領袖的工具，以減領袖的憂勤，領袖叫他做什麼他就做什麼，領袖叫他說什麼他就說什麼，領袖叫他寫什麼他就寫什麼，無條件地絕對服從，這位先生對於領袖的忠誠是值得敬佩的，但是他的作風却大有商榷之餘地。

首先我們要指出的是，凡是愛護國家民族的人，沒有不愛護國家民族的領袖，而況在堅持抗戰努力建國的緊張時期，領導全國貫澈抗戰國策的民族領袖，我們尤其應該竭誠愛護。領袖對國家民族所負責任的重大，以及領袖的左右要盡忠職守，以減領袖的憂勤，關於這些意思，記者都與某先生有同感。但是一味做被動的工具，好像自己沒有了腦子，或雖有腦子而不用，雖有嘴吧而不敢說話，是否眞能減領袖的憂勤，是否眞正愛護領袖之道，實在令人不能無疑。所謂做工具，看你怎樣解釋，如解釋得當，原亦無所用其反對。爲社會服務，謀人羣幸福，也可以說是做了社會的工具，做了人類的工具，依此類推，爲整個民族爭取自由解放的領袖也可以說是做了整個民族的工具，這樣的工具在實際上是光榮的任務，雖做工具何妨？某先生的話所以令人聽了不禁爲領袖憂慮，爲我國政治憂慮，爲我國家前途憂慮的是那樣自居牛馬犬豕的『工具』，流弊所及，可使領袖左右人才減少，奴才加多，那就不免造成太嚴重的問題了！

其實領袖的偉大，一方面在能眞正反映全國多數民衆的要求，盡其歷史的使命，一方面在能善用人才以自輔，增强其執行歷史使命的力量。倘若人人都以被動的工具爲盡了輔助領袖的責任，拋棄了自己的腦子和眼睛，把領袖的腦子做自己的腦子，把領袖的眼睛做自己的眼睛，那就不但不能增加領袖腦眼的力量，反而加疲了領袖腦眼的力量，限制了領袖腦眼的力量，也就是減少了領袖腦眼的力量，這理由是很顯明的。我們主張民主政治，正是要使領袖更能充分反映全國多數民衆的要求，我們主張改善政治，善用人才，增强輿論及民意（都與言論自由有關）對於政府及官吏之督察，正是要增强領袖執行歷史的使命。這都只會增加領袖的偉大，而不會減損領袖的偉大。

在另一方面，如果我們把工具解釋爲人才而不是奴才，那末我們却不免感覺到領袖的工具實在太不夠，有大大增加的必要。這一點只要看領袖兼職之多，勞苦之甚，便可見一斑了。不久以前在重慶的時候，在外國記者朋友中有一位美國記者因要弄清楚委員長所兼任的許多重要職務，以備參考，他所開的單上已有十幾個的職務銜頭，還恐怕有遺漏，有一天來看我時順便拿出來叫我補充，我又就所知加上了幾個，其中黨政軍金融財政乃至教育（如中央政治學校警官學校以及訓練班等等）等等重要的機關，都拉領袖一手。但是在我補充以後，是否有遺漏，尙不得而知，我叫這位外國朋友再看機會補充吧。他當時一面朗誦着單上的銜名，一面充滿着驚奇的面容和眼光，那神氣是夠人欣賞的！領袖的爲國賢勞，一日萬幾，在我們老百姓只有感念不已，有何話說？不過正爲國家民族而愛護領袖，一方面使人感到『工具』對領袖的盡忠之道似乎尙有檢討之必要，一方面又使人感到工具的太不夠！最重要的，還是要把工具解釋爲人才，而不許變成爲奴才。必須這樣，才能眞正減領袖的憂勤。

# 一〇 『請客』與民意

在武漢的十個月（廿六年十二月至廿七年十月）中，除開始幾個月民衆運動的蓬勃氣象值得回憶外，在這個階段中値得注意的要算似民意機關而又說不上民意機關的國民參政會了。民意機關應該是由民選而來的，參政會根本不是民選組成的，所以說不上民意機關，但是號稱『國民參政』，又似乎是民意機關。無論如何，國民參政會在抗戰期間民主政治發展史上，總比國防參議會進一步。國防參議員是由政府用『請客』方式請來的，國民參政員也是由政府用『請客』方式請來的，這一點在基本上並沒有什麼差異。但是同是『請客』，後者究竟有了一些進步，這確是事實。

如說國防參議會是小規模的『請客』，那末國民參政會可以說是大規模的『請客。』爲什麼有這大規模的『請客』呢？民國二十七年三月國民黨臨時全國代表大會決議說：『在非常時期，應設一國民參政會。』又同次會議制定『抗戰建國綱領』，關於政治部分在第十二條規定：『組織國民參政會，團結全國力量，集中全國之思想及識見，以利國策之決定與實行。』同年四月十二日公佈又經六月二十一日修正的『國民參政會組織條例』第一條也明白指出：『國民政府在抗戰期間，爲集思廣益團結全國力量起見，特設國民參政會。』從這些詞句看來，國民政府這次大規模『請客，』其原來的宗旨誠然是値得我們贊成的。

這次大規模的『請客，』來賓共定二百人，分爲四類。第一類爲曾在各省市公私機關或團體服務三年以上，著有信望的人員。第二類爲曾在蒙古西藏地方公私機關或團體服務著有信望，或熟諳各該地方政治的社會情形，信望久著的人員。第三類爲曾在海外僑民居留地工作三年以上，著有信望，或熟諳僑民生活情形，信望久著的人員。第四類爲曾在各重要文化團體或經濟團體服務三年以上，著有信望，或努力國事，信望久著的人員。『請客』的手續，是由國民黨中央執行委員會決定名單，轉請國民政府公佈。第四類『來賓』在實際上包括各黨派的領袖們（也有無黨派的所謂『知名之士』）名額一百人，佔全數之半。這一點表示政府在抗戰期間對於團結全國黨派的重視。看了上面的分類，『著有信望』或『信望久著』似乎是很注重的，但是既爲『請客』，要請誰，其權全在主人，所以究竟誰『著有信望』或『信望久著』，全由主人自由決定。說句公道話，第一屆國民參政會中所請到的『來賓』，雖在實際上到會的數目中幾有四分之三是『主人』的『家裏人』（主人是國民黨，國民黨參政員當然是『家裏人』）但是當時名單公佈的時候，一般社會上留心政治的人們所得到的印象還不算壞，因爲人選裏面確包括了多少爲民間所信任的人物。換句話說，雖屬『請客』，當時社會人士卻多以民意機關期待國民參政會，這只要看當時各日報及雜誌上所反映的輿論便可知道。

至於參政員自己的觀感呢？既然是『來賓』，而座中又有多數的『家裏人』做『陪客』，當然明白『喧賓奪主』是不可能的，而且依『請帖』上的規定，雖有聽取報告、建議、詢問等職權，但決議案必須經國防最高會議通過才算有效，所以一開始並不敢存有什麼眞正民意機關的奢望。但是由於公佈的宗旨再三鄭重指出『團結全國力量』，『集思廣益』，『集全國之思慮及識見，以利國策之決定與實行』，同時所公佈的人選中確有一部分包括抗日各黨派的領袖們及無黨派的社會上『知名之士』，在渴望實行民主政治以加强國力，甚於大旱之望雲霓的今日，有此似民意機關的成立，在當時看來，也未嘗不聊勝於無。而且在職權上雖很有限，遠比不上什麼民意機關應有的職權，但是只須發出『請帖』的主人對於『來賓』的建議，眞在事實上把它切實地實行起來，那對於『非常時期』的國事還是可能發生相當效果的。因此在最初有許多被『請』的朋友都感到相當的興奮，就是無意中被『請』的我，也懷着一腔熱誠與希望，把自己看作努力代表民意的一份子，欣然參加，當初並未曾料到這只是一場幻夢而已。

# 一一 『來賓』種種

記者在上次把國民參政會的召集，譬作政府（或說得更確切些是國民黨，因爲請客名單是由中央執行委員會決定的）大規模『請客』，這實在不是記者個人的私言，而是被『請』的參政同人多數的公意。他們常在談笑中說他們是國民黨『請』來的客。既是『請客』，必有『來賓』，我們現在不妨來看一看『來賓』種種。

『來賓』中年齡最大者有七十多歲的老公公，年歲最小者有三十一二歲的小夥子。（『請帖』上規定，無論男女，必須年滿三十歲的才夠資格，所以不能再小了。）可是思想的進步或退步，精神的飽滿或衰頹，態度的積極或消極，以及責任心的有無，正義感的深淺，對國事熱情的厚薄，却不一定受到年歲的影響。在六七十歲的老前輩中，我們可以看到富有鬥爭精神，老當益壯的伙伴，例如最令人感動的有張一麐先生。他在會議中常能言人所不敢言，雖引起一部分『陪客』的不滿，但毫不減損他的勇氣。他曾在第三次大會開幕演詞中大聲疾呼：『精神集中，力量集中，除少數喪盡天良的漢奸外，必須以漢賊不兩立爲唯一目標，斷不容於同受三民主義洗禮中自相殘害。……默察各地黨政軍各級人員，對於民衆運動往往有所歧視。道路傳聞，尙有假借取締與指導名義，摧殘合法組織，箝制正當言論，拘捕熱血青年，致爲親者所痛而爲仇者所快。若任其磨擦，勇於私鬥，必怯在公戰，敵人與漢奸之所喜，即仁人志士之所憂，應由政府申儆全國。』這樣至誠愛國的沉痛語，幸而是出於年高德劭的張先生之口，否則至少又要被人戴上幾頂毫不相干的帽子了！又例如年近古稀的褚輔成先生，他老先生對於報告或提案內容看得那樣精細，恐怕爲全會同人所不及。他不但看得精細而且想得精細，任何問題都不肯絲毫放過，即看到有一字一句的欠妥也非立起來說話不可。他的嘉興國語也許有人不全懂，但是他的不屈不撓抗爭到底的精神却是誰也不能不懂的！又例如軀體魁梧，美髯與于院長比美的張瀾先生，雖高壽已達古稀，而氣概却無殊青年，對於四川積弊，在會場上尤其是口若懸河，氣薄雲霄，有一次在大會中認爲領袖過於勞苦，不宜再兼四川主席，愛護領袖的至誠，溢於剛勁激昂的話語，坐在議長席上的領袖亦爲之笑逐顏開，頻頻頷首。我們看見青年的純潔英俊，深爲國家民族慶幸，看到六七十歲的老前輩這樣英勇有爲，更不禁爲國家民族快慰。

『來賓』中的老前輩也有極少數應該送入養老院而被誤送到參政會的，他們已經老得走不動，出入都須有人挾扶着，甚至有的眼睛幾乎已瞎，你走到他的面前，他簡直不很覺得，因爲他根本就在糢糊中摸索着。

『來賓』中有的對提案有勁，對開口有興，忙得可以；有的好像抱定永不提案永不開口主義，閒得舒服。大概做『陪客』的以省事爲前提，趨向於閒的路線者較多，十足道地的『來賓』往往多事自討苦吃。但是『陪客』也有不得不積極賣力時候，尤其是在審查會中有所爭辯的時候，他們重要任務似乎是在『防禦』工作。有的『陪客』對『防禦』工作無興趣，閒得又不耐，於是常逃之夭夭，或一到即溜。如偶然被你撞見，他不是說頭痛，便是說昨天肚子吃壞了，你反得安慰他，請他注意健康。

『來賓』中的女客雖只有八九位，但是他們的團結精神似乎較男客强得多，因爲婦女問題成了他們的

『統一陣線』的最鞏固的基礎。關於有益婦女的提案，無論是國民黨的女參政員，或是共產黨的女參政員，或是救國會派的女參政員，以及其他無黨無派的女參政員，都緊緊地站在一起，彼此聲援，爭取勝利。有一次在內政組開審查會時，討論到有些機關禁用女職員一案，女客一致對這類機關加以毫不容情的抨擊。有一位國民黨的男陪客輕微地說了幾句有的職務也許確非婦女所宜擔任，立刻有一位國民黨的女陪客聲色俱厲地責備他違反總理遺教，罵得他閉口無言。但是講到其他的政治問題，女客中的『陪客』與十足道地的『來賓』却又要不免分道揚鑣了。

## 一二 『來賓』中的各黨派人物

如把國民參政會看作國民黨大規模『請客』的話，在『來賓』中除了在實際上佔着多數的『陪客』和若干無黨派的客人之外，還有其他各黨派的人物值得一談。現在我想就新聞記者的立場，對他們略作客觀的敍述，也許為注意中國政治者所樂聞。

中共有七位『客人』，被請，即毛澤東、陳紹禹、秦邦憲、董必武、吳玉章、林祖涵、鄧穎超諸先生。聽說中共向有著名的『四老』，在這次『請客』中就被請到了四分之三，即董老吳老林老（還有一老是徐特立。）林老鬚髮盡白如雪，但是面色紅潤，步履如飛，倘把他的鬍子剃光，頭髮染黑，大可冒充二三十歲的壯年常人總把『老朽』或『老糊塗』和『老』字聯在一起，這幾位老老在政治上的鬥爭精神（指在參政會議場上的表現，）實不讓青年人。加上記者上次所提及的幾位『老當益壯』的老前輩，中國老輩在世界上應執牛耳！鄧先生為周恩來先生的夫人，國語流利清晰，聲如金石，堅銳明快，起立演說時，無論座位遠近，字字打入每一個人的耳鼓。她是『女賓』中最令人注意的一位。中共『來賓』中最尖銳的健將當然要推陳紹禹、秦邦憲二位。陳先生以『王明』著名，秦先生以『博古』著名，他們都只是三十一二歲的壯年人，靈敏堅毅，精銳深刻。毛先生未曾到過，記者也未曾見過，所以只得從略了。

其次青年黨被請的有曾琦、左舜生、李璜、余家菊、陳啓天、常乃德諸先生。余陳常都是教育家。講到青年黨的代表人物，一般常稱『曾左李』，這的確是一件湊巧的趣事。曾國藩左宗棠李鴻章三位『大亨』曾極一時之盛，現在青年黨也有了他的『曾左李』。朋友們見到他們時也往往稱呼他們爲曾公、左公、李公，以示尊崇。曾公善詩文，雍容雅度，沈着持重，對國事常能平心靜氣，把握癥結而下恰當公平的結論。左公原爲著名的歷史教授，風行一時的醒獅報的文壇健將，每論政治問題，慷慨激昂，怒髮衝冠。他是一位極富有正義的朋友，他談起沈老先生（鈞儒）總是慨嘆着說：『憂氏憂國的沈先生，我實在替你擔心啊！』李公是深沉的一流人物，思慮周到，不露聲色，有人說李公有一肚子的謀略，而在表面上絲毫不露圭角。青年黨的三傑，確有他們的特色。

其次，國社黨被請的有張君勱、羅隆基、胡石青（最近在北碚因病逝世、）徐傅霖、梁實秋諸先生。張先生是在中國學術界及文壇上的一位老將，因爲他和他的朋友們在中國建立的政黨是稱國家社會黨，和德國的老希的政黨，在名稱上很容易混淆，但是如因此認爲張君勱等於希特勒，那却是大錯而特錯！當印度的民族領袖尼赫魯到我們的陪都的時候，參政會同人在嘉陵賓館設宴請他，張先生席次剛巧在他的右邊，記者在他的對面，親自聽到尼赫魯微笑着向張先生問道：你的政策和希特勒的有什麼異點？張先生連忙答道：不同！不同！接着他講了一大篇大道理。其實事實很清楚，老希是努力侵略的，老張是努力反侵略的，出發點已根本不同。而且就個人的性格說，張先生對於政治的態度，我還嫌他太消極，我曾經對他說笑說：『張先生！你是國家社會黨的領袖，我希望你拿出希特勒的精神來！』（這裏指的是老希的『勇往直前』的精神，絕對不是贊成他的侵略，請勿誤會。）羅先生是國社黨的少壯派，他是非常積極猛進的，他在第五次大會時，爲着五五憲草的修正案，曾登台洋洋灑灑地發表了一篇動人的演詞。他是政治活動中一個有力的人物，能說能寫，有勇氣，有精神。此外該黨中人物的徐傅霖老先生，也引起我們很大的敬意。他的勇敢，他的艱苦奮鬥的精神，都是值得我們欽佩的。在第四次大會時，有一夜開全體審查會，討論實施憲政問題，他立起來老實說道：『不取消一黨專政，一切都是空談！』他現在努力辦國家社會報，是在極艱苦的情況下爲推進民主政治而奮鬥着。以他的老資格，做官本非難事，有所不爲而後有爲也，我敬以奉贈徐老先生。

## 一三　再談『來賓』中各黨派的人物

關於國民參政會中各黨派的人物，記者在上次說過的有中國共產黨、青年黨、和國家社會黨被請的幾位先生們。其次有個第三黨，本來叫做民族解放行動委員會也許名字太長大家通常只叫着它的簡名，所以叫做第三黨也許最初是指國共兩黨以外的一黨。該黨在第一屆參政會中被請的只有唯一的一位，那就是章伯鈞，章先生在會不大說話，除聯署他所同情的別人的提案外，自己似乎沒有什麼提案，但是他對於改善政治却是很積極的，對於促進黨派的團結他也曾費了不少的工夫。

其次要談到救國會派的各位『來賓』。這方面有沈鈞儒、陶行知、王造時、史良、張申府諸先生，還有一個『敬陪末座』的記者。關於沈王史諸先生的生平抽著經歷一書中曾有較詳的介紹，想讀者諸友都已知道，但是較近的狀況或者還有一些可以附帶地說說。沈先生已高壽六十七歲了，但是因爲他每晨從不間斷太極拳，仍使他維持着原來的壯健體格，他和我們青年人走路的時候，仍然步履如飛，和我們沒有一點兩樣。至於他爲國賢勞的精神，左舜生先生所常贊歎的『憂國憂民的沈先生』尚不足形容其萬一。每有流亡青年來看他訴苦，他往往傾囊相助。有一次有一個流亡青年在嚴寒的氣候中來看他，衣服單薄，行李無存，他老先生爲之憫然，打開箱子，從自己僅有的寥寥數件衣服中拿出幾件來送給他，隨着便在他自己的牀上兩層薄薄的棉褥中抽出一條給他。當時適在嚴冬，氣候奇冷，有一位朋友的夫人發現老先生在牀上墊褥這樣單薄，看得太不過意，趕緊製備一牀較厚的棉褥給他，和他約法三章，以後不可再抽出送人！我在經歷中曾說『沈先生的全部生命都是至誠的愛造成的，』許多事實證明這句話的眞確。他的唯一女兒天性至孝，言行純潔，在我離開重慶不久以前，她忽然於莫明其妙中也受到『特務』拘青睞，出街購物回寓時竟屢有兩位『不速之客』『追隨，』沈先生雖知道他的愛女坦白無他，但是爲避免麻煩計，决定叫她離開，可是這件事却叫沈小姐左右爲難，她哭着不肯走，一定要隨在她的慈父左右衞護他老先生怒了，說你這樣不像是我的女兒！（沈先生的意思是說他爲救國而努力奮鬥。）沈小姐問計於我，我說政治如能上軌道，老先生誠摯愛國，絕對無患，否則你就是日夜守着老父，又將如何『衞護』？他她後來無可奈何，忍淚走了。沈先生最愛他的女兒，但是尤愛他的國家。

王造時先生是我們朋友中最和平中正的一位，但是最近也因爲『入黨』問題而被迫丟了中山大學法學院院長的職務，說來話長，留在以後討論到這個問題時再談吧。史良先生或女士還是如同以前同樣的積極和奮發，他對男女平等提倡尤力，曾在參政會中爲着這個問題和孔庚先生發生大辯論，史大姊聲威更爲大震。遇有參政員談到女子出嫁的問題，她對『出嫁』二字非提出反對不可，認爲結婚就是結婚，爲什麼要說『出嫁』？但是史先生自己的結婚問題却曾經爲政治而發生過一次波動。她在蔣夫人所領導的婦女指導委員會中工作非常積極，於是有人向他進攻，說她未結婚而有了丈夫，實在是一個大問題！在實際上史先生早在上海結過婚，丈夫並未換過，不過未大請客罷了。蔣夫人爲着工作順利計，勸她再來一次，於是史大姊幹了一次『宣告結婚，』我們幾個朋友補吃了一頓喜酒，這却不得不謝謝造謠生事的先生們！

陶行知先生是我國最有艱苦奮鬥精神的教育家，他在東南大學當教授時，記者還在小學畢業入中學的時代，但是他的精神却始終年青，他的愛重青年如同沈老先生一樣。

張申府先生是以前北大的名教授，爲華北救國會重要領導人之一，他對於羅素哲學有特殊深刻的研究，在參政會中也是一位知無不言言無不盡的『來賓』。

最後提到記者自己，毫無足道，『敬陪末座』而已。

## 一四　三談「來賓」中各黨派的人物

記者在上兩次和諸位談過國民參政會中的中共、青年黨、國社黨、第三黨、及救國會派的若干位「來賓」現在想繼續談下去。

職教派是指中華職業教育社以及和該社接近的諸位先生們。該社被請的有黃炎培、江恆源、及冷遹秋諸先生。黃先生是提倡職業教育最有力的一位老教育家，他的樣子好像永遠不會老似的，雖已六十三四歲了，但看上去仍然和十幾年前一樣。記者在大學畢業後即被黃先生招入中華職業教育社襄助編輯的事情，深知此老的努力精神與處理事務的有辦法。在各黨派的朋友們聚會商量國事時，黃先生常能以他的精密的有條理的思考發表他自己的卓見，並對各人的意見作準確扼要的結論，所以我們常對他說笑話，說他是我們的「結論專家。」黃先生的學識經驗，都爲儕輩所欽佩。他老先生正義感勃發的時候，行動的胆量也不小，雖則因爲他的經驗過於豐富，有的時候顧慮似乎多一些。他愛護國家，厚待朋友，操守純潔，凡是與此老有過接觸的朋友，沒有不深深感到的。

江恆源先生也是我們所最敬重的一位教育家，他在思想上客觀虛心，對事負責，對朋友懇摯，對國家民族是熱烈的愛護者。他也是近六十歲的人了，原來體格很好，近二三年來因爲愛女的身世增加了他的精神上的壓力，頭髮漸白，血壓增高，頗引起他的朋友們的憂慮。他的愛壻是在天空保衛祖國的健兒，在結婚不久以後，即常離愛妻爲國殺敵，爲空中最英勇的一位健將，不幸在保衛武漢時代爲國捐軀，熱烈愛國者的江先生，對愛婿的爲國犧牲，固無所憾，但是人究竟是感情的動物，在另一方面念到愛女的身世，不免傷感，也是人情之常。我們爲愛護賢者，並爲中國教育及政治愛惜人才，希望他保衛健康，爲國珍重。

冷禦秋先生是軍事專家，是江蘇士紳中的前輩，與黃江諸先生交誼篤厚，對中國政治有遠見，你和他討論中國當前的重要問題時，可以發現他不但對於軍事方面有其眞知灼見，而且對於政治方面也有公正而深切的見解。他的深厚的正義感加深了他們對於他的敬意。

其次，村治派被請的有梁漱溟先生（晏陽初先生也是提倡村治最力的一人，但是他對政治的興趣似乎比較地淡薄，而且和梁先生也不是在一起的。）梁先生在五四運動時代，曾以其名著東西文化及哲學一書一鳴驚人的，後來又曾在山東實行村治，有着他的一羣學生和信徒，光着頭，架着一副眼鏡，兩眼深沉的梁先生，我每次看到他的面貌神氣，常想起甘地，覺得頗有相像之處。梁先生思慮深湛，態度沉着；自信力很強。他對國事常說要從根本處着想，根本不解決，枝節的暫時的辦法，他是不感到興趣的。這大概是哲學家性格的表現罷。

以前所談過的黨派，多少是有羣衆性的，即在他們的後面有羣衆；講到所謂教授派，這一點是沒有的，雖則他們各有他們所教的學生，但究竟是在散漫的狀態，說不上什麼黨派的羣衆性，可是參政會中有十幾位大學教授，尤其是來自昆明的教授居多數，他們因爲平日往返比較地接近，對於政治多多少少有一些共同點或共同興趣，於是在開會期間，他們每有他們的小組聚會，交換關於各種問題的意見，在提案中互爲聲援，形成教授派的力量。尤其顯著是在第五次大會時，關於『五五憲草』的修正意見。除救國會派及中共各有書面意見提出外，教授派也提出『修正草案，』其中在國民大會停會期間應設『國民大會議政會』一條，曾在會場上引起激烈的辯論。這一派的人物有羅隆基、羅文幹、陶孟和、周炳琳、傅斯年、張奚若、楊振聲、錢端升、任鴻雋諸先先。最後談到東北派的『來賓，』這一派的最主要的中心主張當然是『打回老家去，』誰敢露出不要東北的主張，即加以迎頭的痛擊。例如去年太平洋學會的中國代表在美國對此點不免失辭，曾引起他們在參政會中的憤怒。這一派的人物有莫德惠、杜重遠、王家楨、王卓然諸先生等，雖則他們彼此間的聯繫似乎不及其他黨派的密切。

## 一五　究竟怎樣？

記者在上幾次和諸位談過『來賓』中的各黨派人物，足見在國民參政會中除國民黨外，在事實上確有其他黨派的存在，因爲各黨派的代表人物明明是事實，不是可以隨便揑造的。這樣看來，黨派似乎是已公開存在的了，爲什麼我們還常聽到什麼黨派問題呢？爲什麼我們還常聽到什麼黨派要求合法存在的呼聲呢？這似乎是一個謎，但是我們如果不只是看表面而能明白實際的眞相，便不難了解在中國目前政治上的這個謎。

在事實上國民參政會中除國民黨外確有其他黨派的存在，這並不是捕風捉影或白晝見鬼的事情，但在另一方面，『主人』在這個大規模『請客』中向來諱言黨派，他們說在『請帖』上所規定的四類『來賓』中根本就找不到黨派的字樣。在第一次大會中（指第一屆國民參政會）將行通過擁護政府實施抗戰建國綱領案』時，陳紹禹先生起立公開聲明代表中國共產黨熱烈擁護政府實施抗戰建國綱領，同時曾琦先生也起立公開聲明代表中國青年黨作同樣的表示。但是隨着就有好幾位『陪客』先生們起來大作譏諷，說他們不知道有什麼黨派的代表，只知道代表國家。假使參政會可說是一種過渡的『民意機關』的話，勉强說參政員可以代表人民，似乎還可以馬虎過去，至於代表國家的任務則屬於一國的元首，不是參政員所能代勞的，這一點已經令人發生疑問，但我們在這裏所要注意的卻不是議員與元首職權之爭，而是要指出在『主人』和『陪客』的心目中，除國民黨外，其他黨派似乎都在若有若無之間。你如果稍稍留意國民黨黨報和黨刊上的言論，當能記憶自從『武漢時代』起，就口口聲聲強調所謂『一個黨，』言爲心聲，既公開主張中國只許有『一個黨，』那末其他黨派都不許存在，自是自然的結論了。

但有人說約法中明明規定『人民有結社集會之自由，』抗戰建國綱領第廿六條也明明規定『在抗戰期間如不違反三民主義最高原則及法令範圍內，對於言論出版集會結社當予以合法充份之保障，』所謂『結社，』即可指人民組織政治團體而言，法律並不禁止。而且『政府爲應事實的需要，已經用換文的方法，承認三個黨派的地位；最早是中國共產黨，其次是國家社會黨，再次是中國青年黨。』（見中央周刊陶百川先生著『黨派承認問題的法律研究』一文）這樣還有什麼黨派合法存在的問題呢？但是我們不講空的條文，或紙上寫的黑字，我們要看事實。

實際的事實是怎樣？在參政會裏儘管有若干黨派的人物在那裏『參政，』而在各學校中的青年和政府各機關中的職員，却因黨派的關係，或甚至並無黨派關係而被疑有黨派的，都在被排斥或甚至遇到更大的危險。這在羣衆較多的中國共產黨、中國青年黨、及救國會派，所遭受的苦難也最酷烈。青年黨領導人之一的李璜先生曾經告訴記者，他曾就學校青年中因有青年黨關係的原故而被開除的事實，列舉面告蔣委員長，請求糾正，委員長也當面允許飭令糾正，可是同樣的事實仍不斷發生（也是李先生親告記者的。）青年黨另一領導人左舜生先生也曾將青年黨黨員中因黨的關係而失業的事實親告記者。中共的『來賓』告訴我們的這類事實更多。救國會派的青年和職員在『人民陣線』罪名之下被迫失學失業的也不可勝數。至於各黨派辦的刊物，儘管經過政府所設審查機關通過的，如『新華日報』及『全民抗戰』等等，學校青年及一般公務員膽敢閱覽，就是罪證！諸如此類的事情，簡直三天三夜談不完！

香港大公報曾於去年十月間登載重慶專電說蔣委員長曾對赴渝視察的上海英文大美晚報主筆高爾德說，中國是要實行多黨制的民主政治，我曾將這個消息加入『全民抗戰』信箱答覆讀者的覆語中，被重慶的審查先生用墨濃濃地完全塗掉。最近報載視察慰勞運動的渝市黨委程朱溪在屯溪對新聞記者說：『今日之中國，絕對不許容許有異黨派之存在。』領袖之公開指示如彼，黨委之公開宣傳如此，究竟怎樣，實使人如陷入五里霧中，無數青年及熱心國事的人們便在這五里霧中遭到源源而來的無妄之災。

黨派團結不是黨派本身的問題，實與改善政治堅持抗戰有重要的關係（在前面已經說明過，）所以這個『究竟怎樣』的問題是值得嚴加考慮的。

# 一六　『來賓』的建議

大規模『請客』的『請帖』上說明『來賓』有三權，即聽取報告權、詢問權、及建議權。聽取政府施政報告，忙的是『主人』各機關的秘書科長們，因爲他們要像學生大考似的做起報告，『來賓』只須一對聽覺的器官健全就行，用不着什麼準備。詢問也比較地簡單，口頭詢問只須臨時想起什麼問什麼，書面詢問也用不着洋洋灑灑的大文章，開個條子，湊上五人以上署名就行。至於建議便是『來賓』的提案，便比較地謹嚴而詳細，要擬題目，要寫出理由，要寫出辦法，最後裝上『是否有當，尙希公決』的一套。在會期接近的時候，朋友們看見參政員，或參政員彼此看見，最容易脫口而出的問句是：『你是什麼提案？』但却沒有人問：『你有什麼報告要聽？』或『你有什麼問題要詢問？』建議之被重視，於此可見。

建議或提案之所以重要，當然不僅僅是它的本身，尤其重要的是眞能切實執行，而且執行時必須符合其原議的精神。這幾句話說來好像是常識中的常識，諸君也許要感覺到我的嚕囌，但是表面上是一回事，骨子裏又是一回事：這實在是中國目前政治上最重要的徵象，也是我二三年來在中國實際政治這一部門的課程中所得到的最深刻的教訓。可是得到這種深刻的教訓是需要相當時間的實際視察和許多事實的參證，我在初作『來賓』的時候，對於這一點還不甚明瞭，所以對於建議和其他『來賓』一樣，非常起勁，以爲提案得到通過後是可能得到切實執行的，沒有想到通過是一回事，實行又是一回事。更沒有想到有的時候通過的提案竟可以得到反作用的結果！這暫且不在話下，且說初做『來賓』的我這個傻子，抱着滿腔的熱誠和希望，在第一次大會中就針對當時的迫切需要冒冒失失地接連提出了三個提案。第一是『調整民衆團體以發揮民力案，』反映當時民衆運動的一個迫切要求。第二是『具體規定檢查書報標準並統一執行案，』反映當時文化界的一個迫切要求。第三個是『改善青年訓練以解除青年苦悶而培植救國幹部案，』反映當時多數青年一個迫切的要求。第一案中最重要的一點是對於『調整現有的民衆團體』主張『只要在事實上不違反三民主義及抗戰建國綱領，確有羣衆基礎及救國工作表現的民衆團體，政府都應該准許他們立案，承認他們合法的地位。』讀者諸君只要回想到我上幾次所談到的當時民衆運動所遭受的厄運情形，便可以明瞭這一點的重要性。這提案經過我與幾位『陪客』先生的激烈辯論之後，算是通過了，但提案儘管通過，後來民衆團體所遭受的厄運還不是一樣？我現在回想起來，當時的提案是發傻，激烈辯論更是發傻，因爲提案的通過不通過，和民衆團體的命運是不相干的。多談廢紙堆裏的什麽提案，諸君也許要覺得枯燥乏味，在這裏只是舉一個例子談談，不想再多說了。

但是在結束以前，『憂國憂民的沈先生』在第一次大會中所提出的『切實保障人民權利案』仍值得『提』出來作另一個例子。他老先生對政治經驗比我這樣的後生小子當然是豐富多了，但是他當時也不免發傻，提出了這樣的一個提案，下面撮述該案中的『辦法』雖是被審查會『修正』後的內容，仍值得一讀：有一條是：『除法律賦有權限之機關外，絕對不許拘捕禁押審判處罰人民，以保法權統一。』有一條是：『通令各軍警機關，除戒嚴時期外，不得拘禁審判非現役軍人，非違犯軍事法規之人民，現在拘禁中者，應即解送司法機關。』有一條是：『通令各軍警機關，拘捕嫌疑之人犯，必須於廿四小時內解送審判機關』有一條是：『凡非依法律手續逮捕者應立即移送審判機關。』有一條是『通令全國查明現尙羈押之政治犯，予以釋放。』有一條是：『通令全國嚴禁刑訊。』有一條是：『令軍警機關，凡人民團體及言論出版非依法律不得解散封閉扣押沒收。』夠了，不再多舉了。這提案不僅通過，而且經政府通令全國飭遵，但是我們如把隨便舉出的任何一條，和實際的情形比較比較，便可以斷言要研究中國政治，光看白紙上的黑字是不夠的。要改善中國政治，光從條文上做工夫更是絕對不夠的。

# 一七 『建議』種種

我們在前面談過『來賓』種種，『來賓』有建議權，現在想談談『建議』種種。

在國民參政會中，建議是用『提案』的方式來表現，這是大家所知道的。但是雖都叫做『提案，』因內容的不同，所遭的命運也有着很大的差異。大概最能一帆風順的是『主人』已在做或已決定做的事情，或雖未做而已擬定形式的事情，裝上提案的方式，在會中提出來。例如政府已在執行抗戰國策，在第一次大會中有人提出『擁護政府長期抗戰國策案，』那就無須討論即可通過。又例如『抗戰建國綱領，』原是國民黨所已擬定而已經該黨通過的，在第一次大會中有三個提案擁護實施這個綱領，也是很順利地通過的。第一次大會舉行於廿八年七月六日，是在徐州失陷以後，又有少數妥協投降份子正在播散毒菌，而政府與領袖仍在堅持抗戰的時候，擁護長期抗戰國策的提案雖只是重申現有的事實，但對於國際及全國的嚴正表示，却有着它的重要性的。民主政治的積極開展，實為團結全國更為鞏固，爭取勝利更可加速的基本條件，這自抗戰一開始後，凡是沒有頑固成見的人，都加以承認的。國民黨擬有抗戰建國綱領，正適合於這個需要。因此這兩個提案都是在很熱烈的氣氛中，一致起立通過的。這表示政府只須能眞正反映全國各抗日黨派及人民的共同要求，執行領導權是易如反掌的。堅持抗戰以貫澈救國，實行民主以鞏固團結，始終是全國各抗日黨派及人民的共同要求，**實毫無疑義的。但是抗戰不只是拖，我們必須加強國力作有力的反攻，實行民主不在口頭或表面，而在乎實際，**

這是我們所須加緊努力的。

其次可以風平浪靜中通過的是關於比較空洞，八面玲瓏，不致得罪任何方面的提案，如『節約運動計劃大綱』之類，因爲節約的美德，大家省下一點錢，於公於私都不無好處，除舉手贊成外，不必開口。尤其是這只是紙上的提案，一般薪水階級所得的收入不夠買米，節約無從下手，固然沒有人再忍心說他們未曾切實履行節約，即大人先生們的迫切需要，牛油糖菓等等都可由香港乘飛機直達陪都，其他奢侈品更不必說，沒有人來管這樣的閒事，也就沒有切實履行節約的必要。

其次可以不致引起麻煩的提案是關於廣泛的開發資源的提案，如開發工業農業之類，多開幾個工廠，多闢幾處農場，都是好事，對各方面都沒有絲毫妨礙。有一次有一位女『陪客』的提案主張婦女統統都應該下鄉種田，不但可以解決了婦女的失業，而且還可以大大地發展農業，這當然是莫大的好事，所以不分男女『來賓，』或男女『陪客，』都高高舉着手，因爲在兩廣等處的農村工作婦女，原來就在終年胼手胝足，不受到這類提案的影響，至於在城市中的高貴的太太小姐們，還不是仍然可以穿得花花綠綠，塗的紅紅白白，乘着閃亮的流線型汽車，招搖過市！

最困難最麻煩的當然是關於改善政治的提案，或指出實際的錯誤而欲加以糾正或改變的提案，這種提案無法不得罪任何方面，無法八面玲瓏。例如抗戰建國綱領中所規定的各條，都只是原則的說法，所以不致引起任何方面的反對，但是如就其中所規定的任何一條原則之下，舉出具體的事實或情形，放在提案裏面去，就要引起『陪客』們的激烈反對，或把內容改成完全失了原案的精神，甚至相反。像我上次所提及的關於『保障民衆團體以衞護民力，』『改善青年訓練以解除青年苦悶而培植救國幹部』等案，都在審查會中受到嚴重的打擊，在極困難的情況下勉强通過，而且內容是經過一再修正的，要說成現狀並不壞，只是已經進步，再求進步罷了。這的確是一件難事，要求進步不得不指出缺點，指出缺點就往往不免被人指爲犯了『攻擊政府弱點』的大罪，被人指爲『挑剔政府措施，』認爲『官吏就是政府，攻擊某些官吏的措施失當，就是攻擊政府，就是挑剔政府措施，』犯了反動的嫌疑！這是我親自在某些『要人』面前領敎過的高見，也是親在參政會審查會中所得到的印象，絕對沒有含着一點點『挑剔』的意思。這樣的態度如不加以痛改，民主政治是不可能發展的。

# 一八 『來賓』放炮

國民參政員既然好像『來賓』，所以我屢次聽到他們在私人談話之間這樣說笑着：『我們既然都是請來的客人，大家還是客客氣氣罷！』話雖然如此說，但是這樣的『來賓』和尋常的客人究竟有些不同，有的時候爲着國家大事，受着良心的指揮，不但要起來作激烈緊張的辯論，而且要放出大砲，像熱誠愛國正直敢言的陳嘉庚先生在第二次大會中曾經從三千哩外的新嘉坡放出一砲直達重慶！據軍事家的估計，現在世界上最新發明的大砲所能達到的最遠的射程，大概還不到四十哩，而陳先生的這一砲的射程却達到了三千哩，而且這個砲裏所裝的不是實彈而是紙彈，這才眞是一個奇蹟！

第二次大會已不是在漢口舉行，而是在重慶舉行了。日期是民國二十七年十月二十八日，當時正在廣州失陷（同年十月二十一日）及武漢撤退（同月下旬）的緊張時候，政府和領袖仍在堅持抗戰，有一部分妥協份子却又在散播毒素，汪精衞和他的蝦兵蟹將已在公開討論『和平』。他們的公開理由是天下沒有不結束的戰爭，戰爭結束即是和平，中國與日本作戰也必有結束的時候，所以『和平』不是不可以談的。他們還有一種巧妙的烟幕，說『和平』只須看條件，條件如果有利於中國，日本如果允許完全撤兵，允許中國保全主權領土完整，爲什麼不可以接受『和平』？當時領袖在前方督師，汪以國防最高會議副主席、中國國民黨副總裁及國民參政會議長的資格，在臨時首都或隱或現地大放『和平』的烟幕，一大篇一大篇的演詞和談話登在黨報上，根據官方『批評官吏就是反對政府』的鐵的紀律，我們老百姓看了，於疾首痛心之餘，無可奈何，比較認識正確的言論界朋友也有奮然執筆爲文，想稍稍加以糾正的，但民意在言論不自由的情況下當然敵不過官意，有許多被檢查先生扣留登載不出。後來領袖公開指斥近衛宣言，指出汪所倡言的『和平』是『亡國的和平』『漢奸的和平』在第三次大會中曾有『切實擁護蔣委員長駁斥近衛宣言案』及『擁護蔣委員長嚴斥近衛聲明並以此作爲今後抗戰國策唯一標準案，』爲全會所贊同，但在第二次大會時，領袖在前方督師，在後方的『副領袖』（當時汪是中國國民黨副總裁及國防最高會議副主席）却憑藉着他在黨政軍的地位，大倡導其『和平。』

國民參政會第二次大會就在這樣烏煙瘴氣的氛圍中舉行，汪『議長』當然是這次大會的主席。開幕之後，霹靂一聲，陳嘉庚先生從新嘉坡來了一個『電報提案』（陳先生也是國民參政員，當時因事未到，）內容極簡，而意義極大。這個提案的內容只是這寥寥十一個大字。『官吏談和平者以漢奸論罪！』這寥寥十一個字，却是幾萬字的提案所不及其分毫。是古今中外最偉大的一個提案！依『請帖』上的規定，任何『來賓』要提案，須有十二位『來賓』的聯署，這個『電報提案』一到，在會場上不到幾秒鐘，聯署者已超出二十位。於是名砲手陳嘉庚先生的這一砲，轟冬一聲正式發了出去！

依向例，議長將提案付討論時須將提案的題目向全會朗誦一遍，這次當然也不能例外，所以汪『議長』只得向全會高聲朗誦道：『官吏談和平者以漢奸論罪！』於是討論開始，當時『陪客』中有幾位『汪記』朋友當然要起來反對的，就是其他『陪客』居然也有人爲『副總裁』起來辯護的，『來賓』中明白實際情形的，受良心的指揮，顧不得『批評官吏就是反對政府』的鐵的紀律。奮然起來贊同這個提案的還是不少，結果似乎是加上了『敵人未驅出國土以前』的字樣（大意如此，原來字句已記不清，）『官吏』二字似乎也省去，終將提案通過。當汪『議長』高聲朗誦『官吏談和平者以漢奸論罪』時，面色突變蒼白，在傾聽激烈辯論時，神氣非常的不安，其所受刺激深矣！

國民黨有賢明的領袖也不乏賢明的黨員，我們絕對不因爲國民黨中出了一部分壞蛋而遂抹煞整個國民黨，我們爲愛護國家而愛護領導抗戰建國的國民黨，所希望的是要重視領袖在八中全會中所指示的『我們本身實在有許多的缺點和錯誤，』對民間的『種種批評，我們都要承認，都要接受，』不要文過飾非，不要諱疾忌醫，不要把諍友看作敵人，更不要把民間的愛國言論自由看作洪水猛獸！

# 一九　忙得一場空

在國民參政會第二次大會中，除陳嘉庚先生從三千哩外放來一個驚人的大砲外，最惹人注意的事情也許要算『撤銷圖書雜誌原稿審查辦法以充分反映輿論及保障出版自由』一案的獲得大多數的通過。但是這件事的後果却不是一件喜事而是一幕悲劇。尤其使人駭異的是『來賓』中的『陪客』劉百閔先生在審查本案時宣言『原稿審查』辦法的實行是根據我在第一次大會中的提案！這眞是天曉得！我眞絕對夢想不到我在第一次大會中的那個提案竟會發生這樣的反作用！我得鄭重聲明，我在第一次大會中的那個提案沒有一個字提到什麼『原稿審查，』我現在還提出這一點來說，是順便舉出證明參政會的決案不但通過是一事，實行是一事，有的時候還可發生反作用的，眞是難乎其爲『來賓』了！

因爲這件事有關輿論的反映和出版自由的保障，與整個文化運動有重要的關係，所以有較詳細討論的必要。我在以前曾經提及過，在第一次會議中曾提出『具體規定檢查書報標準並統一執行案，』這並不是無病的呻吟，在當時有許多機關的人員，憲兵也好，警察也好，衛戍司令部的特務人員也好，黨部的特務人員也好，
5軍委會的特務人員也好，都可以隨便到各書舖裏去隨便指那幾本書是違禁的，隨便拿着就走，沒有收條可付，也沒有理由可講。有一次我親眼看見有一位這樣的仁兄到一個書舖裏去，指着國母孫夫人所著的『中國不亡論』爲禁書，要拿着就走，店舖裏的職員對他說這是孫夫人對外國發表的呼籲國際朋友援助中國抗戰文

章的譯文，他說不管內容援助不援助，他是來執行命令的，結果還是被他掠奪而去！這只是一個隨手拈來的例子，諸如此類的事情很多。我在第一次大會中，所以有那個提案，就是要想糾正這種混亂的情形，但是據說却成了『原稿審查』的根據，你看寃不寃！

今日並沒有人主張言論出版漫無條件的自由（抗戰建國綱領即爲共同遵守的原則，）圖書雜誌與新聞消息有別，既有政府公佈的原則以資遵循，又有法律以繩其後，出版後的圖書雜誌已不致有重大謬誤，即偶有微細失檢之處，亦可按現有的出版法及其關於言論出版的現行法規在出版後加以糾正或禁止，不應因噎廢食，使整個出版事業增加困難。

因此圖書雜誌原稿審查辦法於廿七年七月底公佈以後，即引起全國出版界及編著人的注意，商務中華開明世界生活等十餘家書店聯合具文籲請有關當局要求撤銷該項决定。記者一方面以編著人的身份，一方面受全國最大出版家的囑託，在雙重感覺與認識下，在參政會第二次大會中提出了『撤銷圖書雜誌原稿審查辦法以充分反映輿論及保障出版自由』一案。我在這個時候還未認清『表面骨子脫節』的中國政治，以爲提案如得通過，就有希望，所以用盡全副力量促成這個提案的『成功』。每一個提案原來只須二十位『來賓』聯署就夠了，我費了幾天的工夫奔走接洽，居然得到七十餘位『來賓』的聯署，其中還有若干『陪客』眞夠興奮！我當時認爲肯聯署的人，即使有不很熱心的，在會場上也應該不致起來反對罷（後來知道聯署本案的『陪客』大受『主人』的責備。）這一提案在審查會及大會中都引起非常激烈的辯論，我雖在審查會中費了很大的力氣爭論，但在審查會中，『撤銷』二字終被改爲『改善』二字，這和原案的精神完全不符，所以我不得不準備在大會中作最後的力爭（因爲審查會的修正必須經大會通過。）在審査辯論時，『陪客』劉百閔先生說圖書雜誌原稿審查辦法是王雲五先生向政府請求的（劉先生當時係在中央黨部主持審查的事，他爲職務關係，不得不說話，這一點我們是應該加以體諒的，）我不能相信，但覺得這一點太關重要，立刻打電報到香港詢問王先生（王先生也是『來賓』之一，惟該次未到，）在最後關頭（指大會）的最後幾分鐘，接到王先生的回電如下：『國民參政會祕書處即轉鄒韜奮先生：渝冬電敬悉。圖書雜誌原稿審查，弟去年絕未向政府請求舉辦。反之，力子先生初長中宣部時，曾以應否恢復審查見商，弟詳舉窒礙情形，力勸不可，茲當交通梗滯之時，如欲審查原稿，更無異禁止一切新刊物，或使新刊物絕跡於內地，窒礙尤多，務望先生等堅持撤銷。幸甚！王雲五。江。』

我得到了這個電報，拍案叫絕，即在大會辯論時公開宣佈，又得羅隆基左舜生諸先生等桴鼓相應，竟恢復『撤銷』字樣，得到大多數的通過，震動了全會場。但是如今想來，通過有什麼用？結果還不是忙得一場空！

## 二〇 審查與講理

『圖書雜誌原稿審查辦法』受到全國編著人及出版家的反對，『撤銷』的提案在國民參政會中得到七十餘人破紀錄的聯署在大會中得到最大多數的通過。這種情形的後面所潛伏着的民意是『主人』所應該感覺得到的，所以在『重慶市圖書雜誌審查會』最初階段的工作還保持着相當合理的態度，尤其是當時在中央黨部方面主持這件事的劉百閔先生有着相當公正的態度，現在劉先生已不在主持這件事了，但是在他主持時間，他的相當公正的態度也可以說是講理的態度，是仍然留人感念的。當時黨部方面有人對於我在參政會中提出『撤銷』一案引起很大的反感，主張對於我所主編的『全民抗戰』特別留難，他們大權在手，要對付我這樣的一個老百姓，當然是綽綽有餘的，但是劉先生却力持不可，所以未即對我開刀，我現在不是因爲劉先生幫過我的忙（其實不能說是幫我個人的忙，而是幫文化工作的忙，）我就拍他幾句馬屁，其實他的這種比較公正的講理態度，確是值得我們『嘉獎』的。

當然，劉先生當時所担任的職務不能超出我們所反對的『原稿審查』的範圍之外，可是這一點不是他的力量所及，我們也無意對他抱着這樣的要求。他的講理之處是在執行這個辦法的時候，仍在可能範圍內儘力爲編著人及出版家減少困難，這和有些人一旦大權在手，便很大胆地作威作福，對老百姓『特別留難』相形之下，我實在想送劉先生一把『德政傘，』或一塊『德政匾，』以表示我們老百姓並不是不知好歹。劉先生當時對出版界公開聲明審查工作當極力減少出版界的困難，所以為節省時間起見，原稿不必排後送審，可以草稿送審，定期刊不限定一次送審，可分數次送審，審查會對不通過的稿件須批明理由，星期日照常辦公，以免躭擱審稿時間，這都是肯講理的表示。老百姓的苦衷本來不容易為大人先生們所諒解，我們這班編著人的苦衷也不容易為審查先生們所諒解，例如我們辦一種刊物，要辦後不脫期，內容要能反映在時間上最近的問題或事實，我們把時間看得很重，不能限定什麼『辦公時間』，必要時常要通宵達旦地開夜車，而審查會的先生們並不能陪着我們不睡覺，他們是要講辦公時間和手續的，辦公時間過了，即令你急得要死，也非等到明天不可，刊物往往就非因此脫期不可，或非遲幾天出版不可，這是肯負責的編者所最感苦痛的事情。有一次重慶審查會發還我們稿子的時候，有一篇文章被認為有幾句不妥，全文不許用，時已傍晚，我們的刊物當晚等着要排印，要和審查會『講理』已來不及，我趕緊拿着這篇文章，飛跑地趕到青年會劉先生的寓所裏找他，他剛巧出門未回，我由晚間八點鐘等到十二點鐘，他終於回來了，經我解釋之後，他答應通過，我要求他在他的名片上寫幾個字讓我轉交給審查會，他照辦了。這樣一來，我們的刊物當晚就可以趕印，第二天才把劉先生的名片交給審查會備案，渡過了一個難關。雖當晚我們同事們趕來趕去，都不得好睡，但在精神上却是愉快的，因為我們都是講理的人，劉先生以講理的態度對待我們，我們是知道感謝的。

公道自在人心，有人自己倒行逆施，厚顏開口怪別人不給他『贊美辭，』在實際上他永遠得不到，『贊美辭，』只有令人聞之齒冷，有人肯講理，他不要求『贊美辭，』我們倒不妨多送他幾句『贊美辭。』我記得當時劉先生還舉行了一個茶話會請編著界的朋友們，藉此聽聽編著界的意見，有許多編著人出席，也有許多審查會的先生們來參加，大家老實爽快地交換交換意見。因劉先生有着講理的態度，所以審查會平日在編著人方面也留有相當的好感，那天編著人方面對劉先生及審查會着實送了相當的『贊美辭，』記者也公開表示對於『圖書雜誌原稿審查』仍是根本反對，但對於審查會袞袞諸公在執行職務中的相當講理，也誠懇地致了幾句『贊美辭。』這不是虛僞的恭維，是有着事實根據的。諸君只要聽到以後我們在審查方面所遭受的種種苦難，便知道這一個最初階段是值得『恭維』的。

# 二一　老爺們高興怎麼辦

劉百閔先生在中央黨部主持圖書雜誌審查會的時候，還肯講理，這是我們應該說的公道話，但是在他離開這個職務之後，重慶審查會便漸漸不講理起來了。首先是在星期日只辦半天公，送審查的稿子已不免擱積，後來索性星期日全天不辦公，使定期刊物，尤其是週刊發生很大的困難，因爲比較有緊迫時間性的文章都受到影響。星期日不辦公，原是各機關的通例，但是審查稿件的機關，爲便利出版界計，只應實行輪班的辦法，不應置出版界的困難於不顧。但是他們一定要實行星期日全天不辦公，你又能拿他們怎樣？我們辦定期刊的人只有忍痛把時間性提早，減少刊物內容的精彩。要使刊物的內容能反映到最近的時間性，是文化工作所要注意的問題，在審查會的老爺們却覺得這是管他娘的鳥事！

空襲來了！我們做編輯的人，因爲印刷所不能搬到山上去，而且要反映現實，躲在山上也不免隔膜，所以仍然在重慶城裏埋頭苦幹着，但是重慶審查會的老爺們對於這一點是無須理睬的，他們的生命比甚麼人都特別重要，把辦公處搬到高高的南岸山上去，於是依審查條例稿子隔日可以審查完畢索回的，要增加一日，而且稿子只許一次總送審，不得像以前那樣可以分次送。這樣一來，時間上又增加了好幾天，但是文化工作的效率，在他們是次要或無關緊要的問題，你又能拿他們怎樣？

以前稿子不通過的，除批示理由外，原稿附同發還，後來不通過的稿子不但『應予免登』，而且把原稿一概扣留，這樣一來，原稿不在手邊，批示的對不對，你無從作詳細的檢討，就是你記得原稿大意，跑去『講理』，他們原稿死不拿出來，你就是要『講理』也無從『講』起！依審查條例，並沒有扣留原稿不許發還的規定，但是審查會的老爺們可不管這些，只須他們高興，突然給你一個通告，說以後原稿不許發表的，都一概要扣留，你就得『絕對服從法令』，老爺高興怎樣辦，就是『法令』，你既是老百姓，就得『絕對服從』，否則他們就要扯到『國家至上』的大道理上面去，你便成了該死的叛徒！

以前他們對於你送審的文章，認為其中有不妥的句子應該修改的，只在句子旁邊用紅筆劃上紅條，叫你自己修改（指出的對不對是另一問題），後來他們老不客氣地拿起筆來替你修改，把你的原文用墨濃濃地塗得毫絲看不見，另外替你寫上他們的高見，算為你的文章！你拿回這樣的原稿以後，可以看到你自己的原文已在黑漆一團中消蹤滅跡，記不起寫了什麼，而代替你的意見是審查老爺的高見！（究竟高不高，當然只有天曉得！）發表時文章題目下面的署名儘管是你自己的，但是在實際上你却無異要代表審查老爺發表他的意見，而且要對讀者替他的高見負責！文字究竟通不通，意思究竟對不對，都是你的責任！你要不『絕對服從』嗎？那又要發生『不服從法令』的問題了！

審查老爺認為必要的時候，他可以把你的文章中隨便刪去幾句，使你的上下文脫節，連貫不上，但你却須『絕對服從』，把上下文連貫不上的句子排緊。有些編者覺得這樣太對不住讀者，於是在脫節之處用括號註上（中被略）字樣，也被審查老爺下令禁止。後來編者覺得審查老爺也許看到『被』字心虛，改註『中略』，表示審查老爺可不負責任，可能是編者自己荒唐瞎刪的，但是審查老爺仍然心虛，非嚴禁不可，並嚴厲警告，說以後再敢故犯，當以不服從審查論罪，刊物沒收，其實文章旣遵命照略，正是小心翼翼地『絕對服從』『老爺命令，』不過僅僅對讀者聲明此處有『略，』免得文字不通而已，對老爺的『體面』似乎沒有多大損失，但是老爺們一定要以不服從審查論罪，否則刊物沒收，威風凜凜，你又把他們怎樣？此外你如在刊物上登啓事告訴你的投稿者（往往因無通訊地址，不能逕覆，）說他的某篇文章『奉命免登，』也是犯禁的事情。我們找遍審查條例，沒有禁用『中略』或不許聲明『奉命免登』的規定（其實聲明『奉命』應該大可增加老爺的『體面，』）但是這都不足爲根據，因爲在上面已說過．老爺們高興怎樣辦就是『法令，』老百姓就有『絕對服從』的義務！

# 二三　上山拜訪審查老爺

法國投降應否同情？諸位突然看到這個問題的提出也許要感覺到我是在開玩笑，因爲法國投降有什麼同情的價值？這還成爲問題嗎？但是我卻爲着這個應該絕對不成問題的問題，費了整整半天的工夫，跑了幾十里的山路，和重慶圖書雜誌審查會的一位祕書先生作了一番非常激烈的辯論，辦了一次嚴重的交涉，所以留下了下述的一個故事。

當重慶審查會尚在重慶城裏辦公的時候，我曾經有幾次爲着文章無故被『應予免登』的事情，親自跑到審查會裏去辦交涉，要求審查老爺親自出來討論討論，看誰的理由對，但是審查老爺總是羞答答地不肯露臉，只叫一位祕書先生出來應付。那位祕書先生辯得無話可說時，便一溜煙往裏面跑，和審查老爺嘰嘰咕咕一番，再跑出來重振旗鼓，繼續辯論。有好幾次經過這樣辯論之後，我總算都得到勝利，把原來要被送入棺材的文章救了出來。雖則那位祕書先生在辯論失敗之後仍不免悻悻然，不高興的神氣擺在面上，我的目的原不在取得他的歡心，只要文章能從棺材裏救出來，便已心滿意足，欣欣然跑回編輯室，雖汗流浹背，不覺疲勞。而且他們肯有人出來和我辯論，俾我有和他『講理』的機會，這總是一件可以『贊美』的事情（後來連這樣辯論的機會都取消得一乾二淨，詳見後文。）

話說法國投降之後，有些人被希特勒一時的勝利沖昏了頭腦，有些人簡直向來就崇拜獨裁厭惡民主，大誇張其民主失敗獨裁勝利的謬說，掩沒了法國投降的眞正原因。『全民抗戰』有鑒於此，敦請了一位作家特著論法國戰敗速降變更國體一文，揭露眞相，送審時被重慶審查老爺毫無理由地删去了最有精彩的部分，其中尤其重要的警句有：『法國投降是爲了法國資產階級的自救，也正是一國資產階級在處境困難時必然達到的邏輯。法國既在戰場上決定了國家的命運了，但資產者首先想到的當然是保護自己的財產和自己在國內的統治，如果能夠保住這些，那比起空洞的國家的光榮，那是更有利的。何況法國人民已放出革命的信號了，首先結束對外戰爭，是比什麼都重要。』這不是憑空懸揣的，該文被删的部分並引證：『據六月二十九日（一九三九）上海密勒氏評論報所載，法國在投降前幾星期，是在極端危機中，法國已進入革命的邊緣，那些日子中，有大批人民，及所謂左翼份子，並包括國會議員的被捕，就反映了時局的嚴重。同時法國統治者已和希特勒取得諒解，希氏已允諾法國資產者保有重工業，並包括軍火托辣斯，我們同時也還聽到希特勒已允不佔領里昂等幾個重工業城市，這是現實利益呀！爲了鎭壓國內革命，爲了保有自己的財產，這些法國資產者便採取了速降政策。』

爲了說明法國投降並非由於民主，必須揭出法國投降的眞正的主要原因，但是關於最重要是這部分，却被審查老爺删除得乾乾淨淨。我覺得這件事非和審查老爺力爭不可。這時老爺們已喬遷到高高的山上去，幾十里山路往返非費半天工夫不可。我也顧不得許多，爲着要救救這篇重要的文章，只得硬着頭皮，擱開其他要事，披髮入山！我去的時候是邀着同事徐先生同走的，一則因爲我路途不熟，二則萬一有三長兩短，讓他知道我的下落。我當時下了决心，如果審查老爺不講理，自知理屈而仍要以官力糟塌這篇重要文章的話，我打算賴在那裏，死不下山，非救回這篇爲許多讀者所急迫需要的好文章不可。其實現在想來，賴在那裏有什麼用，你眞是賴在那裏，老爺們有的是憲兵、警察，他們隨便下個命令叫幾個憲兵或警察來把你抓去，不是易如吹灰的事情嗎？再不然的話，讓你賴在那裏餓死，對於他們更是功德無量的事情，因爲多死了一個要求審查老爺講理的編著人，以後便可以減少麻煩，便可以順利地刪文章，改文章，扣文章，豈不是一舉數得的美事！但無論如何，我當時是抱着拚命的決心上山了。那個山的大名似叫『眞武山』，好不容易爬上山頂，在一個輝煌寬敞的大寺裏，找到了那一羣狹路相逢的老寃家。談到這裏，篇幅滿了，後事如何，且待下回分解罷。

# 二三　一大堆廢話的激辯

法國投降應否同情？這可以說是一個萬分愚蠢的問題，因爲稍稍有世界正義的人，稍稍有志氣的中華民族的女兒，一定認爲這個問題的答案是絕對否定的，用不着費工夫作無謂的討論。但是記者却因爲要挽救一篇重要的好文章被人送進棺材，不得不爲着萬分愚蠢的問題流了一身大汗，爬上重慶南岸的眞武山，去拜訪審查老爺們！

這件事在昨天已經談過，且說我們（記者和同事徐先生）爬上了山頂，踏入老爺們藏身之所的大寺，他們發現我這樣的一個『寃家』竟不憚煩地追蹤到山上來了，仍由那位祕書先生來應付。我首先請他說明那篇文章裏被删去部份的理由，他最初指出的是那裏面有『階級』的字樣，很不妥當。我說法國是資本主義發展的國家，他們國內有資產階級，也有無產階級，是全世界公認的事實，這篇是研究法國的事情，爲什麼不可以用『階級』的字樣？他沒有話說，但仍嘰哩咕嚕地說，最好不要用！我說就是國父中山先生在『三民主義』中也不諱言外國有『資本家，』資本家不是資產階級中人是什麼？國父中山先生在國民黨第一次代表宣言中更明白說到『近世各國所謂國權制度，往往爲資產階級所專有。』爲什麼三民主義的中國發展到今天，作家研究法國的問題，提到法國的資產階級都有人發抖，這是什麼道理？

他更沒有話說，一溜煙跑進去和審查老爺去商量一番，再溜出來，說那篇文章裏指出法國的迅速投降是由於要鎭壓國內革命，是由於資產者要保全自己的財產，很不妥當。我說這是法國的事實，有什麼不妥當？我告訴他上海英文密勒氏評論報是美國人辦的刊物（那篇文章裏引證了該報關於法國事實的記載，）美國是衆所週知的資本主義國家，該報編者至多是自由主義者，他們都不怕據實指出關於法國投降的這些事實，作爲研究法國迅速投降的根據，爲什麽三民主義的中國一定要替法國的資產階級做保鏢？爲什麽三民主義中國的作家一定要對於國際上這類鐵的事實閉攏眼睛說假話，以自欺而欺國人，讓那些硬說法國的投降是由於民主的失敗，以打擊民主政治在中國的發展？

他又沒有話說，又一溜煙跑進去和審查老爺去再商量一番，再溜出來，說那篇文章指出法國資產者爲了鎭壓國內革命，爲了保存自己的財產，便採取了速降的政策，這實有意暗射中國的情形，所以很不妥當！我本來是在用全力抑住自己的氣憤，客客氣氣地說話，記住沈老先生所常說的『主張堅決，態度和平』的格言，此時聽到了這樣的胡說，我自認養氣工夫不夠，不免有一點兒疾言厲色了，我很嚴正地提出抗議，我說法國投降是事實，但是中國政府和領袖是在領導全國堅持抗戰，爲什麽我們分析法國的投降就是暗射中國情形，你的話實在是侮辱政府、侮辱領袖、侮辱整個中國的人民！

那位祕書先生究竟還是一個『好人，』因爲我看見他的面色有點變，靠在桌邊的十個手指都在發抖。我覺得可憐他，原諒他，我把嚴厲的聲音改緩和了，我說我沒有別的目的，只是要救救那篇重要的好文章。他略略靜默了一會兒，又忽忽地一溜煙跑進去和審查老爺商量一番，再溜出來，囁嚅着說，我們對於法國的失敗，實在是應該同情的。我毫不躊躇地回答他說，即令我們對於法國的失敗應該同情，對於法國的投降却絕對不應該同情，只有中國的漢奸對於法國的投降才表示同情！他聽了只是沉默，沒有什麼話說，我想我們的一大堆廢話的激辯大可以結束了，我聲明審查老爺的『理由』既沒有一絲一毫可以成立，那篇文章非全部恢復原狀不可。他又略略靜默了一會兒，悻悻然把那篇文章往桌上一擲說，你要登就登罷。當時天已近黑，我抓着那篇稿子和徐先生往外飛奔，脚下好像輕快得什麼似的！徐先生邊奔邊笑着說，今天的大辯論可惜沒有請許多審查老爺都來參加！

我始終還是感謝那位祕書先生，因爲他至少還讓我講理，最後還因爲理屈而肯把稿子擲還。這是他最後一次和我『講理，』此後他永不再出來相見，換了一個完全蠻不講理的所謂總幹事。

# 二四　老爺與老百姓不平等論

我上次介紹給諸君的那位重慶圖書雜誌審查會的祕書先生，至今還使我欽佩和感謝他，因爲他的意見儘管和我有出入，但是沒有擺官架子，還允許我和他講理，他發現理屈，還肯加以糾正。可是自從在眞武山上熱烈『講理』一番之後，他每遇我去『奉訪』，總是『公出』，換了一位蠻不講理的所謂總幹事出來敷衍。我有一次因爲一篇稿子被無辜扣留的事情去『講理』，他擺出十足的官架子，放出十足的官腔，發揮了一大篇的『老爺與老百姓不平等』的大『理論！』他的大『理論』中有精彩的警句是脫口而出的幾句：『你和我講理沒有用！只有處於平等地位的彼此才可以講理，我是主管機關，我說怎麼辦就要怎麼辦，你和我是不平等的，你不能和我講理！』我當時和他始終是客客氣氣地『講理』，但却聽到他這一大篇妙論，眞使人『出乎意表之外。』如果不是我親耳聽見，而由別人轉述的話，我還是難於相信。和我同去的同事程先生在旁聽了也氣得目瞪口呆，說不出話來。這樣的壞蛋完全是高爾基所謂只有墳墓才能解決他的代表型的東西，當然是無理可講，所以我們並沒有和他計較，實行了戰略上的自動撤退。

我和程先生帶着很沉重的心境走出了老爺的衙門之後，沉默地向前走着。程先生是一位英俊有爲，充滿着正義感的青年工作者，他是一位最富責任心的助理編輯。我看他氣憤塡膺，感慨無極，我安慰他說這不是消極的氣所能解決的事情，我們在這種地方大可長長見識。這樣的壞蛋只是中國一部分的不肖官吏的代表型

（我說一部分，因爲我不否認中國也有好的官吏，雖則好的官吏多處於無權的地位，）比我們處境更苦的老百姓，遭到不肖官吏的殘酷蹂躪而呼籲無門者實千百倍於我們所受的這樣的欺凌，我們應該把這樣的現象作爲我們研究中國政治的一種材料。你聽他說『我是主管機關，』這種『思想』就是脫胎於法國專制魔王路易十四『朕即國家』的名言。我們如稍稍注意各國民主政治的發展史便知道直至十八世紀末葉，所謂『法律，』不是被視爲『上帝法則』的解釋，便是被視爲統治者（君主）的『意志』。在昔君主專制時代，『朕即國家，』那時如說『國家至上，』在專制君主們看來便在實際上等於『專制君主至上！』在當時的專制君主們看來，反對『專制君主至上』的人就是反對『國家至上，』成了『國家』的叛逆，罪該萬死！專制君主『說怎麼辦就要怎麼辦，』便成了『國家』的『法律』或『法令，』蚩蚩者民，就有『絕對服從』的義務，那位總幹事老爺厚着面皮說『我說怎麼辦就要怎麼辦，』你不要小覷了他，他的話在歷史上是有根據的，就是以前專制君主的看法。

有這樣偉大懷抱的官吏，根據『朕即國家』的『理論』而發明『我是主管機關』的新『理論，』在他們看來，如說『國家至上，』便在實際上等於『官吏至上，』反對『官吏至上』的人就是反對『國家至上，』也成了『國家』的叛逆，罪該萬死！依他們的想法，『國家』至上既在實際上等於『官吏至上，』那末很自然地，官吏的『意志』便是『國家』的『法律』或『法令，』蚩蚩者民，也就有『絕對服從』的義務了！

我們都渴望中國獲得自由解放。我們都明白中國的自由解放對於我們每一個人的福利乃至我們子子孫孫的福利有着不可分離的關係，所以我們對於『國家至上』的口號是至誠熱烈擁護的。但是我們反對有此官吏——尤其是有些高級官吏——把『國家至上』來做護符，在實際上實行其『官吏至上』主義，把『絕對服從法令』來做護符，在實際上實行其『我說怎麼辦就要怎麼辦』的欺民政策。我們所以反對這些，因爲這些與國父中山先生所倡導的『主權在國民全體的』民主政治衝突，因爲這些與領袖在參政會所指示的『最有力最鞏固的政治一定是建築在民意之上』的原則衝突。這一點似乎是人所週知的常識，但是目前中國政治之未能如我們所期望的健全，像上面所揭出的那位總幹事老爺所代表的態度，也是癥結之一。我們對於這類暴戾恣睢的不肖的個人，無暇攻擊，也不值得攻擊，我們所注意的是這類不肖官吏所代表的政治上的惡劣傾向，這是我們所必須痛加糾正的。

## 二五　審查老爺對文藝的貢獻

重慶圖書雜誌審查會的老爺們自從不再准許『講理』以後，幹了許多好成績，受他們『主管』的編輯人和著作人在飲泣吞聲的苦況下，却也感到了不少的趣味！有趣的具體材料太多，談也談不完，而且有許多材料沒有帶在手邊，引證參考也不易辦到，現在只就記憶所及，略舉數件事做例子，藉以證明老爺們對於文化工作的重大貢獻！

首先想談到的是地主『應予删除。』諸君聽了這句話，請勿誤會，以爲審查老爺在那裏熱心實行土地革命，那是絕對不是的，他們是要在紙面上把『地主』這個名詞删去。如其不信，有例爲證。名小說家歐陽山先生著了一篇小說，題目是農民的智慧，裏面描寫一個僞軍的司令叫做宋文楷的，說他是地主出身，審查老爺把全篇中的『地主』二字，用墨濃濃地塗得一團漆黑！文藝家描寫人物原是要寫得深刻，如今這篇小說裏的這位主要人物被審查老爺這樣用勁一塗，塗得讀者看到這篇小說時，根本不知道這位主要人物原來是幹什麼的，這豈不是一件很糟糕的事情？但是顧到讀者如何如何，這只是編輯人和著作人的事情，在審查老爺只要『塗』得痛快，讀者如何如何，在他們看來大概也不外是管他娘的事。尤其使人看了啼笑皆非的是那篇小說裏說了那位地主『有上五百畝田，』這『有上五百畝田』也被審查老爺用濃墨塗掉，又有一個地方說到這位宋文楷是『一個四十多歲的大地主，』不但『大地主』三個字被審查老爺用濃墨塗得非常周到，同時連『一個四十多歲的』這幾個字，也被審查老爺在濃墨之下毫不留情，塗得乾乾淨淨，不但使讀者看了不知道該篇小說中的這個主要人物原來是幹什麼的，而且連他的年歲多大也摸不着頭腦！文藝家對於人物的描寫要深刻，審查老爺却非迫他寫得糊塗不可！

依進化論的學說，人似乎是由猿進化而來的，但人類的心理和畜生的心理似乎有些不同，就這件事研究起來，即令請教世界上的心理學家，就人類心理學的觀點看去，恐怕莫名其妙，即就畜生心理學的觀點看去，恐怕也莫名其妙罷！你說審查老爺的心中怕階級鬥爭，所以聽見有人提起『地主』這個名詞就戰慄嗎？但是這裏絲毫沒有講到僱農或佃農要與地主鬥爭，只是說那位僞軍的司令是地主罷了。老爺們的意思是說只有其他人等會做漢奸，地主也絕對不會做漢奸嗎？除非審查老爺自己是地主，所以有這樣的想法，但在略有常識的人都無法『絕對服從』的！說『有上五百畝的田』這又違背了審查條例的那一條？說有一個人活到了『四十多歲』，這又違背了審查條例的那一條？即退一步說，審查老爺根據那位總幹事老爺所發明的新學說，『我說怎麼辦就要怎麼辦』，審查條例在老爺們是可以不在乎的，但無論老爺們有的是人類心理或畜生心理，爲什麼看見『上五百畝的田』或『四十多歲』就怕得什麼似的？如說審查老爺剛巧也有『上五百畝的田』或剛巧也苟活了『四十多歲』，但那篇小說裏說的明明是僞軍司令宋文楷，並沒有扯到什麼審查老爺，『我是主管機關』的老爺們又何必大驚小怪呢？這眞是令人百思莫解。但是自從審查老爺們不再講理以後，我們雖有種種疑問，却無法向他們請教，實在是莫大的憾事。助理編輯的同事問我怎麼辦？我說這類混蛋透頂的東西，我實在無法『絕對服從』，把這幾處的原文照登出來，登出後如老爺們要將刊物沒收，就讓他們沒收罷，在這樣『官吏至上』的情況下我的編輯原已幹不下去，要拉倒就此拉倒可也！

通常在刊物出版之後，審查老爺如發現對於他們的『法令』有未『絕對服從』之處，就要再下一道『法令』沒收的，但是這次歐陽山先生的這篇名著發表之後，審查老爺們也許由於賢勞過度，精神不濟，也許由於喝醉了酒，精神昏亂（聽說重慶有的審查老爺正在喝醉酒之後，對稿子可以馬馬虎虎亂打通過的圖章，可以保全不少好的文章，我却未曾親自見過，無法證實，不敢肯定，）對於『地主』，『上五百畝的田』以及『四十多歲』等等的起死回生，並未發現，這總算是歐陽山先生的文星高照！

# 二六　審查老爺對文藝又有貢獻

我昨天和諸位談起圖書雜誌審查會的老爺們對於文藝的貢獻還只限於『刪除』的工夫，那種貢獻還是有限的；此外他們對於文藝還有一種更偉大的貢獻，那就是對於文藝家的名著不但有刪除的本領而且有拿起筆來隨意改的本領任意添上文藝家自己所說不出的話語，或文藝家自己所意想不到的意思，這種偉大的貢獻不但是空前恐怕還可以『絕後』罷！

最近在報上看到政治部文化工作委員會曾於四月二十八日在重慶請了幾位名作家開了一個很熱鬧的文藝演講會。名文藝作家老舍先生也被請到，他講的題目是『小說之創作方法』裏面有這樣的幾句話：『要使人物與故事有天衣無縫的配合，這要靠作家對於所有材料剪裁與自生，更要以生平所有的經驗以烘托故事的眞實。最後要清楚一切事物的環境與根源，對於所描寫的故事應如親歷般的熟悉。』我不是文藝作家，對於文藝不敢班門弄斧也不是要在這裏介紹什麼文藝理論我只是根據名文藝家的經驗之談表示文藝創作的確不是一件容易的事情，由此更增加我們對於審查老爺們的大胆妄爲的欽佩，更使我們深深地感覺到審查老爺們對於文藝確有罪不容誅的異常偉大的貢獻！

我曾經和茅盾先生談起這件事，這挑起了他的創傷的心情，感慨唏噓地說，這裏面的笑話實在太多，審查老爺們看到文藝作品中有用到『前進』的字樣時，必須把它塗抹！有用到『頑固』字樣時，也必須把它塗抹！

有時候他們看見『黑暗』兩個字要趕緊塗抹，看見『光明』兩字也要趕緊塗抹，都不許用！他們把文藝作品『修改』以後往往和原作者的意思完全相反！改後他們在批示中常有洋洋灑灑五六百字的『指示』發揮他們的『文藝理論』雖然文藝家看了要作三日嘔，或頭痛三個月，但是審查老爺『說怎麼辦就要怎麼辦，』誰敢不『絕對服從』老爺們的『法令』呢？所以有人說中國既有了這樣好的『文藝理論，』以後胡風先生的文藝理論文章大可『絕筆』了。

審查老爺們『修改』文藝名著的勇氣，很足夠引起我們的肅然起敬。試舉一個有趣的小小例子。名文藝家沙汀先生著了一篇創作小說，題叫老煙的故事，被老爺們不知『刪除』了多少，那裏面描寫到一個愛國青年被『特務』所追蹤，恐懼煩惱緊張得很，他的朋友安慰他說：『現在救國無罪，你怕什麼呢？』審查老爺看到有人說『現在救國無罪，』不以爲然，拿起筆來加濃着墨把它塗個乾淨，換上這樣的一句妙文：『這裏又不是租界，你怕什麼呢？』眞虧老爺們想得妙，任何人怎麼扯都不會扯到什麼『租界』方面去；又眞虧老爺們不但想得妙，而且臉皮厚得夠，有勇氣把妙文寫下來給文藝家拿回原稿時盡量賞鑑一番。這只是一個小小的例子，但是由這樣的例子所反映的環境，是値得重視中國文化工作前途者的深思。

依我們在上面所已略爲提及的老舍先生對於文藝工作的見解（審查老爺們也許要不以文藝家的文藝理論爲然，而把自己的狗屁不通的『文藝理論』當寶貝，但是老爺雖尊，我們老百姓想到文藝理論時却不得不以文藝家說的話做根據，這却不得不請求老爺們特別原諒的。）小說的創作是『要以生平所有的經驗**以烘托故事的事實，』我們相信沙汀先生在他的那篇文藝創作『老煙的故事』裏，是『以生平所有的經驗**

以烘托故事的眞實』如今審查老爺心血來潮，忽然一扯而扯到什麼『這裏又不是租界，』我們初看起來，感到『千古奇觀，』但仔細想想審查老爺也許在這妙文中反映着他的『生平所有的經驗，』不然的話，爲什麼他的腦海中找不到『救國』的印象，也找不到『救國無罪』的印象，而在他的腦海中留着最深刻的印象却是『租界』呢？我想來想去，覺得此中必有道理，我想這位老爺突然在此處有這樣的妙意妙文出現也許剛巧他是在那處『租界』裏做過『特務，』或至少和那裏的『特務』有過密切的關係罷！好的文藝創作是多麼辛勤培成的，但却遭到這樣殘酷的蹂躪，眞可爲中國文藝一哭！

## 二七　審查老爺對社會科學也有貢獻

我前兩次談及圖書雜誌審查會的老爺們對於文藝的貢獻，其實他們不僅是對於文藝有偉大的貢獻，對於社會科學也有偉大的貢獻！例如在各婦女運動的歷史中都可以看到『婦女解放』的名詞，這個名詞在中國『五四』運動的時候就已風行一時，並沒有人認為此中含有什麼『大逆不道』的成份，但是中國進步到了今天，審查老爺們却有着新的想法，他們在你的稿子上把『婦女解放』一律改為『婦女復興』這不是世界上任何社會科學家所夢想不到的新發明嗎？有人說這個新發明是審查老爺們用科學的方法從『民族復興』這個名詞推演出來的，實在有着他們的科學的根據，因為遇着『民族解放』這個名詞，他們也要改為『民族復興』。他們一看到『解放』這兩個字，就想到『復興』那兩個字，所以不管在什麼地方，『解放』非改為『復興』不可！我們知道在美國歷史上有過『黑奴解放』這回事，如依我們的審查老爺所發明的社會科學的這個鐵則，似乎應當改為『黑奴復興』，這如被美國一千多萬正在渴求自由解放的黑先生們看見，恐怕要嚇得一跳，不免要誤會我們是在主張壓迫弱小民族了！這豈不寃哉枉也！根據國父中山先生的遺教，我們是絕對不肯幹這種勾當的。所以審查老爺們的這種新發明恐怕只能在現狀下的中國可以通行無阻，科學是有世界性的，這一點似乎還值得老爺們再加一番研究，不知老爺們以為如何？

我們在美國名記者史諾（Edgar Snow）最近出版的新著"The Battle For Asia"一書中可以看

到他會引證陳立夫先生說的話，說『中國沒有階級』（見該書第二〇六頁，）在尚須努力實現『平均地權，節制資本』的中國是否已經成了『沒有階級』的理想的社會這已是值得大家研究的一個問題，但即令退一萬步說中國已經成爲『沒有階級』的理想的社會了，我們仍不能武斷全世界上都已經沒有了階級，這一點應該是很明顯而無須多費口舌的。但是對社會科學有特別貢獻的審查老爺們不能同意！在他們所審查的大衆社會科學講話一書中（舉一個具體的例子來說，）他們就不許用『階級』這個名詞，該書的著者雖是一位社會科學家，但是在『官吏至上』無理可講的情況下，只得『絕對服從，』可是又不能抹煞社會的事實和科學的眞理，在萬不得已中只得把『階級』改爲『社會集團，』例如工人階級只得改稱『工人社會集團，』農民階級只得改稱『農民社會集團，』這樣才得把這本書通過。幸而中國的科學還不很發達，否則如有外國人把中國書譯成西文，看到什麼『社會集團，』不明白這是中國『社會科學家』的什麼新發明，非埋頭考據一番不可，這可以使外國學者敬佩中國學術的艱深，審查老爺們不但對中國的社會科學有貢獻，而且還有提倡中國國際地位的功勳，這一點是更值得我們歌頌的。

講到審查老爺們對於社會科學的偉大貢獻，還有一段故事令人不勝感奮。上面所說的那本大衆社會科學講話中提到『社會主義的蘇聯，』在『蘇聯』這個名詞上面加了『社會主義的』這個形容詞，也引起了審查老爺的反感。他們認爲『社會主義的』這個形容詞『不妥當，』把原稿擲還，叫著者把它改一下！這却使該書著者萬分爲難，因爲你心裏贊成不贊成，『社會主義』是一事，蘇聯在事實上是『社會主義的』却是普天之下所公認的事實，這怎麼改才好呢？你在那上面加個『資本主義的』罷，固然與事實不符，你在那上面勉强加個『三民主義的』罷。也有問題；因爲我們儘管是竭誠擁護三民主義者，但如硬把這頂帽子戴在蘇聯的頭上去，蘇聯肯不肯承認，世界各國是否就肯跟我們叫，世界上各國的科學家是否肯承認這是眞理，實在都沒有把握。該書著者想了幾天幾夜，實在想不出『代用品』，而對老爺們的『法令』又不敢不『絕對服從，』怎麼好呢？急則智生，他只得老實告訴老爺，說自己實在想不出，請求老爺代爲想一個，自當『絕對服從。』過了幾天，老爺也想不出，只得批示『姑准照刊，』該書著者看見『姑准』兩字很不高興，嘰哩咕嚕地說：『你們自己也想不出，還擺什麼十足的官架子！』

其實審查老爺們在這種地方不但擺官架子，而且違反了『總理遺敎，』因爲國父中山先生在民族主義第一講中就已明明指示我們說：『俄國在歐戰的時候，發生革命，打破帝制，現在成了一個新國家，是社會主義的國家。』但是在『老爺與老百姓不平等論』風行的時候，你和他們講『總理遺敎』有什麼用？

# 二八 審查老爺和輿論

在審查老爺們不講理的情況之下，輿論界的艱苦困難是很難於想像的。我們在輿論界參加工作的人，當然希望自己的意見或主張可以得到審查的通過而發表出來，所以對於審查老爺的忌諱也時在留心避免，免得絞腦汁趕夜工寫成的文章被送入棺材裏面去但是審查老爺們的忌諱往往出乎常理之外，不是人類的腦子所能預料得到的。試舉幾個具體的例子來談談。我曾於今年二月間寫一篇『社論』題爲『輿論的力量』裏面的意思不但是原則的，而且在我們看來也是很平凡的。例如說：『無論那一個報，執筆寫社論的主筆先生，只是個人，至多只是言論的若干位同人會議的結果，個人或少數人的言論何以可能發生偉大的力量呢？這絕對不在執筆的個人或少數人的自身，却在所發表的言論確是根據正確的事實和公平的判斷，確能言人所欲言，言人所不敢言（這一點當然也還須有相當的客觀條件，）眞夠得上輿論，才能發生輿論的偉大的力量。』又例如說『所以輿論這個重要的——也可以說是神聖的——寶物，不是有錢辦報，有筆寫文就可以奪取到手的；也不是强迫任何人拿起筆來寫出你所要說的文章，印在紙上，送到讀者的手裏，就可以發生什麼輿論效力的。有錢有勢的人儘管可以壓迫輿論，收買輿論，乃至摧殘輿論，但這些手段只是做到表面上像煞有介事，在實際上絲毫收不到所希冀的輿論的效果因爲輿論這個寶物也是奇物，眞正的理論有如眞理，無論如何是壓不下去的！』由此得到的結論是：『言論固然可以發生輿論的力量，但却不是一切言論都可以發生輿論的力量。只有根據正確的事實和公平判斷的言論，才可能發生輿論力量。』『我們要重視輿論的力量，我們更須知道輿論力量之所由來。』該文全篇沒有指任何特殊事實，都只就原則研究，主要的意思都盡在上文引號中語（即該篇原文中語，）但是不知爲什麼審查老爺却看了心虛，全文被扣留，批示的理由是『完全出於派系私利的立場！』說言論必須『確是根據正確的事實和公平的判斷……才能發生輿論的偉發大力量，』誰都不能否認這是一般的眞理，爲什麼是『完全出於派系私利的立場』呢？難道說言論須不根據正確的事實和公平的判斷才能發生輿論的偉大力量，才是大公無私的說法嗎？說『眞正輿論有如眞理，無論如何是壓不下去的』誰也不能否認這是一般的眞理；爲什麼是『完全出於派系私利的立場』呢？難道說眞正的輿論不是眞理，只有胡說八道是眞正的輿論？說眞正的輿論是可以壓下去，天地間沒有公理是非可言，這樣才是大公無私的說法嗎？但是在『官吏至上』的鐵的原則之下，在審查老爺『我說怎麼辦就要怎麼辦』的金科玉律之下，這種極平常的道理都無從說起，審查老爺毫無理由地把文章扣留已成爲毫無足奇的事這只是隨手拈來的一個例子罷了。在他們看來，這是『貫澈政令，』誰敢反對這類不肖官吏的濫用職權誰敢批評這類不肖官吏的作威作福誰敢要求糾正這類不肖官吏的壓迫輿論，摧殘文化，便被誣爲不顧國家的利益，好像『擁護』不肖官吏便是爲國家的莫大利益似的這是『官吏至上』主義者最喜發出的煙幕彈，我們眞要改善中國政治的話，對於這種煙幕非把它揭開不可。

話說得遠了，我們要轉來續談審查老爺的無理取鬧。憲法學者章友江先生著有很有精彩的比較憲法一書，裏面引有歐美憲法專家的話語，是由外國各名著中用引號援用了原著語句的，也引有國父中山先生的遺著中語。審查老爺對於有引號的名著原語也隨便加以修改，他們不但修改中國的作家著作，而且還要修改外國的名著原文！此外對於引用國父遺著中的語句也任意刪除！章先生取回原稿看後，覺得啼笑皆非，當面和老爺講理既不可能，他特獨出心裁，在原稿被老爺修改刪除之處大加眉批，再送給審查老爺請求賜察，好像在紙上和老爺打電話似的。那些眉批眞夠幽默而有意思。例如遇到老爺對所引名著原文修而改之的地方，他眉批上說請審查先生注意，這不是他說的話，是外國學者某某名著中的原語，應否代爲修改，請斟酌！遇到國父遺著中語被刪除的地方，他又在眉批上聲明，請審查先生注意，這不是他說的話，是國父遺著何書何頁中語，應否刪除聽便！這樣在紙上『打電話』有多少效果是不言而喻的，章先生恐怕是要白忙一番罷。

## 二九　進一步的認識

這幾天我連着和諸位談及的都是關於圖書雜誌審查會老爺們的『德政』，所舉出的例子都是確鑿的具體事實，但是因爲所談到的是許多具體的事實，容易使我們只見許多樹木而不見整個的森林，把我們所應注意的大的對象忽略了。因此我覺得談到這個地方，有幾個有關『整個森林』的要點，似乎有提出來一談的必要，並就此結束關於這方面的談話。

首先要指出的是：我們的大的對象是要求整個政治的改善，而無意攻擊任何個人。我們做新聞記者的對於各種消息都特別靈通，審查會的老爺裏面有幾個雙料壞蛋的尊姓大名我們都一一知道，但是我們不願公布任何個人的姓名而只指出審查老爺們對於壓迫言論摧殘文化的『貢獻』；又例如那個『我是主管機關』的透頂混蛋，他的尊姓大名我們也是完全知道的，但是我們也不願公布他個人的姓名而只指出他所發明的荒謬絕倫的『新學說』。最重要的還是他們只是整個政治未改善的情況下的寄生虫，政治未改善，即令一大堆壞蛋混蛋都成了滾蛋，接着仍不免有另一大堆壞蛋混蛋取而代之，我們所以注重的是要指出他們所代表的政治上的一種惡劣傾向而無意攻擊任何個人，原因在此。

其次，在許多具體事實中提起審查老爺們所『刪除』、『修改』、和『扣留』的內容，並不是咬文嚼字的枝節問題，而應注意老爺們在此中所反映的政治上的意義，這種政治上的意義是研究如何改善中國政治者所必須加以檢討的。例如領袖堅決領導抗戰，是全國同胞所深信而不成問題的，但是同時還有人主張對法國投降應該同情，甚至認爲批評法國投降就是暗射中國，這不顯然表示抗戰陣營中還潛伏有妥協主降份子有待於我們的肅清嗎？最近到過中國視察的美國名記者Anna Louis Strong在本年三月份的美國Ameriasia月刊有一文論及中國，她說在重慶時政府中有一位高級官吏對她說，汪精衛雖去，汪的靈魂尙附在有些人的身上，這種『靈魂』的澈底驅除，不是政治上一個重要問題嗎？一面忌諱『頑固』『黑暗』，一面懼怕『前進』『光明，』這種趨向，不是政治上一個重要問題嗎？否認『言論應該根據準確的事實和公平的判斷，』這不是政治上一個重要問題嗎？否認『現在救國無罪，』這不是政治上一個重要問題嗎？以上隨手拈來的幾點，都是根據最近幾天所談及的具體事實中審查老爺所反映的政治上的意義，這顯然不是幾個審查老爺發昏的問題，而是當前政治上有許多需要改革的問題。審查雖然是局部的事情，當然不能用來概括全部的政治，但是審查老爺們的反映却好像政治上的一個寒暑表，値得我們深切的注意，也是研究中國政治的一種重要的參考材料。講到這一點，還可舉出一個事情雖小而意義却大的例子。領袖在宣言談話及在參政會致詞中屢次倡導各黨派精誠團結是全國所共聞共見的事情，但最近幾月來審查老爺們看見『團結』二字就害怕，把『團結』二字，不管用在什麼地方，一律改爲『統一，』有一篇送審的文章中有黨派團結四字也被改爲黨派統一！其實必須精誠團結，然後才能眞正統一，何必見『團結』而害怕，至於把『黨派團結』一律改爲『黨派統一，』照向來『一個黨』的主張看來，即等於『黨派消滅，』這一個方針不弄清楚，正是『黨派團結』的障礙，這種反映不是很顯然地可以作爲政治上的寒暑表嗎？

我以前說過，劉百閔先生在中央黨部主持審查的時候，是保持着講理的態度，很得到編著界的好感，他並曾經延請編著人及審查先生們舉行過茶話會，交換意見。後來他走了，情形便不同，有一次陪都的編著人自己舉行了一個聚餐會，爲力求團結起見，還邀請與國民黨有關係的許多編著人，彼此交換編輯上的意見，其中談到在審查方面的種種苦難，有人提議下次聚餐時請已公推的主持人（即下一次聚餐會主持人）中央周刊、反侵略半月刊及婦女共鳴的代表（以上刊物都與國民黨有關係）約請審查先生來參加，以便溝通意見，我們可以藉此提出問題來商量，請求指教，審查先生也可以說說他們的苦衷，大家都贊成，但是後來聽說黨部方面對上述三刊物的代表教訓了一番，不但以後這樣聚談的機會被取消，而且審查先生也不顯露臉來開誠佈公談談。所以我們也很可以看出，這是有關領導文化的整個態度，審查老爺們這不過是代人受過的可憐虫而已。

# 三〇　一段插話

抗戰以來這篇連載長文和諸位相見已有三十次了，以前談過的有關於抗戰發動後的精誠團結民主的初步開展，民運的初期蓬勃，國民黨中賢明政治家的賢明主張，政府和領袖領導抗戰國策的堅決，共赴國難的各黨派人物的忠誠爲國，審查會初期的相當講理等等，同時也直率地指出種種應該改革的缺點，現在在轉移筆鋒到別部分以前，我要乘此機會寫上一段插話，一則解釋一些誤會，二則申述我對於國事的態度。

因爲我應華商報的特約，登載了這篇長文，有些人便認爲華商報是我所主辦的，甚至於說我到香港來就是來辦華商報，這是與事實不符的。華商報的發起和籌備都在我到港以前，我都不知道，即在現在，我除了踐約寫這篇長文以外，也不在華商報担任什麽工作。有些人有了上述的誤會，缺了華商報要補那一期那一期，直接寫信來叫我設法照補，也有人對於華商報的編輯及言論有所討論建議，也直接寫信給我，使我增加了一種意外的工作，我在已往雖都代爲轉交給華商報的負責人，但是這樣轉來轉去，反而延擱，所以在這段插話裏順便提及，希望讀者諸友賜加諒察。

其次我要談起的是我生平對於國事或社會問題的言論，都是以光明磊落態度與世人以共見的，我對於自已所發表的言論當然要負責，但是却不能代別人或任何政黨的言論負責。我自離開重慶到現在爲止的時期內，發表的文字有辭去國民參政員電，我對於民主政治的信念一文（登在世界知識第十二卷第四期，）及在華商報連載的抗戰以來一文。承蒙有些朋友至今還在詢問我辭去國民參政員的原因，還有人感覺到積極主張民主政治的我爲什麼要辭去『民意機關』的一員的職務其實那個辭職的電已有扼要的說明內容如下：

『國民參政會主席團並轉全體參政員公鑒：本會上屆第一次大會通過公布之抗戰建國綱領明載：『在抗戰期間，於不違反三民主義最高原則及法令範圍內，對於言論出版集會結社自由，當與以合法之充分保障。』此種最低限度之民權必須在實際上得到合法保障，始有推進政治之可言。韜奮參加工作之生活書店，努力抗戰建國文化，現在所出雜誌八種及書籍千餘種，均經政府機關審查通過，毫無違法行爲。乃最近又於二月八日起二十一日止，不及半個月，成都桂林貴陽昆明等處分店均無故被封，或被勒令停業，十六年之慘淡經營五十餘處分店，至此全部被毀。雖屢向中央及地方有關之黨政各機關請求糾正，毫無結果。夫一部分文化事業被違法摧殘之事小，民權毫無保障之事大。國民參政會號稱民意機關，決議等於廢紙，念及民主政治前途，不勝痛心。韜奮忝列議席，無補時艱，深自愧疚！敬請轉呈國民政府，辭去國民參政員，嗣後仍當以國民一份子資格，擁護政府服從領袖抗戰到底。所望民權得到實際保障，民意機關始有實效，由此鞏固團結，發揚民力，改善政治，爭取抗戰最後勝利，不勝大願。』

我深信參政會同人在可能範圍內已盡了最大的努力，但是參政會在職權上只是建議的機關，『決議等於廢紙』在參政會本身是無能爲力的。至『無補時艱』是指我自己，看電文自明。

在我對於民主政治的信念一文裏，我指出『就國人所擁護的三民主義原則說，我們固然確信「中國非民主不可」（亦國父語），即就中國在當前所亟待解決的幾個實際的問題——有關整個國家民族的幾個實際問題——除了眞正實現民主政治外，也沒有其他基本解決的辦法。』如說我認爲民主的要求實在是一切問題的中心，我確有這樣坦白的主張，並無意於『隱隱約約。』我在那篇文裏對於『新四軍事件』有這樣的幾句話：『關於國共問題，從一方面說是軍令軍政的統一問題；從另一方面說，也必須在整個政治加強民主化的情況下，軍令軍政更能收到實際的功效。』我深信這幾句話是切合事實的持平之論，我們要解决問題，必須面對事實，否則即作多方粉飾之論，無濟於事。我在重慶無法『竭力闡發』這個眞理，是無須解釋的。

最後講到『抗戰以來』這篇文章尙未結束，關於國事的積極主張，以後還要談到。我以爲除有關軍事國防應守祕密，除了抗戰國策不許反對外，關於政治上的應興應革的問題，乃至一部分『公僕』的不良作風，言論界是可以提出討論的。孫院長說我國是必然民主的，何部長對美播音演講說我們已經是民主的國家了，這種最低限度的民主的討論是應該可有的。美國輿論對羅斯福總統的嚴厲督責，並不妨礙美國的強盛，而只有增加美國的力量。英國正在積極抗戰中，拉斯基和威爾斯對於英國領袖邱吉爾首相的督責，指出爭取勝利，政府有種種應該改革的地方，事實的暴露和措辭的嚴厲，每令人吃驚，不但英國報紙爭載，香港英文報也時有轉載。我們的抗戰能繼續四年，還能繼續奮鬥，當然有我們的種種優點，當然由於政府和領袖的堅強領導，但是要加速最後勝利的到來，在政治上必須有重要的改革。我們當然要擁護『國家至上，』但不能允許一部份不肖官吏藉口『國家至上』以實行『官吏至上，』無惡不作，還不許老百姓說話。這絕對不是民主國家應有的現象，也不是愛護國家愛護領袖應有的現象。我們是要興利除弊，增強國力，絕對不是消極，也絕對不是悲觀。

附答劉百閔先生：

承蒙劉先生來信有所指正，不勝感謝，茲扼要說明如下：（一）即就劉先生自己聲明，說他只是說王雲五先生曾向教育部請求『事前審查』『事前審查』和『原稿審查』在實際上是一樣的。（二）劉先生說：『「圖書雜誌原稿審查辦法」係於五月（二十七年）公布，』與事實不符。按原稿審查辦法係於二十七年七月二十一日第五屆中常會第八十六次會議通過並於二十七年十二月十二日第五屆中常會第一零六次會議修正，可見絕對不可能在五月公布。如其不信，我這裏有中央審查會蓋有圓章的印刷品為證。劉先生承認在審查會中提及我在第一次大會中的提案，不過緩和語意，說我是贊成事後審查，據我所記憶，我當時還和劉先生辯論，聲明我在第一次會中的那個提案並未談及『原稿審查，』倘若劉先生只是說『事後審查，』我當時的這個聲明豈非多餘的？劉先生在這次賜教的信中說我『明明贊成事前審查，』這實在是毫無根據的話，但卻足以證明。劉先生在審查會中對於上述一點的態度了。（三）我敬佩劉先生在執行職務時肯講理，但卻不是說『審查原稿』的辦法合理，這是不可併為一談的。（四）我對於審查會的批評都是根據事實，有關的作家都知道，不是我一個人所能捏造的。劉先生是我所敬重的一位朋友，我們私人友誼是很好的，但有關於公的事實，不得不略加說明，這是要請劉先生原諒的。

## 三一 震動寰宇的民族戰士

我們要看到黑暗方面，才能消除黑暗，也要看到光明方面，才能擴大光明。我國抗戰四年，且在繼續抗戰，當然有着我們的光明面。關於這光明面，政府和領袖的堅持抗戰國策，固然是重要的因素，而前線民族戰士的英勇奮鬥，在極艱苦的環境中爲國掙扎，不僅引起了全國同胞的感念，增强了全國同胞對於抗戰勝利的信心，而且震動了全世界，引起了全世界對於中國的敬意，這是中國抗戰史上最光榮的一章。美國海軍上校兼著作家卡爾遜（Major Evans F. Carlson）在我們的淞滬戰役時就担任美國政府特派在該地的軍事觀察家，後來親眼看到我們在台兒莊的大勝仗，又在華北奔波數千里，目睹我國軍隊的對日作戰，在他最近出版的"Twin Stars of China"一書裏，根據他在各戰場的視察，對中國的民族戰士備極推崇。他說淞滬之戰已足證明二點：（一）中國已下決心爲她的獨立而戰，而且中國軍隊確有戰的能力。（二）日本的軍隊全部，自日俄戰爭（一九〇四至〇五年）後，被世人視爲可怕的軍隊，經中國一打，降到了第三等的地位（見該書三一頁。）他很深刻地指出：『中國軍隊從前不被外國軍人所重視，因爲它在組織、訓練和設備各方面都低劣，並且因爲在內戰時代它的軍事領袖可把它出賣給對方，留下不好印象。但是這次對日抗戰的英勇堅毅，却使外國觀察家大爲驚異，恢復了中國軍隊的榮譽。內戰是一件事，抵抗威脅國家獨立的戰爭又是另一件事。好幾年來，土地遼闊的中國人民已在發展着民族的意識，最近的發展是達到了它的成果。』卡爾遜已被外國人，尤其是美國人，視為能了解中國的權威，他的判斷引起了國際上最深刻的印象。這不是偶然的，這是我國的民族戰士的血的鬥爭換來的。我們追念已往的勝利，期待將來的更大的勝利，都不得不對我們的民族戰士致無限的感念和希望。無疑問地，他們是中國抗戰最主要的基幹。

尤其使人不能忘的是中國的民族戰士最英勇，也最艱苦。記者曾於民國二十七年九月間和幾位朋友從武漢往贛北德安一帶戰場慰軍（當時武漢文化界一部份朋友決定推派代表分赴保衞大武漢各戰場慰勞抗戰將士，我和幾位朋友被派往這一帶戰場。）一方面看到士兵及傷兵的艱苦，一方面聽到許多令人興奮的關於民族戰士的英勇故事。我們在途中可以看到三五成羣蓬首垢面的傷兵負着傷勉强支撐着走，他們走不動時便倒在路邊，輾轉於來往的輪轍之間，有的自知無望，便盡着所有的力量爬到田裏，結束最後一息，為祖國貢獻了最後一滴血，為祖國貢獻了整個的生命。我們的動員不夠，增加了民族戰士所處環境的艱苦，這是一件莫大的憾事，在另一面，我們的民族戰士在怎麼艱苦的環境中，為着保衞祖國，保衞同胞，却不畏難，不怕死，留下了許多可歌可泣的故事。奉令堅守任何據點的將士，若無退却命令，雖至全體殉職，也不肯後退一步，這種作戰精神眞是可以動天地，泣鬼神！在前線退下的傷兵，如果是由槍打傷的，他們覺得這是光榮的創傷，很高興地對你說明經過的情形，因為被步槍打傷，這表示他們是在最前線對敵人衝鋒過的。如果是由飛機轟炸而受傷的，他們竟覺得有些難為情，對你靜默，不願多所說明，因為這表示他們是比較處於略在後方的戰線上。此外英勇而又有趣的故事也不少。例如某總司令親告我們，他為保全俘虜，曾下命令凡槍殺敵人俘虜者處死刑，活捉俘虜者有重賞。有一次有一位副排長在向敵人陣地衝鋒中，勇不可當，一下抱了敵人兩個軍官飛似地滾到自己陣地，他雖負了傷，却勝利而歸！某總司令嘉獎備至，賞了他一千元獎金。這並不是神話，却是中國民族戰士所表現的事實。

## 三二　自動奮發的千萬青年

抗戰的神聖火燄燃遍了每一個愛國青年的心情，他們的空前的熱烈情緒至少表現在兩方面，一方面是以無比的熱情爲抗戰服務，一方面是以無比的熱情爲抗戰而求知。千萬男女青年爲着擁護抗戰；參加抗戰，而過着流亡的生活，他們不怕慘苦的流亡生活，每念不忘的是求得參加抗戰工作的機會，盡量貢獻各人的聰明才力於正在苦鬥中的祖國。你在各戰場都可以發現各種各式的青年服務隊或戰地服務團。記者和幾位朋友赴前線慰軍時，在每一據點都遇到若干男女青年組成的戰地服務團，協助軍隊中的政治工作，提高士兵的作戰精神，加强了每一地方的軍民合作。我在德安前線慰軍時，在這樣的一個服務團中發見了一個年僅十四歲的工作同志，他因年幼，沒有什麼特殊的工作能力，但却能歌喉雄壯婉轉，能唱不少京劇，就盡量運用他的這一種僅有的能力，參加歌劇隊，予民族戰士們以無限的安慰與鼓勵。我曾經親自聽到他在軍隊中的引吭高歌，悲壯激昂得未曾有。這位好像滿身都是愛國熱誠構成的小戰士，離父母，背鄉井，所念念不忘的是爭取抗戰勝利。他是自動奮發的千萬青年的一個象徵。

不但整千整百的男青年奮發蹈厲地參加抗戰工作，且有整千整百的女青年奮發蹈厲地走出家庭，奔赴前線，不讓男同胞專美。每見她們成羣結隊，身穿綠黃色軍服，綁着腿，赤脚穿着草鞋，精神煥發，健康愉快，這便是即將開往前方去的什麼戰地服務團，在你面前的是中華民族的女戰士，你不能再認識她們是養尊處優嬌養慣的千金小姐了。有一次有一位從這樣的戰地服務團中來的女青年，暫時和幾個伙伴回到後方來購買一些書報帶到前方去臨行時以讀者的關係，來看過記者，談了許多在前方的實際經驗，及在實踐中對於求知的更迫切的需要談吐氣魄，簡直好像配合不上她那樣年僅二十妙齡的溫婉女子，但是她已成爲一員女戰士了。她握別時說此去當更加倍努力，所參加的是某某游擊區域，以身許國，不避艱危，此去是否再有機會回來訪問先生，不得而知，她說到這裏，眼圈紅了，眼眶裏充滿了熱淚，但也許轉念自覺太動感情了，倏忽間嫣然轉爲笑容現出她的昂然的英俊態度，珍重道別而去。這又是自動奮發的千萬青年的一個象徵。

神聖的民族抗戰不但震動了國內的千萬青年的心絃，紛紛響應祖國的迫切需要，同時也震動了散在海外的無數青年的心絃，不遠數千萬里遄返祖國，與祖國的青年同胞的血汗流在一起。所以你在各前線也常能遇到回國僑胞所組織的戰地服務團體。例如我們在前方遇到的荷屬華僑救護隊，即是一個例子。該隊的同志們都是生長在東印度羣島，包括三十幾位醫生和五十幾位救護人員，帶了大量藥品回到祖國服務。從面貌言語行動上完全看不出是中國人，但外表掩蓋不了他們對於祖國的熱愛與忠誠。他們很辛勤地僕僕於前後方途中救護運輸傷兵，每天忙得只有三四小時的睡眠，失眠雖紅了眼，却不能絲毫減損他們對於祖國的熱烈情緒。這是自動奮發的千萬青年的另一個象徵。

時代不同了，在『五四』運動的時代，有許多男女青年爲着『家庭革命』而與家庭發生衝突，爲着戀愛不自由而出走，隨處都尋得着『娜拉』那樣風範的人物，現在我們看到不少青年男女却因要從軍，因要奔赴前方服務，而與家庭發生衝突，不顧家庭的不同意而逕自出走了。青年的本質都是純潔熱烈的，因時代巨流的差異和時代需要的不同，反映着千萬青年的趨向。千萬青年所反映的偉大時代的要求，這種排山倒海的巨潮，是任何頑固勢力所不能抵擋得住的。他們是偉大時代巨潮的先鋒！他們是要立在偉大時代的最前線！

美國卡爾遜上校說得對：『內戰是一件事，抵抗威脅國家獨立的戰爭是另一件事。』這抵抗威脅國家獨立的戰爭，喚起了整千整萬的民族戰士，也喚起了整千整萬的男女青年爲保衞祖國而英勇奮鬥。這無量數的中華民族的優秀兒女，奠定了中國必然得到獨立自由的基石。

今天所談的是千萬青年以無比的熱情爲抗戰服務，明天當略談千萬青年以無比的熱情爲抗戰而求知。

## 三三　無比的求知熱情

美國女作家兼寫劇家卜斯女士（Glare Boothe）最近和她的丈夫魯斯（美國著名雜誌 Time，Life 及 Fortune 的編者）來華視察途經香港時，對於中國的青年曾經說過這樣的幾句話：『我遇見中國的青年很高興。我在美國時到過許多大學裏和青年們討論關於戰爭和民主的問題，但是我要老實地說美國青年對於戰爭究竟爲什麽，這個問題，了解得實在不及中國的青年。』這段話更加深了我對於中國無數青年求知熱情的感觸，我幾年前遊歷美國時，對於美國青年也有過很多的接觸，知道他們裏面也有不少認識清楚的前進青年，這幾年來一定還有更多的進步，但是就普遍的程度而論，我敢說在抗戰期間中國千萬青年對於求知的無比熱情，實爲世界上任何國家所不及，勉強可以和我們相比的也許只是我幾年前遊歷蘇聯時所見的情形。

當淞滬我軍因戰略關係撤退後，我和幾位朋友赴武漢，途經廣西的幾個據點，最使我們感動的就是那麽多的青年對於求知有着那麽高度的熱情。我們所住的旅館裏，從天一亮直至晚間十二點鐘，一批又一批的男女青年絡繹不絕地來找我們談話。我每晨剛從牀上起來，還未洗臉，就發現房門外坐着幾十個男女青年等候着晤談，這種情形使我們不得不受到深深的感動。他們談話時的誠懇坦白，固然是純潔青年的本色，所提問題的內容，從國內的戰局及政治文化等等，到當時國際上的種種問題，你聽了之後簡直要感覺到和你相對的不是中學生乃至大學生，而是熱心研究政治文化及國際問題的學者。有一天在桂林，我和金仲華先生應廣西大學之約，同往演講，本來打算每人只講一小時，但是我們兩人講完之後，擠滿着大禮堂的男女同學異常熱烈地提出了許多關於國內國際的重要問題，我和金先生輪流答覆，全場空氣的緊張熱烈，近千同學的專心一致，都使我和金先生贊歎無已，除演講的時間外，討論的時間增加了三小時，同學們還沒有散座的意思。他們對於求知的無比熱情，是要振奮每一個人的心絃！

又有一次我和幾位朋友在桂林被約往廣西學生軍演講，男女青年全體武裝，一切軍事化，但是他們卻不是僅僅受軍事訓練，同時對於抗戰有關的國內外問題，也迫切地要知道一切，他們的詢問紙條像飛雪似地遞上講台，反復討論，不厭求詳，各就筆記簿上走筆疾書，一點不肯放鬆。他們不但要求武裝他們的身體，同時還要『文裝』他們的腦袋。我深信如把他們的詢問紙條收集整理起來，一定可以成為一篇很完善的時事討論大綱。

這種情形並不限於廣西，後來我在其他地方亦有同樣的發現，不過由於當時的廣西對於青年求知有着較大的積極態度，表現得比較更為熱烈罷了。

不但大後方的千萬青年對於求知有着這樣無比的熱情，就是在前方作戰的鬥士，對於求知也有着同樣無比的熱情。他們也迫切地要學習，要知道國內外的大事和各種的重要問題。前方對於缺乏精神食糧的呼籲，直至今日還是可以時常聽到。每遇有新聞記者或作家到前方去，他們一定被拉住談個不休，問個不休。歐戰打得怎樣了？國際形勢對於中國抗戰究竟有着什麼影響？……問得你應接不暇，口開了來不及合攏！我有一位新聞記者朋友到前方去，鬥士們聽了他的說明還不滿足，一定要他畫一張關於歐戰的大地圖，再就地圖講給他們聽聽．這位朋友儘管講得好，要憑空畫一張大地圖，却畫不出，只得交白卷！在前方有些地方不易得到日報，偶然得到一張一個月前的報紙他們視爲至寶，一字不漏地傳觀着看得爛了，還要來個座談會！我也曾在前方和若干青年軍官談過，他們當時對於『德意路線』問題，對於『集體安全制度』問題等等發表高見，口若懸河，滔滔不絕，我仔細研究其內容，覺得並不遜於『世界知識』上諸專家的名作！猗歟盛哉！這偉大時代中的中華民族優秀兒女對於求知的無比熱情！這偉大時代的洪爐，陶冶了多少中國現代的青年戰士，陶冶了多少中國未來的青年戰士！

# 三四　淪陷區同胞的艱苦奮鬥

在抗戰過程中，我們看到種種令人興奮的事情，像我們所談過的震動寰宇的民族戰士，自動奮發的千萬青年，都是最顯著的例子。此外值得我們特別注意的還有淪陷區同胞的艱苦奮鬥。

據遠東問題專家拉第摩爾（Owen Lattimore）所估計，由淪陷區逃避至自由中國的人民，有四千萬至六千萬人，曾在淪陷區的人口約佔中國全部人口之一半。（見拉第摩爾最近所著 Stalemate in China 一文，登在 Foreign Affairs, April, 1941）固然，在有許多淪陷區裏，敵人仍然只是佔着點與線，並不能完全統治着那些區域裏的中國人民，但是在那種狀況下的我國同胞，都處在非常艱苦的環境，都須在極艱苦的環境中奮鬥着，則爲無疑的事實。而這一大羣淪陷區同胞的艱苦奮鬥，不屈不撓，在敵後建立許多抗日根據地，尤其是在華北的許多區域：如晉西北、晉東南、晉冀察、冀中、冀南、魯西北、膠東、魯南、蘇魯邊、豫北等等。這許多區域裏的淪陷在敵後的數千萬同胞，從血的鬥爭中長成起來的新的偉大力量，不但在軍事上削減着敵人，粉碎着敵人的進攻，並且在政治經濟文化各方面都開展着向敵人作反『掃蕩』的戰爭；他們的艱苦奮鬥，不但在今日強有力地牽掣了侵略者的泥腿，而且在將來還要制敵人的死命。

淪陷區的同胞在抗戰中所表現的奇蹟，眞是所謂罄竹難書，我現在只撮述幾位朋友及從那些地方來後所談及的許多可歌可泣的故事裏面的一二。有一位朋友齊魯先生不久以前自河北回到陪都，談起該處同胞堅持平原游擊戰，實行『破路』的情形。游擊戰原來是用低劣的武器（當然不是不要優良的武器，是沒有，）利用困難的地形在敵人行動不便時爭取主動來打擊敵人，所以要靠山川湖沼的特殊地勢，才能展開游擊戰術。但是在廣大的羣衆堅持之下，在澈底動員廣大羣衆情況之下，在河北的太平原上居然開創了曠古未聞的平原游擊戰！他們以千萬羣衆集體的人力改變了天然的地形，在大平原上造成千萬條縱橫交錯的溝渠，以遲滯敵人快速步隊的進行。他們爲着堅持平原遊擊戰，於二十七年的冬季便開始了『破路』的工作，經過了若干次的試驗與失敗，最後的經驗告訴他們要在平原上掘成長的溝渠三尺寬四尺深，底狹上寬，剛剛可以容許一輛中國的牛車行走，從這一村到那一村，從這一城到那一城，像蛛網一樣地密布着，溝中還造有水引溝等等。在這樣的『溝地』上只有中國的牛車可以照常通過，敵人的汽車機械化部隊就只能大跳其舞，不但打不來戰，汽油的消耗要增加四分之三（從截獲的敵軍日記中知道！）

這種『破路』的偉大現象是夠感人的！你可以看到常有數千民衆自動奮發地參加，蜿蜒數里數十里，望去好像人山人海，一夜工夫拆斷一條公路，掘成數十里的溝渠。就去年說，這樣的溝渠，統計起來在河北的約有二十萬華里，其長度二十倍於萬里長城！但是秦始皇築『萬里長城』，民怨沸騰，如今在爭取獨立自由的神聖抗戰中，在廣大民衆熱烈擁護的情況下，不但不以爲苦，反而踴躍參加。這應該能使我們得到這樣的深刻的教訓：眞能爲羣衆謀利益的事情是沒有做不成，昔人稱『愚公移山』等於神話，現在以『人力移地』竟成事實。但是我們還應該得到另一個深刻的教訓，那便是不重視羣衆，不依靠羣衆，便什麼也幹不成！

李公樸先生幾月前從冀察晉游擊區回到重慶，他告訴了我們不少關於我們的同胞在敵後苦鬥的情形。

他自己在那裏就把手槍做枕頭，睡夢中一聞『警報，』即須『應戰！』那生活是夠緊張的！但是在這樣緊張情況之下，他們不但在軍事上打游擊，而且還在政治上努力改善，一面使人民有權選舉他們平時最敬服的打擊敵人最堅決的人做縣長區長村長，一面讓他們選舉眞能代表自己意見的參議會；同時民衆有自動性積極性的組織，配合軍事上的需要。他們把內部的改革和對外的戰爭打成一片，密切地聯繫起來。

## 三五　熱烈愛國的千萬僑胞

我們想到震動寰宇的民族戰士，想到自動奮發的千萬青年，想到淪陷區同胞的艱苦奮鬥，已經使我們萬分感奮了，但是還有一件令人不勝感奮的事情，那就是想到熱烈愛國的千萬僑胞。

千萬僑胞出於至誠的愛國情緒，不是沒有來源的，他們冒風霜排萬難在海外過着『寄人籬下』的生活，事實的教訓使他們對於祖國熱誠愛護，極端關切。在『九一八』不抵抗情况下失去瀋陽的時候，他們在國外羞於見人，茶樓酒館都不敢去，連在馬路上走路都低着頭不自在，後來馬占山將軍起來抗戰了，十九路軍起來抗戰了，他們突然恢復了做人的光榮！連馬路上賣報的外國孩童，見着中國人向他購買載有中國抗戰消息的報，都先要舉起姆指對這位中國人表示敬意！

自全面抗戰發生以來，在海外的千萬僑胞更對祖國感到空前的興奮，僅就南洋僑胞而言，據南僑總會的報告，他們自抗戰以來對於祖國的捐輸，總數已達三萬萬元以上。這種局部的數目字已足驚人，但是事實還不僅是這樣簡單，我們要知道僑胞對祖國踴躍捐輸的後面所包含的熱愛祖國的無限心情和熱淚。僑胞的金錢不是容易得到的，是由於他們終年胼手胝足，千辛萬苦，省吃儉用，積蓄起來的，最令人感動的故事，莫過於傾聽新從海外回的朋友談起工作勤苦的僑胞，盡其所有的歷年積蓄，傾囊倒出以捐助祖國抗戰的種種情形。有許多地方的僑胞，按月自動出其工資的若干，交給海外的捐款機關彙送到祖國作協助抗戰的費用，乃至收入較微的洗衣工人，也爭相貢獻，不甘落後。

中國抗戰的勝利，和每一個中國人的福利都有着不可分離的關係，這個眞理的認識，以僑胞爲最深刻，所以他們對於有益於抗戰的事情，沒有不盡力擁護，竭誠努力，對於少數人的妥協投降危害國家民族的行爲，也極端憤怒，嚴厲制裁。例如汪精衛和他的走狗們的妥協投降，便受到廣大僑胞的最嚴厲的制裁。即在汪精衛的叛國陰謀尙未完全公開以前，南洋的僑胞領袖陳嘉庚先生在國民參政會第二次大會中所放出的大砲，主張『官吏談和平者以漢奸論，』便在實際上代表了海外千萬僑胞的意志。後來汪精衛的叛國陰謀完全公開了，更引起僑胞的怒火。政府對汪的叛國行爲，在最初階段尙存着寬大的態度，在決定對汪下通緝令以前，政府接到海外僑胞請求對汪通緝的電報如雪片飛來，至少在一千封以上，政府鑒於輿情的激昂，毅然提早決定下令通緝。這在一方面可以看到僑胞擁護抗戰國策的堅決，在另一方面也可以看到僑胞左右國事力量的偉大。

僑胞擁護抗戰國策的意志最堅決，因此愛護民族統一戰線的心情也最誠摯。有一位新聞記者朋友最近到過緬甸視察，他在一個僑胞家裏看見一大副月份牌上的彩畫，上面畫的是一大羣在祖國領導和努力抗戰的如龍如虎的人物，立在中央的是最高領袖蔣委員長，在他左右和後面的是抗戰將領陳誠湯恩伯衛立煌等等。此外引起這位朋友注意的是他在這一大羣人物的畫像裏面發現儼然穿着上將制服的毛澤東！這引起了這位新聞記者朋友的好奇心，他就問這位僑胞：『你們怎麼知道毛澤東是上將？』他回答得很妙，他說在政府和最高領袖領導之下團結禦侮，正集中全國的力量對外，毛澤東之爲上將，想當然耳！他們『想當然，』竟自出心裁地替毛澤東加上一個上將的頭銜，替他穿上了上將的制服！

在滇緬路開放以後，上述的那位新聞記者朋友又在某地看見一張僑胞的報紙，在電訊要聞裏發現一個這樣的消息：『陳紹禹飛渝參加國防會議！』這位朋友又發了呆，特舉以詢問該報的編輯先生，他說國際形勢好轉，內部必有進一步的團結，想當然耳！又是一個『想當然，』這位朋友聽了也只有再發呆！

這些有趣的故事後面，充分表現了僑胞對於祖國團結禦侮的關切。他們深切知道這是爭取抗戰最後勝利的一個基本條件。

# 三六 愛我們的祖國

英勇衞國的民族戰士，奮發英俊的千萬青年，艱苦奮鬥的淪區同胞，熱誠愛國的海外僑胞——這許多廣大的愛國民族是中華民國的廣大而鞏固的基礎，是中華民族光明前途的骨幹。這樣的有着無限光明前途的祖國是我們所值得愛所不得不愛的！我們不否認中國有着局部的黑暗，有着一時的逆流，但是我們只有共同努力消除這局部的黑暗，制止這一時的逆流，使我們的祖國渡過難關，踏上坦途，而不應該看到局部的黑暗一時的逆流而忽視了中華民國仍然有着她的廣大而鞏固的基礎，中華民族仍然有着她的光明前途的骨幹，而發生消極或悲觀的情緒，這絕對不是具有五千年文明歷史的黃帝子孫所應有的態度。

我說不得不愛我們的祖國，這是因爲身爲中國人，只有使中國獨立自由，個人在這世界上才能得到眞正的保障。這種感覺，在海外的僑胞以及曾經到過國外遊歷視察的人所最深刻感到的。但是自從全面抗戰發動以來，全國的許多同胞受到日本帝國主義者的摧殘蹂躪，奸淫殘殺，在這極慘酷的苦痛中使每一個中國人（漢奸當然除外，）雖不出國門一步，也都能深深地感覺到祖國的可寶貴，都深深地感覺到爭取祖國的獨立自由是每一個中國人所不得不負起的重要責任。我們要做一個堂堂正正的人，就不得不愛我們的祖國！如今我們的祖國還有着這麼廣大的愛國民衆做她的基礎，還有着那麼無限的光明前途，值得我們愛，這不是更使我們夠興奮的事情嗎？這是我這幾天來和諸位筆談後所遺留在我的腦海裏終日縈迴着的印象，我深信諸位聽了我在這幾天來的談話，也在腦海裏引起這樣的印象罷。

在我們腦海裏縈迴着的這種印象並非幻想，也不是聊以自慰的空想，因爲中國的廣大羣衆的力量實爲決定中國前途的主要的因素，而不是違反大羣衆要求的任何個人或任何集團所能壓抑下去的。我最近讀到Owen Latimore 在 Foreign Affairs（April 1941）所登 Stalemate in China 一文，覺得他對這一點也有着深刻的認識。他說：『最重要的一件事是有着千千萬萬的中國人不是任何政黨的黨員或信徒，雖則他們都在爭取國家獨立和實現民主政治的要求之下，一致團結起來。』他又說：『因爲這個緣故，無論國民黨或共產黨，它們所須競爭的在實際上不是空言統治在它們兩者之間的大多數人，而是要盡量爭取得到多數人民的信任和擁護。要爭取得多數人民的信任和擁護，是要由於得到人民的同意，而不能由於强迫的服從所能奏效。這個事實的本身就是民主政治向前發展的保證。』他又指出：『蔣委員長從西安得到安全回京，全國歡聲雷動，固然由於領袖之得民心，但同時也表示中國人民看到這樣的危機得由談判和平解決，而不出於內戰，如釋重負，予以莫大的贊同。』他的結論是中國的大多數人民，成爲決定中國政治前途的因素，其重要性並不下於有着高度組織的國民黨和共產黨（見該誌六三〇頁）

換句話說，中國的廣大人民對於中國的前途，實有決定的力量。任何在政治舞台上已具有偉力的個人，或在中國已具有相當力量的政黨，眞能反映中國的廣大人民的要求，必然得到最後的勝利，否則必然要遭到最大的失敗。這樣的人物和這樣的政黨是否能深刻而明瞭地顧到這一點，不是我們在這裏所欲討論，我在這裏所欲提出的，是大多數的中國人民，爲愛護祖國，爲爭取祖國的光榮前途，必須明白自己的責任，必須明白努力的動向。我們當然竭誠擁護領導抗戰建國的國民政府和最高領袖，但是君子愛人以德，小人愛人以姑息，我們對於政治改革的要求，爲着抗戰必勝建國必成的目的，也一點不能放鬆。有些不肖官吏以『國家至上』爲藉口而實行其『官吏至上』之私的，即令對我們作種種造謠的誣衊，也阻止不了我們對於國事的熱誠，因爲我們愛我們的祖國。我們要在『爭取國家獨立和實現民主政治』的總目標下，努力奮鬥到底。這是中國廣大人民的要求，必然得到最後的勝利。

## 三七　晴天霹靂的憲政運動

在中國近代革命運動史上，第一個最鮮明提出民主政治的口號來的是國父孫中山先生，他的一生，可以說是始終不變地爲民主政治而艱苦奮鬥，他曾經這樣的指示我們：『三民主義是民族主義，民權主義，民生主義。和美國總統林肯所說的民有，民治，民享，是相通的。人民必須能夠治，才能夠享，不能夠治，便不能夠享；就是民有都是假的……我們現在來講民治，就是要把機器給與人民，讓他們自己去駕駛、馳騁這種機械是甚麼呢？就是憲法。』

在中國已往的歷史上不是沒有過『憲法』，但是眞能代表民意的憲法，有了憲法眞能切實執行的却沒有，所以到了今天民主政治還是在提倡的時代！

憲政運動是爭取、鞏固、和發展民主政治的運動。自抗戰以來，有些人認爲民主政治是不需要的，打仗就打仗好了。爲什麼要這勞什子怪討厭的民主政治呢？有些人却認爲我們是在長期抗戰中，我們的國力是在抗戰過程中繼續不斷生長起來的，我們的最後勝利是要依靠這種生長起來的力量，所以我們的內部的政治改革和對外的抗戰在本質上是有着密切聯繫，而不能截然地把它們分開的，結論是抗戰期間更迫切需要民主政治的建立和發展。民國二十八年九月九日舉行的國民參政會第四次大會中，來了一個晴天霹靂的憲政運動，通過了請政府定期召集國民大會實行憲法案，蔣議長在該次大會閉幕致詞中，推爲第一個最重要的决議案，鄭重指出『提高民權，加强國本，應爲最要之務；』鄭重表示『深信本屆會議以此案爲最大之貢獻，』可見上述的第二種意見是完全正確的。

這次大會是在重慶大學舉行的，因爲該校離城市很遠，有許多參政員都在會前搬入該校寄宿舍居住，重過『學生』生活，住在一起，有個最大的好處，就是彼此多有交換意見的機會，大家所商談的，最重要的當然不外乎關於當前政治問題。尤其是在『來賓』中的在野各抗日黨派的份子，對於當前政治須有較重要的改革，有着更尖銳的感覺，我們只要聽到年高德劭忠誠愛國的張一麐先生在該次大會開幕時代表全體參政員致詞，很沉痛地指出『精神集中力量集中，除少數喪盡天良之漢奸外，必須以漢賊不兩立爲目標，斷不容於同受三民主義洗禮中，自相殘害……默察各地黨政軍各級人員，對於民衆運動往往有所歧視，道路傳聞，尙有假借取締與指導名義，摧殘合法組織，箝制正當言論，拘捕熱血青年，致爲親者所痛，而爲仇者所快。若任其摩擦，勇於私鬥，必怯於公戰，敵人與漢奸之所喜，即仁人志士之所憂；』便可以想見該次開會前各參政員對於國事的殷憂。大家交換意見及商討研究的結果，認爲如果眞正實行憲法，實現民主政治，便可制止危機，使國家走上康莊大道，於是各方面分頭起草關於這件事的提案，後來聽說『陪客』中也對這件事備有提案在開會時提出，這當然得到各方面的歡迎，因爲大家希望由『主人』出來積極領導，那是更可以事半功倍的。於是霹靂一聲，關於這一件事有了七個提案提出來，重要的黨派差不多都包括在內。

『陪客』方面由孔庚先生領銜提出，內容在各提案中最簡單，全文如下：

『謹按政府遵照中國國民黨第五次全國代表大會決議，原已定期召集國民大會，並經積極籌備。嗣以抗戰軍興，致陷停頓。惟抗戰軍事，攸賴長期努力，建國工作，必須同時進展，爰擬請大會建議政府，召開國民大會，制定憲法，開始憲政。』

這提案短短不到一百字，據我在國民參政會中所見，除了陳嘉庚先生在第二次大會中所提的轟動一時的『官吏談和平者以漢奸論』的一句話說盡了提案全文以外，這個提案可算是短短的了，但雖短而重要，因為它立於『主人』的地位鄭重指出了民主政治的實現不但有關『建國工作，』而且有關『抗戰軍事，』這實在是非常寶貴的指示。

# 三八　抗日各黨派對憲政的一致要求

在國民參政會第四次大會中，由抗日各黨派提出的有關憲政的提案有七個之多，其中有國民黨的『陪客』提的，有共產黨的『來賓』提的，有青年黨國社黨及第三黨的『來賓』共同提出的，有救國會派的『來賓』提的，有職教派的『來賓』提的，表現了抗日各黨派對於憲政的一致要求。這七個提案的題目如下：

（一）請政府遵照中國國民黨第五次全國代表大會決議案定期召集國民大會製定憲法開始憲政案（孔參政員庚等提）

（二）請政府明令保障各抗日黨派合法地位案（陳參政員紹禹）

（三）請結束黨治立施黨政以安定人心發揚民力而利抗戰案（左舜生張君勱章伯鈞諸參政員等提）

（四）爲決定立國大計解除根本糾紛謹提具五項意見建議政府請求採納施行案（江參政員恆源等提）

（五）建議集中人材辦法案（張參政員申府等提）

（六）爲加緊精誠團結以增强抗戰力量而保證最後勝利案（王參政員造時等提）

（七）改革政治以應付非常局面案（張君勱左舜生章伯鈞參政員等提）

這七個提案，在中國民主政治運動史上都佔着很重要的位置，值得我們作較詳的介紹和研究。關於國民

黨的『陪客』提出的一個提案的內容，我在昨天已說過了，現在接着要談談共產黨的『來賓』在國民參政會提出的那個提案

該提案的內容，可分爲三個部分：第一部分指出各抗日黨派團結的由來和重要性。第二部分指出當前的危機。第三部分建議『公平合理之解決』。（該提案原文中語）

關於第一部分，該提案鄭重提出：『在大敵當前之際，我國各抗日黨派秉承「兄弟鬩牆外禦其侮」的偉大民族傳統，拋棄內爭，共抗外敵……國民參政會選取各黨各派領導人物充任參議員。而此抗日各黨派之精神團結，實爲全民族力量統一團結之堅强基礎，同時全民族力量之統一團結，實爲堅持抗戰和復興民族的基本保證。正因爲如此，所以全中華民族及其忠誠友人，莫不珍貴我國各抗日黨派的團結事業，而日寇漢奸及一切中華民族的死敵，莫不盡力破壞我各抗日黨派的合作。』

關於第二部分，該提案鄭重提出：『近半年來（記者按：國民參政會第四次大會係於民國二十八年九月九日舉行）同爲抗戰最高國策而努力奮鬥之我國各黨派間，疑慮增多，糾紛時起。因所謂『異黨』黨籍及思想問題之關係，若干積極抗日份子，受排斥者有之，被屠殺遭暗害者有之，被拘禁或被開除職業或學籍者有之，影響所及，不僅使抗日各黨派間，關係日益惡化，而且……使全民族團結勝敵之保證發生疑問。如果長此下去，勢將動搖國本，破壞抗戰。而此類不幸現象發生之主要原因，一方面由於日寇漢奸之陰謀挑撥離間，另方面實由於我政府對於保障各抗日黨派合法權利一層，迄今尚無明文發表，因而使日寇漢奸，易售其奸，妥協投降份子，易逞其技。爲鞏固民族團結，以利堅持抗戰國策，惟須使抗日各黨派間之關係，得到公平合理之解決。』

關於第三部分，該提案建議辦法三項：（一）由國民政府明令保障各抗戰黨派之合法權利。（二）由國民政府明令取消各種所謂防制異黨活動辦法，嚴令禁止藉口所謂『異黨』黨籍或思想問題，而對人民和青年，施行非法壓迫之行爲（如拘捕殺害開除職業或學籍等）（三）在各種抗戰工作中，各抗日黨派之黨員，一律有服務之權利，嚴禁因黨派私見而摒棄國家有用之人材。

擁護抗戰國策的人，爲着爭取抗戰的勝利，必然要主張各抗日黨派的精誠團結，在國民參政會中國民黨的『陪客』先生們所提出的『開始憲政』案固然是我們所贊成的，因爲如果眞能實行憲政，對於精誠團結有莫大的裨益。同時共產黨的『來賓』先生們所提出的這個『保障各抗日黨派合法地位』的，也是我們所贊成的，因爲如果眞能這樣對於精誠團結也有莫大之裨益。

明天還要介紹其他抗日黨派對於此事的意見。

## 三九　再談抗日各黨派對憲政的要求

關於抗日各黨派對於憲政的一致要求，我和諸位已經談過國民黨的『陪客』先生及共產黨的『來賓』先生在國民參政會第四次大會中提案的內容，現在要介紹青年黨、國社黨和第三黨共同提出的提案，該提案由各該黨領導人左舜生張君勱章伯鈞三位『來賓』先生領銜，題爲『請結束黨治立施憲政以安定人心發揚民力而利抗戰案』，內容可分爲二部分：第一部分是理由，第二部分是辦法。

理由共分五點：第一點注重政治改革，指出：『抗戰已逾兩年（按指當時說，）就軍事論，確有取得最後勝利之希望。但敵人多方誤我，最近已移側重軍事之力量，從我經濟上政治上加緊進攻，返視我國，此兩年以來之政治，雖不無一枝一節之改觀，但規模終未樹立，人心終有未安，殊無以奠定抗戰建國之基礎。欲完成此基本工作，要以結束黨治立施憲政爲第一義。』第二點注重應付敵僞，指出：『以敵人挑撥搆煽之故，汪逆精衞等復假藉名義，有僞黨部之產生，如不毅然結束黨治，則汪逆精衞等以僞擾眞，內以淆亂國人之視聽，外以供殘暴敵人之驅除，前途演變至堪憂慮。』第三點注重憲政與抗戰的關係，指出『吾人抗戰已屆第二階段，而世界大戰適於此時爆發。環顧當世各國，並無藉口戰爭而脫離憲政常軌者……甚且變更政黨政治之常態，其加入政治以効忠國家者，初不限於在朝之一黨。可見藉口抗戰而謂憲政未可立即施行者，其理由自不成立。』第四點注重政府應對全國國民負責，指出：『抗戰以來，所流者全國人民之赤血，所竭者全國人民之脂膏，在現行黨政之下，政府僅能對黨負責，對全國國民幾無責任之可言。名不正則言不順，以此而求國民之効死恐後，於義終有未安。』第五點注重鞏固團結避免摩擦，指出『自抗戰軍興，國民黨不勝其嚶鳴求友之心，黨外人心，亦同深兄弟鬩牆之懼，以此乃得勉告統一團結對外。然而藩籬未撤，門戶猶存，生於其心，害於其政，平日之防閑旣嚴，隨時隨地之摩擦不免履霜堅冰，不僅爲抗戰時期之損失，實亦建國前途之隱憂。』

辦法分三項：（一）由政府授權國民參政會本屆大會，推選若干人，組織憲法起草委員會，以制定一可使全國共同遵守之憲法。（二）在國民大會未召集以前，行政院暫對國民參政會負責，省縣市政府分別暫對各級臨時民意機關負責。（三）於最短期內，頒佈憲法，結束黨治，全國各黨各派一律公開活動，平流并進，永杜糾紛，共維國命。

這個提案中所明白提出的『結束黨治』一語，在審查會中引起了非常激烈的辯論，這在以後要談到，此時姑不詳述；在這裏所要說明的是所謂『結束黨治』很明顯地是指國民黨一黨專政的『黨治』，而不是指各民主國家裏的『政黨政治』（即二黨以上的政黨政治，但在一般政治學上只用這個名詞來表示二黨以上的政黨政治，即多黨制的民主制度。）有一位『陪客』不明白此點，曾在大會中登台大發議論說『「結束黨治」這個名詞不通。因爲現代各國中，如英美等等，那一個沒有政黨，那一個不是黨治？』他這樣激昂慷慨滔滔不絕地白費了大會時間一小時以上，眞有點上海話所謂『糟糕伊馬斯！』

關於『結束黨治』這句話，還有二點也値得一說的：第一，國父中山先生自己曾說：『以黨治國並不是用本黨的黨員治國，是用本黨的主義治國，』所以國父在實際上並不主張『用黨員治國』的一黨專政的辦法，而是注重『主義治國，』三民主義已爲全國的共同的政治綱領，『結束黨治』（指一黨專政，下同，）實施憲政，與『主義治國』並不衝突。（二）『結束黨治』之後，一方面雖有抗日各在野黨派以及無黨派的人士循着憲政軌道，共同參加政治以効忠國家，在另一方面反可以增强國民黨在政治上的實際領導作用。爲什麽呢？因爲國民黨固有賢明的份子，也有『許多同志因循怠忽，忘却了當前的艱難和危險』（蔣委員長對八中全會訓詞中語）也有『那些信徒至少有百分之五十簡直是「吃教」的騙子』（香港國民黨黨報『國民日報』在三月十二日社論總理逝世週年一文中語，）在『黨治』之下，往往有等於『官官相護』的『黨員相護，』只須是黨員壞的也是好的，如果不是黨員，好的也是壞的，政治不能澄清，這是最大的一個根源，『結束黨治』之後，政治上的人物須受民意有效的督察，『騙子』無法容身，國民黨中的賢明份子的力量必更加强，這不是反可以增强國民黨在政治上的實際領導作用嗎？所以我們爲着抗戰建國的成功，固然要積極要求民主政治的實現，爲着國家民族的光明前途，固然要積極要求民主政治的實現，就是爲着愛護國民黨，增强國民黨對於國家民族的貢獻，也是要積極要求民主政治的實現。

# 四〇　三談抗日各黨派對憲政的要求

抗日各黨派在國民參政會的『來賓』對於實施憲政的要求，我們曾經談過的有國民黨『陪客』的提案，有共產黨『來賓』的提案有青年黨『來賓』領銜與國社黨第三黨共同提出的提案。除國民黨、共產黨、及青年黨的這三黨提案外，國社黨的『來賓』自己還有一個提案由張君勱先生領銜，與青年黨第三黨共同提出。該提案的題目爲：『改革政治以應付非常局面案』內容提出二個具體的主張：第一，立即結束黨治，實行憲政，以求全國政治上之澈底開放。第二，立即成立舉國一致之戰時行政院，以求全國行政上之全盤改革。

該提案認爲這兩件事是『今日扶危救急之道』。爲什麼呢？且聽它說來：『國家應付此非常局面，首在收拾人心與集中人才。今日唯一收拾人心之道，即在明示國人「國家爲公」，所謂國家爲公者，即明示國人，國家者全國國民之國家，而非一黨一派之國家，政府者全國國民之政府，而非一黨一派之政府……而後國事危急，國人當更感休戚相關。中國今日，應結束黨治，實現民主，其理由萬端，國人知之稔矣……千言萬語，綜爲一點，即扶危救急之道，在明示國人「國家爲公，」如此方能收拾人心。』

其次，該提案指出實施憲政與集中人才的關係，它說：『以今日之嚴重局面，雖全國人羣策羣力，猶恐未必有濟。而政府對於人才，目前猶復以黨派而劃分畛域，因畛域而加歧視，其或投閒置散，其或相抵相消，此其減削抗戰建國之力量多多矣。故今日中國唯政治上之澈底開放，人才始有集中之可能，亦唯政治上之澈底開放人人爲國，勝於爲黨，人人愛國，勝於愛黨，而後國家各眞才始能眞爲國用。』

該提案對於收拾人心集中人才，作了上述的說明，對於成立舉國一致之戰時行政院，更有這樣的解釋：

『國家在對外作戰時期，政府行政機構，必需運用靈敏，人事必需才職相稱，而後前方軍事，後方政治，始可相輔而行，相得益彰。徵諸世界各強國歷史，國家每遇對外作戰，輒成立舉國一致之戰時內閣，此無他，必如此始能提高行政效率，發揮整個國力。英國內閣歷史即爲具體例證。英國通常時期，均爲政黨內閣，十九世紀初年拿破崙戰爭，十九世紀中葉英俄戰爭，一九一四年之世界大戰，英國均成立混合內閣，以應付非常局面。即以此次英德作戰而論，戰爭一旦爆發，英國即亟亟在內閣上爲人事與機構之調整。凡此實例，舉不勝舉……我國行政院兩年來在戰爭上之成績如何，國人自有公論。社會各方傳言，謂抗戰兩年（按指當時說——記者註）機關化簡單爲複雜，人才復有用爲無用。誠如此言，則人民對後方政治憤懣哀痛之情，可見一斑矣。言調整機構，疊床架屋，依然如故。言調整人事，濫竽充數，依然如故。事權不統一，職責不分明，兼差纍纍，包而不辦，會議重重，決而不行，如此行政，以應付二十世紀之現代戰爭，實戛戛乎難矣。然行政之缺憾，豈又限於制度而已哉？中國古訓，賢者在位，能者在職，是知今日政治果欲振刷精神，一新耳目，恢復民信，矯正風氣，則人事之更張，實爲刻不容緩。』

根據上述理由，該提案提議政府採取兩個非常步驟，以應付今日之非常局面，即：第一，立即結束黨治，實行憲政。第二，立即成立舉國一致之戰時行政院。

關於『結束黨治』一點，我們在昨天已略有討論。關於『行政機構』與『人事』之改善，當然不限於行政院，例如接近民衆的下層政治機構及『人事』也佔着極重要的位置，但是最高級的行政領導機構，就正確有效的領導方面說，實尤其重要，領導行政的機構堅強，各級行政機構都易於着手改善，可是這件事對於中國政治改革上的眞正效果，還是要看整個的政治動向與方策，不是隨便加入幾個人去『畫諾』所能奏效。在今年一二月間，聽說政府有請張君勱左舜生二先生加入行政院爲不管部部長之意，張左二先生不願就，大概也就是這個意思。

## 四一　四談抗日各黨派對憲政的要求

救國會派的『來賓』在國民參政會中除支持其他抗日黨派對於要求實施憲政的各種要案外。並由張申府先生提出『建議集中人材辦法案』由王造時先生提出『爲加緊精誠團結以增抗戰力量而保證最後勝利案。』

第一案中所指出的主要理由爲『國家遭遇大難，必須集中人材，團結一致，合力對外。此乃天經地義，爲免覆敗，必須遵行。反之敵人爲挫敗我，必盡情挑撥離間，拆散我內部，使我自起糾紛，而彼乃收事半功倍之效。……我之宜更加團結，更加堅決集中人材，肅清漢奸，以便抗戰早日勝利，更使建國順利成功。』建議辦法四項：（一）用人但問其材不材，不問其黨不黨。並戒以是否親故爲進退人之標準。（二）承認各黨各派之合法存在。今日有黨派是事實。黨派取消既不可能，則何不公開承認其存在，而詳訂合力之辦法。如此既免糾紛，又減疑猜。黨派糾紛既除，人材集中自易。（三）限制兼差使人當其職使人無過忙亦無過閑。免廢人亦免廢事。（四）推進民權主義實施民主制度。凡百機關，盡力發揚民主精神，使人人得貢獻其意見，發揮其才能。

第二案亦指出『敵人利我之分裂，而不利我之統一，利我之摩擦，而不利我之團結，乃利用「以華制華」之陰謀，肆其挑撥離間之毒計，冀我內部發生問題，以便利其侵略野心之實現。……我全國人民，深知非團結不足以抗戰，非抗戰不足以圖存，自不至墮入敵人之奸計，惟杜漸防微，不可不愼。』其建議辦法三項：（一）本國家至上，民族至上之原則，由各黨分別諮誡地方各級黨員，不得有摩擦行動，以免增加抗戰建國前途之障礙。（二）爲集中人材起見，政府用人行政，不宜因黨派關係而有所歧視。（三）從速完成地方自治實行憲政，納政黨政治於民主法治之常軌。

對於要求實施憲政的主要意見，已詳見於各黨「來賓」先生們的各提案，救國會派的「來賓」對於這些提案，加以副署，予以共同的支持，所以張王二先生所提出的上述提案，只是供補充或加强的作用。這兩個提案所加强的各點爲實施憲政，集中人材，避免摩擦，而尤其具體指出的是「用人但問其材不材，不問其黨不黨」；「不宜因黨派關係而有所歧視」。關於這一點，張王二先生本身就是一個很有趣的例子。

張先生是一個忠誠愛國的國民黨員，他身上有着道地十足的國民黨黨證，但是因爲他堅强主張團結，堅持主張民主，堅決不願附和摩擦，在實際上已不被國民黨看作一個黨員，任何關係黨員的大小會議，他都沒有份，都沒有參加意見的餘地，也沒有聽到意見的餘地，他和黨外人所不同的，只是身上多了一張黨證罷了。後來因爲他在國民參政會中既不能做一個合於「理想」的「陪客」，又愛說公道話，所以在第二屆國民參政會，「主人」便決定「送客」，把他「送」出大門了。

王造時先生在我們朋友裏面算是一位最「和平中正」的了，中山大學許校長欽仰王博士的博學，以很大的誠意請他擔任該校的法學院院長，王博士慨然答應了，但是因爲他「不是本黨的同志」，被黨中主持教育的某要人所反對，以入黨爲「給與」法學院院長的「代價」，王博士不願做這一筆「買賣」，同時中大和某地街上忽然發現法學院「全體同學」名義的拒絕王博士長法學院的標語和傳單，反對的主要理由是王造時『不是本黨的同志』（此事發生於今年二月上旬，）法學院同學看到『全體同學』名議的傳單和標語，大家都非常詫異，於是於二月十三日他們便開了第一次全體學生大會，所有在校及學校附近的同學通通都來參加，大會決議鄭重否認以法學院『全體同學』名義發出反對王先生的標語和傳單，並決議以留坪全體同學名義電請王先生從速來院，同時請許校長澈查假借『全體同學』名義的份子。三月一日許校長和法學院留坪全體同學同時接到王先生二月十九日從吉安寄到的分別給校長及他們的信。復許校長的信上說：

『明晨首途赴渝。頃又奉到二月十七日來電。弟原擬如前電所云，入黨事俟與中央洽妥後到校，蓋入黨與講學似不必相提並論。弟之入黨問題，中央早在接洽之中。今已不能稍待，弟又誠恐因此貽誤院務，妨礙同學學業，謹專此前來辭職。敬請另聘賢明。區區愚誠，希卽諒鑒。』

復法學院留坪全體同學的信上說：

『明早赴渝開會，今日忽又奉到校長二月十七日電及我留坪全體同學簽名慰問及催促之電。展讀之下，私衷感動不可言狀！早擬首途來院，但情形如此，深恐有誤院務及我同學之學業，已致函校長辭職。內容如下：（見上）尚望我同學在許校長領導之下，致力於高深學術之研討，蔚成抗戰之柱石，勿以時之辭職而稍有介意，以上慰總理在天之靈，領袖殷切之望，而無負於父老同胞之所期。則時雖不克前來服務，亦永覺與有榮幸。……』

這二封復信的內容，在英文所謂『自我解釋』(Self Explaining)，我們不必贅一辭，僅爲中山大學法學院全體同學惜此一位博學的好院長而已。王博士雖博，他的唯一的『缺點』竟是『不是本黨的同志，』奈何！奈何！

# 四二　一個綜合的研究

我在以前已經說過，國民參政會第四次大會中關於憲政的提案有七個之多，依例每個提案的提出，至少須有二十人的聯署，那末這七個提案的聯署人至少就在一百四十人以上，每次大會到的『來賓』和『陪客』在實際上總數不過一百二三十人至四五十人，聯署中即有重複者，其所包括人數之多亦可以概見了。關於這七個提案，國民黨、共產黨、青年黨（會同國社黨第三黨、）國社黨（會同青年黨第三黨、）及救國會派所分別提出的六個提案的內容，我都已扼要地介紹給諸位了。本來還有一個是職教派的『來賓』提出的，因爲提案人江恒源先生提出時即聲明是『秘密』的提案，向例凡由提案人聲明是『秘密』的提案，是不得在會外公佈的，所以記者有代爲守『秘密』的責任，不能在這裏介紹，所可言者，其大目標也是在要求實施憲政以利抗戰建國就是了。

介紹了抗日各黨派的『來賓』先生們關於要求實施憲政的六個提案內容之後，我覺得爲着更有系統地更清楚地明瞭他們的主張起見，尚有作一個綜合研究之必要。

這幾個提案的內容在大目標方面雖然都是有關於憲政，但是仍可分爲兩大部份：一部份是直接與憲政有關的，是屬於最近將來的，即尙略須經過籌備時間的；還有一部份是間接與憲政有關而重要性却並不輕的，是屬於當前的，是有立刻執行必要的。第一部分是關於『召開國會，制定憲法，開始憲政』或稱，『頒布憲法，結束黨治』或稱『結束黨治，實行憲政。』在我們所介紹過的六個提案中，有五個提案明白地提到這件事。

第二部分是在正式憲法尚未製定公佈以前即須切實執行的事情。關於這第二部份，包括有幾個問題。第一個值得注意的問題，是『因黨派私見』而『摒棄』『排斥』『歧視』『壓迫』『國家有用之人才』（引號中語都是上述各提案中原語。）除了『陪客』提出的一個不到百字的提案外，其餘在野各抗日黨派的提案沒有一個不提到這件事，可見他們對事實有共同的觀察，對這件事共同感到其嚴重性。左舜生李璜等諸先生曾在大會中向教育部長陳立夫先生提出詢問，說中小學教員被迫入黨，否則即被解職，是否其他黨員即不准許在教育界服務？陳部長答復，歡迎入黨，否認強迫。但據在野各抗日黨派的親歷經驗，確是強迫。不但中小學，即大學亦在所不免，昨日所談王造時先生因入黨問題，而被迫辭去中山大學法學院院長的職務，便是一個具體的例證。這個作風在實際上並不限於教育界。受到這種不合理作風的被摧殘者不僅是具有黨派關係的人，有許多人在實際上幷沒有什麼黨派關係，只是被人疑心生暗鬼，或有嫉妬傾軋，隨便戴上一頂不相干的帽子，飯碗即有打破的危險。明白了這種實際的情形，便可以深刻地知道『用人但問其材不材，不問其黨不黨』的呼籲，是含着多少沉痛的意味了。這種不合理的作風之亟待糾正，並不必等到正式憲法頒布之後才辦得到。

其次引起我們注意的是抗日各黨派應得到合法保障的問題，這個問題，我以前在本文裏也曾經提出討論過。有人說各民主國家裏的政黨要組織就組織，並不要求政府予以合法保障的聲明，這完全是打官話！他們並不想到各民主國家裏的執政黨幷沒有因為人民中有在野黨籍或被疑與任何在野黨有關係而打破他的飯碗（這只是舉一個例子說，政治的集團當然不是僅僅為黨員的吃飯問題。）他們在實際上已有了保障，當然用不着再有什麼合法保障的要求。中國的實際情形如何？

其實這不僅僅是關於任何黨派的問題，約法及抗戰建國綱領對於人民的『結社』自由，都有合法保障的明白規定。如果我們不是以白紙上黑字爲滿足的話，這種『民權』中一個重要成份可以隨便聽任被蹂躪嗎？如果只是白紙上的黑字就算了事，那末再來千百次正式憲法的頒布，有什麼用？（這裏也只是舉『結社』做個例，當然還有言論出版集會及不得違法拘捕處罰等等。）

除了上述二個問題外，還有一個問題，是在正式的民意機關未成立的過渡時間，立即成立舉國一致的戰時行政院，行政院暫時對國民參政會負責。這三個問題構成他們第二部分的主張。

# 四三　關於憲政提案的一場舌戰

國民參政會第四次大會中關於憲政的提案共有七個，原由審查內政提案的第三審查委員會合併審查。我們知道國民參政會裏的審查委員會原分五個各有專司，在每次大會開幕後由各位『來賓』及『陪客』根據自已的興趣認定加入那一個審查委員會，名單在大會中公布。這次憲政提案既歸第三審查會審查，第一個可以看出的特徵，是第三審查會除原由自已選定加入該審查會的審查委員外，臨時『陪客』人數大增，是由別個審查會中紛紛『轉移陣地』到第三審查會中去的。

依『來賓』『議事規則』所規定，除上述五個審查委員會外，得設特種委員會，審查特種事項的提案。於是『來賓』中有人要求憲政提案應開『擴大會議』，除第三審查會的審查委員參加外，全體『來賓』都可以自動參加討論。後來這個要求實現了，不過審查案的表決權仍屬第三審查委員會。

我記得這個『擴大會議』是在一個晚間在重慶大學大禮堂中舉行的。晚餐後即開始（大約七八點鐘。）你起我立，火拚似的舌戰，沒有一分一秒鐘的停止，一直開到深夜三點鐘模樣那熱烈的情況雖不敢說是絕後，恐怕總可算是空前的。在白天『來賓』們已經被大會啦，各組審查會啦，開得頭昏腦漲，但是在那天夜裏，大家却不放鬆。負有特殊任務『轉移陣地』的『陪客』先生們固然不得不硬着頭皮到會；積極提出憲政提案的各抗日黨派的『來賓』以及熱烈擁護憲政無黨無派的『來賓』先生們，也都如潮水般地湧進來。那夜的主席是職敎派的『來賓』黃炎培先生。國民黨的『陪客』方面出馬『參戰』的有李中襄許孝炎陶百川劉百閔諸先生。共產黨的『來賓』方面出馬『參戰』的有陳紹禹董必武林祖涵諸先生。青年黨的『來賓』方面出馬『參戰』的有『曾左李』諸公。國社黨的『來賓』方面出馬『參戰』的有羅隆基徐傅霖諸先生。第三黨臨陣的有章伯老的『西馬當先。』此外如救國會派、職敎派、村治派、敎授派、東北派等等，都有大將出來『交戰數十合！』

抗日各黨派，無論是在朝在野，對於要求實施憲政，都各有其提案。照理想來，大家的目標旣然相同，似乎不會發生什麼相差太遠的意見，但在事實上這夜的辯論在『來賓』和『陪客』之間顯然分成了兩個陣營。例如關於抗日各黨派的合法保障問題，『來賓』們一致認爲有必要，『陪客』們却一致大發揮其『不必要論』辯論得異常尖銳化。『陪客』的袞袞諸公本身已得到充分的保障，所以感覺到『不必要，』但在事實上，中國並不止『一個黨，』現在只有『一個黨』得到保障，這問題便不像『陪客』先生們所想像的那樣簡單了！記者那天夜裏也在『戰線』上。我看到濟濟一堂有着各黨派的許多領袖們，同時想到許多爲着『防制異黨活動辦法』而被關在牢獄裏或集中營裏受罪的無辜青年，悲痛已極。我不禁立起痛陳一番。我說『我有一個誠懇的要求，要求今夜在這裏相聚討論的各黨派的領袖們，勿忘正在此時有着無數的無辜青年正在牢獄裏在集中營裏宛轉呻吟哀號着啊！』我當時又不禁提出這樣的嚴厲的質問：『我今夜張眼四望，明明看見在座的確有各黨派的許多領袖，被允許開口共產黨，閉口青年黨，似乎是允許黨派公開存在似的，但同時何以又有許多青年僅僅因黨派嫌疑，甚至僅僅因被人陷害，隨便被戴上一頂不相干的帽子，就身陷囹圄，呼籲無門。敢問這究竟是怎麽一回事！承認有黨派就老實承認有黨派，要消滅一切黨派就明說要消滅一切黨派，否則儘這樣扭扭揑揑，眞是誤盡蒼生！』這番話在『陪客』先生們聽來，卽令心中明知是根據事實，不勝同情，在表面上也不得不悻悻然很不高興。可是我受良心的督促，却不能不說。隨着最愛護青年的敎育家陶行知先生立起來舉出許多事實，證明我的呼籲的正確。

尖銳達到最高峯的辯論，當然要推『結束黨治』的這一點了。『來賓』們一致認爲有此必要，一定要把這幾個字加入決議案，『陪客』們却又一致大發揮其『不必要論』，一定不要把這幾個字加入決議案：羅隆基和李璜兩先生發言最多最激昂，老將徐傅霖先生也挺身而出，大呼『一黨專政不取消，一切都是空談！』當時空氣已緊張到一百二十分。唇槍舌劍，各顯身手，好像刀光閃爍，電掣雷鳴。我在上面說過，保留對於這個提案表決權的第三審查會添了不少臨時『轉移陣地』的『陪客』，如付表決，『陪客』是佔絕對多數的，所以當時『陪客』有恃無恐，大呼『付表決！付表決！』主席勢將付表決，大將李璜跳腳突立，大喊『一表決』是你們的事，毫不相干，敝黨要找貴黨領袖說話！』於是不敢付表決。

時近深夜三點鐘，大家好像還不想睡覺，最後由主席宣佈，當將當夜各人意見的記錄，彙交第二天第三審查會再行開會時愼重考慮，務使得到合理的結果。於是關於憲政提案的一場舌戰，才告結束。

# 四四　舌戰後的『治本辦法』

關於要求實施憲政的提案，經過『來賓』和『陪客』之間的一場舌戰以後，結果怎樣呢？我想這是讀者諸友聽了昨天的談話所必然要引起的一個問題。

那一夜七八小時不斷的舌戰，對於第三審查會諸公不免要留下很深刻的印象，至少寫下決議案的時候要稍爲審愼一些。

七個提案合併討論後的決議如左：

甲、治本辦法

（一）請政府明令定期召集國民大會，製定憲法，實行憲政。

（二）由議長指定參政員若干人，組織國民參政會憲政期成會，協助政府促成憲政。

乙、治標辦法

（一）請政府明令宣佈，全國人民，除漢奸外，在法律上，其政治地位一律平等。

（二）爲應戰時需要，政府行政機構，應加充實並改進，藉以集中全國各方人才，從事抗戰建國工作，爭取最後勝利。

這是一個很冠冕堂皇的決議案。諸位如把這個決議案和我在前幾天所介紹過的六個提案的內容比較參看一下，便知道中國文字的奧妙。奧妙之處在運用文字的結構，把具體的事實或問題盡量抽象化，變爲八面玲瓏不着邊際的東西，就文字的表面上看來冠冕堂皇，似乎應有盡有，而辦法人人會變，各有巧妙不同，講到實行，那却是另一問題。例如『結束黨治』是很具體的，但是諱言『結束黨治』，只空空洞洞地說『實行憲政』便『方便』得多了，又可解釋爲實行憲政當然要結束黨治，但是以後我們在黨報和黨刊上可以看到許多文章，認爲儘管實行憲政，並不結束黨治。

『定期召集國民大會，制定憲法，實行憲政，』把這幾句一口氣讀下去，令人不勝興奮之至。因爲就字面上說，『國民大會』有了，『憲法』也有了，『憲政』也有了，你眼睛沒有花，看得清清楚楚，還有什麼其他要求呢？這就是中國文字不勝奧妙之處。但是『定期』二字就夠研究。因爲定期可快可慢，一年半載是定期，三年五年是定期，八年十年是定期，而且還可改期延期。此中『方便之門』甚多。這決議案是在民國二十八年九月間通過的，現在是民國三十年五月，尙在『定期』之中。

至於『國民大會』指的是那一個國民大會，也夠研究。有人認爲中國打了好幾年仗，一切都與戰前不同，要眞能得到反映民意及適合時代需要的民意機關，應該另來過一個。有人却捨不得五六年前『選舉』的『穢德彰聞，』不少已做漢奸的那個『國民大會』。

憲法就是憲法，似乎是很簡單的事情了，但是也夠研究。有人認爲抗戰幾年後的今日，已發生了不少變化，憲法內容必須能適合當前的人民需要。有人却認爲五六年前寫下的『五五憲草』（註：憲草係於民國二十五年五月五日公佈，故稱『五五憲草』）已盡善盡美，不必有所修改，一聽到有人主張要修改，便引起老爺們很大的不高興。

你一口氣讀完『治本辦法』第一條感到不勝興奮之際，絕對夢想不到這裏面還有許多『奧妙』之處。你不得不深刻地感到要明白中國的政治，是要就事實上『透視』一番，如僅就文字上看，無論是宣言也好，演辭也好，文字也好，總常在不勝興奮之中。這對於身體健康也許不無益處，但對於解決政治上的實際問題，却不敢說有什麼效果。

所謂『國民參政會憲政期成會』確曾『組織』過，『促成憲政』也是各方所熱烈期望的，但職權沒有一定的規定，召集人之一的張君勱先生就屢次叫苦，說他不知道要幹什麼，態度很消極。大會開過之後，大家一閧而散，該會大概勉強開過一二次會，大有聽其自生自滅之慨！這不是他們不努力，實在覺得無從着手。直到民國廿九年四月間開第五次大會的前幾天，他們辛苦了好幾天，根據會內外提出的幾個意見書草成『中華民國憲法草案（即五五憲草）修正草案』，總算沒有交白卷。這個草案在第五次大會中曾引起大舌戰，但至今還是紙上的草案！

# 四五 舌戰後的『治標辦法』

國民參政會第四次大會對於七個憲政提案的決議，分『治本辦法』和『治標辦法』兩項，關於『治本』的二點，我昨天已和諸位談過，現在要研究『治標』的也有二點：

（一）『請政府明令宣佈全國人民，除漢奸外，在法律上，其政治地位一律平等。』

（二）『爲應戰時需要，政府行政機構應加充實並改進，藉以集中全國各方人才，從事抗戰建國工作，爭取最後勝利。』

這兩條，就文字的表面上看來，令人感到何必多次一舉，因爲這些似乎都是天經地義，千該萬該，用不着說的。但是這兩條的文字是極力避免『具體』而還就到『抽象化』或『玲瓏化』和『治本』的那兩條有着『異曲同工』之妙。我想諸位還記得，在憲政各提案中，除了『陪客』提的那一個以外，對於『各抗日黨派的合法保障』有着一致的要求，這是一件很具體的事情。但是經過第三審查會裏『加工製造』之後，一變而爲這樣抽象而玲瓏的第一條！所謂在法律上其政治地位一律平等也者，其具體的意義就是：不要對於國民黨以外的其他抗日黨派的人，或甚至僅僅被誣陷與其他抗日黨派有關係的人，或對國民黨迫令塡表入黨加以婉謝或尚待考慮的人，加以種種違法的壓迫。（這是僅就消極的意義說，如就積極的意義說，各抗日黨派當然應得公開存在的合法地位，對於國事有以集體力量積極參加的責任。）如果在字面上這樣老實說出來，在『陪客』佔支配力量的審查會及大會中，一定休想通過的。成爲抽象而玲瓏的條文，使人人可以馬虎舉手，這是中國文字的奧妙！

就是這樣抽象而玲瓏的第一案，經過一場大舌戰，經過第三審查會的一而再再而三的開會審查又審查，經過大會通過，經過最高國防委員會的核准，直至現在將近二年，並沒有『明令宣佈』。充滿正義感，說話最爽直的青年黨領導人之一的左舜生先生，每在朋友們聚商政治問題時談到這件事，便睜圓着眼睛大聲疾呼道：『爲什麼至今還沒有明令宣佈呢？』聲震屋瓦，有如張飛之在長板坡！

左公的大聲疾呼當然不能算錯，但是平心靜氣地說，『表面和骨子脫節』的政治情況下（即表面上儘管說得天花亂墜，而骨子裏却另是一回事。）就是『明令公佈』了，還不只是一紙具文，有何實效？而且現在的『技術』比通過該案時更『進步』得多。儘管你堅決主張抗戰，堅決反對妥協投降的人，只要你爲着要加强抗戰力量，要求政治改善，對政治有所批評，觸及了一部份不肖官僚及黨老爺的私利，便可以隨意對你誣衊，便可以隨意替你戴『漢奸』的帽子。那末即令有『明令公佈』有什麼用？

第二條的『背景』也是很具體的，就是憲政各提案中（『陪客』的提案除外）所一致要求的『爲集中人才起見，政府用人行政，不宜因黨派關係而有所歧視，』『但問其材不材，不問其黨不黨；』但是經過『加工製造』之後，產生了比第一條更爲抽象而玲瓏的第二條。因爲第一條裏還切切實實地說了一句要『明令公佈，』這至少是一件看得見的行爲，做了沒有，無所逃於天地之間；第二條則更若茫茫大海，不着邊際！說『行政機構應加充實並改進，』說『集中全國各方人才，』這是再好沒有的事情，我們不但該高高舉手，而且要熱烈鼓掌但是『充實改進』了幾何？『集中』得怎樣？這就全看實際的執行，而不是『明令公布』那樣簡單了。

在現在拜讀當時的這個決議案恍若說夢話，但是在當時我和許多熱烈擁護憲政的『來賓』們，都仍然抱着相當的希望決議案的條文儘管盡『抽象而玲瓏』的能事，但是中國有句老話，『爲政不在多言，顧力行何如耳！』『主人』果能在實際上容納各方『來賓』對於國事的意見，在『力行』上做工夫，就在條文上儘管『抽象而玲瓏』何害？因此，在第三審查會將這個決議案提交大會的時候，雖『來賓』和『陪客』間對於『結束黨治』仍有一番激辯，但付表決時，我也是用足勁兒高高舉手者之一。至今追想，未免覺得可笑！

# 四六　對保障人民權利的再呼籲

在國民參政會第四次大會中，和要求實施憲政提案相呼應的還有兩個提案，一個是關於保障人民權利的再呼籲，一個是關於保障文化事業的再呼籲。本文想先談第一個。

我曾經告訴過諸位，沈老先生在距今三年前（民國二十七年七月）舉行的國民參政會第一次大會中，就已提出了保障人民權利案，經大會通過，經國防最高會議核准，並經政府通令在案，但這一切的形式或表面，對實際並不發生任何影響！於是到了第四次大會（民國二十八年九月）沈老先生不得不對保障人民權利案再作呼籲。

這提案的題目是：『請政府重申前令切實保障人民權利案。』這提案內容的措辭雖爲避免引起『陪客』們在審查時的破壞，極求和婉，但在這和婉文辭的背後所包含的事實却是很嚴重的。該提案指示『一般社會民衆之權利被侵害者似仍不減於前，告訴告發訴願之事件，則百不一聞。有時且因告訴告發訴願，而其所謂權利，更受進一步之侵害，主管機關恬然不知負責。依據見聞所及，如任意拘捕至於數月逾年之久，不予審問；或忽然遂無消息；或徼倖釋出，而終茫然不知其所以被捕之由。或知之矣，而腐心嚙指，申訴無門，畏禍吞聲。……最近川康視察報告（國民參政會所組織的川康視察團報告——記者）此類事實，言之綦詳，一檢可得。竊意豈不止川省一地爲然。夫使人民於被捕後莫知所措，尙不審所犯何罪，與被寃誣而有無可告訴之苦痛；一夫弗獲，聖者是憂，是皆爲我國民政府領導下所不應有之現象，其有之則有司者之過也，否則亦必有應負其責者。……欲加之罪，則任意假以惡名，既得其情，仍不免徇于私見，所謂主管機關之監督，蕩蕩然無復有存。人民權利至此，尙何保障可言耶？』

該提案建議『挽救』的辦法五項。簡單說來，一項是：請政府鈔錄前案，重行通令全國各地各軍政機關認眞切實執行。一項是：同時嚴令各主管機關認眞監督所屬機關，不得再有違令濫權情事。一項是：凡經中央發覺或由人民告發告訴及訴願者，除依照法令手續應交法院偵訊者外，如爲情節重大的事件，應即由中央遴派著名廉正人員馳赴查辦，不得循例責令原管轄機關查覆，或仍聽令自理。一項是：應請中央監察院以時遣派委員，代表中央巡視各地方，隨時檢舉，切實行使其最高之監察權。還有一項是：嚴禁用『反動嫌疑』『土匪』『逃兵』『漢奸』等名目，任意栽害青年及一般良民。

這個提案經大會通過，決議的內容是『送請政府重申前令，切實辦理。』就字面上看來，這似乎是一件可喜的事情；但是可喜不在字面而在實行。上述五項辦法如其能如決議案中所謂『切實辦理』，未嘗不可收到『挽救』之效，否則豈不仍是『等因奉此』的一紙公文在老爺們的桌上轉來轉去，與人民切身利害有什麼相干？

決議案是經大會通過了，但任何人只須眞正知道實際情形的，沒有不知道人民權利之被侵害，不但沒有得到『挽救，』而且只有變本加厲。我們在這裏要指出的是，在政治未改善的情況下，被侵害者除『腐心嚙指，申訴無門，畏禍吞聲』之外，沒有其他辦法。有人說被誣陷侵害者的家屬沒有出來說話，可見他們都是在平平安安之中。這完全是道地十足的官話！試問在『官吏至上』『官官相護』的情況之下，那個家屬敢出來說話？出來說話又有什麼用？以全國所欽仰的馬寅初先生的家屬也只有『腐心嚙指，申訴無門，畏禍吞聲，』其他可想而知了！（關於馬先生的事，我將另篇論之。）這種情形好像打你一個耳光，不許作聲，反過來因爲你不敢作聲，便十足證明你的耳光沒有打！這是老百姓活該，老爺反正都是對的！

老百姓即令天天跪在老爺的面前哀求是沒有用的，必須建立民主政治，使政治踏上民主法治的軌道，而這個『法』必須是眞能代表民意的民意機關定出的，而且是有民意機關和輿論起來監督執行的，不是老爺『要怎樣辦就怎樣辦。』

# 四七 對保障文化事業的再呼籲

在國民參政會第四次大會中，和要求實施憲政的提案相呼應的，還有兩個提案，一是對保障人民權利的再呼籲，一是對保障文化事業的再呼籲。昨天談過對保障人民權利的再呼籲，現在要接着談談對保障文化事業的再呼籲。

關於後一件事，我在第一次大會中就有過提案，後來出乎意料之外地發生了反作用，鑽出一個桎梏文化事業的『圖書雜誌原稿審查辦法』來。我在第二次大會中提出『撤銷』這個辦法的提案，雖得到了空前的聯署，並在大會中得到最大多數的通過，仍然無效。於是不得不在『原稿審查辦法』之下，對文化事業所受的種種苦難，力求相當的補救，在第四次大會中提出了這樣的一個提案：

改善審查搜查書報辦法及實行撤銷增加書報寄費，以解救出版界困難而加强抗戰文化事業案。

歐美重視文化事業的國家，對於書報印刷品的寄費都特別予以優待，而我國在抗戰期間需要大量精神食糧廣播的時候，書報印刷品的寄費反而增加了好幾倍，後來又有新的增加，所以我曾經在第三次大會中提出撤銷再增加這類寄費的提案，經大會通過，遂請政府採擇施行。但是最令人頭痛的是參政會的提案儘管經大會通過，儘管送請政府採擇施行，而在事實上總是在忙煞了寫而且印之後，永遠留在紙面上！這件事也不能例外。所以在第四次大會中，於要求『改善審查書報辦法』之外，又附帶要求『實行』（這二個字最重要，值得大加密圈）『撤銷增加書報寄費』

可是寫着提案的題目上有了『撤銷』二個字，曾鬧了一個小小的笑話。我以前曾經談及，在第二次大會中關於『撤銷』圖書雜誌原稿審查辦法的提案，參加聯署也有不少的『陪客』，他們後來曾因此事受到『主人』的嚴厲的責備。在第四次大會中的那個提案在題目上又赫然出現『撤銷』二個字（指的是撤銷增加書報寄費）有一個『陪客』先生遇我請他聯署的時候，瞥見『撤銷』二個字，有如驚弓之鳥，變色大呼：『不來！不來！又是什麼撤銷！你的撤銷最可怕啊！』我笑着說：『不要怕，這個撤銷不是那個撤銷！』他固執着說：『無論如何，別的可以，撤銷絕對不來！』他不問內容，只怕『撤銷』，倒也莫奈何他！

閒話少說，言歸正傳。嚇得那個『陪客』先生變色大呼的提案內容，指出審查書報在事實上有二大缺點：『（一）對於審查後認為應禁之書籍，不將書名及理由通告出版機關或著作人，同時亦不將書目及理由通知各書業機關，於是出版界徒在暗中摸索，無論出版者及代售者，非全書被沒收，不知原委，所審查者有違反審查標準之處，在被禁者亦含冤莫白，無從伸訴（按此係指在原稿審查辦法尚未實行以前的各書審查。）（二）雖經審查通過之後，仍得不到統一的合法保障，往往經首都圖書雜誌審查委員會准許通過發給審查證，或經內政部審查通過發給註册證，而各地各種機關仍得任意沒收。』

關於搜查書報也指出二大缺點：『（一）迄今無統一的檢查機關，有時有憲兵團，有時有警察局，有時有黨部，有時有便衣密探。（後來又加上三民主義青年團——記者註。）負責審查之機關所認為應禁之書報，對出版者既不通知書名及理由，搜查機關又如此雜亂，故搜查時出版界殊感無可遵循，聽便任意取書！搜查者紛至沓來，亦無一定標準，今日甲機關認爲非禁書，明日乙機關來却認爲禁書，甚至有些機關藉口檢查，將大量書報滿載而歸，從不發還亦不宣佈審查結果。（衡陽有一個機關的檢查老爺居然利用這個機會，把這樣『滿載而歸』的書籍另開一爿小書店大做生意這個事實後來被發現，在出版界傳爲笑談，但却無可奈何。因爲在這樣『官官相護』『官吏至上』的情況下——尤其是無可理喻的黨老爺統治下——你敢惹他毫毛，他大權在手，可以給你更大的災殃。——記者註。）（二）搜查人員每多超越範圍，依照中央規定，搜查書報以售賣者爲範圍，而實際上對私人臥室，箱篋信件，傾倒查抄，騷擾不堪。搜查機關並得隨意拘捕人員，長期囚押，不送法院審訊，有違中央規定及法治精神。』

根據上述理由，該提案建議辦法如下：『（一）查禁書報必須由負責機關將理由通知出版者及著作人。如有不合審查標準之處，應給與出版者及著作人以伸訴的機會。搜查時須出示負責機關之證明文件及公開頒佈之查禁書單。對於未經查禁之書報不得任意取去，禁止閱看。（二）檢查書報須有統一機關負責執行，且書報經過合法審查機關之許可通過，給與審查證或註册證後，須予統一的合法保障，各地不得再任意扣留沒收。』

這些糾正的辦法，誰看了都認爲是合理的，所以在審查會審查時，『來賓』們當然一致贊成，『陪客』們也無話可說，在大會裏也通過了。決議是：『本案所列辦法，送請政府切實改進。』其實這些辦法在第一次大會提案中已提及，到第四次大會只是根據新的事實，舊事重提罷了，可是直到現在，那一點實行過？這是公開的事實，全國的編著界，出版界，乃至整個的文化界，都是有目共睹的！

糟塌紙張，糟塌油墨，罪孽深重！這是我在已往二年半國民參政會所得到的最沉痛的經驗。

# 四八　苦命的憲政運動

根據國父中山先生的遺敎，中國是應該實施憲政的，國民參政會第四次大會中又通過了實施憲政的議案，憲政運動應該是可以交好運了，但是說來奇怪，憲政運動一開始不久就走上了苦命的途程！

但是在最初，我們不明白此中的矛盾，以爲領袖既在參政會中認爲憲政决議案是該次大會最大的貢獻，政府既以實施憲政爲號召，民間熱烈響應，努力憲政運動是應該沒有什麼大不了的阻礙。當初并沒有料到憲政運動是註定苦命的。

有些人想到實施憲政，只很簡單地感到國民大會的召集，憲法的製定及頒佈等等，這雖然都是實施憲政的必要部分，但却不是唯一的部分。我們以爲實施憲政的工作可以分作三個階段：第一個是參政會通過决議案起至開始召集國民大會。第二個是從開始召集國民大會至憲法頒布止。第三是在憲法頒布以後的切實執行的階段。我們如果希望憲政的實施眞能獲得實際的功效和眞正的成功，絕對不能坐待國民大會的自然來到與憲法的自然產生，必須在第二階段尙未到來，第一階段剛開始時，推動憲政運動，推動最大多數的民衆參加憲政運動。爲什麼有這種必要呢？中國在這個抗戰建國的偉大時代所迫切需要的憲政，是要能夠充分反映全國最大多數民衆的要求，由此使他們對於國家有更親切的感覺，增强他們對於抗戰建國的努力。因此我們主張在這準備的時期，即須積極推動各方面參加憲政運動，希望每一個民衆團體及學術團體，每個茶館，每個民衆教育館，每個大大小小的事業機關，都能舉行憲政座談會，使一般民衆都能明白憲政究竟是什麼一會事，憲政和抗戰建國究竟有什麼關係，憲政和他們的切身利害究竟有什麼關係，他們所希望的憲政內容究竟怎樣。這樣深入民間的憲政運動，如能得到良好的領導和開展，在直接方面可以充分反映全國民衆的要求，使將來的憲法能反映全國民衆實際上的需要。在間接方面也就是實際的政治教育，加强他們對於政治的認識與了解，爲實施憲政前途建立鞏固的基礎。

根據這個原則，國民參政員中有二十五人共同發起召集憲政座談會。（這是民國二十八年十月間的事情，國民參政會第四次大會是在同年九月間舉行的。）在重慶銀行公會開過三四次，到者各界都有，人山人海，會議廳裏幾無隙地，討論得非常熱烈，並請與『五五憲草』最有關係的立法院院長孫哲生先生和立法委員張知本先生分別到會報告。發起召集的二十五個參政員各黨各派及無黨無派的參政員都有，大家尤其注意的是要包括國民黨的參政員，每次開會遇有國民黨的參政員光臨，大家都特別注意要把他推在主席團裏，（主席團人數五人，李中襄先生有一次到會，即被推加入主席團。）這可見大家希望國民黨出來積極領導的迫切。初不料如此煞費苦心之中，憲政運動仍不免走上苦命，眞是所謂『計定』的了！

這是後話，暫且不提。且說大家最初對於憲政運動都抱着一腔熱誠，由於憲政座談會中屢次到會者的熱烈要求，有籌備憲政促進會的發起，由座談會中公推八十五個籌備員，除座談會召集人廿五個參政員包括在內外，其中成份也包括國民黨員，其他黨派及無黨無派的熱心憲政運動的社會人士；這應該是在抗戰首都全國精誠團結的一個很可珍貴的象徵。同時在重慶有三十幾個婦女團體所發起的婦女憲政座談會，有青年各團體代表二十五人發起的青年憲政座談會，成都桂林上海延安各處都有熱烈的響應，紛紛發起憲政座談會及憲政促進會一類的組織。

這樣氣象蓬勃的憲政運動應該是交了好運，爲什麼說是註定的苦命呢？正是因爲氣象愈蓬勃，苦命的關頭來得越快！苦命關頭的到來，首先是憲政運動消息及言論在報紙上受到封鎖，在黨報黨刊上看到誣陷憲政運動的『理論』，其次是索性在參政員二十五人所召集憲政座談會中實行搗亂，在各地方則嚴禁憲政運動的出現，在各地方報紙上連『憲政』二個字都不許出現！

## 四九　一幕悲喜劇

一方面好像要憲政，因爲國父遺教中說要國民參政會的決議案說要，領袖在國民參政會中屢次說要。但是在另一方面却又好像不要憲政，因爲我們在黨報黨刊中可以看到滿山滿谷反對憲政的大作，不是說『抗戰與民主根本是兩個不相容的東西』，便是說『實行民主必不利於抗戰，要實行抗戰必須暫時停止民主。』倘若這反對論是正確的話，那末國民參政會以及六中全會決議實施憲政的議案都是不識時務，變爲毫無意義的了。他們並不顧到蔣議長在參政會中一再地說：『爲應事變之不測，須提早實行憲政；』『現在我們內省國勢，外察環境，要提早實施憲政。』一方面好像要憲政，另一方面又好像不要憲政，憲政運動就在這個夾縫中走上了苦命的途程！

二十五個國民參政員所發起的憲政座談會開了四五次之後，有人發起組織憲政促進會，戰時首都及各地開始響應，頗有蓬勃氣象，於是黨方的言論機關放出嚇人的『理論』，他們說提倡憲政意在反對政府，奪取政權。他們說組織憲政促進會更是反對政府，理由是政府不做的事才用得着人民來促進，政府已經答應要做的事情便無須人民來促進，否則便是反對政府！照他們的這樣邏輯，政府要抗戰建國，人民就得放棄抗戰建國，否則便是反對政府！他們認爲批評國民大會組織法選舉法及『五五憲草』也是反對政府！

發起憲政座談會的若干參政員（半推半就的『陪客』當然不作聲）看到這樣的空氣，覺得不大好。有一天蔣議長約國民參政會憲政期成會的幾位參政員談話，左舜生先生（也是憲政座談會發起人之一）便把這種情形面告蔣議長，蔣議長允加糾正，並表示二點：（一）他希望儘可能提早實施憲政，（二）大家對於實施憲政的辦法可加以研究。大家聽到左先生的這個報告，頗爲欣慰，但是蔣議長儘管有這樣的表示，憲政運動終於不免走上苦命的途程！葉楚傖先生（當時任國民黨中央黨部祕書長）對人說：『研究可以，最好由少數學者在房間裏研究研究，不要發表文章，來什麼運動！』憲政座談會雖然也是在『房間裏』舉行（在重慶銀行公會樓上一個大房間裏，不過比較大而已矣）可是並不限於少數學者，也不免帶些『運動』的意味，於是乎糟糕！

憲政促進會的籌備員在第四次座談會中推定，正在積極進行之中，第五次座談會演出了一幕悲喜劇。每次座談會的開會時間是自上午八點至十二點，那天早上七點半以前就有大批人很熱心地先到，一尊尊羅漢似的坐在會議廳的周圍。後來開會時間到了，召集人和向來參加的人也都到了，他們到後發現情形有點兩樣。有人認識新來的『客人』裏不少是社會部（當時屬中央黨部）的職員，向來不參加的，那次忽然大批光臨，但是這種座談會原是公開於民衆的，對他們的光臨當然不拒絕。開會以後，他們輪流着起立破口大罵，好像放聯環砲似的，他人沒有開口餘地。他們罵的總目的是要打銷憲政促進會。他們把憲政促進會痛罵一頓之後，『提議』取消，要付表決，表決後即登報聲明否認有組織憲政促進會這回事。最妙的是其中有一位老爺拍案大叫：『登報否認我出錢！』他傲然自負的是他有錢，你能拿他怎樣！當時他們聲勢洶洶，大有打出手，演一幕全武行好戲的氣慨！可是當時到會的其他的人都顧全大局，無意打太極拳，十分忍耐，只由主席和平地加以解釋，說惑政座談會和憲政促進會是二件事，座談會每次參加者並不完全相同，是流動性的，故以前發起的憲政促進會不便由後來的座談會隨便取消。但是那批『英雄』仍咆哮不已，頓腳拍案大叫『表決！表決！』正在相持之間，十二點到了。銀行公會原來說明十二點後該廳另有他用，不能再借，於是那批『英雄』們『無用武之地，』只得悻悻然作鳥獸散。第二天報上登出中央社發的消息，說這次座談會已由多數『表決』否認憲政促進會的組織，其他消息一概被『封鎖。』有一二家『漏網』的報，兩種消息都不登。後來聽說國民黨中的賢明份子亦多不以此種舉動為然。

其實戰時首都的憲政運動，雖『運』而不能『動，』尚屬幸運。上海熱心憲政的人響應中央決議的憲政運動，竟被黨老爺誣為與汪勾結，戴上『漢奸』帽子，那更是冤上加冤，比搗亂的辦法更為巧妙得多了。

# 五〇 兩種傾向

當七個關於憲政的提案在參政會第四次大會的特種委員會中被審查的時候（即關於憲政提案的一場舌戰，）我們在會場中所聽到的言論顯然可以看出兩種傾向：一種是『來賓』們對於結束黨治及對抗日各黨派的合法保障主張有此必要，還有一種是『陪客』們大發揮其『不必要論』。

『請政府定期召集國民大會實施憲政案』在參政會第四次大會通過之後，在公佈的言論方面也可以看出兩種傾向：一種是民間的言論熱烈擁護這個決議案，強調抗戰時期『要』憲政，還有一種是黨報黨刊上的言論極力強調抗戰時期『不要』憲政的『理論』。

但是同時兼任國民黨總裁的蔣議長在參政會第四次大會閉幕詞中，明明把『實施憲政』案列爲第一重要的決議案，而且鄭重指出：『中國欲貫澈其絕對必要之作戰目的，更須動員全民，加強長期抗戰之一切設施。……敵閥正百計進攻，我自不容絲毫自滿，一切力量皆須發揚，一切缺陷皆須填補。……提高民權，加強國本，應爲最要之務。』緊接着說：『用是決議請政府召開國民大會，建立憲政規模。』領袖公開把『實施憲政』和『中國欲貫澈其絕對必要之作戰目的』及『加強國本，爲最要之務』聯在一起，這與黨老爺們的『不要論』明明是衝突的。怎麼辦呢？後來『不要論』雖尙不能絕跡，但漸漸蛻變爲『退後論』。於是又顯然可以看出兩種傾向：一種是熱烈擁護實施憲政者對憲政作『進步』的解釋和主張，還有一種是心裏『不要』憲政而表面上似乎不好意思繼續公開反對憲政而對憲政作『退後』的解釋和主張。最有趣的表現是這兩方面所引用的國父遺教及領袖言論也截然各有趨向分別得淸楚明瞭。例如上述的蔣議長在參政會第四次大會閉幕詞中所說的幾句擁護憲政的話，你在民間的言論無論是日報上或刊物上的社論專論隨便都可以看到被引用着而在黨報黨刊上却沒有一處尋得出。又例如國父中山先生對中國應採的民主政治有幾句很重要的話，他說：『近世各國所謂民權制度，往往爲資產階級所專有，適成爲壓迫平民之工具若國民黨之民權主義，則爲一般平民所共有，非少數者所得而私也。』這幾句話也在民間的言論上很廣地被引用着，但是在黨報黨刊上也是尋不見的。

黨報黨刊上引用得最多的是曲解國父遺教中的兩段話。一段是中山先生在『民權主義』演講中反對『一片散沙』的『自由，』引用者的意思是要藉此表現人民爭取憲法上的自由是不應該的，也就是表示憲政運動是無意義的。但是中山先生所反對的是『一片散沙』的『自由，』而並非根本反對人民在憲法上應有的自由。這有二件事可以證明，一件事是中山先生曾經不滿意臨時約法，說因爲它一沒有規定具體的民權，因此他鄭重聲明：只有『中華民國主權屬於國民全體』那一條是兄弟所主張的，其餘各條都不是兄弟的意思，兄弟不負那個責任。』（見五權憲法演講。）還有一件事是中山先生所手訂的中國國民黨第一次全國代表大會宣言的『對內政策，』明白規定『確定人民有集會、結社、言論、出版、居住、信仰之完全自由權。』可見要想曲解中山先生反對『一片散沙』的『自由』來反對人民爭取憲法上的自由，實在是很可笑的。

黨報黨刊上最喜引用的還有一段是中山先生在孫文學說一書中說及我國國內革命戰爭（在當時指

的是打倒北洋軍閥的戰爭，）不宜『於開戰之初即施行憲政，』並提及上次世界大戰參戰的國家，有『停止憲政行軍政』的話。引用者沒有或不願想到當時全國除廣州一隅外，都爲北洋軍閥及其代理人所盤據，非先『用兵力掃除國內之障礙』不可，否則無異贊成北洋軍閥的統治。現在是要在國民政府統轄的廣大區域實行憲政，形勢完全不同。而且只有像日本帝國主義者那樣從事侵略戰爭，才用得着剝奪人民的民主權利，以壓制人民反戰。中國是反抗侵略的國家，人民一致擁護抗戰。實行民主政治，只有更加強國力，鞏固團結，這也是很顯然的。可是在斷章取義利用中山先生的話來反對憲政的，卻不願想到這種種的異點，只看到『停止憲政』四個字，不管三七二十一，便樂不可支了！

還有一件事的爭執也足以表現『進步』和『退後』的兩種傾向，那就是關於國民大會和憲法草案問題。所謂召集國民大會是另來一個眞能代表民意的國民大會呢？還是仍然捨不得二三年前（就當時說；就現在說已是四五年前了）『穢德彰聞』的國民大會呢？（已有不少的代表參加了傀儡組織。）民間輿論主張前者，黨報黨刊主張後者。最初還許稍稍批評，後來說是有關政府法令，連討論都一概不許，凡有討論這件事的文章一概被審查老爺扣留。其實，那個『穢德彰聞』的『老會』雖是曾經政府用法令召集的，但政府也未嘗不可根據輿情再用法令來一個『新會』，這對於政府的威信並無絲毫妨礙的。那個『五五憲草』是民二十五年公佈的，抗戰二年多了（亦就當時說），一切情形變化了許多，『舊草』已不能適合新的要求，實在應該廢除，至少要加以很大的修改。民間輿論這樣主張，而黨報黨刊卻極力反對。

中山先生的遺教是充滿着進步的成份，但是有人一定要替他開倒車。中國是向着進步的大道前進，但是有人一定要拉她向後轉。這不是太令人痛心的事情嗎？

『必要』和『不必要的爭執，『要』和『不要』的爭執，『進步』和『退後』的爭執；形式雖有差異，本質却是相同。這是當前中國政治意識的兩種傾向。（我本想用『政治思潮』四字，已寫了下來，轉念『退後』有什麼『潮』之可言，還是改寫『政治意識』算了罷。）

# 五一　對憲政的最後掙扎

國民參政會本來是每三個月開會一次，開會期十天，依『請客』條例第五條的規定，要『國民政府認爲有必要時，』『得延長其會期，』但向來都在十天內趕完沒有一次『延長』過。自第四次大會起，把三個月開會一次改爲六個月開會一次。當這個消息公佈的時候，在野各抗日黨派的『來賓』們有一次在聚會中曾對此事有所商議，大家感覺到國事在很緊張急逼的情況中，有許多問題亟待大家商决，把三個月改爲六個月似乎不很適當。討論結果，覺得我們既是由『主人』請來的『來賓，』現在『主人』認爲沒有三個月請一次客的必要，倘若『來賓』們一定要『主人』非三個月請一次客不可，似乎不好意思，祇好隨『主人』的便罷。

但是大家一方面看到憲政運動走上苦命的途程，一方面看到國共及黨派團結問題日趨嚴重，物價問題亦日趨嚴重，不免憂慮。鑒於鞏固團結及救濟經濟，在在都與政治的改革，即民主政治的實現，發生密切的關係，所以在民國二十九年四月一日召集的國民參政會第五次大會，大家對於實施憲政又努力來一次推動，由國民參政會憲政期成會提出『中華民國憲法草案（五五憲草）修正草案。』這個修正案根據三個重要的參考材料：一個是教授派的『來賓』提出的『五五憲草修正草案，』一個是救國會派的『來賓』提出的『對於五五憲草的意見，』還有一個是共產黨的『來賓』提出的關於國民大會組織法、選舉法及五五憲草的意見。於此可見大家雖在憲政運動走上苦命的途程中，仍不消極，仍對民主政治作最後的掙扎。

我在這裏不想詳細討論這個修正案的整個內容，一則因爲篇幅不許，二則因爲詳細討論需要另寫一本書。但是我要把這次大會辯論最激烈的一點指出，就是該修正案中採用了教授派『來賓』所建議的在國民大會閉會期間需要設立一個常設機構名叫『國民議政會』。依草案規定國民大會每三年才由總統召集一次，會期只一個月，故修正案建議在國民大會閉會期間，設國民大會議政會人數較少，開會較易每六個月得集會一次。這是教授派『來賓』的建議。其他在野的各抗日黨派的『來賓』，只感覺到國民大會既須每三年才開會一次，在閉會期間必有不少重要國事需要民意機關處理，故有一個常設機關或常務委員會之類的機構之必要，至於名稱及職權如何規定，倒沒有什麼一定的成見，儘可由大家從長計議。可是這件事卻引起了『陪客』們的激烈反對，於是又掀起一番大舌戰。有一位『陪客』起來破口大駡，在實際上簡直等於表示憲政是不必要的！他的一頓大駡，不但使在野各抗日黨派的『來賓』聽了爲之寒心，即國民黨中的賢明份子曾經參加旁聽席的，也爲之搖頭歎息，事後告訴記者的一位朋友，表示憤慨。

這位『陪客』對憲政的破口大駡就他個人說大家並不重視，但是因爲他是『陪客』，『陪客』在國民參政會中是受『黨團』（即國民黨在參政會中的黨的小組）指揮的，大家把他看作國民黨在參政會中的代言人，看到他的失態，聽到他的胡說八道，那就不得不對憲政前途冷了半截。

而且還餘下未冷的半截也還保不住！上述的憲草修正案是在這次大會第五日提出討論的，當時因在傍晚，即將休會，只將憲草修正案全文逐條宣讀，並由憲政期成會召集人張君勱先生出席說明修正案要點後，即由蔣議長宣告當日休會時間已到，本案於第二日大會再行詳細討論，並鄭重聲明，只有大家自由發表意見，才能得到圓滿的結果，希望第二日大家多多自由發表意見。不料第二日祇有八九人對『議政會』應否設立的一點發言之後（某『陪客』的破口大罵也包括在內）尙未得到結論，其他各點更未有一句話討論到，宣告休息十分鐘後，再行開會，祕書長王世杰忽然恭恭敬敬雙手捧着議長的字條，十分嚴肅地踱着方步由主席台走到報告台（在主席台前面略低）宣讀一遍，即算決議。內容如下：

（一）本會憲政期成會草擬之中華民國憲法草案修正案，暨其附帶建議及反對設置國民大會議政會之意見，併送政府。

前項反對意見，由祕書處徵詢發言人意見後，予以整理。

（二）參政員對於憲政期成會修正案其他部分持異議者，如有四十人以上之連署，并於五月十五日以前（按開會的那一天爲二十九年四月六日），送本會祕書處，應由祕書處移送政府。

憲草修正案原爲國民參政會第五次大會最中心的議案，也是國民參政會憲政期成會的唯一結晶品，這樣乾脆地結束，在『陪客』們也許以省事爲無量幸福，在『來賓』們却好像冷水澆背，不勝寒心。其實寒心大可不必，即令眞由『大家自由發表意見』『得到圓滿的結果』到如今還不是留在紙上嗎？

# 五二 虛文與實行

『來賓』們在國民參政會第五次大會中，對於憲政的最後掙扎，昨天已報告過。除正面的提案如憲草修正案之類的以外，還有有關憲政的側面的提案値得注意的，不可不一談。說起憲政運動大家很容易衹想到國民大會的召集，憲法的製定與頒佈，而忽視當前的最低限度民權的保障。其實當前僅有的保障人民權利的法律如不能切實執行，將來的憲法即令能適合人民的要求，也不過是等於廢紙罷了。這一點的重要性，國民參政會的『來賓』們也深刻地感覺到，關於這方面有三個提案：一個是光昇先生所提的『請政府從速建立民治及法治信條以爲施行憲政準備案，』一個是張申府先生所提的『請政府在實施憲政之前，切實執行訓政時期約法抗戰建國綱領及本會第四次大會決議之人民政治地位與集中各方人才兩條治標辦法案，』還有一個是記者所提的『嚴禁違法拘捕，迅速實行提審法，以保障人民身體自由案』。

請先談第一案。該案在『理由』方面指出：『自政府宣佈定期召集國民大會，制定憲法，國內人士羣起公開討論，大抵皆關於制憲程序問題，至於憲法公佈後，如何使之見諸實行，似乎尚少注及。蓋憲政者包含兩種要素而成，一即民治，一即法治。民治者對於官治之謂，法治者對於人治之謂。中國承人治官治之後，施行憲政，寫在紙片上之一篇憲法，不是新年桃符，一貼上就可以萬事大吉。公佈後還要人民能夠運用，政府能夠遵守。運用與遵守，須有民治及法治兩種信條，是爲施行憲政之基本條件。』

該案提出『建立民治信條之辦法』三項:甲、確實建設基層民主組織,以奠定民治基楚。乙、基層組織之民權行使,必須名實相符,使人民得到運用政治之實驗。丙、基層政治之設施,必使人民積極參預,以增加民治運用之興趣及信念。該提案在說明中幷指出目前所實行的鄉鎮新制,設立鄉公所及開鄉民大會,只是舊有的保甲的改頭換面,『本未選舉而曰依法投票,本未召集而曰依法開會,記事錄、決議錄,無一不可以意爲之!』主張須『使官吏對於人民負責,……辦理違法人民有拒絕選舉之權,政府不專據官吏一方報告。而基層政治之設施,與人民關係密切,必使教養衞及其財務收支諸事皆由人民積極參加,不任官吏上下其手,庶可引起羣衆注意政治,增加其興趣及信念。』民衆必須有組織地參加政治,然後『官吏至上』『官官相護』的惡劣作風才有改善的希望。民主政治的眞正實現與政治的改革有着不可分離的關係,原因也就在此。

該案并提出『建立法治信條之辦法』三項:甲、政府特頒命令,以確定法治宣告全國,樹立法治。乙、廢除妨礙法治之權制,嚴禁官吏一切非法處置。丙、使監察及司法機關,切實行使職權,以增強法治保證。該案在說明中指出應該『嚴禁官吏非法侵害人民生命財產自由,以使法律一元化,而政治法律化。』幷指出『今有監察機關,所察不過例行輕微案件,有司法機關,所司不出普通民刑訴訟,其關於行政上之風紀有特須彈劾檢舉者,率皆熟視無睹,莫與過問。罔法者習爲固然,被害者無所控告。』

第二案的題目特長,該案的注重點,看了題目就已明瞭。關於人民的言論出版集會結社自由的合法保障,訓政時期約法及抗戰建國綱領都有明文規定,但在實際上都成了具文。參政會第四次大會所決議的兩條治標辦法也在舊紙堆裏永遠睡覺,所以該案特再作『切實執行』的呼籲。

以上二案經大會的决議，都是『送請政府切實注意。』直到現在，究竟『切實注意』了沒有，這是大家看到眼前的事實所能自下判斷的。

這些提案都是經過審查委員會審查，并經大會通過的。看了這些提案的內容，便知道中國政治病在徒有虛文而不切實執行。『表面與骨子脫節，』已成爲稍稍留意中國政治者的一般的認識了。

## 五三　嚴禁違法拘捕的建議

在國民參政會第五次大會中，除了上次所談過的光昇和張申府二位先生所提的提案有關憲政的基本條件外，還有一個是記者所提的『嚴禁違法拘捕，迅速實行提審法，以保障人民身體自由案。』

建立法治精神，是民主政治的一個主要的特徵（參看拙著憲政與民主一文，載理論與現實第三期，現收入憲政運動論文選集一書。）依各國民主運動史看來，尤其主要的是人民的身體自由在法律上及實際上須有切實的保障，非依法律不得逮捕囚禁。在英國便有所謂『身體保護狀』（Habeas Corpus）的規定，嚴禁違法逮捕的行爲。人民的身體自由如得不到法律上實際上切實的保障，什麼言論出版集會結社自由，都談不到！曾經參加『五五憲草』起草的立法委員吳經熊黃公覺二先生在他們所著的中國制憲史一書中論及民權時，曾引證伍朝樞先生致孫哲生先生論北洋軍閥蹂躪人民一信中語：『軍閥專橫，官吏恣肆，對於人民身體自由，任意蹂躪，往往無故加以拘禁。拘時固不經法定手續，拘後則審訊無期，又不開釋，致令久禁囹圄，呼籲無門。即有親友營救，除請託及賄賂外，更無途徑可尋。其結果有不宣佈理由而逕行釋放者，甚至擅處私刑者。似此黑暗情狀，計惟有吾國歷史所謂亂世及歐洲中古時代始有之。』這一段話說得多麼沉痛！這種『黑暗情狀』便是民主政治的仇敵。歐洲人民百餘年來所以拚死力爭努力於憲政運動的，就是要替自己免除這種沉痛的現象。現在我們是有着三民主義的政府，我絕對無意把它比作『北洋軍閥』，但是因爲政治尚未改善，『特務』橫行，違法拘捕囚禁的慘劇層見疊出，却是無可諱言的事實。

在國民參政會第五次大會以前，我已參加了四次大會，我很沉痛地感覺到我所提出的提案，乃至許多其他『來賓』的提案儘管經大會通過，在事實上凡是比較重要的提案都只是等於廢紙。尤其明顯的是關於實施憲政的要案無論『治本辦法』也好，『治標辦法』也好，有那一點『切實執行』過？但是在第五次開會時，我仍抱着一線的希望，提出『嚴禁違法拘捕』的提案，作最後的嘗試。

這提案在『理由』方面指出：『關於人民身體自由之保障，中華民國訓政時期約法第八條原有如下的規定：「人民非依法律不得逮捕拘禁審問處罰，人民因犯罪嫌疑被逮捕拘禁者，其執行逮捕或拘禁之機關，至遲應於二十四小時內移送審判機關，本人或他人並得依法請求於二十四小時內提審。」又按刑事訴訟法之規定，除現行犯外，（例如强盜或替敵人放警號的漢奸，必須當場拘捕，不能等待。——記者註）拘捕時必須有法院所出之拘票，執行時必須以拘票示被告，但在事實上，全國各省並未完全切實遵行。無逮捕人民職權之機關，往往越權，雖有逮捕人民職權之機關，亦往往濫用職權……』

在『辦法』方面，該提案建議：『除請政府督飭全國各機關須嚴格執行約法及刑事訴訟法所規定，違者應嚴加懲處外，須迅速限期實行民國二十四年六月二十一日國民政府公佈而尚未確定施行日期之提審法。』提審法對於保障人民身體自由爲什麼有相當重要的意義呢？這不得不略述該法的大概內容。例如依所公佈的提審法，人民被法院以外的任何機關非法逮捕拘禁時，本人或其親屬得向地方法院或其所隸屬的高等法院聲請提審（見該法第一條。）人民逮捕拘禁時，其執行機關應即將逮捕拘禁的原因，以書面示知本人及其最近親屬，至遲不得逾二十四小時（見該法第二條。）法院接受聲請後，得摘錄聲請要旨通，知逮捕拘禁機關限期具覆（見該法第四條。）地方法院如對聲請之裁定不公，人民得抗告於上級法院（見該法第五條。）法院接受聲請書狀或逮捕拘禁機關覆文後，對於提審之聲請認為有理由者，應於二十四小時內向逮捕拘禁機關發提審票（見該法第六條。）該提案認為已經政府公布而尚未實行的提審法雖未盡完善，但如能切實執行，對人民身體自由之保障，顯然可得進一步的保證

這個提案經大會決議：『送請政府切實執行』。後來『送請政府』之後，結果怎樣呢？結果等到憲法公佈實行之後再說！於是『切實執行』尚保留在紙面上！

## 五四 『筆桿暴動』

抗戰爆發以後，全國對於實現民主政治的要求，其目標在鞏固團結，改善政治，動員民力，加強抗戰的新生力量，加速抗戰最後勝利的到來，在實際上和協助政府貫澈抗戰國策只有裨益而無妨害。但是很不幸的是自第一屆國民參政會第四次大會通過實施憲政案（民國二十八年九月）以後，至第五次大會對憲政作最後的掙扎（民國二十九年四月）在這七個月的時期，憲政運動由蓬勃氣象走上苦命的途程，自第一屆國民參政會第五次大會至第二屆國民參政會第一次大會（今年三月）在這十二個月的時期，憲政運動完全消沉，政治逆流愈趨愈烈。在這種逆流之下，發生了不少出乎意料之外的事情，我現在要談的第一件事是關於毫無事實根據的『筆桿暴動』的『謠言攻勢』。

這『謠言攻勢』的經過大概如此：在去年五月初旬，參謀總長兼軍政部部長何應欽在國防最高會議中報告（那次是孔院長主席），說據『情報』沙千里沈鈞儒及我將於去年『七七』在重慶領導暴動，如不成，將於去年雙十再暴動！當場即有二三位比較明白的黨國要人起來糾正，說這幾個人絕對不會幹這樣的事情，必然是有人故意挑撥離間，企圖破壞抗戰份子的精誠團結。但當場也有陳果夫先生起來認爲這事有而能！我們聽到這個消息之後，詫爲奇聞，最初一笑置之，認爲無辯明的價值，但是後來聽說各軍警機關及下級黨部都得到關於此事的密令，囑嚴密防範。我和沈沙二先生覺得此事顯然是有組織的『謠言攻勢』，便三人同往軍事委員曾訪問何應欽氏，詳詢這件事的原委。何氏親自出來接見。他承認確有此報告，並叫某參謀拿出書面報告來，講給我們聽，大意說是根據政治部幹訓團的兩個自首學生的報告，說我們三人定於『七七』領導暴動，沙千里主持沙坪壩（這是一個學校區，有不少大學中學）一帶的暴動，我和沈先生主持重慶城裏的暴動，總指揮已委定某某（何說時曾舉出姓名，我現在已記不起來。）我還有一個管理軍械的重要任務，自首的兩個學生中有一個姓胡的，（何說時也舉出名字，係單名，我現在亦記不起，）曾經來看過我，說我軍械已布置好，只要用時到我那裏領取就行。暴動日期定在『七七』，如不成功，則改到『雙十』節！

我們聽完這段奇聞，都感覺到太有趣了！我問何氏那兩個自首的學生現在在那裏，可否叫出來對質，他說黨部方面為安全計，已把他們好好地藏在別處去了。我們說陪都軍警森嚴，特務密布，軍械不是小東西，究竟有無，不難查明，而且我們平日擁護抗戰國策的言行，光明磊落，一切公開，暴動是否我們幹的事情，顯然易見，何總長竟然相信此種無稽謠言，報告於國防最高會議，實屬不可思議！何氏很客氣地說：『我相信諸位先生絕不會幹這樣的事情，這個報告恐怕是漢奸有意挑撥，企圖使政府把諸位先生一抓，便可在後方引起很大的騷亂，我是不相信這個情報的，請諸位先生不必介意。』他這樣表示，我們也沒有話說，以為這件事可以告一段落了。

說起來真是天曉得！我在重慶所住的地方，就在陳果夫先生的公館一個大門內的另一座屋子，我因出不起大的租費，只在那座屋子樓下租了一個房間，全家在內，除一妻外，三個小孩由學校回來也擠在一起，真是濟濟一室。現在很流行的用語，指筆和書報為『筆槍紙彈』，在我這個狹小的濟濟一室裏面，幾枝『筆槍』和幾架『紙彈』是有的，軍械實在放不下，而且搬出搬進，要經過陳公館的傳達室，也瞞不住我的貴鄰居。

但是事實雖如此而『密令』仍然繼續地發出，有好些朋友親眼看見這個『密令』，紛紛又來告訴我們，到了去年『七七』的前一天我因爲白天專心致志多造了一些『紙彈』（請注意不是子彈！）疲頓不堪，忘記了第二日就是我應該『領導暴動』的重要日期，晚飯後八點鐘就鼾睡像死人似的一睡直睡到天亮，剛從牀上滾起來，我的妻就現着十分詫異的神氣，說前一夜裏及當天早晨，我們的門口沿馬路的右邊（竹籬隔開）以及後門，都有好幾位持槍實彈的武裝同志防守着，不知道爲的什麼事情？我初聽的時候也摸不着頭腦，抓抓頭深思遠慮一下，才恍然大悟這一天是我應該起來『領導暴動』的日期，幾位武裝同志大概是來保護『軍械』的！我把這個意思告訴了我那詫異萬分的妻，彼此都不免大笑了一番。不但我們禁不住大笑，後來遇着我們的許多的朋友談到這幕『喜劇』，他們也都禁不住大笑。

『七七』平靜地過去了，不久將來到雙十，又有朋友紛紛來說，各軍警機關及各級黨部又接到『密令』，說我們幾個人又要在雙十那一天『領導暴動』了，仍然督促他們要格外小心防範！我們寫信去質問何應欽氏，他在前次談話中既鄭重聲明不相信那無稽的『情報』，爲什麼仍然發生這樣的怪劇，他回信說查無其事。當面鄭重聲明是一件事，暗中的『密令』又是一件事，當前的政治奧妙就在此，××××××××××。

## 五五　『筆桿暴動』與青年慘劇

昨天和諸位談過『筆桿暴動』的奇謠，最令人慘然者，是有一大羣的無辜青年，竟因此奇謠而受到慘酷的遭遇。

在四川綦江有政治部幹訓團，學生千餘人，忽有青年被誣，說他們也將由沙先生和我『筆桿暴動』所『領導，』即由該團加以拘捕，由該團教官加以刑訊，拷打成供，由一二人株連到數十人，由數十人株連到一二百人，加以『暴動』的罪名還不夠，又用刑訊（據說是吊起來酷打）逼出一二人承認是『漢奸，』由被逼供的一二人又株連至數十人，又由數十人株連至一二百人，於是總數達四五百人之多！結果打死了十幾人，重傷了數十人。後來不知怎樣鬧到中央知道，特由中央提審，因人數過多，分由三個機關審問：一個是憲兵第三團，一個是調查統計局（即屬中央黨部系統的特務總機關），一個是軍政部的軍法處。

軍法處用的雖是『軍法，』但究竟還講一些『法，』承審的軍法官們迭次審問，覺各人口供的差異甚多，同一案件各人口供太不一致，頗生疑竇，但在審問時，幹訓團派有教官旁聽，被誣的青年不敢明說，仍然忍痛承認。後來軍法官審至深夜不退，出席旁聽的教官聽得疲倦，先去睡覺，軍法官乘此機會，再三詢問被誣的青年，說『你們的口供屬於一件事，爲什麼有許多不同的地方，應從實招來。』青年們其先還支吾不敢直說，經軍法官再三詢問，他們淚如雨下，嗚咽着說：『我們在綦江受審時，實在忍受不住酷刑，所以造出這樣的口供，以免暫時的痛苦。」

在這些無辜的青年裏面，可以舉出兩個人的口供內容做例子。一個是在綦江受刑不能再忍，說他用無線電收音機與外面通消息但是教官聽了這話還不滿意，一定要迫他拿出證據來，他因受刑太酷，又只得自己想法找證據便偷到勤務兵的一個錶，把外殼取下丟掉把內部齒輪等物取下，下次受審時即拿出來當作無線電收音機的零件，這樣就定了他的罪狀！軍法官聽到了這種情形之後，就問他錶殼丟在什麼地方，他說丟在綦江幹訓團所在地的糞坑裏。軍法官爲證實起見，第二日即派妥實人員到綦江該地去搗糞坑，總算這位無辜青年的萬幸，這錶殼居然尙在糞坑裏，被搗了出來，他的寃抑才得了伸雪。

還有一個青年被教官判定爲『漢奸』唯一的根據是他寫給他的姑母請求匯款接濟的一封信（大概是未發被檢的。）他受刑難堪，就說信內所稱姑母是日本人的代名詞，這樣也就定了他的罪狀！軍法官問他究竟有沒有姑母，現在是否仍在湖南某處（是否湖南我已經記不淸——記者註，）他說確有姑母，仍在湖南某處。軍法官特照地址打電報叫他的姑母趕來結果眞是有一個姑母，並非日本人！這個青年的寃抑也得到了伸雪。

這個寃案一部分經軍法處這樣平反之後，死的酌給邮金，傷者送醫院醫治，但聽說還有十幾人仍在調查統計局裏面迄未釋放。軍法處認爲幹訓團當局這樣摧殘無辜青年，太不成話，再三建議於何部長，認爲必須秉公懲辦幾個，結果捕到四個教官，但也有一部分人極力袒護他們，現在究竟辦了沒有，則不得而知。但無論如何，慘死者不得復生，重傷者不免殘廢，眞是人生至此天道寧論！談到這裏人權保障運動安得不引起人們的深切的同情！

以上所述的情形，是有親加審問這個案件裏面的人認得褚輔成先生和沈鈞儒先生，（褚先生是國民黨老黨員，國民參政員。）親口告訴他們的，我所記下也許有遺漏或不詳之處，但是這個事實是完全正確的。因爲我自己連同沈沙二先生也曾經受到這同樣的誣衊，所以我聽到那樣多的無辜的青年遭受那樣慘的無妄之災，使我悲慨之情，格外深刻，慘悽印象，永不絕於我心。××××××××××××××××××××××

××××××××××！

## 五六　萬方感念的馬寅初先生

民國二十八年九月九日舉行的國民參政會第四次大會決議案所引起的憲政運動走上了苦命途程，民國二十九年四月一日舉行的國民參政會第五次大會對憲政雖作了最後的掙扎，結果自從那時以後，憲政運動完全消沉，黨派摩擦變本加厲，政治逆流繼長增高。前昨兩日所談到的故事都是在這逆流漩渦中洶湧着的波濤。今天要談的是被這逆流所侵襲的萬方感念的馬寅初先生。

馬寅初先生桃李滿天下，是全國聞名的經濟學者，是中國經濟學社的社長，是立法院委員及該院財務委員會的委員長，是重慶大學商學院院長，是中國銀行顧問，聽說國民政府從前尙在南京的時候，蔣委員長還請他教過經濟學，年齡已有六十歲了。他自己老實說，以他的境遇，足夠溫飽，有妻子有子女，家庭融和愉樂，但是他爲愛國心所推動，對國事不得不說話。現在那些反民主論者，一聽到言論自由，便加上爲個人謀自由的罪名，馬先生所爭取的言論自由可以證明絕對不是爲個人謀自由，完全是爲着國家民族的利益。要明白這一點，須略述馬先生對于戰時的經濟的主張。

關於戰時經濟的主張，馬先生曾在時事類編上發表過二篇文章，後來又曾在重慶大學及中華職教社星期講座演講過。他痛恨不顧國家民族利益的大發國難財的權貴巨官，他主張開辦臨時財產稅。他在時事類編上所發表的文章，記者手邊雖沒有，但他去年十月六日在香港工商日報上所發表的西南經濟建設與繼續抗戰之先決條件一文，及去年十二月八日在香港大公報所發表的戰後的經濟問題一文，對此事也曾經提及，可見一斑。在前一文裏有這樣的幾句話：『現在前方抗戰百十萬之將士犧牲頭顱熱血，幾千萬之人民流離顛沛，無家可歸，而後方之達官資本家，不但於政府無所貢獻，且趁火打刼，大發橫財，忍心害理，孰甚於此！徵收半數之資本稅，豈尚有所顧惜耶？中國今日發國難財者，除商人外，尚有利用政治力量而發財者，此種行爲本非官吏所應有，故欲實行資本稅，必須先自發國難財之大官始。……此事固屬財政部所應爲者，惟恐力量不足，難以勝任，不能不期望於全國一致擁護之蔣委員長毅然施行，其裨益於抗戰前途者正不下於前方戰士之忠勇也！』在後一文裏有這樣的幾句話：『中國的「大貪汚，其誤國之罪，遠在奸商漢奸之上。吾人以千數百萬同胞之死傷，數百萬萬財產之損失，希冀獲得勝利，以求民族之快快復興，决不願以如是巨大之犧牲來交換幾個大財神，將吾人經濟命脈，操在手中，此豈抗戰之用意乎？……全國智識階級應從速一致團結，要求政府對發國難財者從速開辦臨時財產稅，將其所獲得的不義之財全部提出，貢獻於國家，以爲其餘發國難財者倡。』

充滿正義感的馬老先生，苦口婆心，爲大衆呼籲，言人所欲言，言人所不敢言，但竟因此而遭受無妄之災。先有『特務』去恫嚇他，當面對他說，如他再這樣『攻擊』『要人』，要他吃手槍，馬先生說他的話都是有實據的，他非說不可。去年十二月他被憲兵一連到重慶大學裏捕去，第二天又被憲兵押回學校，迫令辭去商學院院長職，再押出去，重慶大學的同學揮淚相送，雖在新聞封鎖之下，震動了整個陪都。後來官方的消息是『遣送前方調查經濟』。有幾個重慶大學的學生自動地來看我，含淚要求主持公道，救救他們的老師，我受到深深的感動，嘗試寫了一篇短評，用極和婉的言辭，略述馬先生的戰時經濟主張實出於愛國熱誠，以經濟專家『遣送前方調查經濟，』原也是一件好事，但希望二點：一是馬先生的行蹤，能公開讓社會知道；一是馬先生所調查的材料，能公開讓社會知道。審查老爺駁斥不許發表，老爺的『批示』說把馬先生的主張和到前方調查放在一起，而且表示對馬先生的行蹤不信任，不妥，免登！天呀！主張和調查放在一起犯了什麼錯誤？馬先生的『行蹤，』我們根本不知道，『信任』不『信任』從何說起呢？這眞是『不妥』到了萬分！但是老爺『要怎麼辦就怎麼辦，』我只得對不住那幾位含淚爲無辜老師哀求的學生了。

最近（三月三十日）重慶大學商學院同學爲他們所敬愛的『馬院長』遙祝六十壽辰，籌備在這天開個紀念會，聊表尊師敬道之意！但是學校當局貼出了『奉教部令緩開』的布告，同學們也只得忍痛發出『奉令停止舉行』的通知。但是人心未死，正義難抑，終於因爲遠道來賓來了不少，不得不臨時就課堂佈置一個壽堂，舉行一個茶會，除了該院三四百男女同學外，加上不少來賓，頗極一時之盛。據說馬先生自從『遣送前方調查經濟』之後，沒有過一個字給他的家屬和朋友，那天他的女兒淒涼地說：『我們給爸爸去信由侍從室第二科轉，收到沒有就不知道了！』

那天同學們爲他們所敬愛的老師懸着『明師永壽』四個大金字，除陳列馬先生的著作外，并有謄寫精細的『馬師語錄，』其中有幾句話『我是忠實的國民黨黨員，所以我關心着國民黨的進步。……』馬先生沒有料到正因爲『關心着國民黨的進步，』他才有今天！如果他肯追隨『倒退，』摧殘『進步，』早已『安富尊榮』了！

# 五七　郭先生的和尚妙喻

在政治逆流中艱苦支撑着的郭沫若先生，說出了一段和尙妙喻，在陪都文化界中曾傳誦一時。

張治中氏担任政治部部長之後，設立了一個文化工作委員會，請郭沫若先生擔任主任委員，並延攬了十幾個文化知名之士擔任委員。在最初階段，工作很積極，例如他們在重慶國泰影戲院所舉行的文藝演講會，到者數千人，擠得水洩不通，盛極一時，只在前一天報上登有寥寥數行的簡單消息，沙坪壩學校區的青年因第二天晨八時即開會，臨時趕進城恐怕來不及，特於前一晚成羣結隊進城歇宿一夜，擠滿了旅館和親戚人家，空前的熱烈情況，幾於轟動了全城。他們也開過較大規模的國際問題座談會。但是他們的工作雖在短時期內得到相當的開展，終於受到逆流的影響，很快地消沉下去。

有一天張部長特到該會向全體委員演講至三小時之久，他舉出二點：（一）政治部中其他的部分認爲文化工作委員會是『租界，』因爲這裏面有的是左翼作家，都是黨外人，即不是國民黨的黨員；（二）他主張取消『租界，』即請大家都加入國民黨。此外他費了很多的時間說明新四軍事件完全是軍紀軍令問題，內戰已成爲歷史上的東西。其實如果完全是軍紀軍令問題，那只是一件極簡單的事情，與政治無關，與文化更無關，大可不必費許多時間在所謂文化工作委員會裏說明的。

大家傾聽了張部長三小時之久的演說後，由主任委員郭先生起來答覆，他對於內戰當成爲歷史上的名，詞，致誠摯的希望，他說現在全國同胞不要內戰，同情中國抗戰的友邦不要中國有內戰，領袖也表示不要內戰，在這樣的情況之下，如有人仍發動內戰，那是必要受到全國的制裁，郭先生的慷慨陳詞，說出了全國愛國同胞心坎中所要說的話。

對于取消『租界』及全體入黨的問題，怎樣答覆呢？郭先生很坦白而誠懇地說，加入國民黨本來不成問題，他自己以前也做過國民黨的黨員，不過為三民主義而奮鬥，重在行動上實際上執行三民主義，形式上的加入不加入，並不是重要的問題。他接着說相信佛教的不一定做和尚，做和尚的不一定都是相信佛教的，所以不一定要加入。

這個譬喻是很扼要而有趣的。和尚廟裏的和尚領袖們希望多收些和尚徒弟，這一點，我們不但不反對，而且是相當同情的，但是有二點很值得注意：第一點，是要出於人們的自動，不要強迫，不要亂拉，因被強迫飲泣吞聲而做和尚，或由亂拉而增加了不少的和尚，不但於和尚廟毫無益處，而且要在社會上引起很大的糾紛，如果南無阿彌陀佛在天有靈，一定也是不以為然的。第二點，是先要注意把和尚廟內部以及已有的和尚整頓整頓。倘若一黨的總裁可以比作一廟的方丈，『方丈』就曾經很賢明指出有『許多同志因循怠忽，忘却了當前的艱難和危險』（我們當然不否認這個廟裏也有信仰佛教的好和尚。）還有人很坦白地指出『那些信徒至少有百分之五十個直是「吃教」的騙子』（見香港國民黨報國民日報三月十二日社論。）和尚廟裏有着這樣多的『吃教騙子』不守清規的野和尚，實在有迅速『清廟』的必要，其重要性和急迫性實在超過多拉幾個新和尚。

關於『租界』云云，郭先生也有幾句警語。他說各委員受寵若驚，被稱爲『左翼作家，』左翼作家是馬克思主義者。但在另一方面又被加上『開闢租界』的罪名，一變而爲帝國主義者！他說他已感到幹不了，就來請部長『收回租界』罷。

張部長表示他要『取消租界，』不要『收回租界。』但是聽說『租界』雖未即『收回，』實際工作已難發展。

國父曾主張『以主義治國，不是以黨員治國，』這意思當然不是說不要黨員，但至少承認黨員之外還有國民的存在，全國國民要信仰三民主義，但全國國民都做黨員，不但不可能，也無此必要；因爲假使那樣，個個國民須做黨員，即是整個的中華民國，何必再稱什麼國民黨呢？明白了這一點，便知道把黨外人，看作『租界』是不合理的。這於黨無益，於國有害，是很顯然的。

# 五八　故事的象徵

這幾天我和諸位朋友所談的幾個故事，都是政治逆流中的幾個象徵。我們所要注意的不只是幾個分散着的個別的故事而是要注意這些故事所象徵的政治上的傾向。這一點非常重要。我要重提一句老話，就是不要只見樹木而不見森林。我最近告訴諸位的幾個故事，只是撮述比較可以公佈的幾個故事。（至於多少有關國防，有關軍事，有關外交的故事，那都是不便公佈的。）這幾個故事的內容已成過去，含寃的寃沉海底，遭難的呼籲無門，並不是說公佈之後就有挽回或伸雪的希望。而所須特別注意的是這些故事所象徵的政治傾向，由此加强政治改革的要求和運動，喚起國人對於政治改革的重要性和急迫性的認識，羣策羣力，從積極方面對政治改革加緊努力，政治能上軌道，民主政治能眞正實現，由政治逆流所產生的種種不合理的現象才有消除或不再出現的可能。這是我們應該集中注意的焦點，也是記者忍痛追述幾個故事的動機所在。

國父中山先生曾經說過：『如果政治不良，在國家裏頭無論什麼問題，都不能解決。』這個遺訓，在今日看來，尤其是令人感到親切有味。在今日，政治的改革，和抗戰必勝建國必成是有着不可分離的關係。

在我談到『逆流中的一個文化堡壘』之前，所以要首先提出這一點——要注意故事所象徵的政治上的傾向——是因爲有些人故意掩蔽政治上的逆流，隱藏政治逆流所產生的罪惡，把摧殘進步文化事業的嚴重事實，輕輕說是『區區幾家商店的封閉』，企圖由此欺騙社會，聊以遮羞。他們不敢說『書店』而扭扭揑揑地說『商店，』已十足表現他們『做賊心虛。』『書店』一望而知與文化事業有關，如今想以一手掩盡天下耳目(？)，把『書店』改爲『商店，』那範圍便廣泛得多，老爺要『封閉』小百姓開的『區區幾家商店，』實在是無足輕重，算不了一回事！

其實即在老爺想盡辦法，使『店』和『書』脫離關係之後，放胆『封閉』『區區幾家商店，』在老爺們認爲『區區』無足措意，在我們小百姓看來，這件『區區』一事的象徵，在政治上的意義仍然是相當嚴重的。因爲人民的生命財產及謀生自由，無論小百姓怎樣『區區，』也是應該得到國家的合法保障的。幾家商店，在腰纏萬貫的老爺們看來只是『區區，』在小百姓方面却是很重要的。但是在眞正『國家至上』的原則下，構成國家基礎的每一個小百姓都是被重視的，都是要依法保障的，在『官吏至上』或『黨官至上』的情況下，小百姓的『商店』儘管在小百姓看得重要，在老爺們的心目只有『區區』的微細的地位，要『封閉』就『封閉，』完全是不應該叫一聲寃的『區區』小事！但是一個小百姓可以被老爺任意蹂躪，千百個小百姓也何嘗不可以被老爺任意蹂躪？『幾家商店』可以任意『封閉，』視爲『區區，』更大的人民合法權利，何嘗不可以被老爺任意蹂躪呢？所以我們對於『區區幾家商店的封閉』這一件事，也要看到它所象徵的政治上的意義。

根據老爺們的這種看法，民權確是沒有保障的必要！例如這兩天所談的，『筆桿暴動』及『青年慘劇』在老爺們看來只是『區區幾個小百姓的被誣，』『區區幾個無辜青年的被打死，』都不過是『區區』的無足重輕的小到用顯微鏡看不見的小事情，何足掛齒呢！這樣一來，小百姓們所遭受的禍害，都只是歸在『區區』一類，在『國家至上、民族至上』的帽子之下，應該俯首帖耳，絕對縱任老爺們的爲非作歹，蹂躪人權，敢喊一聲冤枉便是『顧不了以國家民族前途爲重』這樣一來，爲非作歹的老爺們便可以高枕無憂，在『國家至上民族至上』帽子之下，繼續實行其一貫的『區區』政策實行其『官吏至上』『黨官至上』主義，政治永遠走不上民主的道路，永遠走不上清明的道路，『國家民族前途』可以完全讓老爺們摧殘得淨盡，這在眞爲『國家民族前途』設想的立場看來，不是一個很大的危機，有待於我們共同來克服的嗎？

在這個原則之下，我要接着和諸位談談『逆流中的一個文化堡壘』。

# 五九　逆流中的一個文化堡壘

我昨天和諸位談過了『故事的象徵，』現在要在這一個觀點之下來談逆流中的一個文化堡壘。在逆流中被摧殘的文化堡壘有書店、報館、通信社、及其他文化團體。我現在所要談的只是許多被摧殘的文化堡壘中的一個，這一則因了它可供作一個代表型的例子，二則因爲對於這個文化堡壘，我也是親自參加的一份子，它被摧殘的整個過程，是我所完全熟悉的。

我們要說的這個文化堡壘，就是具有十六年光輝歷史的生活書店。關於生活書店，在我所著的事業管理與職業修養一書中可以詳細知道，該書中的附錄生活史話，對於該店的歷史，尤有詳盡的敍述，所以我在這裏對於該店的歷史不必有所贅述。我所要扼要提及的只是關於這幾點：（一）生活書店的精神何在？（二）生活書店在抗戰期間貢獻了什麼？（三）生活書店被摧殘的經過；（四）摧殘生活書店究竟用了什麼藉口？（五）援救無效的經過。

生活書店是有着苦幹的精神——爲文化事業而艱苦奮鬥的精神，這種精神是全體三百左右的工作幹部所同具的，是十六年來始終一貫的。由這集團的苦幹精神和長時期的苦幹，才產生了中國文化界一枝偉大的生力軍。生活書店不是任何個人藉以牟利的私產，是全體同事以勞作所得共同投資的文化事業機關，全體同事自理事會主席、總經理至練習生，都是以勞作換得薪水，自食其力，沒有一個人於勞作換得的薪水之外，有任何不勞而獲的享受。十六年來，所有贏餘都滾存加入事業費，連些微的股息都分不到。經濟完全公開，每年都有會計師查帳證明。由這種完全爲文化事業苦幹而沒有任何個人藉以圖謀私利，所以能由極小的規模，極微的資金，純由自力更生的力量，由上海一隅之地，逐漸擴充到分支店共達五十五處之多，遍及於十四省。經濟完全公開及爲事業而苦幹的精神，使每一個同事都把文化事業作爲唯一的對象而不怕艱苦，不辭辛勞，只求對中國的文化有所貢獻。我們內部長時期的含辛茹苦，只有自己深切知道，有非外人所能盡悉的。例如國軍自淞滬撤退之後，我們的大部份幹部有疏散到內地各據點繼續工作之必要，但是有限資金幾全爲存貨，同事盤費無着，焦灼萬狀，幸虧臨時做了一筆紙生意，賺得三千元，才於萬分急迫中勉強疏散。往內地建立工作據點的同事，號稱『經理』，實際上等於流亡。因交通擁擠，曾有同事乘船被擠得落下水去，勉强獲救得全生命。有同事因經濟苦窘，登岸後即在碼頭上露宿一宵，然後努力建立新的工作據點，執行『經理』職務。他們所以能有這樣苦幹的精神，是深刻明瞭他們的勤苦不是爲任何少數人謀利，而是爲中國的文化事業奮鬥。

生活書店有着合作的精神，這種精神之所由來，是由於該店管理採用了民主集中的原則。我們主張民主政治，在我們所努力的文化事業中也盡可能採用了民主集中的優點。該店領導整個事業的最高機構是由全體同事選舉出來的理事會，處理人事的最高機構是由全體同事選舉出來的人事委員會。整個事業的大政方針，重要原則，以及處理人事的規章，都是由代表全體公意的領導機構議決後，交由有關的負責人切實執行。任何一個同事有意見，都有貢獻的機會，對於公共的決議，都有服從的義務，對於執行的情形及結果，都有督促及詢問的權利。由此造成集體的管理，民主的紀律，使每一個同事都把店務視爲自己的事情，都對店的事業關切。

當前年『五三』『五四』陪都遭到敵機慘酷轟炸的時候，我們的店已近火燄，當時雖出重資僱工搬移，亦無人受僱，全體同事自動搬移公物及貨物至安全地點，使店沒有受到一點損失，這種共患難同甘苦的精神，就是出自集體管理及民主紀律之賜。

『生活精神』可在生活史話中得知其詳，我在本文只撮舉最重要的二點：即苦幹和合作的精神，並說明這兩種精神之所由來。但是出人意外的是後來生活書店的遭難，這兩種精神卻成爲被人造謠陷害的根源。這是後話，且聽下回分解。

# 六〇 『生活』在抗戰期間貢獻了什麼？

生活書店在抗戰爆發以前，在它所辦的刊物上曾經熱烈擁護過國民黨領導下國民革命軍北伐的偉業，曾經熱烈參加過全國精誠團結，一致對外，以建立抗戰基本條件的偉大運動，這都是國內外千萬讀者所熟知的。自抗戰爆發以來，在極艱苦的環境中，對於抗戰國策的宣傳與前後方精神食糧的供給，只有擴大工作範圍，加强工作效率，竭盡心力，不敢懈怠。所設分支店深入戰區及游擊區，英勇忠貞的同事冒戰地危險而努力服務，屢次有同事押運大量書籍，出入敵人封鎖線，將數十箱書籍正在匆促運抵岸上時候，就聽到敵人的兵船在後追蹤而來，在時間上如略有延誤，生命即不免遭受慘禍。我每接到他們的工作報告，未嘗不驚歎他們拚性命，冒萬險爲抗戰文化而英勇奮鬥，眞不愧『文化戰士』之稱。有一位同事因忠於職務，在空襲時原已離開工作據點，臨時趕回有所布置，不幸慘遭敵機炸斃，屍體分飛，不見蹤跡，爲抗戰文化而犧牲，只留下了一塊職員徽章給與家人及全體工作伙伴以無限的慘痛紀念。在抗戰期間，還有幾位同事，因力疾辦公，在各工作據點奔波辛苦，不辭勞瘁，竟以身殉。

在出版方面，除陸續出版雜誌八種，書籍近千種外，曾爲一般民衆編行戰時讀本及大衆讀物。前者，內容以深入淺出的寫法灌輸一般民衆關於抗戰建國的知識，印數達百餘萬冊，後者爲宣傳抗戰的通俗小冊，印數共達三百餘萬冊，這兩種宣傳抗戰國策及建國偉業的通俗書籍，共計總在五百萬冊以上。加以本店發行網布滿前後方，同事服務的切實認眞，辦事效率的進步，對於抗戰宣傳的任務，在一個資力薄弱，全靠營業以維持自身生存的文化出版機關，自問實在已盡了最大的努力。此外如廣印蔣委員長抗戰言論集，已接連發行了好幾版；又號召廣大讀者捐款特爲前方將士編行全民抗戰週刊戰地版分贈各戰區的戰士閱覽，很得到他們的熱烈歡迎，紛紛來信要求增加數量，由於我們人力資力的有限，不能盡量滿足他們的要求，感到深深的歉疚。總之凡遇與抗戰有裨的文化事業，雖在印刷紙張及運輸極艱難的情況中，我們無不全力奔赴。

本店所努力的文化事業既以抗戰建國爲目標，不但在出版方面竭盡心力，努力奮鬥，凡遇黨政當局對抗戰建國積極方面有所號召，亦無不竭誠響應，不敢後人。試舉幾個最顯著的事實：例如在戰時首都，本店在整個首都中第一家奮起響應對於義賣的號召，在結束的時候，並請到黨政特派代表蒞場監視義賣所得的結算，全數貢獻於國家。又例如在前年五六月間，本店已開始被摧殘，分店無辜被封的事實已開始出現，但本店對於當時黨政五大機關五十萬慰勞信的偉大運動，全體同人熱烈動員，由本店單獨徵得慰勞信十三萬餘封。此事詳情，我曾在全民抗戰週刊上報告，想讀者諸君還能記得。我看到全體同人於辛勞辦公之餘，用實際的行動來響應政府對於加强士氣鼓勵作戰的號召，幾於廢寢忘食，樂此不疲，不禁發生深深的感動。他們不但本身努力埋頭大寫慰勞信，他們的妻子兒女兄弟姊妹乃至鄰居親友都被他們動員起來大寫慰勞信。他們不但熱烈推動他們周圍的人們，而且組織小隊到各商店推動店員大寫慰勞信。當時以全國爲範圍的慰勞信預定的總數不過五十萬封，而本店以一個小小文化出版機關，能在短短一二個月的時期內徵得十三萬餘封，這在本店全體同人，在被誣被寃被摧殘的慘酷情況下，仍然奮發蹈厲，不斷爲抗戰文化而忍痛努力，雖愧貢獻微薄，自問尚可告無罪於國家民族。

以上所述的情形，都是根據具體的事實與準確的數字。參加各種有裨抗戰的運動，為全國共見共聞的公開事實，出版各種有裨抗戰刊物的數量，亦有帳册及會計師的證明可查。本店同人共同努力於這一個文化堡壘，常以貢獻微薄為憾，絕對不敢自滿，也絕對無意表功。不過以數百共患難同甘苦的工作同志，經十六年的慘淡經營，流血流汗，艱苦備嘗，由此所辛勤培成的一個文化堡壘，××××××××××，不得不於萬分沉痛之中，略舉事實，公告同胞。一個文化堡壘被摧殘的事小，由此事實所象徵的政治逆流中的文化逆流事大，所以不得不喚起國人的注意，以强有力的輿論，挽救政治上的逆流，由此挽救文化上的逆流。記者之意，固不僅為一國文化堡壘有所痛惜。

# 六一　『生活』是怎樣被摧殘的？

生活書店在抗戰以前及抗戰期間，對於文化事業及抗戰宣傳的貢獻，昨日已和諸位談過大概。現在要略談『生活』是怎樣被摧殘的？

『生活』的被摧殘，可分爲二個時期：第一個時期是自民國二十八年二月起至二十九年六月止，在這一年零三個月的短短日期中，『生活』經十六年的艱苦經營所建立的布滿各地的五十五個分支店，除其中有五處係因戰局關係而撤退者外，其餘被摧殘而毀滅者達四十四處之多。至二十九年六月，僅剩六個分店。以六與五十之比，其慘遭摧殘的情形可以概見。第二個時期是自民國三十年（即本年）二月起，不及半個月，僅存的六個分店又接連遭難，被查封與迫令停業者達四個之多。這兩個時期中『生活』被違法摧殘的詳細情形，可著成一厚册的書，現在只能略述概況，以作研究的參考材料。關於第一個時期，有如左的扼要的事實：

（一）浙江天目山臨時營業處：該處於廿八年三月八日被浙江省行署無故迫令停業，停業後於十一日由警察等四人將臨時營業處封閉，並將職員袁潤胡蘇二人強迫押送出境，所有個人行李及公家財貨都被封存。

（二）陝西西安分店：二十八年四月二十一日晚，第×戰區政治部、陝西省黨部、會同警察局到西安分店搜查，被取去已經內政部審查計册准予發售的書刊一千八百六十册，並將經理周名寰拘捕，一面派警看守。強迫停止營業。至同月廿七日，又來店將全體同事驅逐，不准攜帶行李。所有帳册及現款四百元亦不准攜出。至同年五月底，陝西省會警察局將西安分店的全部貨物生財約計四千元，連同現款四百元，及所有帳冊，全部沒收，並『代』向房東取回店屋押金數百元亦予沒收，一切行李桌椅書橱等等用大輛卡車轟轟烈烈滿載而去！同時工友荀志漢於五月廿四日被『特務』在途中拘捕，所攜價值四百元的非禁書籍（世界文庫等）亦無故被沒收。荀君被押三日，最後迫寫『伏辯』才得釋放。經理周名寰內患肺病外患瘰癧，屢經醫生證明，依法請求保釋不許，扣押迄今已逾二年，最近已被送入集中營備受慘苦。所有被掠奪的西安分店的生財用具，最近知道已陳列在中國文化服務社西安分社應用！

（三）陝西南鄭分店：二十八年四月三十日縣黨部會同警察局搜查南鄭分店，被任意取去本外版書籍四五百冊，及私人信件等物。五月四日即遭封閉，並拘押經理賀承先。黨部檢查私人信件及日記結果，認爲賀君是一個純潔有爲的青年，勸他入黨（沒有達到目的。）所有存貨及生財用具（連棧房在內）全被沒收。

（四）甘肅天水支店：天水支店自二十八年四月至五月屢遭搜查，並無所獲，但被强迫遷入陋巷，營業無法維持，已在辦理結束。不料至五月卅一日又被縣黨部搜查，雖仍無所獲，但職員閻振業在車站候車突遭拘捕；經理薛天鵬正在甘谷收賬，亦被逮捕入獄。閻君被拘押七十四日，至八月十三日以『無罪』釋放。薛君在獄七月餘，至二十九年一月上旬亦以『毫無罪狀』而恢復自由，惟立即限令出境。

（五）湖南沅陵分店：二十八年六月九日深夜由縣黨部會同警備司令部及所謂學生抗敵後援會，到沅陵分店搜查，至十日中午又作一次搜查，前後取去本外版書籍，五百餘冊（也都不是禁書，）並將代理經理諸侃拘捕。諸君於當日保釋，十一日起繼續恢復營業，至十三日縣政府無故命令限於三天內收歇，自十六日起遵令收歇。

（六）浙江金華分店：二十八年六月十四日，浙江省黨部會同警察憲兵等搜查金華分店，被搜去書刊千餘册（其中並無禁書且有八百餘册曾經金華圖書雜誌審查委員會審查通過的書刊，）並將職員阮賢道拘押，判處徒刑六個月。同年七月一日又到店强迫同人於十分鐘內遷出將店與棧房同時封閉。至七月卅日才准予啓封，但呈請復業不准，迫令自動收歇。同年九月十一日，阮君以『無罪』出獄。

（七）江西吉安分店：二十八年六月十五日省會警察總隊執行省黨部命令，搜查吉安分店及棧房，結果一無所獲。至同月二十三日又被縣黨部等搜去非禁書數册，省會警察總隊即勒令停業，於停業後又於同月廿九日遭封閉。

（八）江西贛州分店：二十八年六月十五日，由縣黨部等到贛州分店搜查，被取去代售的非禁書數册，至十六日被無故勒令停業。

（九）湖北宜昌分店：二十八年六月十七日，湖北省黨部會同警備司令部、警察局、及圖書雜誌審查委員會等，同到宜昌分店搜查，被取去書刊一千四百廿三册（其中除本版已經內政部註册准予發售者外，外版書中亦並無禁書，）其餘均被無故封起，且迫令停業，並將職員楊罕人拘捕。楊君初入本店不久，被押七日，最後黨部以三倍多的薪水職業相誘，並加以判罪威脅，被迫於六月二十三日在當地武漢日報登刊『悔過』啓事（事後楊君無顏再回本店，又沒有得到『三倍多的薪水職業，』懺悔萬狀！）至同年七月二十三日准予啓封存貨，被勒令自動停歇。

（十）浙江麗水支店：二十八年六月二十六日，縣黨部會同警察局搜查麗水支店，取去非禁書數十種，聲言將重予審查而同時即將貨棧查封，門市亦被迫停業。

（十一）安徽屯溪支店：二十八年六月二十九日屯溪支店未經搜查，即由縣政府無故勒令收歇。

（十二）廣東曲江分店：廿八年七月八日晚十時，由武裝警長一人，帶領便衣探員十餘人到曲江分店搜查，當即取去非禁書數册，並將店封閉。

（十三）福建南平分店：二十八年十月廿三日中午由當地警察所長『邀請』負責人（經理顧一凡）到縣長處談話，談話終了，並無罪狀可言，即派人與顧君同行返店將帳册銀錢及私人行李搬出，然後在店門加上封條，顧一凡亦即被押。他們就所有書籍各檢出樣書二本，說要加以『複審』。顧君至二十九年四月十三日才以『無罪』釋放，前後被囚禁共達半年。書籍經一再『複審』至二十九年五月六日，認爲無違法之處，才被發還，但不准復業！

（十四）陝西宜川臨時營業處：二十九年二月三日，深夜十二點鐘，突然有十多位『武裝同志』打門闖進，藉調查戶口爲名，將負責人（經理）周軍職員王海瑞林震東等三人，用繩索綑綁後，解到縣政府看守所。至四日下午，經過一番審問後，王林二人即行釋放，周軍依然還押。延至同月七日，周君才以『無罪』釋放。

（十五）湖南衡陽分店：二十九年二月五日下午六點半，衡陽警備司令部會同警察局、圖書雜誌審查委員會，到衡陽分店搜查，搜查到深夜十二點，並未檢出任何一册禁書，而結果仍然將店封閉，並將職員十一人全體逮捕，拘押於警備司令部。後來幾經交涉與疏解，結果十一人在鎖鍊琅璫中押解到耒陽，經過軍法執監大堂之審問後，認爲『毫無罪狀，』才於三月十八日准予交保釋放，幾經請求復業無效。

（十六）安徽立煌分店：立煌因地處敵後，交通運輸本極困難，加以當局凡遇生活書店的郵包，概行無故扣留沒收，因此立煌分店已於二十九年三月底開始趕辦結束，不料至四月五日因鄰居失火而誣本店同事方鈞嚴永明二人爲縱火者，雖毫無根據，結果仍被拘押至警備司令部，且傳至軍法庭審訊，問題由『失火』事而牽涉全所謂『政治問題，』於是在輾轉押解與候訊的複雜情形下，方嚴二人一直被囚押至五月廿二日才被認爲『無罪』而准予交保釋放。

上面撮述的十六個分店，都是在第一個時期中直接受到摧殘與打擊而被毀滅的，其餘在第一個時期中被摧殘的都是由於各地當局秉承黨部意旨，加以種種壓迫而無法繼續營業。（例如無故沒收非禁書刊，或扣留沒收不問內容如何的印刷品郵包等等。）

這是第一個時期中的大概情形。

# 六二　有什麼藉口？

昨日我告訴了諸位：『生活』是怎樣被摧殘的。諸位知道了『生活』怎麼被摧殘之後，接着發生的問題也許是：摧殘者方面有什麼藉口呢？這不但是讀者諸友所要提出的問題，也是『生活』被摧殘之後，我和全體同事所要追究的問題。我們自己最初也莫名其妙，後來經過直接間接得到中央黨部及各地黨部的意見，以及所聽到的種種謠言，不外下面的幾點：

（一）說本店售賣違禁書刊。其實本店自民國二十九年四月份起，即隨同出版界同業依照中央圖書雜誌審查委員會對於一般書業的辦法實行，即在二十九年四月以前出版的書籍，除有通令禁止者已遵令停售外，餘均依法售賣；在同年四月以後出版的書籍須一律將原稿送審，本店都隨同出版界同業遵令辦理，且都有事實案據足以證明。即就本店所有之出版物而論，除所出雜誌都在送審後始行出版，全所出書籍共達九百六十餘種，其中被列入禁書者僅有二十六種，而在此廿六種中，尚有廿四種已經審查會審查通過及早經內政部審查計册的，即此佔全部九百餘種書籍中百分之二的絕對少量的禁書，事實上亦已遵令停止發賣。但是雖在這種情況之下，『售賣禁書』的誣陷，仍源源而來。

（二）說本店以那樣少的資本（民國廿四年十二月廿八日向實業部商號計册資本十五萬元，領有執照設字第八七六〇號，）而能辦這樣大規模的事業，認爲這就可以作爲本店必然受了共產黨津貼的鐵證！這樣誣陷本店的話，完全抹煞了本店十六年艱苦奮鬥日積月累的歷史，一方面他們抹煞了本店歷年所辦刊物得到廣大讀者訂戶鉅量資金（訂費）的幫助，全體同事省吃省用極力撙節所漸積的資力，一方面他們抹煞了本店歷年所得贏餘都滾存歸入事業資金，完全作爲擴充文化事業之用，沒有一個人得到什麼利潤。他們放出謠言，說共產黨每月津貼本店十萬元。民國廿八年六月間，重慶市黨部會同重慶市政府及中央圖書雜誌審查委員會派員三人親到本店總管理處審查賬册，特別注意經濟的來蹤去跡，但經二日查核的結果，毫無弊病可言。當時分店被摧殘已達十處之多，可是經過這樣嚴密查賬證明毫無弊病之後，誣陷的謠言仍不停止，所餘的各分店仍繼續不斷地被摧殘着。

（三）說本店在管理上採用了民主集中制，含有『政治作用，』指本店同人自治會的分組（分有衛生、娛樂、及自我教育等組，自我教育組並設立讀書會，鼓勵同人業餘看書，並作集體討論）是『政治活動』的證明。此外各分店每二週舉行店務會議，由同事參加工作檢討及商決有關營業上的種種問題，也被視爲含有『政治活動』的嫌疑。其實本店自創業以至現在的十六年中，所以能在極省極儉極艱苦的情況下，得到全體同人諒解與支持，精誠團結，共同奮鬥，就靠這樣集思廣益，有事大家商量的民主精神，不料竟有人誣爲『祕密組織』或『祕密會議；』我曾舉出事實親向當時的中宣部長葉楚傖先生及副部長潘公展先生詳細說明，他們聽後當面表示諒解，在實際上他們也舉不出什麼具體事實來證明我們有什麼違法的所謂『祕密組織』或『祕密會議。』但是儘管這樣，已被封閉分店沒有一處被允許啓封或復業，所餘的各分店仍繼續不斷地被摧殘着。

（四）說本店同事中有人的書信內容被官方檢查，發現有與延安通消息的嫌疑，這種誣陷不及上述三種誣陷的普遍，專指西安分店而言。葉潘二先生曾以西安省黨部有此報告，當面告訴我。我說本店並不爲同人設立郵電檢查所，私人的來往信件向不檢查，亦無權檢查，而且他們裏面有可能有親友在延安就學，即有通信，我們亦無權禁止，當局如發現個人書信內容有違法之處，儘可依法辦理，不應不分個人和機關的界限。如當局發現這是本店的計劃，不是個人的行爲，請拿出證據來，本店自當負責，受法律的制裁。葉潘二先生答應再令西安省黨部具體查復，但具體查復始終未見，而書店的各分店則仍然繼續不斷地被摧殘着

## 六三　又來幾個故事

談故事，不要忘却『故事的象徵，』否則談故事便沒有意義了。我曾爲此點寫了一篇專文加以解釋，現在又來幾個故事，故事在開場之際特再提醒這一點。

上次談過幾點『籍口』我已根據事實乃至統計數字，說明其不能成立。『生活』在第一時期被摧殘的過程中，有幾個故事雖沈痛而却有趣，不妨讓記者報告一些。

我在以前曾經說過，『生活』是苦幹出身的，全體同人都從苦幹中鍛鍊出來的。我們在天水（甘肅）設的支店，只有『經理』一人，練習生一人。整個的支店，就祇由他們兩位包辦一切，連一個工役都沒有，其苦幹可知。我所以在『經理』這個銜頭上加個引號，是要說這裏所謂『經理，』不像別的地方的闊哉闊哉的經理，而是幹着苦工的。但是這樣的苦幹的精神却引起了當地黨部的懷疑。他們說從來沒有看見過『區區』兩個人可以辦起一個書店，這一定是共產黨的作風！因此他們便毅然斷定這必然是『共產黨！』從此和我們纏擾不清，威脅房東收回我們在市面所租的店屋，我們不得不在種種壓迫之下，忍痛搬到一個弄子裏面去，和營業上必需的市面永訣！這還不夠，在『陋巷』中營業無法勉强維持，正在辦理收歇，經理薛君往甘谷收賬，着手關門大吉，終於不免捉將官裏去。

他被解到天水，關在縣政府的牢獄裏，毫無罪證，但却關着不放。湊巧薛君能畫，那個牢獄的典獄長是一位愛好美術的先生，對於他的畫備及贊賞，彼此感情不壞，薛君在遭難中仍堅守着他的文化崗位，由於典獄長對於他的感情得有機會教獄中其他犯人識字，深得全獄犯人的敬愛，連派往看守該獄的五個警察都受到感動，說他這樣好的人爲什麼要關起來，自動連名向縣長老爺作保，請求釋放薛君。這引起了黨部和縣長老爺的憂慮，說這個人留在獄裏大大地不妥。後來薛君無故被拘禁七個月後，尙得勉强被釋，也靠着這一點點的『憂慮』作用！

在南鄭（陝西）的生活分店無故被封時，正在遷移中，縣黨部會同警察局，索性把兩處店址同時封閉！據說這是依據省黨部的密令辦理的，省黨部的密令有云：『將所有（這二個字重要——記者）生活書店查封，』因此該縣有一家尋常的商店叫做『生活商店，』也無故被封，唯一的原故，是因爲在招牌上有『生活』二字，也被歸入『所有』之列！黨老爺這樣橫行無忌，老百姓眞無噍類矣！有人說黨報上對於壓迫進步文化事業不是曾經很鄙視地說過『區區幾家商店的封閉』嗎？南鄭的那家『生活商店』旣叫『生活』又稱『商店，』被『封閉』不也是活該的麼？

在南平（福建）的生活書店分店，由當地警察所長『邀請』負責人（經理顧君）到縣長處談話之後，無故被押，店亦被封。當局只是宣言就所有書籍各檢樣書二册複審，並未發現任何禁書，爲什麼在『複審』之中即將店門封閉，經理拘捕，這在顧君當然莫名其妙，所以再三向縣長等詢問眞實原因，縣長不便說，後來縣長左右有一人對顧君說，因爲中國文化服務社要在該處設立分社，所以把生活分店封閉。顧君說，旣然如此，他情願將店收歇，卽行退出，請求釋放，以便照辦。那位朋友說旣已拘來，沒有任何名義而隨便釋放，於黨政方面的威信有損！於是顧君在毫無罪狀之下，一關就關了半年，後來還是由於我在中學時代的一個教師。在福建省政府任事，承他接受我的請托，轉懇省主席向黨部方面說項疏通，斡旋久之，才於二十九年四月十三日『無罪』釋放，但『無罪』的書店（『複審』的結果也認爲無違法之處，故曰『無罪』）却不准許復業。小百姓的一條『區區』生命得保全，無故被關半年還得『無罪』釋放已是萬幸的了。

最後還有一則故事可以一談。廿八年六月間，重慶市黨部會同重慶市政府社會局及中央圖書雜誌審查委員會派員三人到本店總管理處查帳，帶了四個盒子炮武裝同志光臨其中二人查帳，一人對我大問而特問，二日都由下午一二點鐘一直問到五六點鐘，雖然承他口口聲聲叫我做『參政員』，但我却恍然好像重入蘇州看守所裏面對那位官架十足的翁檢察官。他們來的時候，我要他們出示公文，他們偷偷摸摸地將公文給我看，不許我鈔個底子，即忽忽收回，不肯再拿出來。我只看見其中所說的『罪狀』是『生活書店自稱公司』云云，我們一向聲明是『商號註册』，從來沒有對任何人『自稱公司』，聽了真是摸不着頭腦！還有幾句話也頗奇怪，他說：『如果政府在法令以外叫你做什麼，你做不做？』我說：『我不能想像政府要在法令以外叫我做什麼，我相信政府叫國民做的事情一定是光明磊落的，爲什麼不可見於法令呢？』他默然久之，才又嚕嚕囌囌地問到別的許多話。他們要叫每一個同事分別問話，被我拒絕，我說我是負總責的人，關於本店的一切我可以負責答復，如個別的同事在個人方面有犯法行爲，應由法院審問，我不能允許他們越權。他們又要把帳册搬運出去審查，也被我拒絕，我說要審查可在本店審查，不能搬運出去。據做律師的朋友告訴我，只有法院可以審查民間商業機關的帳册，他們已是冒昧而來，如被搬運出去，更不知他們要任意栽什麼贓，所以我堅持到底，不肯通融，同時我望望那四位雄糾糾的盒子砲武裝同志，準備他們動手，我就瑯鐺入獄。但是他們看我態度堅決，抗議的理由充分，也許還加上一些『參政員』的面子，雖悻悻然，還未曾動手。

# 六四　黨老爺的「政治哲學」

民主之所以異於專制，法治精神是一個很重要的因素。依法律手續，商業機關或個人有犯法行爲，應由主管機關根據事實控告於法院，由法院依法審問判罪執行。依我國已頒佈實行的出版法規而論，如書店發售違法書刊，主管機關須先通知該店停售或送審，倘不遵照辦理，應依法先予警告，如警告無效，可將事實經過訴於法院，由法院依法審問判罪。現在實際的情形，中央和地方雖各有其圖書雜誌審查委員會，在表面上雖有公布的審查標準，但是有若干書刊，中央通過地方加以查禁，地方通過而中央加以查禁。在同一中央政府統轄之下的機關，經內政部審查通過准予註册發行的書籍，中央圖書雜誌審查委員會得任意加以查禁，至於檢查機關，不論憲兵、警察、黨部、三民主義青年團、審查會、郵檢所等，都可以不經法律手續，不問書刊內容，不說明理由，無故扣留沒收，私自取去。拘捕工作的人員，全不經法律手續，有的無故被禁閉數月而不加審訊的，有的被囚禁二三年之久而尚未知道犯了什麼罪，甚至移送集中營長期錮禁，有的鋃鐺入獄，而又倏忽無罪釋放。還有先封書店，先捕人員，然後審查書刊內容，找尋證據，證據找尋不得，人仍拘押，店仍封閉！凡此種種，都是被壓迫被摧殘的文化事業機關所親歷的苦痛經驗，並不限於在『生活』我所報告的只是無數事件中的一小部份而已。這種種經驗的背後所包含的嚴重意義，是在責任上應該爲民服務的『公僕』視法律爲無物，視民命如兒戲：其實這個流行病不限于對付文化界的一個方面。

我們從黨報上或黨刊上所載黨老爺們的意見，常可聽到『我們正在爲整個民族整個國家爭解放自由的今日，個人當犧牲一切自由』的話，作爲黨老爺們壓迫人民摧殘文化的掩飾。我們要鄭重指出的是：眞爲國家民族爭解放自由的工作而犧牲一切自由，是每一個中華民國國民所願意的，整千整萬在前方爲國犧牲的戰士，整千整萬在大後方忍苦工作的同胞，都是抱着這個態度。但爲國家民族爭解放自由的工作而犧牲一切自由是一件事，爲違法橫行的黨老爺們的壓迫摧殘而犧牲一切的自由是另一件事，前者的犧牲是有意義的，因爲它能加强國力，爭取抗戰勝利。後者的犧牲不但是毫無意義的，而且要削弱國力，延緩抗戰的勝利。違法橫行的老爺們，把自己的違法橫行的行爲，把自己的壓迫人民摧殘文化的罪行，統統寫在『爲整個民族整個國家爭解放自由』的帳上，藉以遮羞掩醜，藉以欺騙社會，這是我們做中華民國國民的人所絕對不能承認的，試問，違法橫行的黨老爺們之壓迫人民摧殘文化，和『爲整個民族整個國家爭解放自由』有什麼相干？

但是在民主政治未建立以前，黨老爺們把『官吏至上』『黨官至上』和『國家至上』『民族至上』混爲一談。他們自己的『違法自由』、『壓迫自由』、『摧殘自由』，就等於『整個國家整個民族的解放自由』！誰敢站在國家主人翁的地位起來反對這班喪失天良的『公僕』的『違法自由』、『壓迫自由』、『摧殘自由』，就被認爲是在反對『整個國家整個民族的解放自由』！

這是違法橫行的黨老爺們的『政治哲學』，但却不是中華民國國民的政治哲學！

黨老爺們根據他們自己的這樣的『政治哲學』發出種種『政治理論』。例如他們在政治逆流中摧殘了不少文化保壘，如書店、報館、通信社及其他文化團體等等，他們却只要在黨報上輕輕地說一句：『區區幾家商店的封閉！』你看這是多麼簡單容易！『區區幾家商店』算什麼！你還是讓他們繼續違法橫行罷！

他們又根據自己的『政治哲學，』聽到有人批評他們違法橫行，憤然大發雷霆地說：『你是在不顧國家民族的利益，撩起衣裳，把自己的肚皮和私處給人透視個痛快。』（見黨報）

他們把他們自己的潰爛的肚皮和生毒的私處看作中華民國全體人民的肚皮和私處，由此把他們自己的潰爛的肚皮和生毒的私處和『國家民族的利益』連在一起，視爲一物！根據他們的『政治理論，』中華民國國民儘管有着健康的肚皮和私處，可是如要擁護『國家的民族的利益，』便須同時擁護他們的（黨老爺們的）潰爛的『肚皮和私處！』這種『政治理論』是中華民國國民所能接受的嗎？

## 六五　與中央黨部交涉的經過

『生活』被殘摧的初期，西安南鄭天水等處分店被封閉，工作人員被拘捕的時候，我們當時尙以爲是地方黨部的胡鬧，沒有想到這是中央黨部已定的對『生活』作全國性的摧殘的計劃，是自上而下的發動，並不是什麽地方事件。因此我每次都把無故被摧殘的事實，親往中宣部面告部長葉楚傖先生和副部長潘公展先生，請求他們主持公道，賜予援助。我並向他們提出本店所當堅守的原則，即『服從法令，接受糾正』八個大字。我說明我們自問並沒有不服從法令，也沒有不接受糾正的事實，但是如果中央黨部指出我們對於這二點尙有疏忽的事實，請具體相告，我們當根據『服從法令，接受糾正』的原則，努力改正。葉潘二先生說這是地方黨部的行爲，他們不知道，要命令有關的地方黨部查明具報，才能決定辦法。這話說得很堂皇，我們只得靜候『查明具報』。但是中國雖大，官方電信交通未斷絕，『查明具報』音信杳然，而各地封店捕人的事實却繼續不斷地如暴風雨之來臨，自二十八年三月至六月間，短短三個月，被封閉或被勒令停業的分店已達十一個之多。我們到了這個時候才深切地感到中宣部負責人儘管推託這是『地方黨部的行爲』，在實際上已是國民黨所已內定的整個摧殘進步文化事業的做法，同時我們也得到朋友們談起從中央黨部傳出的消息，說中央黨部已決定先封閉『生活』的各分店，然後進而封閉我們在重慶的總店，他們而且看到這種密令。此外我們也得到熱心朋友的報告，有些地方（如桂林昆明等處）雖早已接到中央黨部的這種密令，因黨部中尙有一二良心未盡黑的人士，覺得毫無罪名而加以摧殘，未免說不過去，把密令暫時延擱起來，於是我們不再請求也不再盼望中央黨部『命令有關的地方黨部查明具報』仍根據『服從法令接受糾正』的原則，向中央宣傳部作整個原則的交涉。葉潘二先生答應考慮並面允『在交涉期間停止封店捕人』（在事實上各處封店捕人仍在繼續，此點並未做到。）

我們對中宣部的請求是加强原則上的領導，而葉潘二先生表示黨部對於原則上的領導還不能放心，要我們和正中書局及獨立出版社聯合在三機關上組織一個總管理處，或成立一個董事會，主持一切，並可增加經費，仍由我主持。他們說這樣一則可使黨部放心，二則可由競爭而增加效率，三則可免各地方當局對本店爲難，得到依法保障的保證等等利益。我對葉潘二先生誠懇說明這種辦法很不妥當，因爲此類組織在事實上等於合併民辦商業機關必須與黨辦機關合併，在法令上並無根據可言，且此種合併與所提種種利益都無因果關係。黨部以後放心與否，可以本店在事實上所表現者爲根據，例如以後對於黨部所通告的禁書是否再售，所出版的書籍原稿是否送審，都有事實可據。講到競爭，現在即可在工作上事業上競爭，不必在合併後才可競爭。講到各地方當局，對合法的文化事業本應予以依法保障，與合併與否亦無關係。

老實說，民辦的文化事業機關如『生活』它不無相當的成績，就靠它的艱苦奮鬥的精神與民主紀律的作風，這是否一般黨老爺們所能習慣實在令人不能無疑，所以我們所感覺嚴重的倒不是合併，而是在合併後要使十六年來辛苦培成的文化事業被破壞，未免可惜。可是這些話當然不便對葉潘二先生說明，只得抑壓在心頭，不勝悲痛之至。

我很誠懇地再三對葉潘二先生解釋：書店事業不外出版書籍，本店所出版的書籍，請中央重行審查，如認爲尙有局部不妥當者即照修改，如認爲全部不妥者當即停止發行，至於以後本店在出版計劃方面當儘量與中宣部取得更密切的連絡，贊助中央擴大宣傳抗戰建國工作，如本店過去已出版蔣委員長講演的抗戰到底，蔣委員長抗戰言論集首先響應中央黨部號召正在趕印中的總理遺敎全集（本店對此事的熱烈響應，在任何國民黨黨辦的出版機關之先，我們會聽到黨部方面良心未盡黑的人士對此事亦曾說過幾句公道話）本店所辦各雜誌首先響應中央黨部號召（這裏的『首先』也須大書特書，因爲也在國民黨所辦的一切刊物之先）聯合特輯國民精神總動員專號等等，都爲本店已往與中宣部誠意合作的事實表現，以後當照中央指示，繼續努力。此外並對葉潘二先生誠懇表示，中央黨部旣關懷本店職員的修養方面，每月當由本店召集同人月會一次（本來是出外參加黨部所領導的文化界月會，）由中宣部派員主講三民主義及抗戰建國綱領等問題。

上述的意思，我除當面對葉潘二先生誠懇說明外，並於七月十日（民國二十八年，在同月八日，曲江分店又被封閉，繼續不斷被無故摧殘的『生活』分店，此時由十一加至十二，但我們仍忍痛送出下述的呈文，）繕成呈文送達中宣部，靜候批示。但批示永不見來，而所餘的各分店仍繼續不斷地被摧殘着。

我在那幾個月的生活，回想起來是辛酸的，每隔幾日即有一個分店的『報喪』電報呈在眼前，尤使我哀痛欲絕的是艱苦忠貞於抗建文化事業的青年幹部一個又一個的被拘捕。我曾經憤然對中宣部負責人提出抗議，說我是本店總負責人（全體同事選舉出來的理事會主席，）如本店有犯罪證據，應該捕我，絕不卸責，何必摧殘許多無辜青年呢？但是這種抗議不發生絲毫的效力。

所餘的分店繼續不斷地被摧殘着，至二十九年六月間，五十五個分支店，僅剩六個。在這階段中，我也曾經請求過國民黨中賢明的前輩援助，他們雖同情，無能為力，最後我只得直接寫信給蔣委員長，請他主持公道。

# 六六　廣大讀者愛護支持的文化堡壘

自民國二十八年三月至二十九年六月間，僅僅一年零三個月，『生活』原來在全國各地滿佈着的五十五個分支店，爲全國文化事業最積極最努力的一個堅强的堡壘，一個又一個地被摧殘着，最後只剩下了六個分店。這第一個時期的摧殘經過情形，我已大概地奉告了。

由於『生活』十六年來對於文化事業的努力，它得到國內外最廣大讀者的愛護與支持，在任何據點的『生活』分店，它都有一個一看就知道的象徵，那就是每天從早到晚，門市部都源源不絕的擁滿着熱心的讀者和購買書報的人們。黃任之先生在抗戰期間，廣遊各地，看到這種情形，由各地回到陪都後，屢次對我談起，說他每到一地，凡是有『生活』的地方，總是看到門市部這樣的熱鬧情形，使他受到很深的感動。白健生先生（白崇禧將軍）有一位祕書對我談起，說有一天他陪着白先生在桂林乘着汽車經過一條街，瞥見有一家店的門口擁滿着許多出出入入的人，白先生順口問他的這位祕書什麼事，他回答說是『生活書店』的門口，擁擠着的是買書看書的人，白先生不禁驚歎，說抗戰期間的文化確是有了很大的進步。曾與記者在英國倫敦大學同學過的鄭震宇先生，回國之後也被聘任爲國民參政員，他在各地跑過之後，也將這同樣的情形，用很驚奇的神情告訴了我。

『生活』爲什麼能得到國內外廣大讀者的這樣愛護和支持呢？說來也很簡單，它內部的基礎建立在苦幹的精神和民主的紀律，它外部的基礎，除了書刊有着正確豐富的內容外，最重要的是自從生活週刊社成立以來的傳統的對於讀者竭盡心力的服務精神。（關於這一點，我在所著的事業管理與職業修養一書中曾有較詳的敍述，可供參閱。）因此有許多讀者簡直把『生活』當作他們的『家，』每到一個地方，只須知道那個地方有『生活』分店，他們往往總要想到『生活。』人地生疏想起『生活，』往那裏跑認不得路，想起『生活』往那裏跑。找不到旅館，想起『生活，』往那裏跑，請代找一個。買不到車票或船票，想起『生活，』也往那裏跑，請幫忙代買一張。住址一時不能確定，也想起『生活，』也往那裏跑，請有信暫爲留下轉交，以便自己來取。

『生活』的全體同事都是從苦幹中鍛鍊出來的，也是從社會服務中鍛鍊出來的。他們對於任何讀者委託的事情，只須他們能力辦得到的，沒有不看作如同自己的事情。不怕麻煩，不厭嚕囌，以十分誠懇的同情心，十分嚴重的責任心，乃至十分濃厚的興趣心，竭忠盡智，務必爲讀者辦到，然後於心始安。『生活』所以能夠『空手起家，』所以能在十二三年內由三個半人的工作者增加到三百人的堅強而勇敢的工作幹部，所以能在十二三年中由上海一隅的一家小小的店舖增加到有佈滿全國五十五個的分支店，這不是偶然的，是由於全體同事在這十幾年中流血汗、絞腦汁、勞瘁心力、忍飢耐寒，對於國內外讀者竭誠服務的一片丹心赤忱凝結而成的。

但是這樣凝結而成的一個文化堡壘，竟遭受國民黨中一部份人的嫉視，加以慘酷的摧殘。讀者諸友看到我昨日所報告的『與中央黨部交涉的經過，』便知摧殘者的傷心害理，便知道『生活』是在『服從法令接受糾正』之下怎樣被摧殘着。所出書刊經政府設立的機關審查通過，數年的賬册經黨部派人仔細審查過，證明無他它究竟犯了什麼滔天大罪，受到這樣慘酷的摧殘呢？我曾經爲着這件事往訪陳布雷先生。陳先生在上海時事新報主筆時，我適在該報担任祕書主任之職，我們的私人友誼很厚，我很誠懇地把事實講給他聽，他的答語中有幾句特別使我受到很深的感觸，他說：『韜奮兄！黨裏有些同志認爲你們所辦的文化事業的發展，妨礙了他們所辦的文化事業的發展。』我很沉痛地對陳先生說，事業發展有其本身積極努力的因素，應該在工作努力上比賽，不應憑藉政治力量給予對方以壓迫和摧殘，這樣的作風在實際上絕對不能促進『黨裏有些同志』『所辦的文化事業』。

陳先生是我所敬重的一位前輩，我在上海新聞界工作的時候，承蒙他給予不少的指導與愛護，他對我個人始終是有着深厚的友誼，但是在政治逆流澎湃中陳先生的『愛莫能助』，我是很知道諒解他的。

我曾屢次說明過，我絕對不是僅僅爲着一個『生活書店』的被摧殘而作抗議，雖則這個文化堡壘本身上有它應該存在的價值。我們知道『生活』的被無理摧殘只是許多被摧殘的文化堡壘中的一個，只是人民的民主權利被摧殘的許多象徵中的一個，只是政治逆流中許多象徵中的一個，只是在文化上開倒車的許多象徵中的一個。我所以不憚煩地報告『許多象徵中的一個』，是希望由此可以喚起國人對於整個政治改革的注意與努力，而不是拘拘於一個事業機關本身的得失。這一點意思我在本文中也許已暗示過，但因爲特別重要，所以不憚煩地又在這裏鄭重提它一下。

## 六七　與黨部『特務』首領的談話

諸位也許已經知道，中國的『特務』有二大系統：一個是軍事委員會的特務，由戴雨農先生主持其事，還有一個是屬於國民黨中央黨部的特務，由徐恩曾先生主持其事。後一系統的特務工作，和我們這一班所謂『文化人』更有着密切的關係。（『文化人』這個名詞有人覺得不恰當，以『文化工作者』這個名詞較妥，但因爲大家說得順口，就用用罷。）所以我在『生活』被摧殘的第一個時期中，曾經和黨部的『特務』首領有過幾次誠懇的談話。

黨部的特務總機關，掛的招牌是『調查統計局。』這看上去好像是一個什麼經濟學專家如馬寅初先生之類的埋頭研究之所，應該屬於中央研究院似的，但在實際上所調查統計的是另一個部門的事情，單有招牌是難明眞相的。它在陪都的地址是川東師範，那是一個大規模的山地，樹林茂盛，山徑曲折，很有××『××』的味兒，具有特殊功用的有名的幾個『防空洞，』就在那裏面！

事頗湊巧，我和這個『××』上的首領徐恩曾先生私誼不薄，我們以前在上海的南洋大學做過同學，從中學到大學的電機科是同班的同學。後來我轉文科，他仍繼續讀他的『電機，』他在國內畢業後，曾到美國留學，讀的也是『電機。』照他所學，應該是一位電機工程師，但是他回國後，尚在內戰時代，就鑽到『特務』這一部門方面去了。他是ＣＣ的親戚（ＣＣ是國內對於二陳的通稱，二陳即陳立夫陳果夫二先生，）聽說有表弟兄的關係，這也許是他改業的契機。我們彼此間的私人友誼就建立在同班同學的關係上。

徐先生的儀表和他所担任的職務，似乎完全不配合。他的表面上看來是一位溫文爾雅的白面書生，他無論穿西裝或中裝都漂亮整潔，在學校時，他的房間佈置得最整潔講究，爲同學們所贊美。我在陪都和他幾次晤談，有一次無意中問他：『你學的是電機料，應該做一個電機工程師才是現在却幹着×××××，眞是出人意料之外！』他微笑着說：『我有什麼辦法？總裁一定要我担任這個職務，只有等到革命成功之後，再去幹我的工程師罷！我現在已經幹了，只有幹下去！』

我們有過幾次晤談，有時在他的那個『××』上，有時在他的寓所裏（他住在國府路，離開我的寓所學田灣很近。）我們談時還是老同學的樣子，彼此都沒有什麼拘束。

他對於共產黨當然是破口大罵。這是在他的地位有着必然性，諸位是可以想像得到的。但是我不是共產黨黨員，我沒有代表共產黨和他辯論的義務，我所要和他說明的是國民黨摧殘進步文化事業的不合理。我問他：『依我們老同學的友誼，彼此都可以說老實話，你是主持特務的，依你所得的材料，我究竟是不是共產黨？』他微笑着說：『我「跟」了你七年之久，未能證明你是共產黨。』我說：『既然如此，你何必對我說了許多關於共產黨的話』他很直率地說：『到了現在的時候，不做國民黨就是共產黨，其間沒有中立的餘地，無所謂民衆的立場！你們這班文化人不加入國民黨就是替共產黨工作！』我說：『我的工作是完全公開的，無論是出書或出刊物，無論是寫書或寫文章在刊物上發表，都經過政府所設立的審查機關的審查，審查通過的文章不能再歸罪於我罷？如果我們做的工作是爲共產黨工作，審查機關是國民黨的機關，爲什麼通過呢？』他說：『有許多事情不能見於法令，與審查的通過不相干，要你自己明白其意而爲之。』這句話我無法了解，我只沈痛地感到做今日的中華民國的國民，即在遵守法令的範圍內也不一定能夠得到合法的保障。所謂『明白其意而爲之，』大概是『仰承意旨』的意思罷，我老實對他說：『做一個光明磊落的國民，只能做有益國家民族的光明磊落的事情，遵守國家法令就是光明磊落的事情，我不能於國家法令之外，做任何私人或私黨的走狗！「仰承意旨」的玩意兒是我這副硬骨頭所幹不來的！』

我們雖然是可以無話不談的老同學，但是談到這裏，至少對於這一點，似乎無法再談下去了。

關於我個人，他希望我加入國民黨，並多研究三民主義。他說：『有許多人看不起三民主義，其實三民主義是全世界上獨一無二的好主義，愈讀愈有味，愈讀愈能發現眞理。』我說：『三民主義已爲全國人民所接受，只須在實際上實行起來，沒有不受全國人民所歡迎的，至於我自己，也曾經讀過好幾遍，你要我再讀，我當然「願安承教」的。不過要我加入國民黨，也不妨事前和我商量商量，現在無緣無故在短時期內把幾十家書店封閉，把無辜的工作人員拘捕，在這樣無理壓迫下要我入黨，無異叫我屈膝，中國讀書人是最講氣節的，這也是民族氣節的一個根源，即使我屈膝，你們得到這樣一個無人格的黨員有何益處？』（這裏所謂『無人格』是指如果『屈膝』以後，我始終不屈膝，所以我的人格仍在，並非『無人格，』黨老爺們不要曲解，特此聲明。）

他忽然怒形於色，說我把加入國民黨視爲屈膝，是在侮辱國民黨。我說我正是尊重國民黨，所以希望它能尊重每一個中華民國國民的人格。

關於『生活，』他說中宣部主張和黨辦的正中書局等合併，是表示國民黨看得起『生活，』眞該趕緊接受！我雖感謝老同學的好意，但却無法「仰承意旨，」不勝歉然！

# 六八　又是幾個故事

在『生活』被黨老爺摧殘的第一個時期中（指民國二十八年三月起至二十九年六月止，至於第二時期被摧殘的情形，當再另文敍述）有若干故事，可以反映中國政治的現實，可以證明我們必須努力中國政治的改革，否則任何進步的事業都沒有存在的餘地。關於這類的故事，我已略有報告過。現在還有幾個故事要補充一下。

我在以前曾經說過，中央黨部於前年三月前後，即有密令叫各地當局無故封閉生活書店，但是因爲各地黨部的作惡程度有着不平衡的發展，有的地方黨部有些『同志』的良心尚未黑盡，覺得無故封閉太不成話，把密令暫時擱置了起來，例如廣西省黨部在這第一個時期中接到中央黨部這種違法密令之後，某委員就公開宣言中央黨部自己尚允許重慶的生活書店存在，却先叫廣西做惡人，這種事情是他們不願幹的。這樣一來，密令就被延擱了不少時候，受黨老爺違法摧殘而寃死無法伸訴的小百姓，得到這位賢明的『同志』的良心所給與的暫時的保障，雖屬暫時，我們至今感謝不盡。（聽說後來廣西省黨部被中央黨部設法改組，這位良心尚有的某先生被排除，這使我們於不勝感謝之餘，更不勝其抱歉。）有的地方的黨部或當局眞正想到了『禮義廉恥』，接到這種違法摧殘民間合法事業的密令，覺得進退兩難：要執行罷，似乎在良心上說不過去，不免外慚淸議，內疚神明；不執行罷，似乎又犯了違背『政令』的滔天大罪。於是再三考慮之後，想到一個折衷的辦法，即不用封條貼上店門，只特派專使，口頭囑令自己關門，也就是所謂『勒令停業。』這比較封閉，物質上可以少受一些損失，但從此關門大吉，總的命運仍然相同。平心而論，這種比較『文明』的違法行爲，比西安的省黨部那樣大輛卡車自由地把一切貨物椅桌乃至職員的私人行李鋪蓋等等滿載而去，行同盜刼，那是進步得多了，做『阿斗』的我們實在已經感覺到不勝感激之至，應該歌功頌德一番。

有的地方因軍政當局的賢明，對黨老爺的橫行無忌也有着相當的制裁力，在這種情況下，遭受無理壓迫的『阿斗』，在暫時尚可得到苟延殘喘的機會。前年六月間曲江生活分店所遇到的情形，便是一個例子。當時曲江的省黨部偷偷摸摸地用一張沒有蓋印的封條把曲江的『生活』封閉，旣而他們不知怎樣又想了一下，覺得不妥當，又偷偷摸摸地把貼上的封條取下收回，只用口頭對店的負責人（經理）說要他『自動地』把店門關上，並說省黨部對此事當負全責云云。『阿斗』在這種威勢壓迫之下，無可如何，只得飲泣吞聲，乖乖地用自己的手，把自己的店門『自動地』關上，含寃莫白，於無望之中，仍作最後掙扎，向軍事當局呼寃。這不是亂呼的，因爲當時有抗戰堅決素負令譽的司令長官張發奎先生和參謀長蔣光鼐先生。張司令長官適因公往南雄，蔣參謀長知道實情後，即自己立刻用電話找省黨部的黨老爺說話，他說『你們不是執行的機關，不應這樣目無法紀，胡作亂爲，趕緊把生活書店啓封！』黨老爺在賢明守法的軍政當局嚴厲制裁之下，只得勉強唯唯諾諾，『阿斗』辦的文化事業機關才得由棺材裏扶了起來。當蔣參謀長打這個電話的時候，李章達先生適在旁聽到。（李先生即被國父中山先生派往俄國調查之一人，同時被派的有廖仲凱朱執信及蔣介石諸先生，詳見河香凝先生所著改組國民黨的前後回憶一文。）這段話的大意是李先生最近親口告訴我的。

但是『阿斗』雖幸而遇着賢明守法的軍政長官，不久以後，又遭受一次的无妄之災。事實倒很簡單明瞭！有一天，有幾位穿黑長衫的不速之客浩浩蕩蕩跑進曲江的生活分店既無公文，也無命令，也看不見沒有蓋章的封條，立刻把店內的全體同人趕出門外，然後把店門鎖上，逍遙揚長而去！衣服舖蓋一物不能帶出的一羣『阿斗』沒有辦法，只有再向各方呼冤，當時司令長官張發奎先生已回到曲江，聽到這件事，立刻要查明是什麼機關幹的。問省黨部，省黨部否認。問警備司令部，警備司令部否認。問省政府，省政府也否認。張司令長官倒也乾脆，他說既然沒有一個機關承認是它幹的，你們儘管開門復業好了。『阿斗』們得到了這幾句話的合法保障，才又把已被鎖住的門重開起來，又得苟延殘喘了一些時候。

在衡陽也演了一幕趣劇。由省黨部備一呈文，大意說生活書店售賣違禁書刊，懇請賜予封閉云云；派人持往各公團及各書業機關，叫它們一個個在這呈文上面蓋個圖章，各該機關見是省黨部派來的人（省黨部在耒陽，離衡陽很近，）不敢不遵命，只得依法泡製，一一蓋印。省黨部把這個呈文收回之後，即作為各該機關的共同呈文，在該呈文上加上批語，大意說既經該機關等呈文籲請，准予照辦云云！他們以為這樣一來，就可以把違法摧殘文化事業的罪行加在別人身上！這是執行上峯『密令』的又一巧妙辦法，可謂煞費苦心了。

從『故事的象徵』方面說，違法橫行，處處令人對法治和民主憂慮，但在封條上不敢蓋印，封了又偷偷摸摸地收回，改用口頭私囑自動關門，用黑長衫不速之客掩人耳目，以及捏造呈文等等，這種種忸怩之態，雖是做賊心虛，但從好的方面看，可以說是多少尚有一些羞惡之心，人性尚未盡失，這一點卻是可以樂觀的。

## 六九　『諸葛亮』和『阿斗』搏鬥

自二十八年三月至二十九年六月間，『生活』的五十五個分支店因受酷烈的摧殘，僅剩下了六個。我把這一年零三個月叫做『生活』被摧殘的第一個時期，在這一個時期中我和『生活』總管理處的幾個重要負責同事每隔幾天或一二星期就『鐵定』看到又一個分店的『報喪』電報，同時繼續不斷地奔走呼籲商洽，營救無辜被捕的同事（前後陸續被捕的約四五十人，）對於我們的『頂頭上司』（中央黨部宣傳部）也以極誠懇的態度商量挽救這一個文化堡壘的辦法，在這一個時期中，我們收到海內外無數熱心讀者來信的詢問和安慰，得到各方面人士的同情和援助（包括國民黨中的賢明的要人及各地方的賢明的軍政長官，）不勝感奮。即在直接執行中央黨部密令摧殘文化事業的各地方黨部，有的有意延擱，有的改囑停業，有的尙能顧及『禮義廉恥』，煞費苦心，用着種種掩醜遮羞的辦法，使我們深切感到公道自在人心，人生尙非盡屬鬼蜮。但是因爲我們始終只能限於『服從法令接受糾正，』在原則上接受黨部的領導，而在中央黨部方面則堅持非由黨老爺插足不可，具體的策略是要『生活』和黨老爺辦的書業機關及出版機關『合併。』無論請任何人出來講理，我們的立場和辦法既合情理，又合法律，中央黨部的態度和辦法既不合情理，也不合法律（因爲根據法律以及國民政府所頒佈的任何法令，黨老爺絕對無權强迫任何民辦的商業機關和黨老爺辦的機關合併。）我們看過不少的例子，凡是民辦的有成績的事業機關或團體，一被黨老爺插足進來，沒有不糟，所以我們始終堅持，在法令範圍內在原則上接受領導則可，如果黨老爺一定要插足進來破壞我們原有的苦幹精神和民主的紀律，那就等於毀滅我們十六年來所辛勤培成的文化堡壘，是我們所要抵抗到底，絕對不能屈服的。爲着這兩方面的見解有着這樣的根本的差異，所以雖經屢次的商談，在黨部方面只是敷衍搪塞，一方面憑藉他們的政治地位，對於無辜的『阿斗』作更酷烈的壓迫與摧殘，雖口頭答應在談判期間不再續封書店，不再拘捕工作人員；但在事實上則各地『生活』仍接連不斷地被封閉，工作人員仍接連不斷地被拘捕。中國有句老話，叫做『秀才碰着兵，有理講不清。』舊時代的兵不像今天爲國家民族努力奮鬥的光榮戰士，而是憑着暴力欺凌老百姓的傢伙。黨老爺有權在手，誠心誠意願受『諸葛亮』領導的『阿斗，』遭受奇冤也無可如何。英國的拉斯基教授在他所著的現代國家中的自由一書中曾說『大權所在，如果沒有適當的監督機構，終難免橫行無忌的。』在今日民主政治的實現之所以重要，原因也就在此。試問黨老爺藉『諸葛亮』的地位對『阿斗』壓迫摧殘，無惡不作，嘴上敷衍敷衍，暗中無法無天，你能拿它怎樣？

蔣委員長宵旰勤勞，一日萬幾，對於黨老爺們『幾家區區商店的封閉』（借用黨報的說法，）當然顧不了許多，但是因爲『生活』在全中國文化界的地位還不算十分的『區區，』所以蔣委員長漸漸也不無所聞，但是黨老爺們在這種地方却頗具機智，設法放出更有趣的謠言，說共產黨每月津貼『生活』十萬元。我在以前曾經報告過，黨部曾特派專員到『生活』總管理處仔細查過帳，對於經濟的來蹤去跡，一絲一毫不放鬆，結果證明『生活』確是靠營業收入來維持生存，完全是自食其力，不像黨老爺們辦的事業，一來就有樂哉樂哉的津貼。但是那時他們就已在實際上認真實行了『造謠重於宣傳』的『政策，』儘管事實早已明顯，造謠仍不可少。他們不但造謠傳播於一般社會中，並且把這個謠傳到蔣委員長的耳朵裏面去。××××××××（××××××××××）××××××××××××××××（×××××，×××××××，）××××××，××××××××××××××××××。×××××××××××，×××××××。我得到這個消息之後，深切感到黨老爺的神通廣大，妙法無窮。我明知黨老爺自己所辦的文化事業不易發展，不自反省癥結所在，儘對『生活』垂涎三尺，在這樣『弱肉强食』的情況下，『生活』是終於不易保全的，但是我們對於這個無數作家及數百幹部血汗所凝成，千百萬讀者的愛護所支持的文化堡壘，仍不得不作最後的掙扎，姑作萬一的希望，於是我決定寫一封長信給蔣委員長。結果如何，且待下回分解。

# 七〇 一位『大員』的話

我於民國二十九年六月間寫了一封信給蔣委員長，因爲聽說黨老爺對『生活』落井下石，把共產黨每月津貼十萬元的謠言傳到蔣委員長的耳朵裏去。信的內容注重說明二點：一點是用出版物的統計數字證明售賣違禁刊物的不確，還有一點是舉出黨部派人到『生活』查帳的事實證明津貼十萬元的不確。關於這二點，我在本文裏曾經詳細敍述過，在這裏用不着重複，在這裏所要指出的是我在寫給蔣委員長的這封信裏，是用鐵一般的事實粉碎了黨老爺的誣陷陰謀。平常寫給蔣委員長的信，不一定能夠直達到他的面前，我們這封信是用國民參政員寫給議長的名義，請國民參政會祕書長直接面交議長。

不久得到確息，蔣委員長看到這封信後，叫葉楚傖先生去（葉先生當時爲中央黨部祕書長，）大意對他說生活書店在社會上有着它的信譽，不可弄得太利害，免引起社會的反感（大意如此，詞句也許不無出入。）這寥寥幾句話，蔣委員長說了之後，自民國二十九年七月起至三十年一月止，在這半年間，黨部方面對於所僅剩下的六個分店（原有五十多個分支店）暫時停止了封店捕人的事情。

二十九年七月中旬，中央黨部方面派了一位『大員』做非正式的代表到『生活』總管理處來看我。這位『大員』在國民參政會中和我有『來賓』和『陪客』之雅，私人友誼很好。他來看我的時候，說是出於私人的友誼，同時也是非正式地代表葉楚傖先生來和我談談。他個人的態度是非常誠懇和婉的；但是他的使命，仍然是站在黨老爺的立場。

他不知道我們已得到蔣委員長說出了上面幾句話的消息，所以在最初一小時餘的時間內，仍然强調非與正中書局等合併即繼續封店捕人的恫嚇。他問我究竟想不想保全『生活，』如想保全的話，非接受這個條件不可，否則蔣委員長已決定把『生活』全部消滅。

我心裏明明知道蔣委員長說出了上面幾句話，這裏大概是中央黨部的托詞，但我當然不便當面說穿，我只說明爲着中國的文化，爲着『生活』對中國文化有着它的貢獻，我們當然想保全『生活，』不願它『全部消滅』可是我們所要保全的是精神和實際，而不是驅壳和形式。我直率地指出『生活』有它固有的苦幹精神和民主紀律，有它的種種優點。這種精神和優點是它的事業所以發展的原因，如强迫和黨辦的機關合併，這種精神和優點必保全不住，『生活』也就等於被毀滅。我對此事看得淸淸楚楚，所以對於合併於黨辦機關的建議，始終不敢接受。

大概這位『大員』在來時以前就已打算好二個步驟：第一步驟是對於『合併』的辦法再作一次恐嚇的嘗試，如恐嚇不了，再進而嘗試第二個步驟，即下面所謂派黨代表監督。這位『大員』花了一小時餘的寶貴時間，用『不接受即須全部消滅』的恫嚇，反覆對我開導。後來見我態度堅決，絲毫不爲之動搖，他覺得第一個步驟只得宣告破產，立刻作了一個一百八十度的轉灣，很天眞地說道：『我這次和你商量與正中等合併的原議可以取消，不過據中央黨部的意思，你無論如何，必須接受另一種辦法，否則即須全部消滅無疑。』什麼另一種辦法呢？他接着表示中央黨部要派黨代表經常駐店監督一切，他再三鄭重聲明，如果這個辦法仍不接受，那就非全部消滅不可。

我說我們只能受中央黨部原則上的領導，如發現我們有違法之處，甘受處分，但派黨部代表經常駐店監督，出版界無此先例，萬難接受。我並說明：辦文化事業機關和辦百貨商店不同，辦百貨商店只須有資本就行，老板只須腰包有錢，接收幾個百貨商店，生意仍可興隆，文化事業機關則不同，須寶貴平日在廣大讀者間所建立的信譽，倘接受上述辦法，勢必喪失其信譽，與其喪失信譽而等於消滅，毋寧保全信譽而遭受封閉。

談到這裏，這位『大員』也很天真地表示黨代表監督的辦法確有困難。他說如果叫他來担任這樣的黨代表，天天坐在書店受着全體同事的『另眼』看待，把他看作一個敵人，使他坐立不安，終日沒精打彩，也是幹不了的。我聽了這位『大員』的這些話，暗中敬佩他的忠厚。如果是別位黨老爺，有什麼幹不了，正是厚臉黑心的作威作福良好機會！

結果，『大員』的第二步驟也宣告破產。

最後『大員』和我談到哲學。他說最成問題的還是唯物論和唯物辯證法！必須使這個勞什子絕跡於中國，然後才能根本鏟除未來的禍患。我說唯心論和唯物論是世界數千年來哲學上爭論的問題，加以研究則可，『絕跡』似乎不可能，即中山先生的主義和遺教也不禁人研究哲學上的問題。『生活』出書千餘種，關於哲學問題的書不過寥寥幾種，此點並不成問題，惟國民黨對於學術思想的研究態度，實有重加考慮的必要。

『阿斗』恭送了『大員』之後，雖感謝他光臨的一番好意，但對於中國文化前途的苦難，不勝悵惘者久之。

# 七一　文化封鎖

我們讀國際新聞，常看到有所謂經濟封鎖，例如在這次歐戰中，英對德實行經濟封鎖，德也對英實行經濟封鎖。在中國，花樣翻新，黨老爺對無辜『阿斗』實行文化封鎖！

我昨天曾經說過，自從蔣委員長於二十九年六月底看到我寫給他的一封信，叫葉楚傖先生去囑咐幾句話之後，自二十九年七月至三十年一月的半年間，對於五十五個分支店中僅剩下的六個『生活』分店，算是暫時停頓了封店捕人的悲喜劇。這在『阿斗』方面似乎已是意外的幸運，但是黨老爺對於『阿斗』『不合併即須全部消滅』的『政策』，在實際上却並沒有絲毫放鬆過，他們在這半年中雖暫時不再用封店捕人的方式來直接摧殘『生活』，却拚命用文化封鎖的方式來間接摧殘『生活』。扼要說來，有左列的種種妙法：

第一，查禁已經審查通過的書籍。這種例子多至不可勝舉，如開出詳單來，佔完本文的篇幅還不夠，諸君也沒有時間來看。為表示鐵的事實起見，隨便撮舉幾個例子罷。例如長篇文藝創作新生代，已經廣西省圖書雜誌審查委員會審查通過，領有桂審字第十四號審查證，中央審查委員會却命令查禁。又例如兒童故事鷹和牠的奴隸們及翻譯小說蘇聯作家七人集，都已經重慶市圖書雜誌審查委員會審查通過，前者領有渝圖字第六七八號審查證，後者領有渝圖字第九五九號審查證，但先後都遭中央審查委員會查禁。又例如已經內政部審查通過准予計册發行的書籍多種，如中國不亡論（領有計册執照警字第九七三八號）給初學寫作者的一封信（警字第九八四二號，）抗戰歌曲第一集（警字第九八七一號，）中國外交史（警字第九九七二號，）救亡手册（警字第九八〇三號）等等都被查禁。由政府所設立的審查機關，以同一審查標準審查通過的書籍仍遭查禁，審查者不負任何責任，已受審查通過者毫無法律保障可言。在黨老爺通過一下，仍查禁一下，似乎是一件『區區』的小事，但是在遵守法令的『阿斗』，按出版地點遵令送審通過的書籍，只須黨老爺高興起來，發出一紙禁令各地存書被沒收的一來就是數千册，被檢查扣留的一來又是數千册，這種因遵守法令被摧殘的損失，在『阿斗』方面却不是『區區，』是可以想見的。有人說你未免說傻話，黨老爺所以要這樣幹，就是要你受到嚴重的損失，你儘管遵守法令送審而又通過，有什麽相干呢？

第二，由各地駐郵局的檢查員、三民主義青年團、憲兵團等等，隨意扣留『生活』的掛號郵包（內係郵寄審查通過的書刊，）隨意扣留用任何方法運輸的『生活』出版的已被審查通過的書刊。這第二種辦法較第一種辦法更進步，因爲明令查禁已審查通過的書籍，我們的總管埋處和中央審查會在同一地點，可以就近辦交涉，他們雖可以故意延挨，究竟不無麻煩，至於由各地檢查員或什麽團隨意將審查通過的書刊扣留，你如根據事實呈請中央糾正，他們復你一個『等候查明辦理』，便可一了百了，永遠不『查，』永遠不『明，』你拿他們怎樣（『心心相應，』原來就用不着查明，只是搪塞而已。）關於掛號郵包，郵局向例有通知說明被某處郵局內的檢查員扣留，我們函請示明什麽機關的檢查員，以便向有關機關交涉，他們的回信說檢查員的來源甚多，且郵局受囑不許說明，故無從答覆，合併聲明云云。這不是更妙的文化封鎖辦法嗎？

第三，密令各地學校乃至黨老爺控制得利害的其他機關，禁止閱看『生活』出版的已被審查通過的書刊。這種『密令』有由中央黨部發出，有由各地黨部發出，有由教育部發出，我們的廣大的熱心讀者廣布在各方面，他們往往把這樣的『密令』鈔寄給我們，有的就把原件寄給我們看。上述機關的『密令』不止發出一次，大概視為一種『常課』，像發瘧疾，每隔幾時發作一次，我們每隔幾時也承蒙熱心讀者抄示一次。有一次接到熱心讀者寄示的是教育部『密令』各省教育廳轉飭各學校禁止學生閱讀全民抗戰，說該刊是宣傳共產主義的刊物！其實全民抗戰每期都經過重慶市圖書雜誌審查委員會審查通過的，領有審查證清清楚楚地印在刊上，圖書雜誌審查會是在中央黨部領導下的，教育部不是在打中央黨部的嘴巴嗎？其實你在全民抗戰中找不到『共產主義』這四個字，那裏宣傳過什麼共產主義？該刊廣布海內外的讀者可作證人。但是黨老爺寫在『密令』上，以為我們看不見，所以儘可昧着良心含血噴人。其實全民抗戰果有違法之處，儘管明令禁止，何必偷偷摸摸幹嗎？每期都經過審查會的審查通過，這是全民抗戰絕對沒有違法的鐵證，所以摧殘者不得不『密』它一下。（我在教育部中熟友不少，曾拜託調查，才知道是由部長的機要祕書秘密發出，真可謂之『密』之又『密』的了！）

他們在這樣偷偷摸摸地『密』一下，還不夠，各地憲兵看見有人看全民抗戰，竟公開干涉，說這個刊物看不得！有一位文藝作家在成都車站拿着一份全民抗戰看，就為憲兵干涉，他深為詫異，一到重慶就把這件事見告。其他讀者舉以相告的亦不少。一面予以合法的審查通過，一面無孔不入地暗中摧殘，未免太不光明罷！不過我們不勝抱歉之至者，即在如此無法無天的情況下，全民抗戰在內地的週刊中銷數仍居第一位。

但是黨老爺大權在手，用『海陸空』全力（海運陸運乃至航寄書刊紙版都受到搗亂）實行文化封鎖，對於『區區』的『阿斗』當然能給與嚴重的打擊，所以在暫停封店捕人半年中，『生活』這一個文化堡壘仍在極艱苦的環境中掙扎着。

# 七二 今年二月後

自民國廿九年七月至三十年一月止，爲『文化封鎖』時期，大概情形，昨天已略有報告，『生活』雖因此在物質上受到嚴重的打擊，但因爲『生活』有着十六年來長期得到的廣大的熱心讀者之愛護支持，同時國民黨中的賢明的份子也有不少暗中給與深切的同情和間接的愛護支持，故『密令』雖多，封鎖雖酷，『漏網』仍不無可能。而在『生活』內部，由於十六年來長期中所建立的傳統的苦幹精神和民主紀律，在極艱苦的環境中尙能共患難，同甘苦，雖在物價高漲而薪水却須大打折扣的苦況下，仍能埋頭苦幹，毫無怨言。由於這種種因素，『文化封鎖』時期，雖爲『生活』非常艱苦的時期，但是在全體同事努力奮鬥之下，這個文化堡壘仍能勉强維持生存，繼續它的文化事業，一息尙存，不敢懈怠。

今年一月間皖南事變發生後，全國震驚，政府認爲是軍令軍紀問題，我以爲此事與軍事有關，固無疑問，但同時除軍事的意義之外，顯然還含有政治的意義，我們要解決實際問題，必須面對事實，然後才能得到眞正的合理的解決。這雖是我根據事實和運用理智所下的判斷，但因爲當時陪都言論封鎖得利害，我對此點也就沈默下來，沒有發表過什麼意見。這至少表示我沒有使『生活』出版的刊物捲入當前任何政治或黨派問題論爭的漩渦中，讓它在勉維生存的情況下繼續進行它的通常的文化工作。但是當局在表面上雖强調只是軍令軍紀的問題，而在事實上的發展却對於進步的發達的文化事業作更進一步的摧殘，於是本已停止的封店捕人的作風又死灰復燃。從今年二月八日起至二十一日止，不到半個月，又無故將成都昆明二分店先後查封，桂林分店被勒令限期停業，貴陽分店則在遭封後，並將全體員工拘捕（連練習生、茶房、廚子都一同請君入甕）家具現金搬運一空，形同搶劫！同時在二月下旬，我們聽到熱心友人從重慶衛戍司令部內部得到消息，知道他們已接到封閉重慶『生活』的『密令，』惟應該採用怎樣的具體步驟，由該機關斟酌處理。

這是『生活』被摧殘的第二個時期。第一個時期有一年零三個月，第二個時期只是短短半個月，這一部分是因爲剩下的『生活』分店已是寥寥，一部分也因爲進行得更爲迅速。在第一個時期還找一些掩飾的辦法，如拿出若干已審查通過的書去『複審』或備好呈文派人叫各公團蓋印等等，在第二個時期便乾脆得多，由黨部所控制的各地審查會會同三民主義青年團，帶同幾個憲兵或警察把『區區幾個商店封閉就算』了事。

在這幾幕悲喜劇裏，貴陽演得最毒辣，但演的是『獨幕劇，』於二月二十日深夜二時，由當地審查會帶幾個憲警，封店、捕人、搬運所有生財存貨及銀錢，幹得一乾二淨，辦事效率極高，很有『閃擊戰』的優點！

但是演得最熱鬧和繁複的要推桂林。本年二月十日，桂林當局接到『中央』查封『生活』桂林分店的命令（三民主義青年團中央團部及中央黨部宣傳部的命令，）即約桂林『生活』的負責人（經理）談話，限令於三日內辦理結束。至十二日晚七時多點鐘，桂林分店門市部正當顧客十分擁擠的時候，忽有一個穿軍服及二個穿便服的，不聲不響地私將數十本並非禁書的純文藝的書籍拿着就走，當時門市部職員認爲這無疑是在偷書，即挺身而出，和他們交涉，他們三人才出示名片二張，上書『軍委會少校諜務員』及『桂林警備司令部特務連長』但是既非禁書當然不得任意帶走，職員再三解釋，吃了幾個耳光，終被自由拿去。事隔半小時，該連長與警備司令部官長多人又重臨門市部，進門即大聲辱罵本店營業旺盛的景況爲『毫無秩序，』並喝令顧客不准將所買的書帶走。一會兒又對所有顧客職員的及門市部的情形，分別攝取照相，並迫令讀者簽名及寫明職業住址後方准陸續離去。隨後又擁進警察四名，憲兵六名，以及省黨部人員三名，將本店職員四人拘去押在警備司令部店內留住警察二人及憲兵一人。被拘押的職員四人於當晚十二時釋放（因爲廣西尙有賢明的軍政長官大概發現演得太不像話，從中阻止，所以這幕戲有這樣的曲折。）事後發現會計課貯藏現鈔的抽屜鎖被毀，現款六百元及各項單據已不翼而飛，收發課短少郵票百餘元，同人消費合作社所有的肥皂、襪子、牙膏，以及所有的日用品及私人信件，亦都取去。經交涉後，信件『承蒙』發還。大概也是由於賢明的軍政長官的糾正罷，司令部某君不敢將上述的照片向上報銷，特與桂林『生活』的負責人情商，說這幾張照片『生活』取回可留作紀念，照相費五十元還是由『生活』出罷這位負責人是一個好好先生，爲『息事寧人』計，照相費照付，把『紀念的』幾張照片留了下來。總的結果，『區區』的這家『商店』當然還是被勒令停業了。

關於重慶『生活』，確息未實現，聽說陪都爲觀瞻所繫，寇里來後，又要開國民參政會，有人建議等國民參政會開後再說。在我離渝之後，蔣委員長對『生活』頗關懷，更下手令有所囑喻（這是出於蔣委員長的好意，詳情見後文。）所以至今尙在苟延殘喘中。

## 七三　最後的商談

自今年二月八日起，不到半個月，『生活』分店又接連着被摧殘了四個，這是『生活』被摧殘的第二個時期。到了這個時候，所剩下的只是重慶衞戍司令部已接到『密令』相機封閉的一個重慶分店，和黨部的××所不及的海外的一個，經十六年的慘淡經營備嘗艱苦所培成的五十五個分支店，可謂被摧殘殆盡，『不合併即須全部消滅』的『政策』在忍心害理無視法律，不知羞恥，摧殘文化事業的文化×××方面，可以算躊躇滿志了。

人究竟應該是有若干人性的動物罷，這種忍心害理，無視法律，不知羞恥的行爲，我在整個事實完全過去之後，才完全相信應有若干人性的動物竟也有幹出這樣不要臉的勾當來，但是在二月初旬先後又將成都和昆明的二個分店無故封閉的時候，我仍沒有完全絕望，仍以爲也許有商談挽回的可能，我特往訪中宣部部長王世杰先生，他同時是國民參政會祕書長，原是熟人。我把黨部方面無理取鬧的事實告訴他，他說中宣部只管書報內容是否錯誤，至於書店不是中宣部所管的，封閉書店是軍警的事情，更是中宣部所管不到，他冷着面孔推得一乾二淨。其實我們得到的確息，摧殘『生活』的勾當全是由中央黨部密令幹的，我後來到桂林後，就地親自切實調查，即桂林的軍政長官亦不諱言，王先生身爲負責部長，竟當面推得這樣乾淨，並極力表示中宣部絕無此種命令發出，而且也絕無此意。大概是黨部內定的整個『政策，』他也無可如何。我所注意的是國民黨黨部領導文化事業的整個態度，對於個人原不願有所苛責。

我聽說王先生的事務很忙，中宣部的事情多由副部長潘公展先生主持其事，在訪問王部長不得要領之後，幾次訪問潘副部長都沒有遇到，却見到了中宣部祕書主任許孝炎先生二次。許先生也是國民參政員，所以也是熟友，承他很客氣地接談。他的口氣和王先生口氣差不多，也是首先替中宣部推得乾乾淨淨，說封閉是軍警幹的，與中央黨部無涉，接着也說中央黨部絕無此種命令發出，而且也絕無此意，部長和祕書主任說得這樣不謀而合，事後想來，使我感到他們大概是經過『集體』商量决定的應付辦法。我當時眞太傻，還和他辯論說軍警和中央黨部儘管是不同的機關，但政府是整個的，國民黨是整個的，出版事業既在中宣部管轄之下，應該負起責任，不該如此推諉。他對此點雖表示同情，但仍說這不是中宣部一個機關的事情！結果是摸不着一個負責的機關！實際上我們明明知道『密令』是中宣部發出的，他們矢口不承認，推得乾乾淨淨，你奈他何！

許先生究竟是熟友，承他一面表示對於此事完全不知道，一面從袋子裏抽出袖珍筆記簿子，把我們所說的成都昆明的何日被封的事實寫了一些下來，自告奮勇地說要替我去查一查。

後來桂林貴陽二處分店相繼被摧殘，我第二次再去訪問許先生（同時訪問潘先生，他又不在，）一則問問他查到了什麼，二則再探探他有無最後商談挽回的餘地。他說去查了，還沒有得覆。我說幾處『生活』分店的被摧殘，爲事尙小，値得考慮的是黨部領導文化事業的整個態度問題。我問黨部是否已經內定，凡不是黨部或黨員所辦的文化事業機關統統非關閉不可。他否認。我說那末民間所辦的文化事業機關，既然『服從法令接受糾正』，在原則上接受黨部的領導，爲什麼還不許存在？他沒有什怎理由可以答覆這個問句，只說黨裏有

些同志不了解『生活』，並承他稱贊我所著的事業管理與職業修養一書，說那裏面所提及的『生活』的內部管理法極好，他已決定叫某些黨辦的機關採用。我一面謝謝他的好意，一面說既然如此，『生活』更無可疑，可否設法保全？他答應俟與王|潘|諸先生商談辦法後，再行通知，但是這通知就永遠沒有來，我知道最後的商談是毫無希望的了。

# 七四　第二屆國民參政會的前夜

第二屆國民參政會第一次大會定於本年三月一日起在重慶舉行。國民參政會的效果和它的職權很有關係，所以大家對於第二屆國民參政會的職權頗為注意。第二屆的職權，於原有的聽取權（聽取政府施政報告、）詢問權、和建議權之外，加了所謂調查權而且還只能調查政府交與調查的事情。其實在第一屆國民參政會中，如川康視察團之類，就已做過調查的工作。因此，關於職權方面可以說是加而不加。人數雖由二百名加到二百四十名，但是『陪客』的成份較前增加得多，『來賓』的力量當然愈縮愈小。嘗過第一屆參政員滋味的『來賓』們，鑒於已往的重要決議多是決而不行，或至多僅在『等因奉此』中兜圈兒，加上新的客觀條件只有比舊的更差，所以都看得很淡，鼓不起勁兒。據羅隆基先生於將開會前由昆明到渝後的報告，在昆明的幾位教授參政員也多感覺到僅僅粉飾場面，實在沒有意思，簡直懶得再來到會。但是一般的情緒雖不免這樣的低落，大家為顧全『團結』的『形式』，計在二月二十日前後『來賓』們乃陸續到渝，在野各抗日黨派的『來賓』們有多次的聚會傾談，我每次都參加。大家都深深地感覺到政治的『逆流』的可憂，公決在開會前即有聯名寫一封信給蔣委員長的必要，內容是對於鞏固團結及改善政治在具體辦法方面有所建議。經大家多次的商討，於二月廿四日下午作最後的決定，參加簽名者十六人，除國共二黨的『來賓』不在內外，其他在野的各抗日黨派的『來賓』都在內，記者亦簽了名（當時中共的『來賓』已決定不出席，故未參加；國民黨方面雖有幾位富正義感的前輩參加，但在實際上不是代表『陪客。』）

我在這幾天的心境是苦痛得利害，一方面國民參政會就要開會，我正追隨着各位前輩努力於支持『團結』的『形式，』參加應該主持正義的所謂過渡的『民意機關，』一方面却眼巴巴地望着碩果僅存的幾個『生活』分店被暴風雨似地摧殘着，不但違法背理大封其店，而且違法背理大捕其人！『團結』作何解釋？『正義』作何解釋？『民意』又作何解釋？有人說你何妨把這件違法背理的事情，在『民意機關』裏力求伸訴，但是諸君如不健忘我在以前所報告的參政會中的提案在實際上的效力等於零，便知道這個好意的建議是在開着玩笑！

我一方面仍打算出席第二屆國民參政會，連着幾天追隨諸前輩共商大計，一方面忙着請求中央黨部予以最後商談的機會，勿欺凌太甚，勿逼迫太甚。但是我儘管再三聲明『服從法令，接受糾正』的原則，他們却一味敷衍，一味搪塞，毫無誠意，既不能指出我們違背法令之處何在，也不能指出我們應受糾正之處何在，只是一面發出密令作酷烈的摧殘，一面滿口推諉責任，說他們一點不知道，充滿正義感的黃任之先生曾親自詢問過潘公展先生，潘先生仍再三聲明中央黨部絕無封閉『生活』分店之意，完全出於地方上的誤會，誤會消除，即可無事！黃先生欣然相告，反而覺得我是在庸人自擾似的！

但是書店一個個又被封閉是事實，忠誠於文化事業的青年幹部一個個又鋃鐺入獄也是事實，我又怎能昧着良心，裝作癡聾呢？我那幾天眞是忍耐又忍耐，萬分的忍耐着。我有一二天實在覺得忍耐不住，我想×××××××××中，粉飾場面實在是莫大的罪惡！我向重慶衞戍司令部的稽查處塡寫表格，請求准許購飛機票（這是在陪都購飛機票必經的手續）以繼母在港有病爲辭。事後沈老先生勸我還是等到參政會開完了會再說，我又强把出走的意念抑制了下去。我的妻有着穩健的性格，不贊成我在開會前出走，也極力勸我不要過於氣憤，我也接受了她的好意。我再忍耐又忍耐，千萬分的耐着。

但是暴風雨似的摧殘來勢越來越兇！貴陽『生活』分店在二月二十日深夜即被封閉，而且全體職工無故被捕，而因爲郵電均被封鎖，直至二月二十三日接到貴陽的熱心讀者出於義憤的自動的告急信，才知道此事的殘酷經過。被迫到這樣的田地，我傷心慘目想到爲抗戰文化而艱苦奮鬥的青年幹部遭受到這樣寃抑慘遇而無法援救，任何稍稍有心肝的人，沒有還能抑制其憤怒的。我憤怒得目瞪口呆，眠食俱廢！我不自禁地又想到在這種地獄似的悽慘環境中再粉飾場面實在是莫大的罪惡！我的穩健的妻看到這種情形，她也知道再留不住我，沈老先生看到這種情形，也知道再留不住我了。

這是二月二十三日的情形，我直至二十三日傍晚才決定辭去國民參政員，不能參加這次的會議。

我的動機絕對不是出於什麼洩憤的觀念。我十分痛心於違法背理的現象，願以光明磊落的辭職行動，喚起國人對於政治改革的深刻注意與推進。就這一點說，我的辭職和出走，不是消極而仍是積極的。

# 七五　臨行的一封信

第二屆國民參政會定於今年三月一日開幕，國民參政員須於二月二十四日報到。我於二月二十三日傍晚決定辭去國民參政員，飛機票既不可能，決定乘商車行，為便於出走起見，二月二十四日仍到國民參政會報到，領到一大張冠冕堂皇由國府主席及各院院長署名蓋章的聘請狀，領到一個新製的參政員徽章，抽籤抽着了第二十號的議席，還被一位拿好一架大照相機的中央通訊社特派的攝影員堅邀着拍了一張半身照片，他拍後還很客氣地追問一句：『鄒參政員最近到不到別的地方去？』在他也許是無意中問起，也許是知道了我曾經向重慶衛戍司令部稽查處要求購飛機票，我聽了只有笑着對他搖頭。

我踏出了國民參政會的大門，怱怱回到家中，已經中午，怱怱吃過午飯，又怱怱出去參加在野各抗日黨派的會議，因為那天下午要共同最後決定聯名寫給蔣委員長的那封重要信。商量定後，依年齡長幼簽名，擁有長鬍子的大概都簽在前面，我也參加了簽名。簽後當日送出，我回家時已經萬家燈火了。

第二日一早有車在南岸出發，我須於當夜（廿四日）四點鐘過江趕往南岸，故這一天可說是忙得不可開交。我於會議完畢回家後，即料理行前應該辦的一些事情，我擬就了一個辭去國民參政員的電稿（已見前文，）並寫了一封信留致在野各抗日黨派的領袖們，內容如下：

『衡山先生並轉任之問漁鬻秋君勵努生舜生幼椿伯鈞漱溟表方士觀慧僧申府諸先生惠鑒：韜奮

追隨諸先生之後，曾於二三年來在國民參政會中勉竭駑鈍，原冀對於民主政治有所推進，俾於國家民族有所貢獻，但二三年來之實際經驗，深覺提議等於廢紙，會議徒具形式，精神上時感深刻之痛苦，但以顧全大局，希望有徐圖挽救之機會，故未忍遽爾言去耳。惟就韜奮參加工作之生活書店言，自前年三四月後所受之無理壓迫，實已至忍無可忍之地步。本會上屆第一次大會通過公佈之抗戰建國綱領，明載在抗建期間，於不違反三民主義最高原則及法令範圍內，對於言論出版集會結社自由，當予合法之充分保障。此種最低限度之民權，必須在實際上得到合法保障，始有推進政治之可言。生活書店努力抗戰建國文化，現在所出雜誌八種及書籍千餘種，均經政府機關審查通過，毫無違法行爲。乃最近又於二月八日至廿一日，不及半個月，成都桂林昆明貴陽等處分店，均無故被封，或勒令停業，十六年之慘淡經營，五十餘處分店，至此已全部被毀。貴陽不僅封店，全體同事均無辜被捕。雖屢向中央及地方有關之黨政各機關請求糾正，毫無結果。一部份文化事業被違法摧殘之事小，民權毫無保障之事大。在此種慘酷壓迫之情況下，法治無存，是非不論，韜奮苟猶列身議席，無異自侮。即在會外欲勉守文化崗位，有所努力，亦爲事實所不許。故決計遠離，暫以盡心於譯著自藏愚拙。臨行匆促，未能盡所欲言。最後所願奉告者，韜奮當仍以國民一份子資格擁護抗戰國策，爲民族自由解放而努力奮鬥。苟有以造謠毀謗相誣者，敬懇諸先生根據事實，代爲辯正，而免於政治壓迫之餘，復遭莫須有之冤抑。忝在愛末，用敢披瀝上陳，諸希鑒察爲幸。諸先生爲前輩先進，對國家民族尤具無上熱誠，必能爲全國同胞積極謀福利，再接再厲也。臨穎悵惘，無任神馳，敬頌公安！

鄒韜奮倚裝敬啓　　三十，二，廿五晚。』

我把這封信忽忽寫完之後，於當晚十點鐘往訪黃任之先生，和他告別，並說明我不得不走的理由。回家後已一點鐘．忽忽略睡一二小時，四點鐘即動身。

蔣委員長於三月四日知道我已離渝，囑王世杰祕書長用主席團名義，電桂林挽留，聽說該電五日下午到桂林，我於當日下午二點鐘由桂林起飛，相距大概一二小時（該電原文我至今未見到。）我當然感謝領袖的好意，但我個人進退的事小，而政治作風的改革事大，後一點尤其值得政府的考慮。聽說還承蒙領袖下過手令，說生活書店對國家有貢獻，叫黨部把它恢復起來。（這是確息，但手令原文我亦未見到。）這手令發下之後，至今被擱置，原因未詳，但重慶的「生活」分店至今尙得苟延殘喘，附近陪都的成都「生活」分店門上的封條被黨部會同警察扯下，（但店在實際上仍被封閉着，不許開門營業！）也許還是間接受到領袖的這個手令之賜。

最近有朋友自陪都來，據說在重慶平日被派着監視我的二三位「特務，」因事前未能發覺我已離渝，被拘押起來，至今未被釋放，這却是使我感到非常抱歉的一件事，其實怪不得他們，我在陪都時平日光明磊落，事事公開，既無「暴動」陰謀，又無任何其他祕密行動，他們覺得監無可監，視無可視，所以不免鬆懈了下來。就是我的出走也是被逼到最後，至二月廿三日傍晚才決定（廿四日深夜四點鐘就動身，）事出倉卒，我自己也是臨時才知道，實在不能怪這幾位「特務」仁兄未能事前發覺。所以關於這件事，他們是和我同樣受到無妄之災的！我希望這幾位「特務」仁兄早獲自由，重見天日，不過同時希望他們出來之後，把工作改換方向，用來對付敵僞，××××××××××！不勝馨香禱祝之至！

## 七六　關於態度和主張的補充說明

這是抗戰以來這一連載長文最後的一篇。我在這一連載長文裏面，根據我四年來參加實際政治活動所得的經驗和觀察，指出這四年來抗戰過程中的優點和缺憾，希望由此喚起全國同胞的注意，共同努力於發揚優點而補救缺點，達到政治改革的目的，以作解决抗戰期間各種困難問題的先决條件，以加速抗戰最後勝利的到來。

這是公開發表的文章，指出優點，固無問題，指出缺憾，似乎有些人感覺到是否要被敵僞利用，其實這一點是不足慮的，因爲我對於有關國防及外交祕密的問題，並沒有提出公開討論。所提出的只是關於政治上的某些缺憾，這在各民主國家是可以允許的。缺憾指出之後，能加以改善，正可以加强國力，加速抗戰最後勝利的到來，何所懼於敵僞？諱疾忌醫，養癰貽患，正是於敵僞有利，於中國何益？試舉一二例子以資參證：正在與德國激戰中的英國，當內政部長安德生對於防空洞的建築與管理太壞的時候，英國輿論界不但加以嚴厲的公開批評，甚至加以嚴厲的公開抨擊，後來英政府鑒於輿論沸騰，毅然改換內政部長，防空洞的建築和管理得到空前的進步，一般人民因此得到安全的保障。試問他們的這種作風予德國的打擊大呢？還是諱疾忌醫，養癰貽患，造成如我國的大隧道的窒息慘案，給與敵人的打擊大呢？××××××××××，曾搜索蘇聯內部自我批評所表露的種種缺憾，印成專書，以表示蘇聯的弱點，但蘇聯却因公開自我批評而力謀改善與進步，終成世界上最强盛的一個國家，反蘇出版家能損害它的毫末嗎？在實際上，一切還是要看我們自己怎樣幹。其實對於政治的批評，正是民主政治下國民應有的權利和義務，這事的本身就是民主政治的一個重要因素。某些人慄慄懼怕關於政治的批評，正足以反證政治批評的效力。

有些人認爲你有所批評有所建議，儘可寫信給有關的政治當局，何必公開發表呢？我們承認少數人寫信在某種場合固有其可能的效用，我也曾屢次追隨參政會中諸前輩聯名寫信給蔣委員長，但同時却不能抹煞輿論的效用。例如美國國民寫信給總統，動輒數萬或數十萬人上書總統，但同時不見美國的無數報館或刊物就因此關門大吉，取消其輿論的動作。尤其是關於政治文化的運動，不是少數人寫信所能奏效，必須喚起輿論的力量，形成多數人所認爲必要的主張，然後由於羣策羣力，共同努力，才能達到政治改革的目的。

有些人認爲一切等到抗戰勝利以後再說。他們根本沒有認識中國抗戰是半殖民地的解放戰爭，是持久戰，爭取最後勝利是要靠着抗戰過程中的繼續不斷的新生力量，因此，政治改革——一切改革的核心——是與抗戰最後勝利有不可分離的密切關係。

關於本文的措辭，也許有人覺得太直率一些，甚至覺得太激烈一些。我自問所根據的都是確鑿的事實，我自問我的動機是要藉此推進政治的改革，是積極的而不是消極的，但是心直口快，生性戇直，確是我生平的缺點，我平日易得朋友的諒解者以此，我平日易於得罪朋友者也在此。我在本文中所最注意的是政治改革的推進，並無意於開罪任何個人，如有因爲敍述事實以示『象徵』筆鋒所及，不免開罪任何個人之處，那是不勝歉然的。

除了上面解釋的幾點外，關於我對於國事的態度和主張，已編入本書附錄。我最近曾與幾位朋友發表了一篇我們對於國事的態度和主張，那集體的態度和主張也包括着我個人的態度和主張，在此用不着再有所複述，所以我在這裏祇想略加補充的說明而已。

第一點要補充說明的是我對於執政的國民黨責備特嚴則有之，但我並不反對整個的國民黨，我只是嚴厲批評國民黨中黑暗的一部分。我曾經在本文中屢次提起國民黨中有着賢明的份子，所以我在本文中所指摘的『黨老爺』，顯然不是指整個國民黨的全體黨員，而只是指國民黨中一部分的『吃教騙子』。（這個名詞是黨報自我批評時用過的，我對這種坦白的自我批評，願表示欽佩之意。）我對國民黨中『吃教騙子』所表現的違法背理的作風，曾加以毫不客氣的揭露，正是重視國民黨，正是希望國民黨改善與進步，因為我深信國民黨的改善與進步，對於中國政治的改善與進步，有着很大的影響。

第二點要補充說明的是我為着中國政治的改革，對於政府和領袖存着忠言直諫的態度則有之，但我並不反對領導抗戰的政府和領袖（即有些人所謂推翻政治中心）。我的這種態度，本文即是證明。我只是強調政治改革的必要，並沒有說過一句用非法手段來推翻政府或推翻領袖的話。誠然，我曾經反對以奴才的態度擁護領袖（見領袖與工具一篇），也許要引起某些人的不快，但是我始終認為這種反對是正確的，而且我深信國民黨的賢明份子也必有同感。

第三點要補充說明的是我對於抗日各黨派都一律敬重（國民黨中的賢明份子當然也包括在內。）這理由很簡單，因為我深信『中國的抗戰建國是要由全國各階層共同努力達到成功的，不是任何一個階級所能包辦的，政黨既是爲着其所代表的階層努力奮鬥（爭取民族自由及建立眞正的共和國家這在各階層是共同利益，）所以中國的民主政治當然是出於多黨的方式而不是出於任何一黨的專政。』（見拙著我對於民主政治的信念一文）我在國民參政會中曾有機會與在野各抗日黨派的領袖們多所接觸，我深深敬重他們公忠爲國比之各民主國的賢明政治家有過之無不及。我深信各抗日黨派的精誠團結，攜手奮鬥，對於中國政治的前途，必有偉大的貢獻。

第四點我要補充說明的，是我對於國家民族的光明前途，對於抗戰必勝建國必成的光明前途，有着堅强的信念，雖則我同時並不諱言，在我們共同努力奮鬥的過程中，我們有許多困難須要克服，有不少危機須要警覺。我的這種堅强的信念並不是幻想而是有其事實上的根據，如我在這連載長文中所指出的『震動寰宇的民族戰士』『自動奮發的千萬青年』『淪陷區同胞的艱苦奮鬥』『熱烈愛國的僑胞』抗日各黨派對於民主政治運動的再接再厲等等，都是事實上的根據。

關於政治改革的具體主張，除請參看我們對於國事的態度和主張一文外，拙著我對於民主政治的信念（原刊於世界知識第十二卷第四期）及張友漁先生所著我們需要怎樣的民主政治（原刊於大衆生活新四號，）都可供參考，特一併編入於附錄內。

我在前面已經說過，這是抗戰以來這一連載長文最後的一篇。我這一長文引起了許多朋友深切的關懷和善意的批評，在這裏結束的時候，我要竭誠表示誠懇的謝意，并祝讀者諸友健康，爲國努力！

# 附錄

## 我們對於國事的態度和主張

我全民族英勇抗戰已近四年，賴前線數百萬民族戰士及全國同胞的艱苦奮鬥，已經奠定了最後勝利的基礎。然而敵寇漢奸，民族敗類，正出其全力作最後的掙扎，以圖挽救他們潰敗的命運。所以勝利雖已在望，但是毋庸諱言抗戰已進入更艱苦的階段，面臨着更嚴重的危機。

日本帝國主義者近正集中全力，以求結束『中國事變』而遂其鞏固亞洲大陸根據地，解除南進絆腳石的迷夢，並進而實行參加再分割世界的第二次大戰，這表現在軍事方面的特徵是：各戰場配合發動攻勢，加緊『掃蕩』，找尋我主力，企圖給予致命的打擊，動搖我全國軍民的抗戰意志。這表現在政治方面的特徵是：一方面表示積極扶植傀儡政權，誘致妥協份子及失敗主義者，加速投降的步伐；另一方面則散佈各種煙幕，採取一切手段，促成中國內部的分裂。這表現在外交方面的特徵是以蘇日中立協定爲煙幕，企圖勾結我民族敗類，煽起反蘇空氣，而破壞抗戰以來中蘇間的親切友誼，以暫緩南進爲香餌，企圖離間英美在遠東的平行行動，而改變其援華政策。這表現在經濟方面的特徵是：擴大封鎖，流竄掠奪，瘋狂轟炸，企圖由此遮斷我國際輸給線，耗竭我物資，並窒息我工業生產機能，從而使我經濟無法支持。日本帝國主義者這些陰謀和策動，自將多少增加我抗戰的困難，實不容忽視的。

然而今天祖國抗戰所遭逢的危機，不僅在於日本帝國主義者要集中全力以結束『中國事變』而尤在於國內根本的政治問題始終未曾獲得合理的澈底解決。四年來的事實昭示我們，要爭取抗戰最後勝利，必須團結和動員全民族的力量，而要團結和動員全民族的力量，主要的條件是實現民主政治。這是全國人民和各抗日黨派一致的要求，不幸這一要求顯然並未獲得積極的反應。由於政治的不進步，民族統一戰線祇具形式，沒有內容，不僅未能逐漸鞏固，反而每況愈下，糾紛時起，黨派磨擦事件層見疊出。由於政治的不進步，培養反攻的新生力量既受到極大的限制，而在若干抗日部隊間，復強分畛域，以致抗戰力量，蒙受牽制，甚至互相抵消。由於政治的不進步，戰時經濟政策無從確立，因而影響到戰費的籌措，影響到一般人民大衆的生活。總之，由於政治的不進步，一方面未能使全民族的每一分力量組織到抗戰中去，而予侵略者以最有效的打擊；另一方面則妥協份子及失敗主義者，隨着抗戰的更趨艱苦，而大施其破壞團結，挑撥內戰的伎倆，與日汪的陰謀遙相呼應。目前正是祖國抗戰能否迅速取得最後勝利，而且是能否繼續抗戰的重要關頭。

民族解放戰爭是一個偉大而又艱苦的事業。在抗戰過程中必然會不斷遭遇新的困難，產生新的危機，這是可以想像得到的。但抗戰必須獲得勝利，而且是一定能夠獲得勝利的，因爲祇要有決心，有熱情，有誠意，發揮全民力量，糾正種種缺陷，則困難必然可以克服，危機也必然可以解除。四年來，全國成千成萬的文化工作者都抱着這樣堅定的信念，各就自己的崗位，在前線，在敵後，在大後方，不顧任何艱難，不辭任何犧牲，爲祖國的自由與獨立而戰鬥。文化工作者，對於督促政治進步，宣揚抗戰國策，加強內部團結及激勵軍民抗戰情緒，曾盡其最大的努力，這也是不容湮沒的。

然而在這四年來曾不斷發生痛心的現象，至最近而愈烈。他們在工作上受到種種阻礙、嫉視、壓迫和摧殘，行動失去自由，生命遭遇危險。過去在南北各戰場艱苦工作，鼓勵士氣，團結軍民的政工隊，服務團，演劇隊，宣傳隊等，或被無故解散，或被勒令改組，或奉命停止活動，既不考覈功過，也不宣佈罪狀，服務於各學校機關各社團的公正人士與優秀青年，一舉一動都受『特務』的監視，根據片面的報告，就有名列『黑單』的危險，擁護團結，堅持抗戰，力爭進步的書店、報紙、雜誌、通訊社及其他文化團體，則封閉的封閉，封鎖的封鎖，甚至無故拘捕工作人員，囚繫經年累月，不經公開審訊。在蘭州西安洛陽綦江曲江等地，則竟有所謂『集中營』和『勞動營』，成爲傷害青年身心的修羅場，無數純潔的青年男女，因同情於進步光明，不滿於倒退腐化，即被認爲大逆不道。新四軍事件發生以後，政治上的逆流更有急轉直下之勢。即以中外觀瞻所繫的陪都重慶而言，就有許多無辜而告『失蹤』的青年，被送入『防空洞』，而且不僅智識青年的自由安全毫無保障，甚至年高望重爲中外人士所敬佩的經濟學家馬寅初先生，也因暴露發國難財者的罪惡，堅持『有錢出錢』的戰時經濟政策，而被『遣送前方考察經濟』，馬先生的下落迄今音訊杳然。其它可悲可駭的事情，仍不勝枚舉，但我們不忍盡言！我們所以不得不舉出上述幾點，無非要使吾同胞明白國內政治環境的一斑，而羣策羣力，共圖挽救。

我們都是手無寸鐵的文化工作者，在這樣的政治逆流之前，在這樣的倒退情形之下，向來在海外爲祖國抗戰文化而努力的，固已竭盡智力，貢其棉薄；而在於後方堅守自身崗位的，則對於最近的痛心現象，緘默於心不安，工作於勢不能，得已不忍痛出走，寄身海外，而耿耿此心，始終未忘爲祖國之光明而奮鬥。我們對於祖國抗戰的前途，一點也不消極，一點也不悲觀。因爲從四年來參加的實際工作中，我們深切瞭解全國軍民的進步，民族意識的覺醒，已使中國成爲不可征服的力量。只要能夠堅持抗戰，只要能夠切實執行抗戰建國綱領，只要能夠在政治上力求進步，以保障團結的鞏固，我們相信今天的局勢雖屬萬分危急，然而憑着中國民族得天獨厚的潛勢力與抗戰以來已有的進步，必然能夠渡過此最艱苦的階段。這是毫無疑義的。

今天令人痛心的另一現象，是國內的政治逆流，逐漸向海外僑胞中間擴大其影響。對於身居海外擁護抗戰的文化工作者，對於堅持團結抗戰，要求實現民主政治的忠貞愛國人士，或稱爲『異黨份子』，或竟誣爲『漢奸』與『第五縱隊』，混淆黑白，顚倒是非，企圖由此掩飾國內政治上的倒退黑暗現象，隱蔽抗戰危機的嚴重性，諱疾忌醫，杜塞進步之路，而對於潛藏在抗戰陣營中的汪逆殘餘，以及佩戴各種面具的主張妥協份子反熟視無覩，任其混跡市朝，危害國家。對於這種現象，各黨各派明達公正之士，固已屢上諍言，即文化界同人亦曾一再呼籲，冀蒙採納。然而效果未覩，逆流反熾，蒿目時艱，痛心已極，而又不敢自棄國民天職，所以不得不大聲疾呼，希望喚起輿論，督促政府，共謀匡救。

爲了克服當前的困難，爲了保證抗戰勝利，我們提出下列幾項原則，作爲我們對於改革政治的最低限度的主張：

第一，堅持抗戰國策，求其更須澈底。抗戰雖已四年，國土淪喪已五分之二，將士人民捐軀死難的不可勝數，然而和平傳說，妥協空氣，有如定期的瘧疾，年必數至。我們固深信政府抗戰之決心，然而我們亦不得不忍痛以告同胞，迄今抗戰陣營中尙潛伏若干妥協主和份子，道路指目，當非空穴來風。故要澈底堅持抗戰，必須肅清此等份子，而示天下以大信。

第二團結須更具誠意。今日口頭上無人敢言分裂，無人不籲求團結，然而事實昭示我們，欲求團結之鞏固，必先除去阻礙團結的障礙。舉其原則言之，一爲必須取締一切助長分裂的宣傳與行動，二爲遵循民主方式開誠布公，以謀抗日各黨各派間的精誠團結。

第三民主政治須即實施。儘速成立戰時眞正民意機關，集全國優秀人才，共主國家大計。『選賢與能，天下爲公。』黨員包辦及用人先問其是否黨員的作風，必須迅加糾正。關於人民基本民主權利的言論出版集會結社自由，應予以切實充分的保障。

第四，確定獨立自主的外交原則。一國的外交，須以民族利益爲絕對的前提，不應追隨人後，供作尾巴。我國今當全民抗戰之時，固當爭取一切外援，以增强我抗戰的實力，但是對於助我獨多的國家，更當力謀增進彼此間的友善關係。最近一般別有用心之徒，抓住蘇日中立協定而以各種方式煽動反蘇宣傳，其處心積慮，正要使我與援我最力的蘇聯關係疏遠而遂敵人的狡謀。是故確定獨立自主外交原則，在今日已爲迫切之舉。

第五，嚴懲貪污整飭官常。貪污橫行，官常敗壞，在今日已爲公開的祕密。民怨沸騰，半由於此。今大多數的小民，不得一飽，而發國難財者多則十餘萬萬，少亦數十萬，道路指目，人心離棄。過去政府雖有所懲治，然僅竊鈎者誅耳，神姦巨猾，未損毫末。今宜昭示大公，嚴懲著名貪污份子，沒收其財產，以裕抗戰軍費。

第六，對改善民生，宜迅作有效的處置。戰時社會經濟，應以國防需要及軍民生活爲前提，應切實執行有錢出錢的原則，防止惡性通貨膨脹，澈底實行平抑物價安定民生，絕對制止私人壟斷囤積居奇，權貴巨宦有恃無恐，尤須嚴懲，以平民憤。

第七，解除抗戰文化的壓迫與封鎖。應即啓封無故被封的書店、報館、通訊社等文化團體，解放無故被捕的工作人員，廢除摧殘青年的集中營，使數萬有爲青年重新擔任抗戰工作。取消教育特務化的惡劣辦法，以保障講學研究之自由，保全青年之純潔人格。

第八，特務工作必須改變方向。特務工作應用以對付敵僞，不能用以統治人民。人權應受法律的保障，人民如有犯罪，應依法審判，不能以特務機關代替法庭，而開宵小假公濟私作惡之門。

第九，應切實保障僑胞回國投資及回國參加抗建工作的安全，保證僑胞捐款的合理運用，制止達官貴人在海外豪奢之生活，以慰節衣縮食踴躍輸將的愛國僑胞。

以上諸端，我們認爲當務之急，由之則全國團結必能加强，軍心民心，必能鞏固，抗戰必得最後勝利。國事至此，萬不能再事因循，深望領導抗戰之領袖與政府，以大勇大公之心，毅然決然當機立斷。但使政治進步有望，則我們不但對目前之流離與誹謗，視爲無物，卽令粉身碎骨，亦甘之如飴，至對於陰謀出賣國家，破壞抗戰之惡勢力，則一息尚存，誓當與之奮鬥到底。我們無時不準備重返祖國，今雖身在海外，亦不願自安於明哲保身，願始終堅守文化崗位，追隨海內外同胞之後，力爭祖國之進步與光明！

韜奮　茅盾　金仲華

惲逸羣　長江　于毅天

沈志遠　沈茲九　韓幽桐

民國三十年五月二十九日

# 我對於民主政治的信念

韜奮

## 一　世界潮流與中國

『世界潮流的趨勢，好比長江黃河的流水一樣，水流的方向或者有許多曲折，向北流或向南流的，但是流到最後，一定是向東的，無論怎麼樣阻止不住的。所以世界的潮流由神權流到君權，由君權流到民權，便沒有方法可以抵抗。如果反抗潮流，就是有很大的力量像袁世凱，很蠻悍的軍閥像張勳，都是終歸失敗的。』

這是國父中山先生在民權主義演講中說過的一段似乎是常理而却是異常重要的話，尤其是在全中國人民迫切希望民主政治積極開展的今日。民主政治原是歷史的產物，在不同的歷史階段，各有其不同類型的民主政治。譬斷以前資本主義時代有着它的幾個類型的民主政治；帝國主義時代有着它的幾個類型的民主政治；在不同的歷史階段中，民主政治也都有着它的頑固反動的障礙物。例如在帝國主義時代，法西斯的摧殘民權，便是民主政治的最頑固反動的障礙物。但是世界政治史的總的發展，總是向着更高階段的民主政治方面邁進，儘管在前進的過程中可能有着某些黑暗時期，可能有着某些相當嚴重的打擊，掩蔽了某些人的理智，動搖了某些人的意志。歷史的鉅輪，在長期中總是向前推進的，硬開倒車的人終究是心勞日拙，徒勞無功！

去年六月間法國對德屈降之後，有某些人心血來潮，乘機大發揮其『民主政治無用論，』其實法國在準備對敵妥協的以前長時期中，已逐步接近法西斯化，後來到了緊要關頭，爲着鎮壓國內的革命危機，更不得不『竭力剷除或消滅議會制度和有產者羣民主政治的最後一些殘餘，因爲議會制度和有產者羣民主政治的最後一些殘餘，是能夠被勞動大衆利用去反對壓迫者的。』（一位著名的革命者語）到了現在，事實已非常明顯，法國的崩潰不是由於民主政治的無用，而是由於民主政治的不用；不是由於民主政治的向前發展，而是由於民主政治的加速沒落。即以尙在掙扎中的英帝國而論，他們的人民的呼籲和政治學者及輿論界的倡導，也認爲『在戰爭中，武器只不過聽命於策略，而策略則必須有一個偉大的觀念作爲出發點。民主政治的策略背後，其偉大的觀念莫過於決定利用戰爭中所產生的心情，去加深並擴大民主政治的領域。』（見去年十月二十日紐約時報所載英國拉斯基教授著英國政治改革與勝利的聯繫一文，並參證今春在英國舉行的盛極一時以擴大民主爲目標的全英人民會議。）至於美國，羅斯福總統口口聲聲喊着『援助民主國家，』口口聲聲主張要使美國成爲『民主國家的兵工廠，』已爲國人所熟聞；雖在主觀上的實際動機是另一問題，但在客觀上對於法西斯國家的打擊，則爲無可否認的事實。講到蘇聯，今日在實際上已達到全國人民共享的民主政治，對於反民主是絕對不會同情的，對於各國人民推進民主運動是要加以熱烈的同情與贊助，那更是不待言的了。

由於俄國十月社會主義革命的成功，爲民主政治運動劃一新時代，新型的民主固然是在擴展它的光明的前途（所謂新型的民主不僅指社會主義國家所已建立的全體人民共享的民主，並包括已成爲新的世界革命的一部份的廣泛民主政治運動，）即舊型的民主（指資本主義國家的民主，）由於各國人民繼續努力，要求『加深並擴大民主政治的領域』也要逐漸變化它的內容往更高的階段前進。

爭取民主或加强民主已成爲當前世界政治的中心問題。中國是世界的一環，當然不能自外於世界，在這『世界潮流』中除非自暴自棄情願加入『違抗潮流』『終歸失敗』的反動陣營中去也必然要『順乎世界潮流，非用民權不可。』（亦國父中山先生語）這是中國唯一的出路，『無論怎麼樣阻止不住的，』是全中國人民的實際需要所絕對不許『阻止的！』

我們要認清世界潮流與中國所處的地位！

## 二　實際的需要

國父中山先生在民權主義中曾一再指出：『要人民眞正有直接管理政府之權，』『要人民有充分的政權，可以直接去管理國事。』他又在同胞都要奉行三民主義演詞中說：『民權主義，就是要拿本國的政治弄成大家在政治上有一個平等地位，以民爲主，拿來治國家。』他又在民權主義演詞中說：『今日我們主張民權，是要把政權放在人民掌握之中……凡事都應該由人民作主的，所以現在的政治又可以叫做民主政治。』毫無疑問地，民主政治在國父遺敎中實佔着極重要的地位。

就國人所擁護的三民主義原則說，我們固然確信『中國非民主不可』（亦國父語，）即就中國在當前所亟待解決的幾個實際問題——有關整個國家民族的幾個實際問題——除了眞正實行民主政治外，也沒有其他基本解決的辦法。現在全國同胞所最須集中努力的是爭取抗戰的最後勝利，全國同胞所迫切希望的也是要保證抗戰最後勝利的必可得到，這是誰也不能否認的。在這個總的目標之下，國人所最關心而在實際上也是最主要的有三個大問題亟待得到完善的解決：第一是鞏固團結問題，第二是加强動員問題，第三是穩定經濟問題。而這三個問題的先決問題，是整個政治的改善問題，也就是民主政治是否眞能切實施行的問題。

試就第一個問題說，我們想到鞏固全國團結，一致對外，必然要連帶想到國內政治上各黨派團結的問題，尤其要連帶想到國共團結的問題，這種現實的重要問題，如得不到相當的解決，儘作空論是無補實際的。筆者因在過去二三年間曾參加國民參政會，在會內外與各黨派的領袖們（當然是指擁護抗戰國策的各黨派）多有接觸的機會，對於促進黨派團結這件事，也曾經追隨諸先輩竭其棉薄，深知他們一致認爲民主政治的推進，實爲黨派團結的基礎。關於國共問題，從一方面說是軍令軍政的統一問題；從另一方面說，也必須在整個政治加强民主化的情況下，軍令軍政才更能收到實際的功效。在第一屆國民參政會第四次大會中，各黨派及無黨派的參政員曾經針對這個問題，通過了這樣的一個要案：『（甲）治本辦法：一、請政府明令定期召開國民大會，製定憲法，實行憲政；二、請議長指定參政員若干，組織國民參政會憲政期成會，協助政府，促成憲政。（乙）治標辦法：一、請政府明令宣布全國人民除漢奸外在法律上其政治地位一律平等。二、爲應戰時需要，政府機構應加充實並改進，藉以集中全國各方人才，從事抗戰建國工作，爭取最後勝利。』關於治標的二點，因有關於最當前的政治，在實際上包括容納各黨派的賢智之士，共同參加具有實權實效的政治，故在議場上曾經過空前的熱烈辯論。這個決議案現在固然只是一張廢紙，但是鞏固團結和民主政治的實行有着不可分離的關係，這個原則却是略知中國政治內幕者所公認的。

其次就是第二個問題，自抗戰開始以來軍民的動員固有相當的成績，但在今日抗戰踏上更艱苦的階段，對反攻日人以盡全功，需要更廣大的動員。在民衆動員方面是否已盡量發揮其自動的精神盡量貢獻其組織上工作上的偉力？在役政方面是否已能切實貫澈政府所規定的辦法減少人民不必要的苦痛？這都是明瞭實際狀況者所認爲必須力加檢討，速謀進一步的改善的。而這些方面的改善，都不是僅由一紙政令所能奏效，必須通過民主政治的實施，動員人民的協助與監督的偉大力量，才能收到充分效果的。

再講到第三個問題，有人認爲中國抗戰了三四年，人民在生活上才感到物價增高，生計不易，這是中國地大物博，得天獨厚，所深可自慰的。但是目前的經濟問題却不因過去的聊可自慰而消滅！一方面上層份子的發國難財，窮奢極欲，揮金如土；另一方面薪水階級的入不敷出，往往盡一月薪俸所得，尚不足作全家買米之用，其他生活上必需費用，更無從說起。就人民生活方面說，這種現象已有不可久拖而必須設法補救的形勢。就國家戰時財政說，尤有通盤籌劃，積極改善的必要。其實據經濟專家所談，這都不是沒有辦法解決的問題，問題却在有了辦法之後，是否能夠切實執行，這便與政治的改善發生着連帶關係，也與民意對於政治的有效督察發生着連帶的關係了。經濟問題，分析到最後，還是政治問題！

## 三　問題的癥結所在

關於中國民主政治的推進，有二個基本認識非常重要·一個是中國民主政治的特點；還有一個是民主政治的實際執行。

當前世界上有資產階級在實際上專政的民主，有無產階級專政的民主，有資產階級專政的反民主（納粹與法西斯。）中國依實際的需要和國父遺敎的指示，都不該走上反民主的道路，這是無人可以否認的，所以隨着的結論是中國不該採用德義式的一黨專政制度。在另一方面，中國也不是無產階級專政的國家，這也是無可否認的事實，所以隨着的結論是中國也不能採用蘇聯式的一黨政治制度。中國的抗戰建國是要由全國各階層共同努力達到成功的，不是任何一個階級所能包辦的。政黨既是爲着其所代表的階層而努力奮鬥的，（在爭取民族自由及建立眞正的共和國家，這在各階層是共同的利益。）所以中國的民主政治當然是出於多黨的方式而不是出於任何一黨的專政，其爲多黨制，與資產階級在實際上專政的民主顯然也不是相同的。蔣委員長於去年十月間曾面告到渝視察的上海大美晚報主筆高爾德說，中國要採用的是多黨民主制（見去年十月十一日香港大公報專電，）這個卓識是完全根據中國的實際情形，是完全正確的。中國政治的光明前途，必然是建立於全國各階層共同參加努力的眞正全民的民主政治。

其次，所謂民主政治的實施，固然需要促成眞能反映民意保障民權的憲法和各級眞能反映民意保障民權的民意機關，但是尤其重要的，是要全國注意民權保障之眞實執行，否則將來即令有了完善的憲法和選出的民意機關，憲法也只是具文，民意機關也徒具形式罷了！明白了這一點，我們便須不僅注意未來的憲法與民意機關問題，同時必須注意當前的民權保障及政治改善的問題。例如民國二十五年公佈施行現在仍應有效的中華民國訓政時期約法第八條明明規定：『人民非依法律不得逮捕，拘禁，審問，處罰。』並載明：『人民因犯罪嫌疑被逮捕拘禁者其執行逮捕或拘禁之機關至遲應於二十四小時內移送審判機關審問本人或他人並得依法請求於二十四小時內提審。』第十四條明明規定：『人民有結社集會之自由非依法律不得停止或限制之。』第十五條明明規定：『人民有發表言論及刊行著作之自由，非依法律不得停止或限制之。』又例如第一屆國民參政會第一次會議通過經政府公布施行的抗戰建國綱領，第二十六條明明規定：『在抗戰期間，於不違反三民主義最高原則，及法令範圍內，對於言論出版集會結社，當與以合法之充分保障。』又例如上面曾經提及的第一屆國民參政會第四次會議通過的當前應即立刻實行的二點治標辦法。我們為推進民主政治，以加强抗戰力量，加速建國成功，首先必須嚴密注意政府在事實上的措施是否符合於這類的規定，我們必須根據國民的立場，用種種方法督促這類規定的實行。這是國民的權利，也是國民的責任。在政府方面，對於國民的這種督察的態度，不但不可發生反感而且應該誠懇容納，積極整頓。這樣政府與人民共同努力，最低限度的民權得到切實的保障，然後才有發揚民力改善政治之可言。

根據世界潮流，國父遺教及實際需要，中國必然是要走上民主政治的康莊大道，這是無可懷疑的。我們必須認清中國民主政治的特點與切實執行的重要，羣策羣力，促其實現。

民國三十三年三月二十七日。

# 我們需要怎樣的民主政治？

張友漁

在中國，目前，沒有人敢公然反對民主政治。因爲中國需要實現民主政治，不僅是廣大民衆所要求，而且爲友邦人士所期望。那些一向鼓吹法西主義，詆毀民主政治的人們在這樣的內外壓力之下，特別是友邦的壓力之下，也不得不把民主政治當做口頭禪了。

然而他們決不是翻然悔悟，眞正鄙棄專制主義而擁護民主政治。他們是要把民主政治的外衣掩蔽專制主義的醜相，即國父中山先生所曾指摘的『假民治之名而行專制之實』。他們說，中國已經實現民主政治，一黨專政就是民主政治，這是有組織的民主政治，是最新式的民主政治，是適合中國國情的民主政治，因此，民衆不必再要求什麼民主政治，而友邦也不必懷疑中國，不是民主國家了。

實際，『掛羊頭賣狗肉』的把戲，決不能騙人到底。生活在實際政治之下，受着實際的影響的廣大民衆是會淸淸楚楚地了解這是不是民主政治？中國不需要民主政治則已，旣需要民主政治，那就必須拿出貨眞價實的民主政治，不能拿民主其名，專制其實的贋品來混充。

那麼，我們需要怎樣的民主政治呢？原則上說，就是漢奸、親日派除外的全民政治。中國國民黨第一次全國代表大會宣言曾說：『近世各國所謂民權制度，往往爲資產階級所專有，適成爲壓迫平民之工具，若國民黨之民權主義則爲一般平民所有，非少數者所得而私也。』又說：『民國之民權，惟民國之國民乃能享之，必不輕授此權於反對民國之人，使得藉以破壞民國。詳言之，則凡眞正反對帝國主義之個人及團體，均得享有一切自由及權利；而凡賣國罔民以効忠於帝國主義及軍閥者，無論其爲團體或個人，皆不得享有此等權利。』這就是說，國民黨所要求的民主政治原是除『反對民國之人』外政權爲『一般平民所共有』的民主政治，在現在，就是漢奸、親日派除外的全民政治。它決不能是政權爲『少數者所得而私』的一黨派、一階級的專政，更不能個人的獨裁。具體說，即它不能是資產階級專政，也不能是無產階級專政；它不能是資產階級大地主聯合專政，也不能是工農民主專政；它不能是國民黨一黨專政，也不能是共產黨一黨專政，它應該是漢奸、親日派除外，包括一切階級，一切黨派的統一戰線的民主集中的抗日政權。

這種民主政治的具體內容是什麼？主要的，是第一，必須召集眞能代表全民的民意機關。這一機關不僅有選舉官吏之權，而且有罷免官吏及創制和複決法律之權。此外，一切有關國家大計和人民權利義務的重大問題，像變更領土、宣戰、媾和、大赦、戒嚴、締結條約以及預算、決算和發行內外公債，增加稅捐等一切財政案，都應該由這一機關作最後決定。現在的國民參政會只是政府的諮詢機關，不能算是民意機關，因而也就不能說有了國民參政會，便是實現了民主政治。

這樣的民意機關，它的產生，決不應該由政府指派，也不容許由少數人包辦，而必須實行無性別、種族、資產、信仰、教育程度、社會出身乃至居住年限等限制的普選制。國父中山先生是始終主張實行普選制的。他在同盟會的政綱中便已主張：『凡爲國民皆平等，皆有參政權。』所謂『皆有參政權，』非實行普選制怎能做到？十三年改組後中國國民黨政綱中更明白地提出：『實行普遍選舉制，廢除以資產爲標準之階級選舉。』如在經過多年訓政的今日，『全國軍民莫不擁護三民主義』而仍不肯實行普選制，這能說是忠於中山先生嗎？

有人會提出所謂『事實上的困難』作爲反對實行普選制的理由。他們說在抗戰期間，事實上，不能實行普選。我們不明白這有什麼根據。在大後方，不是要推行所謂新縣制嗎？當然實行普選制的困難是不存在了。在戰區乃至敵後，據我們所知，像河北山西山東江蘇安徽等地，都已部分地實現了民主政治，都已存在着經過普選而產生的民意機關和政權機構，爲什麼參加全國民意機關的代表獨不能經過普選制產生呢？這只不過是安坐在後方享受，不了解戰區實際情況的人們的錯誤的推測罷了。若說交通不便，則中央所派的黨政機關旣能深入敵後，民意機關的代表當然也不難來到中央了。成爲問題的，只是我們現在迫切需要一個代表全民的民意機關，而經過普選制產生這一機關爲時較緩，頗有遠水不救近渴之感。那我們主張在普選進行中，先採取如下的過渡辦法：即根據中山先生民國十三年關於國民會議的主張，由各政黨，各團體，各大學，各軍隊選舉代表，執行民意機關的職權，到經普選而產生的民意機關召集爲止。但應該注意的，是中山先生所謂『共同反對曹吳各軍，』顯然是指當時國民黨及奉浙各派的軍隊而不是指這些各黨派的軍隊內的各師各旅。因此，現在要各部隊選舉代表也只能以各黨派或不屬於黨派的地方軍隊爲單位，而不能像『國民大會代表選舉法』所規定的那樣以各軍隊內的師旅團營爲單位。又中山先生所謂各團體原無一定的限制，更無所謂合法不合法，只要『認定是很完全，便可參加會議。』在現在，則只要是抗日團體，而且眞有羣衆，便可參加這一機關。此外，中山先生沒有提到各民族的代表，似乎也應加以補充。如因這樣的機關也還不是立刻所能組織成功，而要猶一個更便於救急的藥方，則可由各抗日黨派各自推選一定額數的代表組織一種會議，暫時代行民意機關的職權。因爲黨派是階級的前衞，每一黨派都代表着某些階層的利益，故以黨派代表會議暫時代行民意機關的職權，雖不是完善制度，但總比在一黨操縱下的作爲政府諮詢機關的國民參政會要好得多。

第二，不僅要有民意機關，而且要由民意機關產生民主政府。在中山先生的遺教中，我們到處可以看到民意機關產生政府，監督政府，制馭政府的主張。政府要有能，人民必須有權。但是現在，政府是否有能？我們不願多說，而人民沒有權則是事實。經過多年訓政，早應還政於民的國民政府，依然在繼續把握着政權。它由國民黨產生，受國民黨控馭，人民只能接受它的訓導，服從它的命令，而不能直接對它的行動有所過問和干涉。這造成了政治上的重大弱點和嚴重危機。我們決不願詆毀政府，更無意抹煞政府的一切，但目前政治經濟上的不進步，已引起全國人民的不滿，而影響到抗戰的前途，卻是不可掩蔽的事實。只有由民意機關產生民主政府才能挽救這種危機。一黨專政的政治制度是必須廢止的了。它不能代表全民的利益，它排斥了黨外的人才。中山先生雖曾主張以黨治國，但他自己解釋得很清楚，是以黨義治國而不是使黨員作官。現在，不是『全國軍民都已擁護三民主義』嗎？爲什麽還不還政於民呢？所謂還政於民並不是使國民黨完全放棄政權，根本不過問政治。國民黨是國內的第一個大政黨，它代表着一定的社會階級的利益，它一定能在民意機關和民主政府中佔着一定的地位。假使如國民黨自己所宣稱的那樣眞能得到多數人民的擁護的話，政權在實際上還不是經過選舉仍歸自己掌握嗎？怕甚麽？

在民意機關還沒有能夠成立，由它產生民主政府還沒有實現的期間，我們主張暫由黨派會議產生包含國民黨及其他一切黨派的過渡政府。這可以代表多方面的利益，網羅多方面的人才，鞏固全國的團結和合作，並增强政府在政治、經濟各方面的效能。

第三，是必須澈底保障人民的自由權利。保障人民的自由權利是民主政治的主要內容，同時，也是保障民主政治的基本條件。不能保障人民的自由權利，則所謂民主政治便是假的。中山先生對於這一點，認識得非常清楚，主張得非常堅決。他在民國十二年一月的國民黨宣言中曾說：『確定人民有集會、結社、言論、出版、居住、信仰之絕對自由權。』又在國民黨政綱的對內政策中說：『確定人民有集會、結社、言論、出版、居住、信仰之完全自由權。』既說是『絕對，』『完全，』當然是必須保障而不可輕易侵犯的了。像目前這樣摧殘人民的自由權利不僅證明目前的政治決不是民主政治，而且也證明當局的措施妨礙着民主政治的實現。抗戰建國綱領第二十六條明白規定：『在抗戰期間，於不違反三民主義最高原則及法令的範圍內，對於言論、出版、集會、結社，當與以合法之保障。』但現在我們並沒有獲得這種保障。我們要求民主政治的內容必須包含對於人民自由權利的保障。

最後，必須在均權主義的原則下，確定中央和地方的權限。即中山先生所說，不採取中央集權制，也不採取地方分權制，而是採取中央和地方均權制。以中國幅員之廣，人民之衆，邊疆各地少數民族之存在，特別是抗戰以來，隨着戰事發展所引起的各地情況的變化和發展的不平衡，而要實行絕對的中央集權制，不賦予各地方以適當程度的自治權，則其結果，必且阻礙了民主政治的普遍發展。民主政治的含義決不僅限於有一個全國性的民意機關，民主的中央政府而已。各地方也必須同樣有各級的民意機關，民選政府。因而各地方自身就必須享有適當的自治權，而不能僅是一個行政區域了。

以上所舉各點，就是我們所要求的民主政治的內容，這並不是不可能實現的，只要我們努力的話。

# 抗戰以來

著者　韜奮

出版者　韜奮出版社
上海重慶南路六號

總經售　生活書店
重慶·星加坡

基本定價捌圓伍角
·外埠酌加郵運費·



中華民國三十年八月初版
中華民國三十六年四月三版

(64) S. 2001—4000

# 萍蹤寄語

初集

韜奮著

中華民國二十四年三月

# 目次

# 萍踪寄語初集弁言

記者自去年七月十四日離國赴歐以來，轉瞬已經半年了。記者此次除自己存着學習的態度到歐洲來，還想常就自己觀感所及，盡力寫些通訊，藉生活週刊報告給國人，寫到現在，以英國爲一段落，已積有五十一篇，共約十萬五千言左右。不幸生活週刊於去年十二月間『迫於環境，無法出版』，萍踪寄語僅登出一小部分，暫時擱置，現在先把以英國爲段落的編成初集出版，就正於國內外的讀者和朋友們。

在這半年裏面，一面忙着看，一面忙着談，一面忙着閱看有關係國的書報刊物，抽出一些餘下的時間『走筆疾書』，而且僅就觀察所及，拉雜寫來，當作面談，並不是什麼有系統的著述，謬誤之處，倘蒙指教，不勝欣感。有的情形，生活週刊上的國外通訊裏已經說過的，在這寄語裏都從略，以避重複。例如關於法國的報紙，徵言先生曾經有過一篇每天離不開的報紙（參看深刻的印象生活書店出版），把法國重要的各報內容說得很詳細，我關於法國報界情形的通訊，便注意到別方面去。又例如關於英國的『長衫工人』，（在英國稱爲"Black-coated Workers"，重溪先生這樣譯，英國人雖無所謂長衫，但在意譯方面似很切近。）重溪先生最近在生活上也有一篇英國的長衫工人，說得很透澈，所以我就不再贅述了。

這些寄語雖然是『拉雜寫來』的零篇短簡，但是記者在觀察研究的時候，在持筆敍述的時候，心目中却常常湧現着兩個問題：第一是世界的大勢怎樣？第二是中華民族的出路怎樣？中國是世界的一部分，我們要研究中華民族的出路怎樣，不得不注意中國所在的這個世界的大勢怎樣。這兩方面顯然是有很密切的關係。關於這兩個問題的答案，記者很想於寄語全書末了的總結論裏，就淺見所及，提出一些和國人共同討論，此時還想暫爲保留，雖則在敍述的客觀的事實裏面，有時候也許已零星流露了一些管見。

歐洲是國際舞台上最重要的一個部分，而在西歐的英國，更是所謂『民治國家』的老大哥，資本帝國主義國家的最後壁壘；帝國主義對中國的關係，除日本外，她要算是最重要的了，所以我對她也特別注意，在已往的半年中，有四個月的時間費在英國，這本初集的寄語，關於英國的通訊也佔了大部分。

關於歐洲全局的形勢和對於遠東的關係，要在『總結論』中研究，但是關於上面所提起的這位『老大哥』的現狀，卻有一件最近發生的事情，可以借來做代表的形容。

本年二月六日——就是記者執筆作此弁言的前一天——在英國銷路最廣的一種日報每日傳知（"Daily Herald"）上面載有一段新聞，標題是母親爲着子女餓死（"Mother starves herself for children"），內容大概如下：

有着三個子女的一位母親，名 Mrs. Gwendoline Edith Hickley，年三

十三歲，住倫敦 Balton-road, Hampstead, N. W.，她的丈夫原是一個保險業經紀人，失業九個月了，他的失業救濟金領滿之後（普通只有廿六星期），每星期只領得所謂『過渡救濟金』十四先令六辨士，這母親情願自己挨餓，使她的丈夫和子女不缺糧食。她從來沒有對過任何人說一句埋怨的話，只於每天費了許多時候到店舖裏去東張西望，尋覓最便宜的東西帶回來。回家後假說自己已經吃過了，使她的丈夫子女吃得飽。

她太疲勞愁苦了，前幾天她竟死去，倒在汽灶的附近。昨天由檢驗官白瓘斯（W. Bentley Purchase）檢驗，判爲『神經不健全而自殺』。但據他檢驗的報告，死者的胃裏一點食物的形迹都沒有。所以他（指檢驗官）又說道；『這個婦人大約是自己挨着餓，使子女吃得飽。她曾經留下了一封和她的老母告別的信，裏面就說起她所要做的事情。死的那一天，她還出去過一次，事前告訴她的丈夫，說她出去到店舖裏去看看。她回來的時候，已在她的丈夫上牀睡覺之後。當他正在睡中，她下樓去自盡。』這檢驗官又接着說道：『倘有値得我們同情的事件，這就是了。』他說後，送一個金鎊給死者的丈夫。

據死者的丈夫所述，她對於子女的愛護，實無微不至，死前最後的一件事還替兩歲半的最小的女兒挑織一件外衣。他說：『自從陷入困境以後，我的妻常憂慮，但却從未有過怨言。當我出外去尋工作不得，回到家裏的時候，我的餐食總是預備好等着我，孩子們都已吃飽，她自己總說已經吃了些東西。在過去的三星期裏，她必是暗中把買回來的糧食更多分給我和子女。我如果早知道，也許可以救她的命。』

這幕母愛的慘劇，聽者大概無不爲之悽然酸鼻的。

我引證這件事，當然不是說英國人大多數都到了這樣餓着肚子的時候，英帝國的『剩餘力量』當然還夠支持多少時候．中國有句俗語叫做『油乾燈草盡』，資本主義進展到了第三期，牠的漸漸地崩潰，在目前『油』雖還未『乾』，『燈草』雖還未『盡』，但這樣下去，是朝着『油乾燈草盡』的路線走去，這是很顯然的趨勢，這是可注意的一點．檢驗官於『同情』之餘，奉送金鎊一個，這在檢驗官，我們固然不能苛求，因爲這類事當然不是檢驗官所能解決的，但這樣的『慈善爲懷』『奉送金鎊一個』的辦法，對於此事無法澈底解決，却很可以象徵現在英國統治階級對於失業日益尖銳化之無法澈底解決，這是可注意的又一點．

在萍踪寄語的續集裏，當特別注重德國和蘇聯的最近情形，尤其是後者的建設事業的實況——物質方面和精神方面——我希望能在最近的將來完成，早些貢獻給生活週刊的讀者和朋友們．

韜奮記於倫敦．

廿三，二，七，晚十二時．

# 一 開端

人生的變化，靜默地想來，往往使人愕然，記者提着筆寫這篇文字的時候，此身還坐在生活週刊社的編輯室裏，等到這篇文字和讀者諸友相見的時候，我已在佛爾第(S. S. Conte Verde)號的船上，海天遙隔，破着波濤向印度洋前駛了。本期的本刊依例於本月十五日出版，記者定於十四日由上海乘意輪佛爾第號離國赴歐，所以當讀者諸友看到這篇拙作的時候，我已不在陸地上了——但却很不幸地尚在人間，我說很不幸，因爲尚未得到死得其所的機會。

我在未寫此文以前，原想題爲『暫與讀者諸友告別』，既而仔細一想，覺得不很恰當：一則因爲本刊的讀者徧海內外，我和國內的讀者告別嗎？但同時和國外僑胞裏的讀者却反而接近了，不能算告別；二則因爲記者在本刊上以文字與世相見，和讀者諸友原是神交，此後我雖暫時離國，但對本社的業務仍負全責，每期仍爲本刊撰文，這樣和諸友在思想上或精神上仍是未曾『離別』，也不能算告別．所以我就叫這篇是我的『萍踪寄語』的開端吧．

赴國內外考察，原是記者數年來縈迴夢寐的一件事，但就最近情況說，赴國內各地考察，顯然是一件不易實行的事情，所以這個心願，只得俟諸異日．赴國外考察，也是很勉強的，幸而本社的同事已漸漸的較前充實，我暫時離開，在總務，編輯，及營業各方面，都有得力的同事分工主持，我才能放心走．此外便是我出國的經濟問題，幸而也得湊借了一筆款子，可以等到我回國後分期歸還．我覺得用我自己血汗得來的錢，於心最安，只須勉強借得到，已是很幸運的了．這兩件事有了相當的辦法，我才决定作出國之行．

其次我想可以和諸友談談此次出國的動機和計劃的大概．我濫竽本刊的業務七八年，常自愧恨自己學識經驗的淺薄，對社會沒有什麼貢獻，愈幹便愈覺得自己的知識荒，所以此次赴歐很自然而簡單的第一個目的，便是要藉此機會增廣一些識見。俗語說『百聞不如一見』，我正是要想『見』『見』看。其次是想像我自己代表了讀者諸友的耳朵眼睛去，因爲我要盡我的心力，把在國外所見到的，或所感想的，陸續地寫出來，在本刊上向諸友報告。當然，以我的淺陋的眼光，恐怕『買櫝還珠』，沒有什麼好報告，不過我已說過，只得『盡我的心力』。

至於在國外的計劃，因經濟關係，很不能如我的意。我大概在英國住的時候多些，因爲頗想在倫敦政治經濟學院及該處著名的圖書館，費些時間研究研究，此外並想酌遊德法意蘇聯等國，但因所準備的經濟能否玉成我的心願還不可知，只得做一步算一步再說。我自省自己所僅有的微薄能力，只能在文化的工作方面竭其棉薄——如再把範圍說得明確些，只能在新聞事業方面努力。所以我此次赴歐考察的內容，當特別注意各國新聞事業的實際狀況和趨勢。此外關於政治經濟及社會各方面，也想加以注意。能否得到有價值的材料，此時不敢預說。深怕貿然發出了空頭支票，將來沒有法子兌現。

有一位很知己的好友聽見我有出國之行，滿腔熱誠地趕着寫了一封令我十分感動的信來勉勵我，裏面有這樣的幾句話：『你將離開這紊亂的祖國，繞過半個地球，到那西歐的古邦去了！記得什麼人，也許是鄭振鐸？在出國的輪上作詩說「祖國現在需要戰士，我却離開了她，那似乎不該，但，我離開她不是一種消極的退避，是到別的地方去，擦亮我的鎧甲，磨銳我的兵器，預備來做一個更勇猛的戰士！」那詩的大意是如此，我覺得你也正是這樣的情形……』

『做一個更勇猛的戰士！』這幾個字旁的密圈，也是這封信的作者自己加上的，這位好友的殷切的盼望，可謂溢於言表了。我只常常感到深深的慚愧，從不敢自命是『勇猛的戰士』，沒有『更』字之可言，那更是不消說的了，不過倘有『死得其所』的機會，對於鬥爭——有益於大衆福利的鬥爭——只須是我的力量所能貢獻的，我却也不願退怯。

記者此次離國，實帶着苦悶和憧憬而去。漫漫長夜，不甘同流合污的誰都感到苦悶。但黑暗勢力的勁敵是大衆的意志，決不是剷除幾個個人就能高枕而臥的。最偉大的莫過於大衆意志的力量，只須朝這方向努力，不會感到孤獨，因爲深信大衆必有光明的前途，個人的得失存亡是不足道的。

倚裝待發，棖觸萬端，敬祝讀者諸友康健愉快。

## 二　前塵影事

記者離國之後，關於編輯方面的事務，不得不偏勞寒松先生多費一些時間。他和我約，要我至少須每期替本刊作一篇文字，這在我當然是義不容辭的。我的行期在七月十四日，等到途中來稿，恐怕來不及接得上，所以在起程前特先『貯蓄』三篇，本文是所『貯蓄』的第二篇．（第一篇是上節登的開端．）寫這三篇的時候，我這個人還在上海．預計這篇文字達到讀者諸友的眼簾時，我所乘的那隻船已經過香港，新加坡，而正達到了哥倫坡(Colombo)，和諸位相距有一萬二三千里了．

我此刻和諸友要談些什麼呢？談談國內的事情嗎？公開的祕密都擺在我們的眼前，而且談了徒然惹起諸友的感傷．談談國外的事情嗎？我人還在國內，未曾見着，不便揑造．我偶爾想起從平日常常看到的許多讀者的來信裏面，常有人表示要知道兩件事：一件是關於我個人的歷史，一件是關於本社發展經過及內部組織的概況．我似可乘此『青黃不接』的機會，就這兩方面略爲談談．（關於第二件事，當於下節一文裏敍述．）

我想讀者中所以有人要聽聽關於我個人的歷史，似乎也有幾個原因．第一個大概是由於本刊從開始到發展，不是憑藉什麼名人的牌子，始終是由於我這樣一個無名小卒來濫竽其間，以致令人有『不知何許人也』之感。第二個原因是我雖是一個無名小卒，但因由本刊的媒介，承蒙讀者諸君的不棄，獲得不少神交，對於一個朋友常喜聽聽他的生平是人之常情，所以讀者諸友也許由於友誼的動機，要知道一些關於我個人的經歷。我本想，個人的歷史原無多談的價值，何況像我這樣一個很平凡的人的一些很平凡的事實！但想到這第二個原因，並且想到個人不能脫離社會，談談個人所感受的辛酸苦辣，也許可以看出他所處的社會環境的一些情況。因此我便不避冒瀆，覥然追述一些前塵影事，和諸友談談。

我是生在一個沒落的地主豪紳官僚的家族裏。從小所接觸到的，是封建思想與舊禮教的『薰陶』。當然，在當時家族中人都自詡是所謂『書香之家』。我得受到所謂『新教育』，實有些偶然的。最初長時期和我的一個弟弟同被桎梏在家塾裏，受着西席老夫子詩云子曰的薰陶，渾渾噩噩，只覺得終日是悶坐在牢獄裏大家族所希望於我的似乎不外乎是做官。後來因爲西席有了高就，要換過一個，一時沒有物色到，剛巧鄰居的有一位『少爺』進了『洋學堂』，據他的老子告訴我的父親，說『洋學堂』也還不算怎樣大逆不道，我纔糊裏糊塗地得到家長的准許，姑往投考，貿貿然由牢獄式的家塾進了ABCD的洋學堂。

那時以『南洋公學』（卽今交通大學）的聲譽最隆，家長希望我把自己造成一個工程師，我也很羨慕工程師的職業，在當時並不知道工程師對社會有什麼偉大的貢獻，只因爲工程師的職業似乎被人重視，而且聽說一來就有好幾百塊錢的收入，所以很勤勉地學習，同時也鑒於家人囑望的殷切，認爲也應該勤勉地去學習。不料我的個性不是做工程師的坯子，對於國文歷史及外國文學等等科目，覺得尚能應付裕如，看見數學便感到害怕，在中學時代（當時所謂『中院』），因虛榮心的督促，不甘落人後，拼命用功，教師們看見我的表面上的成績，誤把我當作什麼『高材生』，其實我自己已深深地知道是外强中乾的。後來硬着頭皮讀到大學（當時所謂『上院』）電機科一年級，被微積分和高等物理學困窘得實在沒有辦法了，纔像逃難似的考入聖約翰大學的文科。我回顧求學的經歷，很抱憾的一點，是太不經濟地耗費了不少時間和精力，如一路都得有相當的指導，能對於自己個性所最近的學科有系統的切實研究，也許在知識上可得到比較好的基礎。

我從沒落的封建的家族裏，暗中摸索着撞入了充滿資本主義化的學校，從中學到大學，都做着自食其力的苦學生。在中學時代，自給的方法，是做家庭教師，投稿，拼死命讀書，求得考列前茅，獲得校裏『優等生』的資格，由此得到豁免下學期學費的待遇。記得第一次投稿被錄取的是登在冷血主編的申報的自由談，我看見自己的稿子第一次登在報上，快樂得什麼似的，到具名蓋章取稿費的那一天，我和我的弟弟（同在南洋肄業）同往申報館領取，『出乎意表之外』地得到了六塊亮晶晶的大洋，三步做兩步地踉踉蹌蹌一奔出了申報館的大門，兩人都狂笑着跳躍着好像發現了金礦似的！兩人一路嘻嘻哈哈由望平街連奔帶走地跑回徐家匯。

在大學初年級的第一學期末了，因經濟方面實在羅掘俱窮，無以爲繼了，只得輟學，由一個素來承蒙他敬重我的同學介紹到內地（宜興）一個村鎮上去當了好幾個月的家塾教師，教三個十一二歲到十三四歲的孩子，其中一個是聾子，教起來很費力，除算學英文外，還要講歷史，講孟子，天天出作文題目，改文章，夜裏還有夜課。

在大學時代自給的方法也是於課餘當家庭教師，教的是預備投考中學插班的學生，算學要教幾何代數，英文要教文學，國文要教古文。晚間便在本校圖書館裏做一個鐘頭職員。（每月有九塊大洋的工資。）此時雖在貴族化的學校，當然不能和富有的哥兒公子比擬，往往他人身上穿了棉袍，我還只穿着一件破舊不堪的夾袍打抖；在夏季蚊帳破得窟窿太多了，臉上就常有東一點西一塊蚊蟲勞績的表現。有一次做了一個全暑假的苦工，學費還湊不夠，在開學的前一天還是一籌莫展，行李是暫時搬進學校了，獨自一人靜悄悄地坐在房裏發呆；不知在當時和我不過在朋友家裏晤談過一二次的畢新生先生怎的間接聽到了我的苦況，趕坐着汽車送來一筆款子，强要我收下，我感於他的誠意，最後决借用了；他別後一跨出了房門，我回身把房門關上，不知爲什麽竟感傷得獨自一人哭了一頓。

離校後做了幾年編輯，同時兼做了幾年英文教員，其餘的時間和精力便都用在本刊上面，且學且做，困知勉行，以迄今日。我竟把這樣平凡的事實煩擾了諸君的清聽，心裏終覺得是很歉然的，所以只簡單地談談，不敢再嘮嘮叨叨了。

## 三　以往和現在

記者在上節曾和讀者諸友約，要在本節談談本刊發展的經過和內部組織的概况。

本刊第一任的編者是王志莘先生，前幾天在友人宴會席上遇着他，他還笑瞇瞇地談起本刊初辦時沒有人看，由報販來一捆一捆秤斤兩買去，有一次僱人在天文台路的運動場前廣發贈送！他的這幾句不無含着幽默的話雖似乎簡單，其實很足以描寫本刊呱呱墮地時的凄涼狀況。幾個月以後，王先生因去辦銀行事業，把這個零仃孤苦的孩子交給我，我其初覺得毫無把握，還不肯接受，後來因一時找不到別的保姆，我又覺得這個孩子怪可憐似的，便接受過來，撫育撫育看，原也沒有想到就能把他養得大起來。

在未談到這個孩子怎樣長大以前，有些情形也許可先提出來說幾句。我在小學四年級的時候（南洋公學附屬小學），有一位級任教師沈永衢先生是最崇拜梁任公的，（沈先生兼授國文和歷史，他是我生平最敬愛的一位先生，現已逝世了。）凡是梁氏的著作，他都有，藏在好幾個書櫥裏。承他異常地愛重我，常借那些書報給我看。後來我升入了『中院』（卽當時的南洋公學附中），還常到他那裏去借書看，尤其喜看的是沈先生所存的全份的梁氏新民叢報。當時我的思想很混沌——說得更老實些，就是無所謂思想——但覺梁氏文字充滿着動人的情感，看得津津有味，常在夜裏看着捨不得釋卷，息燈後還違背校章偷點着洋蠟燭看。從此時起卽夢想將來要做一個記者，隨後凡遇着比較有精彩的刊物都很注意研究，雖則同時還勉强埋首於味同嚼蠟的數學物理學等科目——這是指我個人的感覺，我的弟弟就覺得這種科目異常的有興味。

我的意識中旣潛伏有這樣的傾向，所以王先生『托孤』——借用一下，王先生仍是永年益壽的——之後，我旣已接受過來，便也一團高興地聚精會神地執行我的保姆的職責。最初幫助我的只有徐伯所孫夢旦兩先生，我們都是傻瓜，好像樂此不疲似的，常自動地幹到夜裏十一二點鐘，事情還幹不完，只得戀戀不捨地和辦公桌暫時告別。沒有什麼人强迫或監督我們這樣發傻，我們自己也只覺得傻得有趣，並沒有存着別的什麽奢望。後來志同道合的同事日增，現在已有三十餘人了，分工也比較的可能，雖不必像當初那樣傻得厲害，但我們仍好像是一個『短小精悍』勤奮邁進的軍隊，在此黑暗的舊社會到光明的新社會的過渡期間，共同爲大衆努力，希望能盡其一個小小支流的貢獻。倘若社會認爲我們的工作不是毫無意義的話，這不是我們裏面任何一個人的勞績，是我們這一羣兄弟姊妹們的共同的血汗的結晶，同時也是由於社會給與我們的鼓勵和直接或間接的種種贊助。

講到本社內部的組織，記者要很欣然地宣佈，我們已採用了生產合作的辦法了，具體的細則雖不能都在這篇短文裏說出，但不妨就原則上大概的意思談談。我們全社的資產已歸全體同事（連『茶博士』都在內）所公有，除短期的僱員外，現在本社的職工任職在六個月以上的都有做我們這個『合作社』社員的資格，也就是這個機關裏的『主人翁』之一。本社資本每股十圓，任何一個社員，至多不得過一千股，不到此數的每年將所得一部分紅利加股，逐漸一同加到此數。新進職工，於任職時起，每月就其薪水中扣除百分之十，於任職滿六個月時，併計作爲入社的股份，以後繼續每月扣除薪水百分之十，至入社滿一年時，再行併計，作爲增加股份。社員認繳股份所得享受的利益爲股息，於每年總決算後，除應提之公積金，社員福利基金，及職工紅利外，由社員大會依營業的盈餘，議決按股分配股息。總之這個生產合作社的原則，以社員共同投資，經營出版事業，促進文化生產爲宗旨，除用在服務社會事業上的費用外，所得贏利歸於全體。這雖不能算是合於理想的辦法，但至少已沒有誰剝削誰的存在，各人一面爲社會服務，同時也爲着自己工作。

本社的信條有四：(一)服務社會，(二)贏利歸全體，(三)以共同努力增進全體社員福利，(四)社務管理民主化。關於頭三點，上段所述已可略明大意，關於第四點，還有略加解釋的必要。本社的最大權力在全體社員大會，由社員大會選出理事組織理事會，由理事會互選經理，爲理事會的代表，總攬社務，並由全體社員大會選出監察人二人，查核會計帳目，並保障社員利益。這樣，各人都是自己管理自己，因爲理事產生於全體社員大會，而經理則由理事中互選而來的。

我們這一羣傻子的這一個組織，所以要這樣挖空心思來盡量使牠合理化，目的却不是僅僅爲着我們自己，我們要利用這樣的比較合理的組織，希望能對社會有更切實的貢獻。我常勉勵我們的兄弟姊妹們，我們是在一個血腥的黑暗的時代，如不爲整個社會的前途努力，一個機關的內部儘管如何充實，如何合理化，終不免要受黑暗勢力的壓迫摧殘的。我們這班傻子把自己看作一個準備爲文化事業衝鋒陷陣的一個小小軍隊，我們願以至誠熱血，追隨社會大衆向着光明的前途邁進！

起程前二日寫於上海。

# 四　首途

兩三星期以來忙得不可開交，現在才得安靜下來，坐在佛爾第號的『經濟二等艙』的吸煙室裏，在一個小小的鋪着白檯布的四方桌上，時而仰首望着窗外的海天一線的無限際的碧波，和往復迴旋着美麗絕倫的雪白的浪花，靜默沉思，腦際湧現着不可捉摸的種種幻想，時而俯首持筆疾書，想像我是和無數的讀者諸友促膝敍談着。

這兩三星期以來所忙的不外幾件事，一件是交代本社職務上的事情，一件是準備旅行途中所需要的一切，還有一件是嘴巴忙——一部分忙着和臨別來訪的朋友談話，一部份忙着吃喝，就是知道我將要出國的朋友們的慇懃厚意的餞行。我已不敢驚動朋友，所以在首途前並不通知，能守祕密的總是守着祕密，但兩三星期來中餐和晚餐幾乎全被朋友們所包辦，這是出乎我預想中所有的一件事。嘴巴雖歡迎，心裏也愉快，但腸胃却不免常常提出抗議。心裏感到愉快的是在乘此聚敍的機會，可於談話中獲得朋友們不少的指教，不過這種『餞行』的習俗，有一點却很需要改革一下，那就是供給嘴巴的東西要力求簡單，不然，雖爲時甚暫，用不着『長期抵抗』，腸胃的服務方面恐怕要發生問題。總之這種習俗有利用用膳時間增加朋友談話機會的優點，所當避免的是給與腸胃以臨時加重的工作。

在準備赴歐旅行的這件小事上，我却得到一個頗有意義的教訓，那就是凡事必須自己親身經歷過，才能澈底明瞭，否則多少不免隔膜，要改正錯誤或要做得更完備，也必須由實際經驗中去尋覓出來，體會出來。我有位同學沈壽宇先生，曾經告訴我關於他學習游泳的一個故事。他在未入水學習以前，買了一本關於游泳術的很詳細的英文書，又買了一本關於此術的中文書，都很仔細的看了一遍，以爲原則都懂了，後來大膽跳入游泳池，還是沒頂，浮不起來，游而且泳就更不必說了。但實際在水裏學習後，往往能在幾分鐘的短時間裏面學得書本上說了一大堆還不明白的訣竅。我此次在起行前，和幾位到過歐洲各國，尤其是最近遊歷歐洲囘國的朋友，都有過詳談，請教一切。但剛剛上了行程之後，卽覺得不是漏了這樣，便是忽了那樣。這不能怪我所請教的幾位朋友說得不周到，因爲有的事物，在他們認爲可以無須說的，在我却是應該預先知道的，這就非由自己學習不可了。靠我第一次遊歐的經驗，如有第二次重遊的機會，所準備的一切必能完備得多。但是將來若有只聽我說說的人，要藉此作爲遊歐的『指導』，等他親歷其境的時候，也還是不能無膈膜之感。這不是前人的經驗毫無補益於後來的人，當然，牠有很重大的幫助，但却只能供作參考。愛迪生在發明電燈以前，凡是當時關於電學的所僅有的一切書報，他都極力搜尋，都先看過，就是這個理由。

記者於昨日（七月十四日）上午十時登輪，下午一時許開駛。所乘的這艘佛爾第號，是意郵輪船公司走華意航線三艘輪船中的一艘，有一萬八千七百六十五噸，爲航行印度洋噸數最大的一隻船．頭等艙每人約合華幣一千五百圓，二等艙一千二百圓，經濟二等艙六百餘圓．上幾等艙的搭客可隨意到下幾等艙裏去瞎跑，下幾等艙的搭客不許到上幾等艙裏去走動，活躍着資本主義制度下的不平等的現象．經濟二等艙四個人一個房間，布置頗潔淨，但究竟狹隘，油漆氣味和鬱熱令人不耐，所以除夜裏鑽進去睡覺外，白天終日不是在吸煙室裏寫文看書或談話，便是在吸煙室兩旁外的甲板上走走，甲板上有籐椅可躺，不必出租錢．不過吸煙室僅開至晚間十一點鐘，逾時連甲板上也去不得，因爲到甲板上要經過吸煙室．每日晨餐一次，午晚大菜兩次，下午五時許還有茶點一次．大菜很潔淨豐富，以我的吃量，還嫌多些．同桌四人，第一次同桌後，以後即每次照舊．記者同桌的有赴德參加農村經濟會議的張心一君，前廣西教育廳長雷賓南君，及赴德學醫的周洪熙君，張君幽默健談，追述去年和他的夫人往甘肅時途中遇盜情形，令人忍俊不住．他們夫婦倆和一個同行的學生都戴有近視眼鏡，攔途掠奪的幾個丘八搶了錢不夠，望望他們的眼鏡，也認爲奇貨，要動手搶去．張君覺得這東西搶去不得了，壯着膽和他們商量，說這東西你們拿去無用，失者却成了瞎子．他們不相信．那個同伴的學生大發其急，趕緊把自己眼上的那副眼鏡脫下來，替一個丘八老爺戴上，這個丘八老爺覺得看東西反而糊裏糊塗，認爲確是無用，竟肯割愛，他們三位才免做了瞎子．我說這幾個丘八老爺也是實驗主義者！

船上的職員和『僕歐』都是用意大利人，都能英語，雖則多數說得不好．僕歐都穿白色制服，白皮鞋，很整潔．今晨我初次到餐室裏去用早餐時，同桌中只我一人先到，僕歐問『早安』後，問我要吃什麼，我一時却發了呆，除說了一杯咖啡外，不知道再要說些什麼好，轉念一想，問他有什麼，他一連如斷了貫珠似的說了六七種點心的名稱，我比做學生時候傾聽教授講學還要注意地聽了之後，只懂得最後變音變得很不像的"boiled egg"（燒蛋）一個名稱，就馬馬虎虎地照他口音四不像的重複了一句，心裏不知道究竟是什麼，結果吃到了兩隻燒得半生熟的鷄蛋．看看別桌上，却有人吃着很好的早點．

在船上天天吃大菜，在我却是借了債來吃的！可謂矛盾得可笑。

寫到這裏，船身比先前搖動得更厲害一些，我只希望不致暈船躺倒，能多寫一些報告給諸友聽聽．

二十二，七，十五，上午，佛爾第輪上．準備十六日到香港時付郵．

## 五　到香港以前

由上海起程及到香港以前的船上情形，記者在今天上午（七月十五日）所寫的一文裏已略談大概了，此時是在同日的下午，再談些瑣屑的見聞．

**記者此次所乘的是意輪，**其實這種意輪雖號稱郵船，也在墨索利尼積極準備海軍作戰計劃的一部分。據說墨氏鑒於海軍平日給養所費的浩大，故除在正式海軍上力謀擴充外，特把全國的商輪集中起來，由政府加以津貼，力謀整頓和擴充，使全國的商輪在管理及發展方面均趨於系統化，得隨時由政府作有計劃的指揮，一旦世界大戰發生，商輪亦可一變而加入海軍應戰備上的需要。所以最初意郵輪船公司開始華意航線時，因乘客及貨物不多，每到上海航行一次，意政府即與津貼十萬列拉（lira 意幣名，約等華幣兩角半）。目前各國在華郵船競爭中，意郵船實予英法日等郵船以頗大的打擊，因走得快而取價又比較的低廉。在上海出發前，往各國領事署簽護照時原須繳費（大約十圓左右），但如持所購意郵輪船公司的船票往意領事署簽護照，即可免費。此中關係，可以想見。

記者在船上天天有大菜吃，似乎闊了，但同時又有一件矛盾的事，便是不得不自己洗衣服。船上洗衣用金價計算，非常昂貴，（即小件亦須八角大洋起碼，）

一件衣服經不得幾次一洗，所費要比做過一件新的還要貴，路途較近的——例如由上海到香港的搭客——可將換下的衣服積在一起，等到上岸後時洗，我在船上却要經過二十三天的水程，夏季每天又換慣了一天一套的內衣，不得不自己洗了。昨天夜裏十時浴後便在浴室裏大洗其內衣及襯衫等。我在國內雖做過苦學生，但因洗衣費比較的便宜得多，故把時間用到別的工作上面去，所以洗衣的本領大不行，浴後洗衣又洗得一身大汗，不得不再浴一次。浴時先用海水，後用清水冲洗一次，可是清水因船上所藏有限，所以不多，只能冲洗一下，不能將水盡量放入盆內寫意的用。以後大概每夜須洗衣一次，隨着出大汗一次！

同乘經濟二等艙的搭客約有七八十人，西人約佔三分之二。我仔細觀察一下，最堪注意的是西人的體格，無論男女老幼小孩，個個體格健壯，中國人則無論男女老幼小孩，只有很少數是體格好的，大多數都不行；尤其是夾在許多體格健壯精神充滿的西人堆裏，更顯得厲害，更顯得分明。這裏面有一個美國人，看上去只有二十歲左右，面貌體格的美，白嫩裏帶紅的玫瑰色皮膚的豔麗，眞可愛！搭客裏有幾個十八九歲的廣東母親生的女子和一個十六七歲的男子，聽說他們的母親是廣東人，父親是英人，體格也很好，幾個女的穿着西裝，健康的曲線美顯得十足，不過面部不很好看，她們的弟弟却長得健而美，穿着短褲的西裝，雖比不上那個美國人，但也很可愛。可是這幾個廣東母親生出的男女青年都只能懂英語，在法律上也是英國人而非中國人了。

搭客中有一個中國人娶了一個比利時女子。聽說男的曾在比學習化學七年。這個女子金髮紅顏，婉孌輕盈，也長得很健美，看上去只有十八九歲，可是她的丈夫却是一個體格很平常的麻着臉的黑黑的面目可憎的仁兄。他們倆却打得火一般熱，在甲板上歡笑親暱，惹得旁人眼紅。雖吹皺一池春水，干卿底事，但我總覺得健美的男女能與健美的對方結合，在旁觀者看來，似乎也感得舒服些。

同行的張心一君同房的有三個意大利人，他初以爲可有機會問問關於意國的事情，不料却是三個丘八，只有一個懂得幾句簡單的英語，這還不去說他，自上船以來，未見他們洗過澡，汗氣騰滿全房間，脫下的襪子就堆在他上面的一個舖上，和他的尊頭相近，使他叫苦連天。可見撒爛汚的丘八，無間中外！記者同房的是一個赴德學醫的學生（卽同桌用膳的），兩個是赴荷蘭經商的僑胞，這兩個裏面有一個還是本刊的熱心讀者，談起本刊，熱烈得什麼似的。我們幾個人大家都很相處得來。

這兩天和我談得很多的是雷賓南先生，昨天下午我們坐在甲板上的籐椅裏，接連談了足足三小時。他是留英的老前輩，不久以前還到歐洲去考察過一次，並且是同盟會的老會員，在辛亥革命也很努力地參加過。他認為辛亥革命，從今看來，不能算民族革命，仍只是以個人為中心的換個朝代（Dynasty）的玩意兒，所得到的唯一的結果，只有一事，就是把武人放在文人的上面橫行一切罷了。他說自宋太祖杯酒釋兵權後，歷代武人都被置在文人統御之下，辛亥革命因煽動『新軍』內應，末後武人跋扈，遂反其道而行之。我說各國革命，煽動軍隊未嘗不是手段的一種，惟須有壁壘森嚴確能爲主義而努力奮鬥的中心勢力控制着，然後才能發能收，不致陷入『尾大不掉』，只見自私自利的軍閥掛羊頭賣狗肉，肆無忌憚地暴戾恣睢，悍然視大衆意志如無物，這當然和中堅分子及嚴密的組織有很大的關係。

二十二，七，十五，下午，佛爾第輪上。到香港時付郵。

## 六　到香港以後

記者於七月十六日下午一點鐘到香港，離上海八百五十九哩了。佛爾第號灣泊該埠五小時。記者到後就和同行的張君及同房的周王諸君共同上岸，船泊九龍，經渡輪才於數分鐘後達香港。聞渡輪係港政府所經營，船極整潔，上輪及下輪的站上，搭客出入，都有隔開的途徑往返，各不相混，秩序井然，售票入口處係用齒輪機攔住，每次僅限一人經過，付港幣一角，機卽開放一次，（此種齒輪機，上海公共汽車已有採用的），毫無擁擠的弊病。此等處可見管理法的重要，管理法周密，公共秩序亦隨之而增進。在這種組織下，搭客雖欲不守秩序而不可得。

張君到過香港三次，我們就請他做嚮導。他領着我們前進，向『德輔道』上跑。（最熱鬧的一條馬路，等於上海的南京路，但不及南京路的廣闊。）我們的第一件事是要兌換港幣備用。我們裏面有一個拿出一張一鎊的金鎊票，向一個小錢莊兌換，張君已瞥見該店櫃旁排着一疊紙，上面有個行情表，註明當日每鎊可換港幣十四圓餘，而該店夥計參看該表後，對我們這幾個人瞥了一眼，大概看出了我們這幾個是外路來的阿木林，微微一笑，計上心來，便故意滴滴搭搭，把算盤。打。成。了。十。三。圓。餘。，他不料我們裏面這位張先生却已眼快，看見了行情表，但雖提出抗議，這位夥計仁兄却置之不理，我們便踉踉蹌蹌地跑到別家去了。

路上的男子除少數穿着西裝外，多數都是穿廣東式的短裝，長衫很少，和在上海虹口一帶所看見的氣象差不多。女子的裝束，有一部分是廣東式的闊袴管，短衫；也可時常遇着摩登女子，穿着佐治紗的旗袍，赤着兩條玉腿，聳着一對乳峯，苗條嬝娜地過市。

香港是個山島，我們久聽見的是上山的電車，這天便去乘到山上去。電車比上海的大一半，座位橫排，像二等火車裏的横座一樣。不過一邊坐三人，一邊坐兩人，中留行道。車裏也很整潔，軌道當中有一根鋼條，有三個大姆指粗，山路峻峭，電車上下就靠機械的效用，被這根鋼條拉上去。最斜直的時候，坐在車裏幾如懸空坐在牆上，非用手拉住椅旁，有倒懸之虞。科學化的機械效用，可謂無奇不有，這不過是小焉者的一端罷了。

香港有一特點，即尋不出一所中國式的屋子，屋子總是三四層或四五層的洋房，這不是說沒有窮人，每有四五層的破爛洋房裏住滿了無數家的窮戶，衣物雜件堆滿了樓上臨街的走廊或露台，再窮得無家可歸的，便在夜裏睡滿了馬路兩旁的行人道上。（香港馬路旁的行人道，上面都有蓋，可不受雨淋。）

乘電車到了山上後，氣候溫和，空氣極佳，大家立刻感到呼吸後身體上的舒適，好像正在浴後全身輕鬆了許多。山上有宏麗講究的旅館，我所看見在該旅館大門出出進進的都是碧眼兒，我國的豪紳和軍閥官僚們在山上東一座洋房西一座別墅的亦所在皆是。這和馬路旁的人行道上夜裏睡滿了的人們比較，當然是別一世界。

香港全島面積約三十英方哩，做英帝國主義的殖民地已有九十年的歷史了。全島人口約八十五萬人，華人約佔八十萬人，英人約佔一萬四千人，以八十萬的華人，卻受統治於一萬四千的英人的勢力之下！

我做事向來謹愼，有的朋友怪我太謹愼了，但此次却遇着殊堪發噱的一位謹愼朋友，那就是一同上岸的那位王君。我們的船預定泊五小時，六點鐘開。我們一點鐘上岸，王君一上岸就惴惴然怕船開，每過幾分鐘即念念不忘；到了三點鐘，他實在怕得不了，先獨自一人趕囘船上去了！

我們跑了不少的路，看了不少的地方，五點半鐘囘到船上，王君正在碼頭上替我們憂急着！

這隻船到香港，去了一批搭客，又來了一批新搭客。旅行經驗豐富的雷賓南先生便在香港握別，準備到廣州去，我們很悵然地少了一位快談的旅伴。那位娶了一位如花美眷的比利時女子的麻子先生，也不再在船上了，我們失了看熱鬧的愛的活劇的眼福。廣東母親和一個英國人合作所出產的幾個健强的男女青年也去了。但在男女新搭客中却來了一羣二十幾個健强活潑的男青年，和一個輕盈婉媚的妙齡女郎。這二十幾個靑年是廣州嶺南大學的學生，因替該校體育館籌款，結隊赴新加坡作足球，排球，及籃球等運動的比賽・據說海外華僑雖受經濟恐慌的影響，但對於運動仍很熱烈，對於運動比賽的購票參觀，仍然是很踴躍的・那位女郎是一位嶺南大學的畢業同學的夫人，正作蜜月旅行，隨她的丈夫一同到新加坡去的・

這班青年的體格大多數都是很健全的，這大概是因爲他們是全校裏在體育上比較上選的・他們尤其令我注意的是那樣活潑快樂的精神・這班未出校門不知世故的天眞孩子們，當然快樂，我只希望他們能從這快樂的精神中生出勇氣來替社會幹一番有益大衆的事業，倘盲目着以爲儘有無限的安閒的日子可過，不了解這時代劇變之將到來，那就大錯了・此外還有一可注意之點，即他們的男女交際都很自然，就是那位妙齡女郎，在諸同學中周旋談笑着，也落落大方，很自然・

十六日午後在我們的甲板一邊角上，用厚木板隔成了一個游泳池，裏面用厚帆布作壁和底，好像一個長方形的大水袋，池長二十幾尺，寬十幾尺，深約七八尺，用大龍頭灌入海水。搭客中既到了一批運動員，所以當天下午就有我國的十幾個青年躍入池裏作種種的表演。有一個外國女大塊頭，也換了游泳衣加入凑熱鬧，大概因爲池小人多，她的大塊頭運轉不大靈便，所以轉了幾轉，就爬上來。今天上午有個德國籍的家庭——一個也是大塊頭的五十來歲的母親，兩個十三四歲和十六七歲的女兒，兩個七八歲和八九歲的小兒子——統統換了游泳衣鑽入池裏去大泳而特泳，只母親老態中有些顢頇，其餘的男女小孩都極健美可愛，尤可注意的是那位老母親和那兩個小把戲，這當然是他們從小就有利於養成這樣習慣的環境。像我們的鄉間的孩子，也很容易地有這樣的能力，不過婦女却似乎很少了。

搭客的女子中有個四十來歲的外國大塊頭，那眞是大——她的臀部至少有三尺多寬，所奇的是她帶着這樣的一個笨重的傢伙，走起路來却飛快，並且居然也換着游泳衣，一團高興地帶着那樣一個顢頇無比的軀體，跟入池裏去表演。當她穿着游泳衣走過時，甲板上的左右觀客都舉行注目禮，她却行所無事地幹她的。

昨天風浪略大，我還能勉强用膳，惟終日躺在甲板的籐椅上，今天上午風浪更大，幾乎作嘔，胸部也頗難過，吃了一粒暈船藥，膳食的吃量減半，午後好些，後天要到新加坡了，有人說明天也許還有大浪，我不得不趕寫這篇通訊，以便到新加坡時付寄。我會暈船，這眞是一個大缺憾，因此我不覺得海行的快樂，希望早些登岸。

廿二，七，十八，下午。佛爾第船上，自新加坡寄。

## 七　在船上的生活同志

記者在船上所填的英文名字不用『韜奮』兩字的譯音，上船後，船當局印發很講究的搭客名單，看的人也只見着我的英文名字，但因同行中有一兩位朋友是知道我幹什麽的，所以偶由輾轉聽到而特來和我晤叙的本刊讀者，截至我提筆作這篇通訊時，竟出於我意料之外的有十餘人之多。我們互道來歷後，便很痛快的暢談，立刻成了親密的好友，這是使我最愉快的一件事情。他們對於本刊關心的誠摯，實在可感，問我身邊帶了沒有最近的生活，我臨行時只帶了當時最近出版的一份第八卷第二十八期，他們欣然索去傳觀，看到最後還給我時，紙角都捲了起來。

談得尤其誠懇的有位江善敬君，他是國立暨南大學外交系的畢業生，現在母校服務，爲人温和熱誠，善氣迎人。他說久想見我，不料在船上無意中遇着。他原是華僑，家在南洋的勿里洞，出來九年了，這次才回家去省親，少年英俊，體格極好，他在校時原是一位運動健將，尤擅長足球。學校裏的運動員大都只知道運動，置學識思想於腦後，而江君體格既好，又能注意到學識思想方面，一掃畸形發展的積習，殊可愛重．他並具有歌唱天才，在甲板上臨風引吭高歌，激昂悠揚，令人意遠．可惜我們同船到新加坡便須分別了．

江君說自本刊出版以來，他沒有　期漏掉，每次還有本鄉親友托他在滬轉寄數份，並說許多青年對於本刊的熱望，我說本刊本身沒有什麼固有的力量，如諸同志認爲不無價值，便是由於始終不背叛大衆的意志罷了．倘認爲不無一點力量，這仍是大衆的力量．他極力勸我有機會時到南洋去看看僑胞的狀況，不過說南洋的當局對中國從事文化事業的人異常畏忌，如去最好充作商人．記者在國內時，有朋友對我說，如去漢口一帶，聲明是商人，便檢查得不厲害，如說是教員或學生，便檢查得異常的煩苛，可謂『英雄所見略同』吧！知此訣竅的教育界中人，赴漢口一帶時，爲避免麻煩計，最好都在嘴巴上一變而爲商界．

（以上十八日下午寫）

船上有位黃伯權君，也是本刊的一位熱心讀者，無意中知道了記者也在船上，特來和我作一番長談，他說在二十六期的本刊上看了本刊今後編輯上的改革一文後，知道我有新計劃，但却未想到我突然有赴歐之行。黃君原亦華僑，年似五十左右，鬢髮已斑白，身體魁梧健康，精神飽滿；常旅行於南洋及國內各要埠，旅行經驗很富，認旅行爲增加知識經驗的最好之一法。他說往各處廣遊後的見解，和不大出門時的見解根本改變；甚至一下船後，因見聞的新異，思想即有改變。所以他對記者此次遠行，極表贊同。黃君初見記者時，表示驚異，據說驚異我比他想像中的年青，很慇懃地勸我在外多住幾時，多多吸收新印象，多多研究新事物。他此次是由香港登輪赴新加坡的，我問他香港的工商業現狀，他說和上海患一樣的毛病，即內地鄉村破產，資金集中香港，同時因城市的工商業不景氣，金融停滯，同陷困境。此外黃君談及南洋一帶僑胞情況頗詳，謂最大的危險爲受世界經濟恐慌的影響，僑胞失業大問題，現雖無確實的詳細統計，但據他所知道，從前國人由廈門汕頭香港等埠赴西洋移殖的每隻船總乘得滿滿的，最近則出去的船上至多僅有一二百人，而由南洋一帶裝運回國的僑胞，一隻船上往往有二三千人，回到破產的鄉村或不景氣的城市，都有問題，每月有幾隻船的往返，這種每況愈下的危象就很可怕了。

關於南洋僑胞的近況，船上有位本刊的讀者C君在南洋十幾年，談得聲淚俱下，因他還要到南洋去服務，爲避免他也許要因我發表他的談話而受到牽累，所以把他的姓名省却，把一定的地址也省却，只略述他所談的事實，他說南洋羣島的統治者——尤其是荷蘭——在文化及思想等等方面的壓迫僑胞，苛刻達於極點，學校中教授青年不許提起『提倡國貨』，因爲他們認爲提倡國貨卽等於抵制外貨；連『盡國民的天職』的話語都不許有，因爲他們認爲中國人而能『盡國民的天職』，便是排外！什麽抗日，什麽國難，那更提都不必提了。在九一八後，有某島某市的中國青年若干人（記者按：原有一定數目，現爲掩護發言人起見省去）暗中在僑胞裏面作國難及對日經濟抵制的宣傳，被當道全數捕去，雖未有證據，也拘囚起來，雖經當地中國商會及殷實商人力保，都不准，當道的答復很簡單，只說這是中日問題，要關到中日問題解決之後，纔許開審裁判。做中國人有何法想！就只得白白地受着拘囚，嘗着鐵窗風味！說也可笑，後來到了一二八，十九路軍在淞滬抗日血戰的捷報傳播遐邇，該市的中外新聞紙上連登着四天的十九路軍的捷電，苟當道對他們素所輕視的中國人居然忽改態度，刮目相待，立即把所拘囚的中國青年由獄裏提出審判，除兩人仍被判決驅逐出境外，其餘都判決無罪開釋。誰知道抗日義軍的威名竟間接能使海外若干青年得免無辜縲絏之苦！現在是我們『和外』的時代了，海外帝國主義者對於我們僑胞的待遇當然也恢復了原狀。

據說僑胞現在所受的經濟打擊，重要的有兩件事：一件是受世界經濟恐慌的影響，還有一件是日本的積極猛厲的南侵。關於第一件事，大家容易明白。關於第二件事，有略加說明的必要。在九一八以前，日貨在南洋銷數佔全部入口貨百分之四十，在九一八以後，因我們僑胞的抵制，日貨在南洋銷數反而增加了一倍，佔了百分之八十！原來在九一八以前，日貨多由華僑批發，轉售與土人，後來華僑抵制很嚴，日人就自己派人直接到南洋推銷，並得到日政府的津貼和衞護，土人更為歡迎，遂一躍而增加一倍的銷路。華僑原來居間批發，還有餘利可得，這樣一來，全部拋棄，而祖國又沒有代用品可用，他們的日用品乃不得不勉力購買價格特昂的歐貨，處處吃虧！日人在南洋報上大膽宣言，說十年後必能將華僑完全打盡！

我國卽有國貨運往南洋，也絕對不能和該處的日貨競爭，因日人一發現有某種中國貨流行，他們卽得到日政府的津貼，造出同樣或更好的貨品，大減價出售，土人當然歡迎價廉物美的貨物，使中國貨無立足餘地。一年打不倒，兩年；兩年打不倒，三年。毫無後盾的中國貨，沒有不被打得落花流水的。僑胞也都知道了我國現在是積極進行『和外』的政策，惟有呑聲飲泣而已。

某君談完海外僑胞種種受人凌辱的苦況後，與記者相對唏噓者久之・

廿二，七，十九，上午・佛爾第船上，自新加坡寄・

# 八　到新加坡

新加坡地勢作橢圓形，處於馬來半島的極南，東西廣約二十七哩，南北長約十四哩，面積二百十七方哩，爲南洋羣島的樞紐，歐亞航運的中心，華人最初到該島的約在二百年前，但距今一百零九年前（一八二四年）該島的統治權却爲英所佔有・百餘年前滿目荒涼，徧地荊棘，數十年來才日趨繁榮，一躍而爲世界第九的著名商埠・（近來的經濟恐慌，隨着舊制度總崩潰中的情形，見下節一文・）該島居民民族混雜，好像各民族的標本陳列所似的，我們的船一到碼頭，卽可瞥見各種各色的面孔，有白的，有黃的，有棕色的，有一團漆黑的。民族種別可分爲中國人，歐洲人，馬來人，印度人，混種人及其他。華人中以福建廣東人爲最多，約佔全數十分之九。歐洲人以英人爲最多；美，法，德，意等次之。此外如印人，亞拉伯人，猶太人，暹羅人，爪哇人，安南人，日本人，爲數也很多。據一九三一年的調查，人口總數約六十萬人，歐人近萬，華人竟有四十萬人左右，約佔全部人口三分之二。位置離赤道僅九十英哩，故全年皆夏，但據記者上岸後所感覺，還不及上海最熱時候的那樣熱，入夜則海風習習，更爲涼爽了。

佛爾第號二十日上午七點鐘就靠了岸，因須由移民廳派員來驗護照，所以等到九點半才得上岸。僅上岸遊覽而不打算居住的搭客，可不必驗看護照，但仍須等到其他的護照全部驗畢後才許上岸，船旁吊梯上立有兩個穿着像水兵制服的一黃一白的人物立着，在護照未驗畢以前，一概不許上下。所以到碼頭上迎接親友的有數十人也只得呆立着等候兩三小時之久，船上搭客和碼頭上的親友雖望見了，還是可望而不可卽。英國人辦事雖呆板，但秩序却很好。岸上等着迎接親友的人們，有一對中年的廣東男女，船上有人認識他們的，說是夫婦，丈夫是個特別魁梧肥胖的大漢，立在他身旁的妻子却是比他矮得兩尺多的渺小清瘦的女子。新俗夫婦往往挽臂並肩而行，像這個妻子，恐怕就只得挽着她丈夫的大腿，把肩並着他的腹部而行了。

記者在船上無意中遇着廈門的中國銀行經理黃伯權君，上次通訊裏已提及，他到新加坡時有人來接他，我們旅行到各處時，最好在岸上有熟人照料引導，記者承他的介紹，由華僑銀行的邵君陪伴着我們九個人參觀了半天。我同房間的有三個人，加上一個張心一君，一個赴德學醫的郭君（同房間的周洪熙君也是赴德學醫的），一個赴德學工程的李君，一個赴意大利學醫的俄人，連邵君共九人，雇了兩輛汽車，先到華僑銀行參觀，然後出發暢遊全市。我們先看博物院，有熱帶的飛禽走獸的標本，最大的有鱷魚，巨虎，毒蛇等等，有往昔土人和毒蛇猛獸鬪爭種種器械，每物上都有卡片印着英文的說明，令人想見本島在未開發前的種種恐怖狀況，此外關於土人的習慣風俗，亦有頗多的陳列，這樣的博物院很能增加我們研究歷史的興趣。馬來人舊俗以頭額生得扁扁的為最美，故從小卽用人工把頭額壓扁，博物院中亦有一很大的模型，是一個馬來種的母親把一個厚厚的鐵條縛在她的嬰兒的額前，注視着希望他的頭額能趕快的扁起來！憨態可掬，愚尤不可及，但天地間類乎這樣愚不可及的事情還多着哩。

新加坡除沿海邊的幾條市街外，郊野的風景很美麗，平坦整潔的馬路，兩旁嬌紅艷綠，花草極盛，在綠蔭中時時湧現着玲瓏宏麗的洋房，我們坐在車裏駛過時，左顧右盼，賞心悅目，好像『羽化而登仙』了似的！但美是美了，却因市面的不景氣，經濟恐慌一天緊張一天，有許多好房子空着，沒有人住。

尤美的還有植物園，面積廣闊，路徑平坦而曲折，汽車可直通無阻，這裏面的鮮花奇草，更是目不暇接，樹蔭蓊鬱，翠綠欲滴，有一處小猴隨處跳躍，猴身高僅尺許，毛極細潤清潔，不避人，亦無任何拘束，啖以香蕉，即當人前飽吃一頓，吃後緣樹急爬而上，輕捷如履平地。

午時我們仍回到華僑銀行，略事休息後，團體拆散，各自隨意遊覽，因佛爾第號下午五點鐘才開。記者便偕同張心一和周洪熙兩君另成一組，先陪周君往天南酒樓去尋訪一位朋友，無意中和該處一位僑胞有一番值得記述的談話，下午躑躅道旁，正在迷途中不知如何回到船上的時候，忽遇着星洲日報一位在上午到船上徧尋我不得的記者黃汝德君，這都是意外的事情，當在另文記述之。

廿二，七，廿一，上午，佛爾第號船上。由哥崙坡發。

# 九　僑胞的憤慨

記者於七月二十日到新加坡後的大概情形，在上文中已略有談及，現在請再補述些．

那天中午我們一羣八人囘到華僑銀行後，卽分散自由遊覽或訪友，記者便和張君心一陪伴周君洪熙同往天南酒樓訪友，剛巧那位朋友出去了，周君乘黃包車赴附近兌換零錢，我和張君便暫在這個旅館裏的廳上坐着等候，我們在街上看見有許多店門關閉，已可概見商業的蕭條，舉眼看看這個旅館裏的住客名牌上，又見房間只有一半住滿，其餘的一半都空着，又想到市面的不景氣，便和廳上一位看上去似管事人模樣的某君談起話來．我們先問他生意如何？他就短歎長吁的搖

香港之上山電車←

新加坡華僑銀行↓

新加坡街市有雙人黃包車↓

開羅金字塔及人首獅身像↑

阿刺伯人在金字塔附近早禱→

蘇彝士運河↓

着頭，說市面一天不如一天，最近全市關閉了的店戶或住宅約有五千家之多了，證以記者沿途所見，他的話確是實情。記者問起僑胞生計的近況，他更感喟不置，說兩三年來，南洋英屬各地僑胞因失業而被驅逐回國者有十餘萬人，荷屬各地僑胞因同樣原因而被驅逐回國者亦有十餘萬人，新加坡一地卽達四五萬人，因此類僑胞多屬工人，工廠停歇，失業者動輒數千人，當局深恐妨礙治安，故勒令回國。其中亦有因生計無法維持，由同鄉各人你捐十圓，我捐五圓，湊成川資，自動回國，其實他們回國後也沒有辦法，前途茫茫，不知何處容身！

張君問他在此處的僑胞看不看國內的報紙，他說只看本地的報紙，又問他關於國內的定期刊物，僑胞喜看的是那幾種，他提出生活週刊，說他自己也常看，僑胞看的很多，我問他爲什麼喜看，他說僑胞們覺得生活上所說的話是僑胞心裏所要說的，記者聽了唯有暗中慚愧，但旣知道他是本刊的一位熱心讀者，便請教他的尊姓大名，才知道他姓李名恆亮，廣東惠州人，原在荷屬南洋營商，因商業不景氣，不能維持，於九月前才到這個他的弟弟所開的旅館裏幫忙。他說他的祖父就到南洋，所以三代都是僑商，他自己並未曾見過祖國是個什麼樣子，但因僑胞在國外處處感到切膚之痛，他希望祖國爭氣的心也異常的殷切。談到這裏，他對國事憤慨極了，切齒握拳，聲色俱厲，說僑胞們以一片赤誠對祖國主持國事的人，現在所幹的是什麼，做了什麼成績來給民衆看！嘴巴上說得多好聽！××主義，××憲法！結果造成若干搜括無遺的暴發戶！民國十五年國民軍北伐時代，荷屬當局駭汗相告，說這一次中國的革命青年眞要成功了，對僑胞的態度立刻轉變，但是到了甯漢分裂，鬧得每況愈下之後，外人又覺得紙老虎拆穿了，故態復萌，如火如荼的僑胞熱望盡付流水！

李君說這是僑胞一致的憤慨，不僅他個人的意見。他說後切齒痛恨，大有怒髮衝冠的神氣！張君和我都爲之悚然。

李君很坦然地說他自己不過小學畢業，沒有什麼學問，但是非之心和僑胞的公意，他是很明白的。我安慰他說：自命『學問』愈深的人，自私自利的觀念也愈厲害，巧取豪奪的技巧也愈高明，獻媚於帝國主義與軍閥官僚而猶自鳴得意，自己反靦然認爲『負責』的，都是『學問』號稱淵博的人們！今後中國的一線希望，就繫在天眞樸實敢作敢爲的大衆！並極力安慰他，叫他不要過於悲觀，大衆的偉大力量是終要起來的，我們只須認淸途徑向前努力就是了。

我們聽了李君的話——他說這也是海外僑胞的公意——還有一個似乎平易無奇而實爲異常重要的教訓，那就是：要獲得民衆信仰的任何政府，決不能靠宣言或通電上的花言巧語，更決不能靠欺騙民衆或壓迫民衆的任何高妙手段，唯一的方法就只有做出實際有益大衆的具體工作來。

李君談話中提起張學良，說得怪有趣，說當他出國經過南洋時，僑胞所得的感想是不抵抗主義的張學良，在國外去用什麼面孔去見人！據李君所聽說，張氏到孟買時，曾請人代達甘地，表示要見一見甘地，被甘地嚴辭拒絕。這個新聞，記者在國內時却未有所聞，如李君所說的果確，大概是甘地還未願意收納我們中國的這位『高足』吧！

記者最後和李君分別時，才說明我是由生活週刊社來的，並以共同努力相勗，他很高興，很誠懇地和我們握手告別。周君的朋友雖未訪着，但記者却於無意中遇着這樣一位能很誠實地將僑胞衷曲告訴我的朋友，可謂幸事。

我們三個人同在一個廣東菜館裏吃了一頓簡單合口的午餐後，便往各馬路上買些零物，越跑越遠，不知歸路，問路也沒有人知道意輪停泊的碼頭，上面却有火傘似的太陽很難堪地籠罩着，要僱車吧，車夫也都不懂我們的話。這一羣『迷途的羔羊』正在徬徨歧途，不知所措，向前踉蹌着瞎闖着的當兒，瞥見民國日報館的招牌，認爲這也許是可以問出結果的地方，便向着這方面跑，剛巧該館門口有兩位穿西裝的青年正在談話，我們便迎上去問意輪的碼頭，有一位不知怎的會問起我們裏面『有沒有韜奮先生在內？』張周兩君即連忙答說有，記者很詫異，問明原由，才知道這位是星洲日報記者黃汝德君，他說那天上午佛爾第號船上有一位生活的女讀者來新加坡任某校教員的，（這位讀者在船上時未來見我，所以記者還不知道，）上岸後告訴他說記者此次也乘該輪赴歐，他就跑到船上徧覓不得，正在尋訪中，他不知道我正在做一隻『迷途的羔羊』。當然，我們好像得到了一個救星，承黃君很慇懃地邀我們同往該館參觀，蒙該報經理林靄民君和總編輯傅无悶君熱誠招待，我們在口渴腦脹後喝了幾杯如獲至寶的冰凍橘子水。星洲日報雖僅開辦了四年，已爲新加坡最有聲譽的日報，每日出晨報晚報兩種，銷數共近三萬份。傅君歷任南洋各報主筆者二十餘年，極富經驗，林君一望而知他是一位精明幹練熱誠勤奮的人才，該報有他們兩位合作主持，又有不少得力同事和衷共濟，該報之蒸蒸日上，規模日宏，實意中事。我們並承林君親自陪乘汽車送到船上，盛意可感，我們這一羣迷途羔羊的困難問題竟得於無意中解决了。

傅林兩君對於僑胞的經濟危機和僑胞對於國事的種種失望，也有很詳細的談話．新加坡最大出產爲樹膠，從前價格最高時每磅到過三圓，後來價格最低時，每磅價格跌到五分，其差異實可驚人，破產失業者因此纍纍．至僑胞對於國事的失望和憤慨，所言尤足爲李君所說的話的佐證．

廿二，七，廿一，下午，佛爾第號船上．自哥倫坡發．

## 一〇 船上的民族意識

記者前天（二十一日）上午寫到新加坡那篇通訊時，不是一開始就說了一段風平浪靜的境界嗎？昨天起開始渡過印度洋，風浪大起來了，船身好像一蹲一縱地向前邁進，坐在吸烟室裏就好像天翻地覆似的，忍不住了，跑到甲板上躺在籐椅裏不敢動，一上一下地好像騰雲駕霧，頭部腦部都在作怪，昨天全日只吃了麵包半塊，做了一天的廢人，苦不堪言。今天上午風浪仍大，中午好了一些，我勉强吃了一部分的中餐，下午吸煙室裏仍不能坐，寫此文的時候，是靠在甲板上的籐椅裏，把皮包放在腿上當桌子用，在狂濤怒浪中緩緩地寫着，因明日到哥倫坡待寄，而且聽說地中海的風浪還要大，也許到那時，通訊不得不暫擱一下。

船自新加坡開行後，搭客中的中國人就只剩了七個，一團漆黑的朋友上來了十幾個（印度人），他們裏面的婦女們手上戴了許多金鐲，身上掛了不少金練，還要在鼻孔外面的凹處嵌上一粒金製的裝飾品，鼻子上那一個窟窿就不知道是怎麽挖成的！此外都是黃毛的碧眼兒。有一個嫁給中國人的荷蘭女子，對於中國人表示特別好感，特別喜歡和中國人攀談。

同行中有一位李君自己帶有一個帆布的靠椅，預備在甲板上自己用的，椅上用墨寫明了他的中西文的姓名以作標誌。前天下午他好端端地舒舒服服地躺在上面，忽然來個大塊頭外國老太婆，一定要把他趕開，說這個椅是她的。李君把椅上寫明的姓名給她看，她不肯服，說他偷了她的椅子，有意寫上自己的姓名！於是引起幾個中國人的公憤，我們裏面有位甲君（代用的）尤其憤激，說『中國人都是做賊的嗎？這樣的欺侮中國人，我們都不必在國外做人了！這還了得！』我看他那一副握拳擦掌切齒怒目的神氣，好像就要打人似的．還有一位乙君持極端相反的意見，他說：『中國人出門就準備着吃虧的，』又說：『自己不行（指中國），有何話說！』他主張不必認眞計較．當時我剛在吸煙室裏寫文章，他們都倉皇地跑進來告訴我，我說老太婆如不講理，可將情形告訴船上的管事人（Steward），倘若她自己也帶了一張椅子，因找不到而誤認的話，便可叫管事人替她找出來，便明白了．後來果然找到了她自己的椅子，對李君道歉，而且覺得很難爲情．聽說她原有幾分神經病，甲君仍怒不可遏，說不管有沒有神經病，總是欺侮中國人，於是他仍舊狠狠地熱血沸騰地對着這個老太婆加了一番教訓，並在背後憤憤地大說乙君的閒話．

中國人到國外易於被人凌辱，却是一件無可爲諱的事實，理由很簡單，無非是國內軍閥官僚們鬧得太像樣，國際上處處給人輕視，不但大事吃虧，就是關於在國外的個人的瑣屑小事，也不免受到影響。例如船上備有浴室，如遇着是中國人正在裏面洗浴，來了一個也要洗浴的西人，往往打門很急，逼着速讓，那種無理取鬧的舉動，雖限於少數的『死硬』"Die-hard"派，無非含有輕視中國人的意味。

不過有的時候也有自己錯了而出於神經過敏的地方。此次同行中有一位『同胞』（赴外國經商的）說話的聲音特別的響亮，極平常的話，他都要於大庭廣衆前大聲疾呼。除登臺演說外，和一二人或少數人談話原不必那樣賣力，但是這位仁兄不知怎樣成了習慣，不開口則已，一開口就非雷鳴不可。這當然易於惹人厭惡，我曾於無人處很和婉地提醒他，請他注意，他『願安承教』了，但過了一天，故態復萌。有一夜他在房裏又嘩拉嘩拉起來，被對房睡了覺爬起來的一個德國人跑過來辦交涉。他事後憤然的說，在自己房裏說說話有什麼犯法，他覺得這又是選定中國人欺侮了！

自九一八中國暴露了許多逃官逃將以來，雖有馬占山部及十九路軍的曇花一現的暫時的振作，西報上遇有關於中國的漫畫，不是畫着一個顢頇大漢匍匐呻吟於雄赳赳的日軍閥鎗刺之下，便是畫着前面有一個拖着辮子的中國人拼命狂奔，後面一個日本兵拿着鎗大踏步趕着，這樣的印象，怎能引起什麼人的敬重？至於外國人中的『死硬』派，那更不消說了。這都是『和外』的妙策遺下的好現象！

到國外每遇着僑胞談話，他們深痛於祖國的不振作，在外隨時隨地受着他族的凌辱蹂躪，呼籲無門，所表示的民族意識也特別的堅強，就是屢在國外旅行的雷賓南先生，此次在船上的時候和記者長談，也對此點再三的注意，可見他所受到的刺激也是很深刻的。我說各殖民地的民族革命，也是促成帝國主義加速崩潰的一件事，不過一個民族中的帝國主義的附屬物不剷除，爲虎作倀者肆無忌憚，民族解放又何從說起呢？這却成為一個先決問題了。

廿二，七，廿三，佛爾第號船上。自哥倫坡發。

## 二一 到哥倫坡

昨天（七月二十四日）上午九時半到錫蘭島（Ceylon）西南端的哥倫坡（Colombo），停泊到當晚十一點鐘開行。據船中有航海經驗的人說，自六月至九月間，阿拉伯海，紅海及地中海，都有西南颶風，聞者都有戒心，尤其是船上有暈船毛病的朋友，記者原也準備今天再忍受『廢人』的生活，不料今晨五點半起身後，發現風浪並不怎樣厲害，早膳後卽往更高一層的無蓋甲板上散步半小時，隨着就在甲板的籐椅上展紙提筆寫這篇通訊。

錫蘭爲印度南端的一島，有『印度洋的眞珠』('Pearl of the Indian Ocean')之稱。據說是因爲該島的形式好像一顆大眞珠，點綴在印度洋上面。但據記者就地圖看來，並不像眞珠，只彷彿一個上尖下寬的葫蘆，該島所以有這樣一個綽號，不如說是因爲該島也以出產眞珠著名於世。全島二百七十五英里長，最闊處達一百四十英里，全島人口約四百六十萬人，大部分屬辛赫利斯(Sinhalese)種族，膚色和印度阿三相似，有的簡直漆黑一團，除此種土人外，印度人也很多，其餘的還有馬來人，摩爾人，歐人，華人，日本人等等。宗教有佛教，印度教，回教，基督教，天主教等，同時並存，寺廟隨處可見，中以天主教最盛，西岸的漁民幾乎都是天主教徒。該島十六世紀時爲葡萄牙人所佔，一六五八年成爲荷蘭的殖民地，一七九五年始爲英人所有。

哥倫坡爲錫蘭島的首都及要埠，爲錫蘭總督駐在地。人口約三十六萬，是歐亞航行必經的要道。該埠最熱鬧的區域爲『砲台區』("Fort")，新式建築的官署，海關，洋行，講究的旅館菜館等都在這區域內的幾條街上，此外有所謂『本地區』（"Pettah"），就只有土人開的小商店，狹隘卑陋。但無論何區，都有個特色，那就是馬路都很廣闊平坦，交通便利。

佛爾第號停泊後，除了七個中國人外，我們的這一羣還加入了一個俄人，一個意大利人，共爲九個人。大家在該埠都沒有熟友，未上岸前，這一隊道地的『阿木林』都聚在近着吊梯的甲板上在人叢中東張西望地混着，正在竊竊私議地商量上岸的辦法，湊巧有位李星樞君因商業事務由煙台到該埠暫住的，上船接友，偶遇着我們這隊『阿木林』中的王君，他們是在煙台時彼此認識的朋友，他從王君知道了我，承他非常誠懇地來招呼我，原來他也是本刊的一位熱心讀者，說久就渴想見見我的，我們在國內無緣晤面，覺得在他鄉無意中碰頭，欣喜過望，於是我們這隊『阿木林』的問題就連帶解決了。由李君替我們僱了兩輛汽車，陪伴我們環遊全市三小時。先看眞珠寶石陳列所，繼而看到一個佛寺，這寺的建築已有些摩登化，內部全是用花磁甎鋪地，我們進去時，先在走廊上把各人的皮鞋脫掉（據說無論何人進去參觀都要這樣），大家只穿着襪子，毫無聲響地魚貫跟着一個引導的印人左彎右轉地看着，這是大家未有過的經驗，所以都聳肩相視而笑．牆上畫滿了一大幅一大幅關於釋迦牟尼從產生後成佛的歷史．這位赤着脚圍着裙，上面穿着一件西裝上衣的引導者，一步一步地用英語講解牆上畫中的意義給我們聽．他的英語講得很流利純熟，這大概是他背誦得熟透了的一套．最後推門走進了一個房間，有一個十八尺長的佛身側臥着，旁邊還有一立一坐的形式，都大得有趣．此外在動物院中所見的有巨虎巨象及集隊成羣的各種各式的猴類．有一處是用水門汀建成的大坑，內有四五尺高的猴子數十隻，投以甘蔗，卽爭奪狂叫扭打得窮形盡相，引人哄笑，我覺得我們人類中也何嘗沒有這樣的怪現象，不過所取的方式不同罷了．

在該埠的華僑僅有二百餘人，大多數是山東籍，做出售繭綢等生意的，他們都很困苦，沒有力量開店舖，都是背着包好的貨物，到四鄉各處去兜生意，土人窮苦，無力購買，多靠西洋人的生意，因言語的不通和知識程度的低淺，往往和人家衝突，聽說所遺的印象不大好。他國人在外經商，多有本國政府的保護及有計劃的指導，我國在外的僑胞就只有盲人騎瞎馬似的亂闖罷了。該埠日貨暢銷，英人圖抵制，提高關稅，我國僑胞些微的營業，亦蒙到殃及池魚的影響。

美德法意日本乃至比利時丹麥芬蘭西班牙暹羅等國在該埠都設有領事，我國沒有，但却有一件奇特的事實，有粵人名林百全，在該埠售賣藥材多年，因對英文比較能說，平日對僑胞的事務也很熱心，英當局遇着有關於華人的事件，都和他接洽，僑胞有了事情，也到他那裏去求助，於是在實際上他好像就代理了中國領事，但在中國政府也許還不知道有這麼一個人！

此處人民的裝束很特別，無論男女，下半身總包着一條裙，上半身穿着一件西裝的上衣，一面赤着脚，下身的裙都歡喜用紅紅綠綠花紋繁多的布料。有的男子滿臉生着鬍子，下面却包着紅的花的裙子！就是苦力，在炎熱中這條包裹着的裙子也是捨不得脫下的，這比我國人穿長衫的習慣更牢不可破了。

本地的一般人民都極窮苦，都過着牛馬的生活。當歐戰時，英人無力顧及，曾委托日本政府代治，日人特施小惠，以結歡土人，現雖交還，土人仍受着欺騙，懷念不置，據說他們恨英人，就只想日人來治，却從不想到自治！

廿二，七，廿五，上午。佛爾第號船上。由孟買發。

## 一二　驚濤駭浪後

記者於離開哥倫坡後的第二日（七月二十五日）寫了一篇通訊。不料二十六日即風浪大作，大受暈船之苦。二十七日上午五時左右到孟買，大雨，雖頭昏腦暈，仍欲上岸一遊，八點便和周郭李諸君離船，海關就設在碼頭上。一上岸就看見成羣結隊的印度男女，有的是由船上下來的，有的大概是來迎接親友的，婦女的衣服都有一大塊披在頭上，如同我們在上海所看見的一樣，不過在此處所見的特別多，一排一排的坐在近牆的椅子上面，花花綠綠的綢衣好像展覽會似的陳列着，還加上頭面上和手上戴着的許多燦爛耀目的黃金首飾及裝飾品等等。男的衣服，下身兩腿裹着白布，上身穿着比尋常西裝上衣更長的外衣，好像西裝大衣的樣子，這大概是他們的衣服一部分摩登化的結果，和哥倫坡土人的衣服摩登化又有些不同。海關上的上級職員當然是碧眼兒，下級及賣氣力的苦力當然是當地的黑炭。這是各殖民地的一律現象。

我們四個人在海關上看了一陣，想僱車出發，又怕因人地生疏而大吃敲竹槓的虧，既而看見有註明政府註册，車上裝有行程計算表的福特汽車，才决議一試，言明每英哩八個安納（十六安納合一盧比，約華幣一圓）。我們一路觀覽，一面却常常注視車上的行程表，只見一個一個盧比很迅速地的增加上去！以牟利爲唯一目的的事情原是造成欺詐的根源，雖有行程表按科學的方法誌明所經的哩數，但開車的因我們不認得路，可故意兜遠路，由此增加表上的數字。我們這幾個孩子却也不很傻，看了幾個地方之後，見着行程表上的記載已需要我們付出八個盧比的車費，預計歸程，如再經他一番兜圈子，不但費用上不合算，而且時間上也不妥當（佛爾第號當天上午十一點半卽開）。便商得一計，對他說先把我們送到郵政總局，等我們將信寄後還要到許多地方去，他把我們很迅速地送到郵政總局，我們把信投寄後，和他開談判，說卽送我們上船，共付九個盧比，否則只照表上付八個盧比了事，不再乘他的車子，結果他很不樂意地答應了，在五分鐘內由捷徑把我們送到碼頭上。我們倘不掉這樣一個鎗花，也許要十倍的時間還不夠，但假使沒有行程表使我們知道盧比的數量，我們也許要始終蒙在鼓裏，可見有一定標準的科學方法總比漫無標準的辦法勝一籌。

孟買是印度的工業中心區域，這是大家知道的。道路廣闊平坦，建築大都是新式的洋房。我們經過一個美輪美奐的宏麗華廈的區域，開車的告訴我們說這是西人和本地富翁的住宅區域。不多時看到一個窮窟，一個小小的房間住十幾個人，一切生活都在這齷齪不堪的小小房間內過着，這種命運當然只輪到本地土人和無產階級。印度人口三萬五千萬，在印的英人現約十萬人，俯伏於此十萬英人勢力之下的印人中，每日不能得一餐之飽的有三千萬人，這種畸形的狀況能維持得久遠嗎？

未到孟買前，在船上遇着一個印籍的機械工程師，他自稱是個甘地的信徒，說『我們的兩個民族同是不幸的民族』，對記者訴說了不少印人的苦况。記者問他們最近甘地爲解放『不可接觸』的階級而絕食，艱苦卓絕，雖可敬佩，但對印度民族脫離帝國主義的解放運動，有無新的策略，他所舉的仍是我們素所知道的甘地『非武力抵抗』的那麼一套。我說這麼一套固有兩種效用，一種是多少可以暴露帝國主義的罪惡，一種是多少可以鼓動一般印人的民族意識，但老靠這類『打我右頰，就以左頰』的玩意兒，要想脫離帝國主義的束縛，絕對沒有這樣便宜的事情。他說如能達到人人實行『不合作』主義，英人亦無法統治印度，我說這就等於『俟河之清』了。

二十七日午時船離孟買，上來了好幾個印度籍的穿着寬大長袍身廣體胖的神父和好幾個身上穿滿了綢羅和戴滿了黃金首飾的印度貴婦人，令人回想到在孟買窮人窟和那位孟買工程師所告訴的種種苦况。

船開行後，風浪來勢就異常兇猛，勉强坐在甲板上，好像在小學校裏玩着『蹺蹺板』一樣，身體或上或下或左或右的幌着，巨浪打着船旁的聲音就和在上海聽着淞滬抗日血戰時大砲聲一樣。第二天（二十八日）風浪更大，我在臥室裏悶得忍受不住，勉强到甲板上去坐着，則見沒有一個別人，突然一個巨浪飛來，甲板上急流汹湧，倘若不是急急抓住船旁一根繩索，也許已和波濤爲伍，『萍踪寄語』可提早結束了。從此以後，整整地三天三夜悶臥在房間裏，雖有幾個小小的洞口通到船頂上引進一些空氣，還是鬱悶得不了。頭二等的甲板高，可不受巨浪的襲擊，『經濟二等』艙的甲板低，此時便無法行動了。空氣這樣東西總算是取之無窮用之不竭的了，但有時也和金錢的多寡脫離不了關係！

在這三天裏面，腦子就時時要破裂似的，就是同行中向不暈船的朋友，也說除了沒有嚴刑拷打之外，和坐牢沒有什麼分別。就是出聲如雷鳴的朋友，也只好守口如瓶了，直至七月三十日的下午才漸漸逃出了難境，據說只有四月或五月這一路的海面較平靜，此外都不大可靠。朋友裏面頗有人讚美海行之樂，我却一點不能欣賞，就是風平浪靜，在船上一住二十三天，也單調得可厭。（法國船或英國船要三十幾天，德國船要四十幾天。）將來回國時，如西比利亞鐵路走得通，我决由陸路回來，（由莫斯科到上海只須兩星期）印度洋和阿拉伯海不想再領教了。

七月三十一日上午佛爾第號船上．八月三日到蘇彝士付寄。

## 一三　海上零拾

記者自七月十四日上船迄今兩星期了，在這汪洋大海的孤舟上，對於國內時事消息，完全隔離，直等於一個瞎子或聾子。同行中有某君說過幾句頗妙的話，他說出國旅行於健康上很有好處，這句話聽去似很平常，但是他再解釋下去的話却頗特別，他說在國內最損害健康的事情莫過於每天的看報！所看到的關於國事的種種新聞，無論是關於外交，或是關於內政，總是使你看了不免發昏章第十一，如在飯後看了，便有害於你的消化，如在睡前看了，往往使你發生失眠症，這都和你的健康有害，出國之後，好了，什麼都不看見，什麼都不知道，吃飯也容易消化，睡覺也容易舒暢。這位朋友從前是到過外國留學的，他說在外國看報，最怕的是看到關於中國的新聞，因爲偶而遇着，不是某軍閥和某軍閥又打起仗來了，便是什麼地方又發生了綁票案子，使你看着白白地生了一頓氣，別無結果。某君的這些話似乎都能言之成理，照他這樣說，記者現在是再快樂沒有的了。但事實上却不然，因爲你儘管耳不聞目不見，糟糕的國事和悽慘狀況仍然存在，並不因此而消滅，而且一出國門，置身異地，夾在別國人裏面，想念到自己國內的烏烟瘴氣，所感到的苦痛只有愈益深刻。所以在途中所感到的苦悶，和在國內每日看着嘔氣的報紙並沒有兩樣。

船將要離開孟買的時候，發生了一件氣人的事情。船停泊在碼頭，時有印人拿着一大堆西文的各種雜誌到船上兜售。我正坐在甲板上一個籐椅裏靜悄悄地閒看着，忽然從吸煙室裏走出一對英籍夫婦，後面跟着他們的一個十六七歲袒胸露臂的女兒。那個英國婦人氣憤地詢問着誰曾看見一個售賣書報的印度人，說他曾在船上無人處碰了她的女兒，正在這個當兒，剛巧有一個售書報的印度人走過，便被那英國人不管三七二十一，舉起手就打。那印度人採用不抵抗主義，無一語的質問或抗辯，抱頭鼠竄而逃，其實上船售賣書報的印度人有好幾個，挨打的是否就是『碰』的那一個，就是『碰』了，是怎樣『碰』的，是否出於有意，都不可知，只因爲他既不抵抗，只知道逃，也就穩得了他的罪名了！

二等艙中有葉葆亨君，福建莆田人，係爪哇僑商，親送他的一個十八歲的兒子赴德學習化學工程，和一個十九歲的女兒赴德學習醫科，聽說記者也在船上，特來晤談。據說爪哇大宗商業都在華僑掌握中，對祖國原極熱心，淞滬抗日之戰，以三十萬人僑胞所在的爪哇一處，捐款達八百餘萬圓，其踴躍輸捐，可以想見，但現在僑胞對國事却已覺得心灰意冷了！

葉君對國內的教育，尤有沉痛的批評，他說荷蘭人對於青年的科學知識，異常認眞，尤其是算學理化等科，教授非常嚴格，在小學中對這類基本自然科學還沒有充分合格，卽不許入中學，中學升大學亦然。他去年囘福州一趟，見號稱大學的某校，其所用課本的程度僅及荷人所辦的初中，如此徒騖虛名，不求實際，他歎爲徒然誤人子弟。葉君所慨歎的事實，記者雖不知其詳，但我國教育之徒騖表面，關於基本知識之馬虎，使學者缺乏縝密切實的科學訓練，實屬無可爲諱的現象。不過記者老實告訴他，這也不是局部的問題。現在的國事弄得這樣糟，青年們怵目驚心，時時受到悲痛的刺激，怎樣能使他們安心於什麼實學？其次，在現在的狀況下，就是有了眞才實學，用到什麼地方去？有那一件眞屬建設的事業容納得了若干人才？況且封建勢力的遺毒瀰滿於各處——尤其是和政治有多少牽連的事業，有了狐親狗戚的靠山，阿貓阿狗都得彈冠相慶，否則什麼都無從說起！實際的環境如此，要想用空言勸告青年如此這般，豈不等於石沉大海，於事實上那有絲毫的效用？

同行中有位出聲如雷鳴的旅伴，記者曾在通訊裏提過他，因爲關於他的故事不無幽默的意味，所以還是把他當作無名氏妥當。這位『雷鳴』先生，在漫漫長途中倒供給我們以不少的有趣的談資．他除有『大太太』外，還有一位『二太太』，他的『大太太』，聽他的口氣，大概是個土老兒，『二太太』却是個千嬌百媚的女學生，因留在家裏，使他懷念不置，動不動就想到『二太太』，大家也常常提起『二太太』和他說笑．這裏却有個小小的難題，他的『大太太』無論如何不願正式離婚，此事未辦妥，『二太太』總覺得在名義上不稱心，於是這位『雷鳴』先生天天感到心神不寧，三番五次的和我商量，一定要我替他想個辦法．我說依現行法律，女子一嫁就有法律上的保障，除她和你同意辦到協議離婚外，你倘無法律上認可的充分理由，實想不出什麽辦法，他氣極了，悻悻地說：『好！我就算多養一隻狗就是了！』他這句話雖近乎戲語，但却使我得到一個很深的感觸，就是呆板的法律所能爲婦女——在經濟上不能自立的婦女——保障的，至多是物質生活的免强維持，無法救濟精神上的裂痕．

七月三十一日上午佛爾第號船上．八月三日到蘇彝士付寄．

# 一四 月下中流——經蘇彝士河

我們原定辦法，由意輪船公司招待搭客往埃及首都開羅遊覽，願去的每人繳費六鎊半，汽車火車及午晚餐食等在內，三日上午由蘇彝士城出發，可於當晚十點鐘到波賽（Port Said）上原船繼續前行。六鎊半合華幣在百圓左右，爲數不能算小，但同行的好幾位都覺得機會難得，不願錯過，我也覺得在小學時讀歷史，就看到書本上畫着埃及金字塔和人首獅身（Sphinx）的像，雖行囊慳澀，到此也硬着頭皮隨衆報名繳費，滿心以爲四千年的勝蹟卽在目前，不料二日下午得到取消的消息，雖省了百圓，却感到無限的失望和惆悵，也許此生就永遠沒有第二次的機會，因爲我回國時想走陸路。

八月三日下午六點鐘船到蘇彜士城，僅停一小時，不靠岸，有幾隻送客登輪的小火輪和幾隻小船泊在佛爾第號的船旁，十幾個阿拉伯人爬上來兜售報紙畫片及其他雜物，搭客都擁聚在甲板上購買，我也買了兩打關於開羅名勝及蘇彜士河的景物相片，寄給本刊。

記者此次雖很失望地未曾到開羅去遊覽，但三日夜裏經過蘇彜士河的情形，却給我以悠然意遠的印象。此時一輪明月高懸，蔚藍的青天淨潔得沒有絲毫的渣滓，淸風吹來，爽人心脾，搭客們多聚在船頭特高的甲板上遠矚縱覽，只見船的兩邊都是一望無際的沙漠，右爲亞洲，左爲非洲，離船大都不過十幾尺或幾尺，船頭前掛着兩盞好像巨眼的大電燈，射出耀目的光線，使前面若干距離內的河身好像一片晶瑩潔白的玉田，在狹隘的運河中特別顯得龐大的船身徐徐地向前移進，假如不看前面而僅望左右，又恍若一輛奇大無比的汽車在廣闊無垠的沙漠上緩緩前駛似的。這夜記者在甲板上憑欄靜眺，直看到十二點鐘，才進到臥室裏去睡覺，在睡夢中還好像明月清風，隨我左右。

溝通紅海和地中海，縮短歐亞海行路線的這條蘇彝士運河，經法人勒賽普斯(Ferdinand de Lesseps)和無數工人十四年的辛勤勞力，中間戰勝過無數次的破壞和種種困難，才於一八六九年十一月十七日正式開幕，距記者於月夜靜寂中通過此河的今日，已六十四年了。這條運河長八十八英里，闊從一百碼至一百七十五碼，原來估價需二萬萬佛郎，後來用到四萬萬佛郎，約等於一千四百萬金鎊，合現價在二萬萬圓以上了。一半資本在法國募得，其他一半幾全為當時埃及總督賽氏(Mohommed Said)所買，後來他把股子賣給英國政府，於是英政府在管理上便握有大權了。(當時賽氏贊助勒賽普斯的計劃甚力，現在蘇彝士河盡頭的波賽，意即『賽氏港』，就是為紀念他而取名的。)

說到起意要建造蘇彝士運河的，頗有趣的是要輪到法國一世之雄的拿破崙。

他在一七九八年進攻埃及時，忽想到要造一個運河通紅海，便任命一個工程師名叫勒伯爾(Monsier Lepere)的視察並報告研究的結果。這個工程師奉命執行了，他的報告雖承認這個計劃有種種的利益，但是宣言紅海和地中海的水面不平等，要在地中海沿岸築海港是一件不可能的事情，於是作罷。不料這就隱隱中種了今日蘇彝士河的種子，在此三十七年後（一八三六年）勒賽普斯被任爲亞歷山大的代理領事，到該埠時，所乘的船因查疫停頓，搭客不得卽行上岸，他於無聊中展閱朋友送給他的幾本書，裏面有一本是勒伯爾的筆記，竟引起他對建造這條運河的濃厚興趣，終靠他百折不囘的努力，造成在亞歐航行上開闢新紀元的蘇彝士運河

八月四日晨走完了蘇彝士河而達到波賽，有半天的停泊，雖不靠岸，但意輪公司有小火輪運送搭客上岸及囘船，也很便利，記者便和同行的張周郭李諸君同上岸一遊。道路很平坦廣闊，房屋雖屬洋房式子，而且一來就是五六層，但在前

面總是用木料造成突出的一部分，好像露台似的，圍滿着各種花樣的窗戶．街上遇着的都是穿着長袍戴着和土耳其人一樣的帽子的男子，婦女除極少數穿西裝的以外，大多數是頭披黑紗，鼻以下部分也用黑紗圍着，額前還掛着一個黃色木製像小塔的裝飾品垂到鼻上．這也可見該處婦女解放還在什麼程度了．

我們參觀了一個回教教堂，裏面地上用草蓆鋪着，正殿用絨毯鋪着地，到門口時須在鞋上套着草包似的套鞋，才得進去．聽說一般人民每天須到各教堂洗手洗脚禱告五次，該教堂裏有個引導參觀的人，對我們大講教義，引到裏面一個狹街裏的時候，向我們要錢，給一個先仙，不肯休，加一個，才了事，我們都覺得雖聽他講了一些教義，却被他敲了一個竹槓！在教堂裏最注目的，是那班禱告者跪在地上高舉兩手，用足勁兒向下拜的那副神氣．我們出門時望望脚上所套着的那雙草包式的套鞋，倒也覺得奇特，便用所帶的攝影機拍了兩張照．

我們五個人共乘着一輛馬車，做了一番馬路巡閱使（波賽滿街馬車，汽車極少，）其實波賽沒有什麼名勝可看，原也只有幾條街市供遊客兜幾個圈子．此外還值得一記的有兩件東西：一個是巍然屹立河邊的勒賽普斯的銅像，連座共高五十七尺；一個是一百八十四尺高的石造燈塔，夜裏每十秒鐘顯露强烈白光一次，在海上二十英里距離以內都看得見．

廿二，八，五，上午，佛爾第號船上．

## 一五　海程結束

今天（八月六日）下午兩點鐘佛爾第號可到意大利的布林的西（Brindisi），算是到了意大利的第一商埠，明天中午可到該國名城威尼司（Venice），那時記者離船上岸，此次近三萬里的海程便告一結束了．佛爾第號定於八月十二日由意開行，九月五日可到上海，記者的這篇通訊剛巧可由這同一的船寄囘上海，這也是最迅速的一法。記者此次乘這隻船出去，『海程結束』的這篇通訊又可乘這隻船囘來，可說是無意中的怪有趣的湊巧。

在這將要離船的前一天，我想把在船上的零星觀感隨便地提出來談談。

記者過印度洋和阿拉伯海時，因遇着颶風，吃了幾天大苦頭，好像生了病一樣，對什麼都興味索然，自從八月一日以來，尤其是昨今兩天，氣候溫和，日霽風清，船身平穩，我的腦部治安完全恢復，又活動起來了，對船上的各種人，各種事物，冷眼旁觀，也饒有趣味——船每到一埠，便有一批人離船登岸，同時又有一批人上來，好像實驗室裏用完了一批材料，時時有新材料加入供你放在顯微鏡下看看，或試驗管裏試試。

在船上可供你視察的，有各國各種人同時『陳列』着任你觀看。記者此次所遇着的除幾個同國人外，有意大利人，德國人，英國人，美國人，法國人，奧國人，荷蘭人，比利時人，印度人，乃至爪哇人，馬來人等等．（不過日本人一個都沒有，有人說他們非本國的船不坐．）架子最大神氣最足的要推英國人，他們最沉默，最富有不睬人的態度．無論是一個或是幾個英國人坐在一處，使你一望就知道他們是『大英帝國的大國民』！最會敷衍的要算美國人，總是嬉皮笑臉，充滿着幽默的態度．大概說起來，各國或各民族的人，或坐談，或用膳，都喜與本國或本種人在一起，這也許是由於語言風俗習慣的關係．在孟買下船後，來了幾十個印度籍的男女，大多數是天主教中人，赴羅馬朝見教皇去的．他們很少和西人聚談，有一邊的甲板上全被他們坐滿了，看過去就好像是印度區似的．裏面有好幾個『智識分子』，對記者談起被壓迫民族的苦痛，都很沉痛，每每這樣說道：『我們是在同樣的政治的船上啊！』（他們都是用英語和記者談，原句是："We are in the same political boat!"）中國在實際上不是帝國主義的殖民地嗎？所以記者對他們這句話只有悲慨，沒有什麼反感．

談起船上的印度人，還有一件似乎小事而實含有重要意義的事情。在二等艙裏有三四個印度搭客，（記者所乘的是『經濟二等』，略等於他船的三等，這是非正式的二等。）都是在印度的大學畢業，往英國去留學的，有的是去學醫，有的是去學教育，他們裏面有一個在浴室裏洗浴剛才完了時，有一個英人搭客跑進來，滿臉的不高興，對着浴盆當面揶揄着說道：『牛肉茶！』（"beaf-tea"）意思是譏誚印人的齷齪，其實就是存心侮蔑他。從此這幾個印人都不願到浴室裏去，但他們『飲泣吞聲』的苦味可以想見了！

據記者觀察所得，大概在東方有殖民地的西人，尤其是親身到過他們在東方殖民地的西人，對東方民族賤視得愈顯露。他們大概還把自己看作天人，把殖民地的土人看作螻蟻還不如！船上有一個在印度住了二十幾年的英國工程師，和記者有過一次談話，便把印度人臭罵得一錢不值。

有從爪哇赴歐的華僑某君，談及爪哇情形頗詳。爪哇荷人約二十萬人，華僑約三十萬人，士人有三千五百萬人，最有意思的是他說住在關綽旅館的荷人，每人每日生活費需二十五盾（每盾合華幣二圓），而土人每日每人的生活費只需一角（十角一盾），這樣，一個荷人一日的生活費竟等於二百五十個士人一日的生活費了！又據說該地政府對於入口檢查最嚴的是智識分子和書籍，如果你是個什麼大學畢業生，那就必須關在拘留所裏經過一番詳愼的審問查究，尤其怕得厲害的是××主義，因爲三千五百萬的士人如受了煽動，起來反抗，那還了得！他說最好你什麼書都不帶，只帶一本聖經，那就很受歡迎！這位僑胞自稱是個教徒，他這句話大概是含有讚美『聖經』的意味，但在我們看來，對於這樣獨受特別歡迎的『聖經』就不免感慨無窮了！

八月四日下午船由波賽開行後，忽然增加了五百左右的男女青年，年齡自八歲至二十歲，女子約佔二百人。男女分開兩部分安頓。青年總是活動的，在甲板上叫囂奔跑，成羣結隊的亂闖着，好像無數的老鼠在『造反』，又好像泥堆上的無數螻蟻在奔走洶湧着。原來他們都是在埃及的各學校裏的意大利青年，是法西斯蒂的青年黨員，同往羅馬去參加該黨十週年紀念的。男的都穿着黑衫，女的只穿白衫黑裙。這班男女青年的體格，大概都很健康，一隊一隊女的胸部都有充分發達的表現，不像我國女子還多是一塊板壁似的，不過說到他們的眞實信仰，却不敢說。記者曾就他們裏面選幾個年齡較大的男青年談談，有的懂法文，有的懂英文，問他們是不是法西斯蒂黨員，答說是；問他們什麼是法西主義，答不出；不過他們都知道說墨索利尼偉大，問他們爲什麼偉大，也答不出，只有一個答說因爲只有墨索利尼能使意大利富强，我再問他爲什麼，又答不出！其實法西主義究竟是什麼，就是牠的老祖宗墨索利尼自己也不很了解，不能怪這班天眞爛漫的青年。（參看生活書店出版時事問題叢刊第二册的法西主義第七頁。）

廿二，八，六，上午，佛爾第號船上。七日到威尼司付郵。

## 一六 威尼司

八月六日下午四點鐘佛爾第號到意大利的東南海港布林的西(Brindisi)，這算是記者和歐洲的最初的晤面．該埠不過因水深可泊巨輪，沒有什麼勝蹟可看，船停僅兩小時，記者和幾位同行的朋友却也上岸跑了不少的路，像樣的街道只有一條，其餘的多是小弄，在海邊上雖正在建築一個高大的紀念塔，但我們在街上所見的一般普通人民多衣服襤褸，差不多找不出一條端正的領帶來．我們穿過好幾處小弄，窮相更甚，有好幾處門口坐着一個老太婆，門內掛着花布的簾子，時有少婦半裸着上身探首簾外向客微笑，或曼聲高唱，她們用意所在，我們大概都可以猜到．

威匿司聖馬克鐘樓夜景↑

威匿司大運河←

威匿司水城↓

聖馬克大教堂前的廣場和不避人之鴿羣↑

聖馬克廣場附近之大侯宮↓

八月七日下午到世界名城之一的威尼司（Venice）。同行中有李汝亮君和郭汝楠君（都是廣州人）赴德留學，李君的哥哥李汝昭君原已在德國學醫，特乘暑假到威尼司來接他的弟弟和他的老友郭君，並陪他們遊歷意大利，記者原也有遊歷意大利重要各地的意思，便和他們結作旅伴，同行中赴德學醫的周洪熙君（江蘇東台人）聽說在八月底以前，意大利在羅馬舉行法西斯十週紀念展覽會三個月，火車費可打三折，也欣然加入，於是我們這五個人便臨時成了一個小小的旅行團。到威尼司時，李汝昭君已在碼頭相迎，我們便各人提着一個手提的小衣箱上岸。介紹之後，才知道李君的哥哥也是本刊的一位熱心讀者，這個小小的旅行團也可以說是一小部分的『生活讀者旅行團』了。我們先往一個旅館裏去過夜，兩李一郭住一個房間，記者同周君住一個房間，第一天便開始遊覽。有伴旅行，比單獨一人旅行，至少可多兩種優點：一是費用可以比較地經濟；二是興味也可以比較地濃厚。

在太平洋未取地中海的勢力而代之的時候，威尼司實爲東西商業貿易上最重要的一個城市，在世界史上出過很大的風頭，現在是意國的一個重要的商埠和海軍軍港，在港口禁止旅客攝影，同時也是歐美旅客麕集之地，該城不大，約二十五英里長，九英里寬．第一特點是河流之多，除少數的幾條街道外，簡直就把河當作街道，兩旁房屋的門口就是河，髣髴像漲了大水似的．我國的蘇州的河流也特多，有人把我國的蘇州來比威尼司，其實蘇州的河流雖多，還不是一出門口就是河，以這小小的威尼司，除有一條兩百尺左右闊的大運河（Canal Grande），像S字形似的貫穿全城外，布滿全城的還有一百五十條小運河，上面架着三百七十八條橋，（大多數是石造的，下有圓門，）我覺得這個城簡直就可稱爲『水城』．除附近的一個小島利都（Lido）上面有電車外，全城沒有一輛任何形式的車子，只有小艇和公共汽船，小艇好像端午節的龍船，兩頭向上蹺，不過沒有那樣長，裏面有漆布的軟墊椅，可坐四個人至六個人，船後有一個搖槳，在水上來來去去，就好像陸地上的馬車。公共汽船的外形也好像上海馬路上的電車或公共汽車，車上的喇叭聲和上海的公共汽車的喇叭聲一樣。我們在畫片上所見的威尼司的景象，往往是兩旁洋房夾着一條運河，上面駕着一條圓門的橋，河上一個小艇在蕩漾着，這確是威尼司很普偏的景象。

除許多運河外，有若干街道都是用長方形的石頭鋪成的，有的只有五尺寬，路倒鋪得很平，因爲沒有任何車輛，所以石頭也不易損壞，在這樣的街道上接踵摩肩的男男女女，就只有兩脚車——步行——可用。街道雖窄，兩旁裝着大玻璃窗的種種商店却很整潔。街上行人衣冠整潔的很多，和布林的西的很不同，原來大多數都是由歐美各國來的遊客，尤其多的是來自號稱『金圓國』的闊老。

威尼司最使遊客留戀的是聖馬可廣場（Piazza di San Marco）和該場附近的宏麗的建築物，該廣場全係長方形的平滑的石頭鋪成的，有的地方用大理石，長有一百九十二碼，闊自六十一碼至九十碼，三面都有雄偉的皇宮包圍着，最下層都開滿了咖啡店和各種商店，東邊巍然屹立着聖馬可大教堂(San Marco)，內外祇大理石的石柱就有五百餘根之多，建於第九世紀．該廣場上夜裏電燈輝煌，勝於白晝，遊客成羣結隊，熱鬧異常．在聖馬可廣場附近的有大侯宮(Palazzo Ducale)一座，亦建於第九世紀．宮前有大廣場，宮的對面咖啡館把籐製的椅桌數百隻排在沿路，坐着觀覽的遊客無數．聖馬可大教堂的右邊有聖馬可鐘樓(Campanile di San Marco)，三百二十五尺高，建於第九世紀末年．裏面設有電梯，登高一望，全城如在脚下．此外還到威尼司城的東南一小島名利都的看了一番，該處有世界著名的游泳場，游泳場後面的花草佈置得非常美麗，游泳而出，在街上走的男女很多，女子多穿着大褲管的褲子，上面穿着薄的襯衫，有的就只掛着一條這樣的大褲子，上半身除掛褲的兩條帶子外，就老實赤膊，在街道上大搖大擺着，看上去好像她這條褲子都是很勉强掛着似的！

自然，這班男女並不是一般意大利人民，多是本國和歐美各國的少數特權階級，只有他們才有享用這樣生活的可能。該處既爲有閒階級而設，講究的餐館和旅館的設備齊全，那是不消說的。

威尼司的景物美嗎？美！記者在下篇所要記的佛羅倫司也有牠的美，但這是意大利五六百年乃至千餘年前遺下的古董，我們還不能由此看出該國有何新的建設成績。我們在許多人贊美不置的威尼司，關於大多數窮人的區域，也看了一番，和在布林的西所見的也沒有什麼兩樣。記者於九日就離開威尼司而到佛羅倫司去。

廿二，八，十一，上午，在羅馬記。

## 一七　佛羅倫司

記者於八月九日午時由威尼司上火車，下午五時三十七分才到充滿了古香古色的佛羅倫司（Florence），爲中部意大利最負盛名的一個城市。在中世紀羅馬方盛的時代，佛羅倫司是牠的主要的文化中心，意大利的語言，文學，以及藝術，都在此地發達起來的，所以現在該處所遺存的無數的藝術作品，和在在與歷史發生聯繫的紀念建築物，其豐富爲世界所少見，於是佛羅倫司也成爲吸引世界遊客的一個最有趣味的名城。

佛羅倫司的雄偉的古建築和藝術品太多了，記者又愧非藝術家，沒有法子詳盡地告訴諸友。對於藝術特有研究的朋友，最好自己能有機會到這種地方來看看。

記者在二十年前看到康有爲著的歐洲十一國遊記的意大利一書，就看到他盡量讚歎意國的全部用大理石建造的大教堂，此次到佛羅倫司才看到可以稱個『大』字的教堂（La Cattedrale di Sonta Maria del Fiore），建於十三世紀，有五百五十四尺深，三百四十一尺闊，三百五十一尺高，門用古銅製成，牆和門都有名人

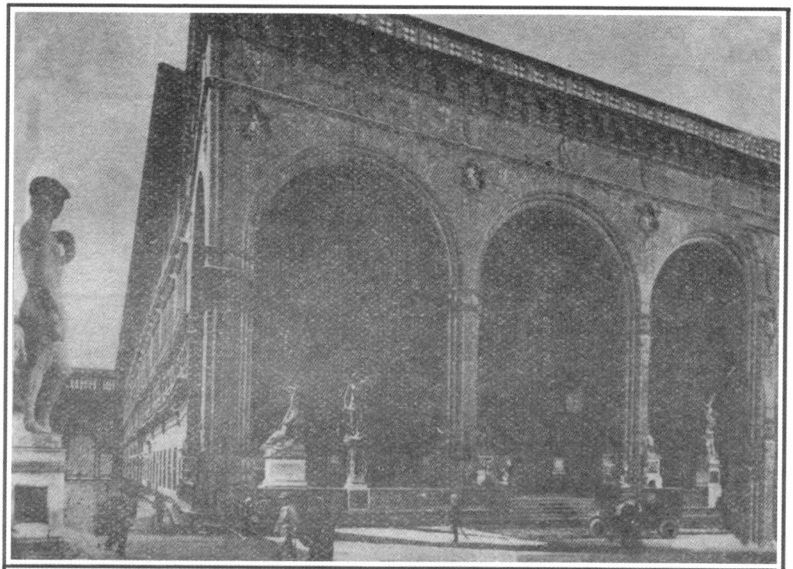

佛羅倫司大城堡前之古雕刻石像↑

佛羅倫司大城堡←

二千年前的古城鎊貝意↑

格列利奧研究吸力定律之斜塔爲十二世紀遺物↑

羅馬鬥獸場↓

的繪樣或雕刻。外面炎熱異常，走進去立成秋涼氣候。在那樣高大陰暗的大堂裏，人身頓覺小了許多，『大殿』上及許多『旁殿』上插着許多白色長蠟燭，燃着的却是幾對燈光如豆的油燈。宗教往往利用偉大的建築來使人感到自身的微小，由此引起他對於宗教發生崇高無上的觀念，其實藝術自藝術，宗教自宗教，不能假借或混淆的。

在威尼司和佛羅倫司的較大的教堂前都懸有英德法意四國文字的通告，列舉禁例，尤其有趣好笑的是關於婦女的，例如說凡是婦女所穿的衣服袖子在臂彎以上的不許進去，頸上露出兩寸以上肉體的不許進去，裙和衣服下端不長過膝的不許進去，衣服穿得透明的不許進去，大概所謂摩登女子到此都多少要發生了困難問題，這也許只好怪上帝不贊成摩登女子了！男子的禁例就只是要脫帽，自由得多。

在各教堂裏所見跪着禱告的不是老頭子，就是老太婆，找不出一個男青年或女青年，我覺得這是可以注意的一點．

佛羅倫司的古氣磅礴的雄偉建築物，大概不是教堂，就是城堡．城堡都是用巨石築成，高四五層六七層不等，上面都有像城牆上的雉堞似的東西．有許多這樣的城堡都成了大商店，不過古氣磅礴的石牆仍保存着．此外有最大的城堡(Palazzo vecehio)，裏面藏着許多名油畫，牆上和天花板上都是，城堡內部的曲折廣深，尤令人想見最初建造時工程的浩大．這種封建時代的遺物，不知含着多少農奴的血汗！

十日午時離佛羅倫司，乘火車向羅馬進發，直到夜裏十一點半才到目的地，因車上人擠，大家立了數小時，我們在佛羅倫司參觀時都是按照地圖奔跑的，在火車上又立了數小時，都弄得筋疲力盡，同行的周君喃喃的說『如再這樣接連跑，只有「蹺辮子」了！』『蹺辮子』不是好玩的！所以我們到羅馬後，決議第二天的上半天放假，俾得恢復元氣後下半天再開始奔跑．關於到羅馬後的記述也許可比這一篇較有意義些。當另文奉告，現在還有幾個雜感附在這裏。

（一）截至記者作此文時，遊了意國的四個地方，即布林的西，威尼司，佛羅倫司和羅馬，不知怎的他們對於黃種人就那樣地感到奇異，走在街上，總是要對我們望幾眼，有的還竊竊私議，說我們是日本人，同行中有的聽了很生氣，但既不能對每人聲明，也只有聽了就算了。他們何以只想到日本而不會想到中國？有人說他們覺得所謂中國人，就只是流落在國外的衣服襤褸的中國小販，衣冠整潔的黃種人便都是日本人。這種老話，我在小學時代就聽見由外國留學的人囘來說起，不料過了許多年，這個觀念仍然存在——倘若上面的揣測是不錯的話。但是我想倘若僅以衣服整潔替中國人爭氣，這也未免太微末了。

（二）意大利的婦女職業已較我國發達——雖則聽說比歐洲其他各國，還遠不能及。在旅館裏，在飯館裏，在普通商店裏，職務由婦女擔任的很多。記者在威尼司郵局寄信時，見全部職員都是女子擔任。她們大多數都是穿着黑色的外衣，領際用白色的鑲邊，都很整潔．旅館的『茶房』幾乎全是女子，有的是半老徐娘，有生得比較清秀的，看上去就好像女學生，每天客人出門後，她們就進房收拾，換置被單等物．

(三)記者所住過的幾個旅館，覺得和中國的旅館有一大異點，就是很安靜，沒有喧嘩叫囂的情形，執事的人也很少，賬房間一兩個人，其餘就不大看見人影，就是電梯也可以由客人自開，像按電燈機關似的，要到第幾層就用手指按一按那個撲落，電梯就會自動地開到那一層．就是各商店裏的夥計，人數也很少，不過一兩人，不像我國的商店，有許多往往像菩薩或羅漢似的一排一排列在櫃台後面，其實這種異點，在上海中西人的商店裏已略可見到了．

廿二，八，十二，夜，記於羅馬．

# 一八　表面和裏面——羅馬和那不勒斯

記者自八月十日到羅馬以後，中間經過意大利的那不勒斯（Naples），比薩（Pisa），熱那亞（Genoa），米蘭（Milan）各城，八月十七日離開意大利而入瑞士，今天（八月十九日）已在瑞士的首都百倫（Berne）了，在此十九日中未曾寫成一篇通訊，這不是我偷懶，却是因爲這次遊意大利是臨時加入一個小小的旅行團體同行的，這在上次通訊裏曾經提過，白天偕同各人疲於奔命，夜裏吃過晚飯洗個澡便到了十點鐘以後，第二天又須起早再奔，簡直沒有容許提筆的時間和精神，團體行動不得不一致，這在有特殊的職責的人方面（例如我負有爲本刊通訊的職責），却不無一些困難。自從今晨這小小旅行團的其他團員都在瑞士的沮利克（Zurich）動身往德國去，記者和他們分途後，便孤零零地一個人獨向瑞士的首都進發了。提筆作此通訊時，是剛到的夜裏，在百倫一個旅館的一間小房間裏很靜寂的燈下寫的，但是通訊的內容却不得不從羅馬補敍起來，請先談談表面輝煌的羅馬和窮相畢露的那不勒斯——所謂表面和裏面。

我們八月十日夜由佛羅倫司到羅馬已十一點半了，大家忽忽睡覺，第二天早晨，我們正要走入餐室早餐時，有一位妙齡女郎迎上來用英語向我們道早安，並請我們告訴她應在特備的表格上塡註的事項，這在國外各處旅館原是常事，但此處令我注意的有幾件事：（一）這個女子英文說得很流利，後來聽我說同行的朋友會德語，她又用很流利的德語詢問他們，我和她略談之後，才知道她是瑞士籍，能英德法意四國語言，她辦事精明幹練，待人温和誠懇，後來知道旅館的一切都由她主持，大概是女經理，我問她意大利婦女職業的情形，據說在歐洲各國還算落後；（二）表格上所塡註的事項，除尋常所有的如姓名國籍職業及從何處來到何處去等等之外，頗奇異的是還要問各人父親的名字和母親的姓名，我就只知道我的母親是浙江海寧查氏，她有什麼名字，我始終不知道，只得臨時替已去世了二十幾年的母親取個新名字，再把牠譯成洋文了；（三）據這個女經理說，這種表格，警察廳裏每隔三小時就派人來查，尤其查得苛細的是俄國人，他們的防範情形，可以概見。

羅馬曾做過煊赫一時的羅馬帝國的都城，後來又做過教皇的『精神帝國』（"spiritual empire"）的都城，自一八七一年來一直是意大利國的首都，牠在路政上建築上古蹟上的雄偉，那是不消說的。但我們到了現在意大利的首都，總連想到所謂『法西斯』，這時意大利法西斯十週紀念展覽會還未閉幕（連開三個月），而且因爲受了一部分火車費三折的『優待』，依他們的規定，須將火車票拿到展覽會打個戳子，表示確已到了羅馬，並且看了展覽會。到羅馬如不將火車票蓋印，原有『優待』尚須取消。（買來回票固受此拘束，我們買通票的也一樣。）經他們這樣殷勤勸導，所以我們第二天就費了半天的工夫去『覽』牠一下。到了之後，拿出火車票打戳子，才知道還須付二十五個列拉(Lira)，等於華幣十塊大洋了。三折『優待』的名詞多好聽，却臨時加上這樣一個竹槓，記者原想來看看的不打緊，同行中有因貪這『優待』而移尊就教的，都大呼其觸霉頭！

『竹槓』不在乎，尤感到惘然的是『覽』了以後的一無所得。我所特別注意的是他們究竟替意大利人民幹出了什麼成績，要這樣大張旗鼓地希望人去『覽』，但却一些『覽』不出，原來他們只不過按年把該國法西斯一黨發展中的殺人照片，『烈士』照片，所用的刺刀旗幟等等，陳列出來，尤多的當然是他們的老祖宗墨索利尼的大大小小各種各式的照片。墨索利尼曾在米蘭做過意大利人民報（"The People of Italy"）的主筆，在這展覽會裏，特把他當時主筆辦公室的椅桌器具照樣排列成一室，並把當時的這個報紙一張放大到好像一面牆壁似的陳列着。據牆上所貼的說明，在一九二〇，一九二一，一九二二的三年間，墨索利尼就在這小小的一間主筆辦公室裏對黨員發號施令。

意大利的法西斯所欲維持的是什麽，所擁護的是什麽，這是我們所知道的，但記者在國內時承友人介紹一位據說在意大利多年而對於法西主義富有研究的某君，姑往訪問，兩次才見到，他滿口讚美墨索利尼，尤其讚美意大利沒有工潮(?)，爲歐洲各國所不及。他並說墨索利尼曾說廠主靠工人，(他不承認有資本家這個名詞，)工人也靠廠主，沒有廠主靠誰養他們！記者花了八個列拉(兩塊中國大洋)坐了一輛汽車去看他，回來時不願再花寃枉錢，只得難爲了這兩條不幸的腿了！

意大利的輿論界當然是無可說，這就是那位對墨索利尼五體投地的法西主義專家也承認的。

羅馬的勝蹟不少，費十幾天也許才看得完，我們只能擇其尤要的幾處看看。鬥獸場頗近，是走去看的，這殘垣破壁的羅馬鬬獸場，我們在相片上，乃至在小學教科書上的插畫裏，早已領教過，所以見面時如老相識，的確古色絢爛，不過想到從前把俘虜放入，一任獅子亂咬，坐而圍觀者相顧而樂，殘忍之至！此外最雄偉的是聖彼得教堂，近三百尺高，裏面全用大理石造成，雕刻極美。最有趣的是在城外看了一個教堂下面的二千年前用石造成的長達半英里的地窖，由一個天主教的和尚燃着油把領導我們下去看，我們各人付了三個列拉，各燃一根小燭拿在手裏，跟他下去，裏面曲折黑暗，如入山洞，左右還有不少黑暗的小洞和大窟窿，據說是當時異教來殘殺天主教徒，特在教堂的下面造好這種大地窖，以備各教徒遇難時藏身之用，但仍時被發現，橫被追入殘殺，現在還得見不少遺下的頭骨和骷髏。窖內冷氣襲人，滿目慘象，燭光晃晃欲滅，同行的周君說還看見『鬼火』（燐火），他急避而不看，我的後面先前還有人，後來回顧就只陰森森的一團漆黑，大家踉踉蹌蹌地好像遊了一次『地獄』！羅馬城內看不見乞丐，但我們到城外便遇着，有一個男乞丐穿着破爛不堪的衣服，對我們哀訴家有子女六人，作手勢表示由小而大，嗷嗷待哺，這也好像堂皇的教堂下面有着黑暗的地窖。

我們八月十三日晨八點鐘由羅馬乘火車往意大利南方的名城那不勒斯，直坐到下午三點鐘才到，大家被火車震盪得頭昏腦脹，到了之後，就嘗見街道的齷齪，癟三的衆多，尤妙的是我們原選定了一個旅館，忽被一個癟三式的旅館接客把我們引到那個旅館門口，用意大利語和該旅館中人鬼頭鬼腦的掉我們的槍花，該旅館中人便藉口房間已滿，不肯容納，於是由這位癟三接客引導我們這一羣疲頓不堪的孩子穿過了許多貧民窟，街道的齷齪不用說，房屋的破爛骯髒也不亞於在印度孟買所見的貧民窟，尤其令人注目的是街頭巷尾擁滿了蓬頭垢面形容枯槁衣鞋破爛骯髒的大大小小的男女孩童，跑來跑去閒蕩着，有的就向我們求乞。最後那位癟三接客把我們引進一個走了不少曲折黑暗的弄子而達到一個小旅館，房間全數不過兩三間，有的房間裏婦女伸出頭來向我們望，一看就知道不是『好路道』，我們都怕進了盜窟，趕緊提着衣箱向外跑，另尋一個旅館住下。大家都喊倒霉，但我却獲得機會看看『裏面』的那不勒斯。第二天我們裏面有兩位在街上散步，到一處就有人來『拉皮條』，說附近就有美麗的女子，要不要，只須兩個列拉（等於華幣半圓）就可以……他們兩位究竟不敢領教！

那不勒斯城的本身不過爾爾，牠的著名是附近該城的古蹟名勝，尤著的是由地下挖出的二千年前被火山湮沒的磅貝意古城（Pompeii）和湮沒這個古城的有名火山佛蘇維哀斯（Mount Vesuvius）。我們因時間及經濟關係，火山僅在遠處望望（近四千尺高）。磅貝意古城，我們却費了差不多一個整天的工夫，乘了火車到該處地去看了一番，該城在兩千年前是個很繁盛的城市，居民有兩萬人，紀元前七十九年的時候，久已靜默的火山忽而大爆發，將全城湮沒至十五尺之深，後來又加深至二十尺，直至一千八百餘年後（一八六〇年）才被發現掘出一半，我們才有機會在這兩千年前的古城裏東奔西竄着參觀憑弔。全城的屋蓋都沒有了，剩下的只是石鋪的街道和磚石造成的大小房屋的圍牆，還有幾個遺下的全身屍骨、縱橫臥着，現在有屋蓋和玻璃大窗，把他們的遺骸保存在裏面。

我們遊完古城後，餓得慌了，就在附近的一個餐館裏補吃午飯，被大敲竹槓，每人被敲了二十個列拉（華幣五圓）。各遊客吃的時候，還有兩個意大利人毫不徵求同意的向各桌客人大彈其不入耳的『孟德林』，而且大唱其不入耳的怪腔調；他們猜你是何國人，便向你唱何國的國歌。後來我們發現他們向着我們唱的是日本國歌，他們來討錢時，有人主張不給，後來申斥了他們幾句，說我們是中國人，不要瞎唱日本歌，他們爲着幾個錢的緣故，堆着笑臉答稱『是！是！』仍給了他們幾個列拉。

我們在八月十五日又離開了那不勒斯，到意大利西部的比薩。

廿二，八，二十，脫稿於百倫尸

## 一九　離意大利後的雜感

記者上次通訊談到離開那不勒斯(Naples)時爲止，我們於八月十五日晨離開那不勒斯，當晚九點左右到意大利西部的比薩(Pisa)，該處最令人留戀的是科學家加列利奥(Galiieo)研究『吸力定律』(Laws of Gravitation)所在的斜塔(Leaning Tower)，該塔爲十二世紀遺物，高一百七十九尺，斜出十四尺，全部用石造成，中心是空的，最外的牆和中心周圍的牆的中間，有螺旋式的石級可以上去，有二百九十六級，我們都跑上最高的一層，可望見全城．在中學時代讀物理學就耳聞這個斜塔，不料現在得親歷其地．此外還看了許多排列着的十三世紀遺下的石造的古棺和棺外的許多古雕刻．

我們十六日下午離開比薩到發現新大陸的哥倫布產生所在的熱那亞，僅略作遊覽，並瞻仰哥倫布的石像，即赴在意大利人口最多（八十六萬餘人）的米蘭（Milan），也是在意大利最繁盛的一個商埠，絲業市場，佔歐洲第一位，且爲意大利法西斯的老祖宗墨索利尼的發祥地，一九二二年他率領十萬『黑衫黨』向羅馬出發（"March to Rome!"），就從此地作出發點。該地的新造的大火車站，就是爲着紀念他的，全部用鋼鐵鑲着厚玻璃造成，高有二三百尺，上面也用鋼鐵及鑲以厚玻璃作大半圓形的蓋，裏面容下了十幾個月台及軌道，出口處的大柱及石級都是用大理石製成，堂皇得很，據說可算是歐洲最大的火車站。該城的街道很像上海的南京路和靜安寺路。

我們於八月十七日下午十二點十八分離開米蘭，兩點鐘火車開進了瑞士國境的齊亞索（Chiasso），便和意大利告別了。記者草此文時（八月廿二日）已身在日內瓦的一個旅館的房間裏，但關於瑞士的印象，當另文記之，此時請先述我離意大利後的雜感。

關於意大利的政治和民生方面的觀察，上次通訊裏已略有提及。關於一般人民的習性方面，印象也不見佳。記者所有機會接觸的大概偏於城市的人民，鄉村方面怎樣，未敢妄斷，且無論何國，均屬良莠不齊，其間不過程度問題，故亦未能一概而論，但就所覺察者而論，意大利人的做事馬虎，實隨處可以看出。在意船上剪髮，即已覺得，很鹵莽地幾下一剪，就算完事，同船的旅客戲呼為『殺頭』，記者也這樣地被殺過一次頭，破費四個先令六辨士，合華幣三塊半大洋！有某君『殺頭』之後，發現兩邊太陽穴的髮脚修得一高一低，大家看見了，戲稱為一九三四年的新式！後來我在那不勒斯的旅館裏又『殺頭』一次，也是受着同樣的待遇，甚至沒有把布圍着胸部和背後，他就要『開刀』，幸而我自己留神，趕緊把房間裏的白色洗面巾拿來圍上。這樣在幾分鐘裏開了幾刀之後，索取列拉四個，等於中國大洋一塊，但比船上已客氣得多了，而馬虎的程度却先後輝映，或有過之無不及。試再舉一事。我們在威尼司的某旅行社買火車票，把所經過的地名開得清清楚楚，把這張單子交給該社的一個職員。說明在某處因欲遊湖，所以那一段路乘小輪船而不乘火車（該處連票可有這樣辦法），他弄錯了，在票上寫明全乘火車，我們當然和他大辦交涉，他說火車輪船不是一樣嗎，硬要我們馬虎。我們堅執不肯，鬧了好半天，後來他終於很不高興地換過一張。在瑞士的火車上貼明不許吸煙，卽不得任意吸煙，在意大利便馬馬虎虎，火車的壁上儘管貼着不許吸煙的通告，大家仍可馬馬虎虎地吸着。意大利除極少數的城市外，是大概都隨處是骯髒的，無他，也是馬虎而已。

我在未出國前，到過歐洲的朋友都說遊歷意大利最不易，因爲往往要上當或受欺騙。此次同行中有一位因有事要趕到火車站去一趟，求迅速起見，就叫一輛零租汽車（taxi）乘去。這種零租汽車上面原有行程表，走了多少路，應付多少錢，這行程表的機械都能自動地載明，照理沒有欺騙的餘地了，但是那個汽車夫却把這位朋友開到別的地方去，半途停下，假說剛才聽不淸楚，一看表上已須兩個半列拉（一個列拉合華幣兩角半），這位朋友氣極了，打算就付給兩個半列拉了事，不再乘了，剛下去兌換零錢後，回頭一看，車上的表已被車夫用手法改爲三個列拉，這位朋友却也强硬，無論如何，只肯付兩個半列拉，車夫無可奈何，拿了錢大罵其日本人！（因爲他把這位朋友當作日本人。）這位朋友當然還是吃虧，因爲他仍是白付了車費。

不過平心而論，意大利却有勝過中國的地方，最顯明的是他們的交通比中國便利得多。記者此次遊意，由該國東南而東北，折往中部，直趨南部，又由南部而西南，而向北，經重要城市八處，差不多在該國東南西北兜了一個圈兒，而實際在火車上所費去的時間不過四十小時左右，兩天還不到，比之在中國有的省分要走三個月才能到，而且還要由外國兜個圈子進去（例如雲南），那當然好得多了。雖然中國區域比意大利的大，但他們的鐵路網連絡全國各城市，路路通，我們却老是這幾條老鐵路，好像就此終古似的，確是無可為諱的事實，其實我們除開口五千年亘古文明外，現在有什麼勝過人家！意大利不過是歐洲各國中的一個『癟三』，但却仍比我們勝一籌，說來慚愧！

最後還有一件小事，雖非盡關意大利，但也可以附此說一說，那就是遊歷歐洲，只有英國用得着英文，其餘各處，英文隨處『碰壁』，法文最便，幾於可通行全歐各國，其次要算德文。我只有英文能運用自如，法文雖在學校裏讀過兩年，久已歸還給先生了。自從獨自一人旅行後，不得不温習幾句法語來勉強應付，（幸而帶了一本法語會話，）但臨時抱佛脚，如何夠用？故已決意到法國後要把法文弄得像樣些，至少要能很順利的看書報和談話，否則不但遊歷各國時處處不便，而且失去不少談話的機會。例如從佛羅倫司到羅馬的火車中，同車廂裏有個意大利女子說懂法文，想和我談話；從沮利克(Zurich)到百倫（Berne）的火車中，有個瑞士工程師想用德語或法語和我談話；從百倫到日內瓦的火車中，又有兩個瑞士老者想用法語和我談話：這類平民的談話，就他們各人的地位，可探出不少有價值的材料，但我都交臂失之，眞是憾事。（由羅馬到那不勒斯火車上曾和一位能英語的奧國大學生詳談，今晨在日內瓦曾和一個斯各得蘭的大學生詳談，他們都是乘暑期到國外遊歷的，但這種談話機會究不及多和本地人談。）倘正在大學裏的朋友有第二外國語的功課，奉勸用功些，不要效法意大利人的馬虎主義，就是不一定到歐洲去考察，多一求知的工具，也是便宜的事情。

二，八，廿二，記於日內瓦。

## 二〇　世界公園的瑞士

記者此次到歐洲去，原是抱着學習或觀察的態度，並不含有娛樂的雅興，所

瑞士日内瓦湖美景↑

瑞士美景之又一景↓

瑞士首都百倫之鋼橋高二百尺↑

鋼橋之近影↓

以號稱世界公園的瑞士，本不是我所注意的國家，但爲路途經過之便，也到過該國的五個地方，在青山碧湖的環境中，驚歎『世界公園』之名不虛傳。因爲全瑞士都是在翠綠中，除了房屋和石地外，全瑞士沒有一畝地不是綠草如茵的，平常的城市是一個或幾個公園，瑞士全國便是一個公園，就是樹蔭和花草所陪襯烘托着的房屋，他們也喜歡在牆角和窗上栽着或排着豔花綠草，房屋都是巧小玲瓏，雅潔簇新的，（因爲人民自己時常油漆粉刷的，農村中的房屋也都如此。）牆色有綠的，有黃的，有青的，有紫的，隱約顯露於樹草花叢間，眞是一幅美妙絕倫的圖畫！

記者於八月十七日下午十二點離開意大利的米蘭（Milan），兩點鐘到了瑞士的齊亞索（Chiasso），便算進了『世界公園』的境地，由此處起，便全是用着電氣的火車，（瑞士全國都用電氣火車，非常潔淨，）在火車上遇着的乘客也和在意大利境內所看見的『馬虎』的朋友們不同，衣服都特別的整潔，精神也特別的抖擻，就是火車上的售賣員的衣冠態度也和『馬虎』派的迴異，這種劃若鴻溝的現象，很令冷眼旁觀的人感到驚訝．由此乘火車經過阿爾卑斯山(Alps)下的世界有名的第二山洞，(此為火車經過的山洞，工程艱難和山洞之長，列世界第二．)氣候便好像由燥熱的夏季立刻變為陰涼的秋天．在意大利火車中所見的東一塊荒地西一塊荒地的景況，至此則兩旁都密布着修得異常整齊的綠坡，賞心悅目，突入另一種境界了．所經各處，常在海平線三四千尺以上，空氣的清新，固無足怪，遠觀積雪繞雲的阿爾卑斯山的山峯矗立，俯瞰平滑如鏡的湖面映着青翠欲滴的山景，無論何人看了，都要感覺到心醉的．我們到了綠澤冷湖(Lake of Lucerine)的開頭處的小埠佛露哀倫(Fluelen)，已在下午五點多鐘，因打算第二天早晨棄火車而乘該處特借的小輪渡湖，(須三小時才渡到綠澤冷城，即該湖的一盡頭，)所以特在湖濱的一個旅館裏歇息了一夜．這個旅館開窗見湖面山，設備得雅潔極了，但旅客却寥若晨星，大概也受了世界經濟恐慌的波及．

這段路本來可乘火車，但要遊湖的，也可以用所買的火車連票，乘船渡湖，不過買火車票時須聲明罷了。我們於十八日上午九時左右依計劃離佛露哀倫，乘船渡湖。這輪船頗大，是專備湖裏用的，設備很整潔，船面上一列一列的排了許多椅子備旅客坐。我們在船上遇着二三十個男女青年，自十二三歲至十七八歲，由一個教師領導，大家背後都背着黃色帆布製的行囊，用皮帶縛到胸前，手上都拿着一根『斯狄克』，這一班健美快樂的孩子，眞令人愛慕不置！他們乘一小段的水路後，便又在一個碼頭上岸去，大概又去爬山了。最可笑的是那位領導的教員談話的聲音姿態，完全像在課堂上教書的神氣，又有些像演說的口氣和態度，大概是他在課堂上養成的習慣。在沿途各站（在湖旁岸上沿途設有船站，也可說是碼頭），設備也很講究，上船的遊客漸多，大都是成雙或帶有幼年子女而來的，有三個五十來歲髮已斑白的老婦人，也結隊而來，背上也負着行囊，手上也拿着『斯狄克』，有兩個眼上架着老花眼鏡，有一個還拿着地圖口講指劃，興緻不淺．這也可看出西人個人主義的極致，這類老太婆也許有她們的子女．但年紀大了各走各的路，和中國的家族主義迥異，所以老太婆和老太婆便結了伴．這種現象，我後來越看越多了．

船上有一老者又把我們當作日本人，他大概是有搜集各種郵票的嗜好，問我們有沒有日本的郵票，結果他當然大失所望！

我們當天十二點三刻就乘船到了綠澤冷城，這是瑞士綠澤冷邦（瑞士係聯邦制，有二十二邦）的最為遊客所常到的一個城市，在以美麗著名的綠澤冷湖的末端．我們上岸略事遊覽，即於下午四點鐘乘火車往瑞士沮利克邦（Zurich）的最大的一個城市（也名沮利克，人口二十萬餘人），一小時左右即到，該城縣的出產僅次於法國的里昂，布疋和機械的生產很盛，是瑞士的主要的經濟中心地點，同時也是由法國到東歐及由德國和北歐往意大利的交通要道．該處有沮利克湖，我們到後僅能於晚間在湖濱略為賞鑑，於第二日早晨，我們這五個人的小小旅行團便分散，除記者外，他們都到德國去，記者便獨自一人，於上午十點零四分，提着一個衣箱和一個小皮包，乘火車向瑞士的首都百倫（Berne）進發，下午一點三十五分才到，在車站時，因向站上職員詢問赴百倫的月台，（國外車站上的月台頗多，以號碼爲誌，）他勸我再等一小時有快車可乘，我正欲在沿途看看村莊情形，故仍乘着慢車走。離了團體，一個人獨行之後，前後左右都是黃髮碧眼兒了。

團體旅行和個人旅行，各有利弊，其實在歐洲旅行，有關於各國的西文指南可作遊歷的根據、只須言語可通，經濟不發生問題，（團體旅行，有許多可省處，）個人旅行所得的經驗只有比團體旅行來得多。記者此次脫離團體後，卽靠着一本英文的瑞士指南，並溫習了幾句問路及臨時應付的法語，便獨自一人帶着指南，按着其中的說明和地圖，東奔西竄着，倒也未曾做過怎樣的『阿木林』。

記者到瑞士的首都百倫後，已在八月十九日的下午，租定了一個旅館後，決意在離開瑞士之前，要把關於遊歷意大利所得的印象和感想的通訊寫完，免得文債積得太多，但因精神疲頓已極，想略打瞌睡，不料步武豬八戒，一躺下去，竟不自覺地睡去了半天，夜裏才用全部時間來寫通訊。二十日上午七點鐘起身後繼續寫，才把『表面和裏面——羅馬和那不勒斯』一文寫完付寄。關於瑞士，我已看了好幾個地方，很想找一個在當地久居的朋友談談，俾得和我所觀察的參證參證，於是在九點後姑照所問得的中國公使館地址，去找找看有什麼人可以談談，同時看看沿途的勝景。一跑跑了三小時，走了不少的山徑，才找到掛着公使館招牌的屋子，規模很小，尤妙的是公使一人之外（胡世澤氏，現在日內瓦），就只有秘書一人，閽人是他，書記是他，打字員也是他，號稱一個公使館，就只有這無獨有偶的兩個人！（不過還有一個老媽子燒飯。）問原因說是經費窘迫。（日本駐瑞的公使館除公使外，有祕書及隨員三人，打字兩人，顧問（瑞士人）一人，及僕役等。）記者揿電鈴後，出來開門的當然就是這位兼任閽人等等的祕書先生，他是一位在瑞士已有十三四年的蘇州人，滿口蘇白 叫苦連天，我們一談却談了兩小時之久，所得材料頗足供參考，當採入下篇通訊裏。可是我却因此餓了一頓中餐。

八月二十一日下午乘兩點二十分火車赴日內瓦，四點五十分到，在該處除又寫了『離意大利後的雜感』一文外，所遊的勝景以日內瓦湖爲最美。但是這樣美的瑞士，却也受到世界經濟恐慌的影響。其詳當於下篇裏再談。

八月廿五日記於巴黎。

## 二一 出了世界公園

瑞士全國不過一萬五千餘英方里，人口約四百萬，這個小國的風景秀美絕倫，人民都衣冠整潔，似乎都能安居樂業，處處令人歆羨，但近數年來也不能不受到世界經濟恐慌的影響，失業問題雖不及他國的嚴重，但也很足以使當道者苦於處置了．瑞士的工業出產品，以錶為大宗，但自世界不景氣以來，瑞士法郎價值又高，國外貿易不免大受打擊，因此錶廠有不得不停辦的，就是規模較大，維持能力較厚的大廠，也不得不減少工人，有的竟減少一半，所以失業工人尤以錶業為多．各邦（瑞士的每一聯邦，他們稱為“Canton”）對於失業工人的救濟辦法雖非完全一致，大概每人每月可領失業救濟費一百法郎左右．（瑞士法郎約合華幣八角，等於華幣八十圓了．）領失業救濟費的不許娛樂，例如在戲院中查出，即須受罰．這種消極的支持辦法，數量一天一天地加多，便是一個難題了．

此外瑞士既是『世界公園』，公園是要靠有人來遊的，然後才有相當的收入．瑞士因是各國人士喜遊的勝地，所以旅館業特別發達．我們遊意大利，覺得有三多：教堂多，噴水池多，叫化子多．瑞士至少也有四多：湖多，山多，旅館多，菜館多。無論窮鄉僻壤，Hotel（旅館）和 Restaurent（菜館）兩個字的招牌隨處可以見到，所以瑞士其實也可以稱爲『旅館國』，他們有旅館專門學校，聽說別國要開講究的旅館的，往往從瑞士特聘『旅館專家』去設計或主持，其聲價可以想見。但自世界經濟恐慌以來，各國到瑞士的遊客因而大大地減少，雖有『專家』，無可奈何，關門大吉的旅館也不在少數。

瑞士人對中國人的態度，在表面上，比起別國來還算好，但在心裏如何，有一件事實可以表示大概：有位朋友自德國到意大利，經過瑞士，在火車上遇着一位瑞士商人，和他談起天來。他問中國和日本的問題現在怎樣了？還在打嗎？某君說在表面上是不打了。他說日本既已得到了滿洲，當然用不着再打了。某君說中國並未答應日本。他笑着說日本在實際上既得到，中國不抵抗，何必得到中國口頭上的答應？他又接着說：日本人口繁盛，勢不得不如此。某君說中國人也不少，如以此爲理由而掠奪他國土地，於理講得去嗎？他回答說：像日本那樣的民族應該讓他們繁殖擴充起來，像中國這樣的民族，越少越好，至於理由恕我不便奉告了。他的意思顯然是說中國是劣等民族，還是減少或甚至消滅了爽快！某君聽了大氣，和他大辯了一番，結果不歡而散。

這個瑞士人的心理至少有兩個要素：一是崇拜強權；二是老實把中國看作劣等民族，活該受人侮辱蹂躪！其實這不僅是這個瑞士人的心理，據記者出國後所聽到國外僑胞的訴說，儘可說是歐洲一般人的普通心理，不過不便在嘴上明說罷了。我常於深夜獨自靜默着哀痛，聰明才智並不遜於他國人的中國人，何以就獨忍受這樣的侮辱和蹂躪！

在瑞士的中國留學生從前有六十幾人，現在只有二十幾人，此外便是來來往往的中國青田籍的小販約百餘人，替中國人留下了很不好的印象。瑞士對於外來的小販原發兩種執照。一種是貨樣執照，每年只須納費二百佛郎，但不能直接售貨，只能示買戶以貨樣，有要買的，再回去將貨物由郵局寄出，價值由郵局代收。還有一種是直接售貨的執照，那就可以直接售賣貨物，可是每月就須納費數百佛郎。因此青田小販只領貨樣執照，却私下偷售貨物。被警察查出後，第一次罰款，第二次驅逐出境，將護照沒收。但青田小販往往能改名換姓，假造新護照捲土重來，又被查出，嘗了鐵窗風味若干時後再被驅逐。惟瑞士警察當局覺得防不勝防，特定新例，須蓋手印。外人對蓋手印看得很重，只施於强盜一類的重犯，視為很大的恥辱，但做了中國人有什麼話說，要蓋便蓋就是了！

關於海外青田人的可憐，還有一件事可附記在這裏。據一位在德國海得堡城(Heidelberg)留學的朋友談起，說去年耶穌聖誕節時候，該城有個中國青田小販演了一幕悲喜劇。他在電車上放着一隻箱子在進口處有礙交通，售票人叫他拿開——他不懂德語，置之不理，售票人强他下車，他雖不懂德語，但駡人的德語却學會了幾句，下車時便對售票人駡了一句『你是德國的豬玀！』售票人聽了不答應，下來和他辦交涉，德人圍着看的越來越多，其中有一個很氣憤地質問這小販，說罵人就罵人，何以要加上『德國』一字？他仍聽不懂，只看見許多德國人圍着，便索性破口大罵一句『德國人都是豬玀！』結果大家不答應他，把他捉將官裏去，坐了六個月的監牢，但他始終莫名其妙！

廿二，八，廿八，下午，記於巴黎。

## 二二　巴黎的特徵

記者於八月二十三日夜裏由日內瓦到巴黎，提筆作此通訊時已是九月六日，整整過了兩個星期，在這時期內，一面自己補習法文，（昨據新自蘇聯回巴黎的汪梧封君談，在蘇聯欲接近一般民衆，和他們談話，外國語以德語最便，其次法語，英語最難通行。）一面冷靜觀察，並輾轉設法多和久住法國的朋友詳談，所

巴黎凱旋門（Arc de Triomphe）高一百四十七尺闊一百四十九尺一八〇六年由拿破崙開始建築一八三六年始完成價逾九百萬法郎頂上有平台可登巴黎全城在目↑

巴黎鐵塔（Tour Eiffel）高九百八十四尺建築於一八八七年←

↑巴黎歌劇院之外觀

↓巴黎賽納河上之亞歷山大第三橋

拿破崙墓其棺爲紅色大理石製成 ↑

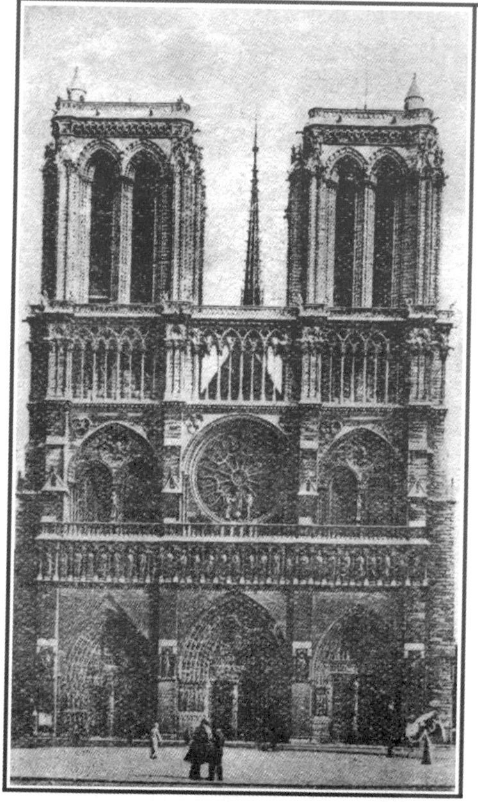

巴黎聖母禮拜堂(Notre Dame)之正面建於十二世紀初葉 ←

# 巴黎羅佛宮名畫

美術家與其女

Vigée-Lebun 作

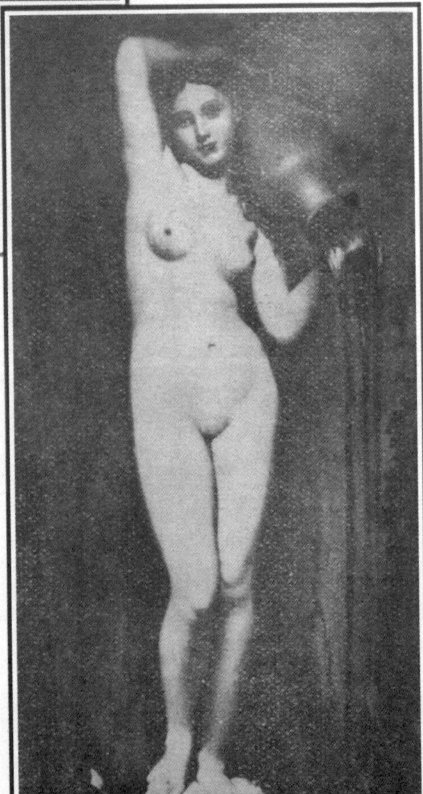

源泉

Ingres作

愛神與山林女神 → Picot 作

擁抱 ← Béguine 作

愛神與山林女神的第一吻　Sérard 作 ←

讀書者　Henner 作 ↑

得的印象和感想頗多，容當陸續整理報告，現在先談談巴黎的特徵。

講到巴黎的特徵，諸君也許就要很容易地連想到久聞大名的遍地的咖啡館，和『現代劉姥姥』所宣傳的什麼『玻璃房子』。遍地的咖啡館，確是巴黎社會的一個特徵，巴黎街上的人行道原來很闊，簡直和馬路一樣闊，咖啡館的椅桌就幾百隻排在門口的人行道旁，佔去人行道的一半，有的兩三張椅子圍着一隻小桌子，有的三四張椅子圍着一隻小桌子，一堆一堆的擺滿了街上，一到了華燈初上的時候，便男男女女的坐滿了人，同時人行道上也男男女女的熙來攘往，熱鬧異常，在表面上顯出一個繁華作樂的世界。在這裏可以看到形形式式的『曲線美』，可以看到男女旁若無人似的依偎密吻，可以看到男女旁若無人似的公開『吊膀子』。這種種行爲，在我們初來的東方人看來，多少存着好奇心和注意的態度，但在他們，已司空見慣，不但在咖啡館前，就在很熱鬧的街上，攬腰倚肩的男女便走便吻，旁人也都像沒有看見，就是看見了也熟視無睹。但我們在『繁華作樂世界』的咖啡館前，也可以看見很悽慘的現象！例如衣服襤褸蓬髮垢面的老年瞎子，手上揮着破帽，破喉嚨裏放出悽痛的嗄噪的歌聲，希望過路人給他幾個『生丁』（一個法郎等於一百生丁）；還有一面叫賣一面歎氣的賣報老太婆，白髮癟嘴，老態龍鍾；還有無數花枝招展擠眉弄眼向人勾搭的『野鷄』。有一次記者和兩位朋友同在一個咖啡館前坐談，有一個『野鷄』不知看中了我們裏面的那一個，特在我們隔壁坐位上（另一桌旁）花了一個半法郎買了一杯飲料坐了好些時候，很對我們注視，後來看見我們沒有人睬她，她最後一着是故意走過我們桌旁，掉下了手巾，俯拾之際，囘眸對我們嫣然一笑，並作媚態道晚安，我們仍是無意上鈎，她才嗒然若喪的走了。她這『嫣然一笑』中含着多少的悽楚苦淚啊！（不過法國的『野鷄』却是『自由』身體，沒有什麽老鴇跟隨着，可是在經濟壓迫下的所謂『自由』，其實質如何，也就不言而喻了！聽說失業無以爲生的女工，也往往陷入這一途。）

至於『現代劉姥姥』所宣傳的『玻璃房子』，並不是有什麽用玻璃造成的房子，不過在有的公娼館裏，牆上多設備着鏡子，使幾十個赤裸裸的公娼混在裏面更熱鬧些罷了（因爲在鏡子裏可顯出更多的人體）．據『老巴黎』的朋友所談的這班公娼的情形，也足以表現資本主義化的社會裏面的『事事商品化』的極致．這種公娼當然絕對沒有感情的可言，她就是一種『商品』，所看見的就只是『商品』的代價——金錢．有的論時間而計價錢，如半小時一小時之類，到了時間，你如果『不識相』，執事人竟可不客氣地來打你的門！不過有一點和『野鷄』一樣，就是她們也是有着所謂『自由』身體，並沒有賣身或押身給『老鴇』的事情，可是也和『野鷄』一樣，在經濟壓迫下的『自由』，其眞義如何也可想見，在表面上雖似乎沒有什麽人迫她們賣淫，儘可以强說是她們『自由』賣淫，實際還不是受着壓迫——經濟壓迫——才幹的？這也便是僞民主政治下的藉來作欺騙幌子的一種實例！世間變相的『公娼』和『野鷄』正多着哩！

據在這裏曾經到過法國各處的朋友說，咖啡館和公娼館，各處都有，不過不及巴黎之爲尤盛罷了。

記者因欲探悉法國的下層生活，曾和朋友於深夜裏在街道上做過幾次『巡閱使』，屢見有癟三式的人物，臂膊下面夾着一個龐大的枕頭，靜悄悄地東張西望着跑來跑去，原來這些都是失業的工人，無家可歸，往往就在路旁高枕而臥，遇着警察，還要受干涉，所以那樣慌慌張張似的。法國在各帝國主義的國家中，受世界經濟恐慌的影響，比較的還小，據我們所知道的，法國失業工人已達一百五十萬人，但法當局諱莫如深，却說只有二十四萬人，（勞工部最近公開發表註册領救濟費者，）最近頗從事於修理各處有關名勝的建築和機關的房屋，以及修理不必修的馬路等等，以期稍稍容納失業工人，希冀減少失業人數裝裝門面，但這種枝節辦法能收多大的效用，當然還是個問題。向政府註册的失業工人每月原可得津貼三百法郎，合華幣六十圓左右，在我們中國度着極度窮苦生活的民衆看來，已覺不錯，但在生活程度比我們高的法國，這班工人又喜歡以大部分的收入用於喝酒，所以還是苦得很，而且領了若干時，當局認爲時期頗久了，不管仍是失業，突然來一個通知，把津貼停止，那就更尴尬了。這失業問題，實是給帝國主義的國家『走頭無路』的一件最麻煩的事情。

但是在法國却也有牠的優點，爲產業和組織落後的殖民地化的國家所遠不及的，記者當另文敍述奉告。

關於巴黎的特徵，還有一點可談的，便是關於性的解放的情形，這和兩性關係，婚姻制度，婦女地位等等，都有相當的關係，說來話長，下次再談吧。

廿二，八，六，晚，記於巴黎。

# 二三　性的關係的解放

記者在上次通訊裏曾經談起巴黎的特徵，關於這方面，還有一些可以補充的，那便是性的關係的解放。

他們把兩性間的關係，看得很平常，男女攬腰或夾臂並肩而行，旁人沒有注意的。記者常在公園裏看見一對一對的男女，有的擁坐着接吻，有的並行着接吻，有一次我坐在角落的樹蔭裏靜觀，看見前面一對男女擁坐着於半小時內總吻了二十多次，簡直拚命的幹，但我同時注意那陸陸續續走過他們身旁的人，連看都不看，無論走過的是青年人或老頭兒，都覺得沒有這麽一囘事；就是那些公園裏玩耍的孩子，玩得那樣頑皮，但是對於這類的事情，即是望見了，也都像熟視無睹地走開，仍去玩他們的。那些擁着接吻的男女也毫不提防有人看見，儘管在青天白日之下，衆目昭彰的前面，旁若無人似的幹他們的好事。

這當然不是說他們白天不做事，專以接吻當事做，大抵都是在彼此工作之後的時候。

在中國說起『軋姘頭』，大家都認爲不名譽的事情，本人覺得難爲情，和他或她有關係的親戚朋友也都覺得不是一件體面的玩意兒。在這裏，社會上却把牠看得很平常。有好些女工，經濟完全可以自立，不願受婚姻制度的束縛，工餘高興的時候，就和男友聚個一夜，第二天仍很自由地去幹她的工作，也有進一步實行同居之愛的，彼此不願繼續時便各自東西，毫無麻煩。據久住巴黎的朋友說，這類同居的事實，至少佔男女關係的百分之五十以上，婚姻制度在大都市裏的日趨崩潰——至少是變換方式——於此可見一斑。他們社會上並不把這類事視爲個人的失德，而在經濟可以自立，不必倚賴男子以求生存的女子，膽量也同時比較的大些。誠然，在結了婚的男女，所受社會的制裁也要嚴些，不過他們的社會並不把離婚看作羞恥，離婚既容易，不合則離，也用不着在結婚後偷偷摸摸。

記者最近在此地認識一位中國朋友，他在這裏經商，和兩位同事租了公寓(Apartment)裏一所屋子，僱用一個法國青年女子燒飯做菜，最初講定工資時，這位朋友只肯每月出四百法郎，她一定要四百五十法郎，她所說明的理由是她要出三百法郎津貼一個孩子的生活費，自己只能用到一百五十法郎了。這位朋友便問道：『你已嫁了嗎？』她很不躊躇而很坦然地回答說：『沒有，不過有個情人罷了。』從這裏很可以看出法國女子——至少是一部分——對於所謂婚姻或貞操問題的態度。

可是話又要說回來了。在他們這個資本主義制度的社會裏，女子經濟自立的機會雖比產業落後的殖民地化的國家多些，而受着經濟壓迫的女子究也不在少數。這類女子也有注意於正式結婚嫁給一個男子，俾得終身之靠的。還有像商店的女僱員，有的每月薪水不過二三百法郎，女子大都好裝束，當然不夠用，於是不得不在夜裏裝得花枝招展模樣的在外面兜攬男子，這樣一來，娛樂費便可由男子擔任，或更可進而多敲幾個錢。這樣的女子，在他們社會裏，也沒有什麼人存着『禮教』觀念來輕視她，不過她不免受着經濟的支配，却是很顯然的事實。講得不好聽些，這就近乎『野雞』式的行徑了。

在這樣的舊社會制度裏，社會對於養老的這件事，當然沒有健全的設備，養老這件事便成了一個問題。這個問題固不限於女子，但以年華有限的女子，所受的影響更大。她們年青的時候，大概不難過日子，到了年老了，工作不易得，情人更不易得（指不出嫁的），或簡直不能得，她們的晚年暮景，也許要不免悽寂的。記者在這裏所住屋子的房東（二房東）是兩個姊妹，姊姊九十三歲，妹妹八十六歲了。這位八十六歲的『妹妹』能說英德法三國語言，聽說從前也在什麼機關裏做過職員，都算是未出嫁過的老小姐——但是誰又知道當她們年華正盛時沒有過多少風流韻事？那位九十二歲的『姊姊』背已彎曲，一天到晚坐在廳上發呆，一見『妹妹』不在身旁，便要摸來摸去來找她．這位『妹妹』也已頭髮盡白，每天還要替三個客人的三個房間收拾打掃．（我看不過，每晨還幫她倒一次放在房間裏盥洗後倒水用的汚水桶．）聽說她們有個姪子在鄉間是個小財主，但却數十年老死不相往來，各顧各的，看都不來看她們一次．她們的生活費，也許有一部分可取給於慈善性質的津貼，這是在資本主義社會裏可有的欺騙的方法，如在合理的社會裏，對此事便應有合理的設備．講到我們的中國，有許多人就靠子孫來解決這個問題．許多寡婦仍不敢不守節，過非人的生活，也無非在傳統思想籠罩着的社會裏，非如此便難於生存罷了．這是把貞操換『麵包』的把戲！

在這裏還有一個特點，便是男子對女子——任何不認識的女子——表示『愛』，是一件極平常的事情．你在街上或任何處所，遇着女子要和她談話，或竟表示愛她，並不算是侮辱，她決不致叫你吃耳光，不過接受不接受却全是她的自由。沒有人敢加以絲毫的勉強。她卽不願接受，也不致駡你『殺千刀』！也只婉謝你，不過男子也不敢冒昧强迫。我在上海時，每在公園裏看見無賴青年强迫不願和他們勾搭的女子，甚至包圍追逐，醜態畢露，這是這裏所沒有的。以上所述是在巴黎的情形，聽說在鄉村便比較的嚴格，不比在都市中那樣自由了。

廿二，九，十。記於巴黎。

## 二四　瑕瑜互見的法國

資本主義的國家原含有種種內在的矛盾，牠的破綻，隨處可以看見，但是平心而論，牠也有牠的優點，不是生產落後文化落後的殖民地化的國家所能望其項背的•例如記者現在所談到的法國，第一事使人感到的便是利用科學於交通上的效率•在法國凡是在五千戶以上的城市，都可由電車達到；在數小時內可使全國軍隊集中；巴黎的報紙在本日的午後卽可佈滿全國（關於法國報業的情形，當另文記之）；本國的信件，無論何處，當天可以達到；巴黎本市的快信，一小時內可以達到。巴黎的交通工具，除汽車電車及公共汽車外，地道車的辦法，據說被公認爲全世界地道車中的第一•這是研究市政的人告訴我的，我雖未曾乘過全世界的地道車，但據親歷的經驗，對於巴黎地道車辦理的周到，所給乘客的便利，和工程的宏偉，（有在地下挖至三層四層的地道，各層裏都有車走，）覺得實在夠得上我們的驚歎•全巴黎原分爲二十區（arrondissement），有十三條的地道車滿佈了這二十區的地下，成了一個很周密的地道網•你在許多街道上，常可看見路旁有個長方形的大地洞，寬約七八尺，長約十二三尺，三面有鐵欄杆圍着，一面有水門汀造的石級下降，上面有紅燈寫着 Metro（卽地道車）的字樣，這就是表示你可以『鑽地洞』去乘地道車的地方．撐着紅燈的柱子上就掛有一個顏色分明記載明晰的地道車地圖，你一看就知道依你所要到的地方，可由何處乘起，何處下車．走下了石級之後，便可見這種地下車站很寬大，電燈輝煌，有如白晝，牆壁都是用雪白的磁甎砌成的，你向售票處（都是用女子售票）買票後，有椅子備你坐着等車，其實不到五分鐘必有一列車來，你用不着怎樣等候的．這種地道車都是用電的，每到一列總是五輛比上海電車大半倍的車子，裏面都很整潔，中間一輛是頭等，外漆紅色，有漆布的彈簧椅；頭尾各二輛是普通的，外漆綠色，裏面布置相類，不過只是木椅罷了．車站口有個地道車地圖，上面已說過；車站裏還有個相同的地圖，入車站所經過的路及轉角，都有大塊藍色琺瑯牌子高懸着，上面有白字的地名，你要由何處起乘車，卽可照這牌子所示的方向走去上車．乘車到了那一站，也有好幾塊這樣的地名牌子高懸着給你看．在車裏面還有簡明的圖表高懸着，使你一看就知道所經過的各站及你所要到的目的地．他們設法指示乘客，可謂無微不至，所以除了瞎子和有神經病的先生們外，無論是如何的阿木林，沒有不能乘地道車的。有的地方達到目的地車站時，因『地洞』較深，怕乘客步行出『洞』麻煩，還有特備的大電梯送你上去。這種地道車有幾個很大的優點：(一)車價便宜，頭等每人一個法郎十五生丁（法國一個法郎約合華幣二角，一個法郎分爲一百生丁，）普通的每人七十生丁，每晨在九時以前還可僅出八十五生丁買來回票。（因此時爲工人上工時間，特予優待。）(二)買一次票後，只須不鑽出『地洞』之外，你可在地道裏隨便乘車到多遠的地方都可以。(三)各條地道縱橫交叉，你可以隨處換車，以達到你的目的地爲止。因爲車輛多，這種換車很迅速，不像在上海等電車，往往一等一刻鐘或半小時。我們做旅客的只要備有一小本地道車地圖，上面有各街道，有各條地道車，『按圖索驥』，卽路途不熟，什麼地方都可去得。記者在這裏就常以『阿木林』資格大『鑽地洞』，或訪問，或觀察，全靠這『地洞』幫忙。（汽車用不起，電車公共汽車價也較昂，且非『

老巴黎』不敢乘。）

除交通便利外，關於一般市民享用的設備，有隨處可遇的公園，無論如何小地方，都有花草和種種石像雕刻的點綴，使牠具有園林之勝，馬路的廣闊坦平，更不必說，像上海的大馬路，在巴黎隨處都是。此外如市辦的浴室，清潔價廉，每人進去買票只須一個法郎（另給酒錢約二十五生丁），就可使用一條很潔淨的浴巾，（肥皂須自帶，臨買票時如買肥皂，五十生丁一小塊，）被導入一個小小的浴室裏去洗蓮蓬浴（Shower bath）。這種浴室雖有房間數十間，只樓下櫃台上用一個女售賣員，樓上用一個男子照料，簡便得很。進去洗澡的男的女的都有。記者在巴黎洗的就是這樣簡易低廉的澡，因爲我過不起闊老的生活。

當然，如作深一點的觀察，資本主義的社會裏常會拿這樣的小惠來和緩一般人民對於骨子裏還是剝削制度的感覺和痛恨，但比之連小惠都說不上的社會，當然又不同了。

其次是他們社會組織比較地嚴密。每人一生出來就須在警局註冊，領得所謂『身份證』(Carte D'identité)，以後每年須換一次，裏面詳載姓名住址父母姓名本身職業及妻子(如有的話)等等情形，每人都須隨身帶着備查。每人的這種『身份證』都有三份，一份歸管理戶口的總機關保存(大概是內政部)，一份歸本人保存，一份是流動的，就存在這個人所在地的警局裏，如遇有遷居，須報告警局在證上塡註新址並蓋印。如遇有他往的時候，亦須先往該警局通知，由該警局把這份『身份證』寄往他所新遷的所在地的警局存查。外國人居留法國的，也須領有這種『身份證』。這樣一來，每人的職業及行動，都不能有所隱瞞，作奸犯科當然比較的不容易。在中國戶口的調查還馬馬虎虎，這種更嚴密的什麼『身份證』更不消說了。

不過從另一方面想來，這種嚴密的辦法，其結果究竟有利有害，也還要看用者爲何類人。在極力掙扎維持現有的不合理的社會的統治者，反而可藉這樣嚴密的統治方法來苟延他們的殘喘。但是這是用者的不當，社會的嚴密組織的本身不是無可取的。

廿二，九，十五，夜，記於巴黎。

## 二五　操縱於資產集團的巴黎報界

巴黎是世界政治的一個重要中心，牠的報紙不但執法國全國的牛耳，好像上海的報紙之於全中國一樣，（雖則天津的大公報在華北近已漸佔較大的勢力，）而且是國際上所嚴重注意的，但是巴黎的重要報紙全在資產集團的掌握之中。這個集團就是法國特有勢力的資本家所組織的『鐵業委員會』（"Comité des Forges"）。這個把持法國輿論機關的『鐵業委員會』雖號稱鐵業，並不限於鐵業資本家，像香水大王古推（François Coty）也是其中重要的分子，這大概是因為最初範圍較狹，後來逐漸擴充，而會名却仍舊保存着。

巴黎報紙有一千六百種之多，其中有六十種是含有政治意味的。在這許多報紙裏面，最重要的也不過二十家左右。關於巴黎的報紙，徵言先生從前在生活週刊通訊裏曾有一文說得頗詳，記者現在只談談尤其重要的幾種報和值得注意的一些情形。

我們在國內卽久聞巴黎時報（"Le Temps"）的大名。凡是研究及注意政治的人，大概沒有不常看的，牠的最大特點就在能做法國外交部的『先聲』。每遇法國外交部方面將有什麼舉動，牠就先在外面造空氣，所以看時報得窺見法國外交的趨勢。但是牠却又不是法國外交部的正式機關報。據熟悉法國外交界情形的友人說，因有一次該報的主筆是外交界中人，於是因歷史的關係，便沿襲下來。又據說法外交部有一特殊情形，卽傳統的外交政策，很難由一新部長來就完全改變，不隨政黨進退的部中要員（尤其是祕書長）都有潛勢力，對各專門的案件都有一定的態度，做部長的卽有所主張，至多只能緩緩地改變。時報所造的空氣是法外交部的意思，却不一定是外交部長的意思。其實旣以侵略爲目的，和緩叫你生肺病，激進叫你生急病，在受侵略者都得不到什麼便宜。巴黎時報是晚報，很爲政界要人所重視，但因爲看的多是所謂『上流人物』，銷路只有四五萬。可見辦報必須有其特點，有了特點，銷數雖少，還是有牠的力量。（巴黎時報的政策自是另一問題。）

法國報紙，除左派如社會黨及共產黨的機關報對中國不說壞話外，其餘報紙對中國的態度沒有不是壞的，尤其是在『九一八』之後受了日本的收買。像上面所說的時報，雖偏助日本，還不怎樣明目張膽，還有和時報差不多的晚報，名叫雄辯報（"Journal des Débats"）就更公開的罵中國而袒護日本。但雄辯報還不及早報名叫巴黎回音（"Echo de Paris"）對中國更壞，在中日事件發生後，該報天天罵中國，把中國罵得太壞了，罵得太不像樣了，以致引起一般讀者的懷疑，最後甚至不能相信他們的話！

這都是些有名的報紙，但因受日本『經濟運動』的結果，竟顛倒是非，一至於此，豈不可怪！後來弄得就是法國讀報的人，大多數都知道此中內幕，成爲公開的祕密，社會黨所辦的光明週刊（"La Lumière"）老實公開的說法國報都被日本人買去了！這樣看來，中國的不爭氣，固還是鐵一般的事實，而日本之心勞日拙，也是很顯然的。聽說法國只對外如此，對內則須受法律的制裁，不敢這樣亂來。不過當十九路軍在淞滬血戰抗日的時候，事實過於顯明，法國報紙也多少變了口胳，無法說謊。當瀋陽不抵抗之後：他們的報紙倍加揶揄，弄得不少在法國的中國人沒有面孔見人，多不敢外出，到了這短時間內『無法說謊』的當兒，他們才又大模大樣的出去。當時十九路軍所以得到海外僑胞的熱烈尊崇，不是沒有理由的。

巴黎報紙銷數最大的有四家，都是早報，牠們銷數所以比別報多，因爲不但本埠讀者多，外埠讀者尤多。一個是小日報（"Petit Journal"），一個是小巴黎人報（"Petit Parisiens"）：這兩家報每天銷數各近二百萬份。牠們的名字上雖各有個『小』字，其實是大報，並非小報，雖則歐洲報紙的形式多巧小玲瓏，和美國大而且多的不同。此外有一個是晨報（"Le Matin"），一個是日報（"Le Journal"）：這兩家的銷數每天各近百萬份。這四家銷數特大的報紙都和所謂『鐵業委員會』有關係，那是不消說的了。

香水大王古推除參加『鐵業委員會』外，還自己出資創辦一種早晚報（早晚都有），名叫人民之友（"L'ami du Peuple"），價錢非常便宜，比別的報紙便宜一倍，早晚報合起來的銷路已有七八十萬份，聽說已貼去幾百萬圓。古推自己常在該報上大做其文章，最近提出『法國的安全問題』，連日登着，登完後又在組織一個會，以招致同志。有人說他有意入政界，將來也許終有登台的一天，以他這樣一個坯子，如有登台的日子，能幹出什麽政治來，可不言而喻了。關於他，有一點更値得中國人注意的，就是他反對中國很厲害，袒護日本很起勁，而他的『古推牌』的香水在中國的銷路却很好，賺中國人的錢來辦報打中國人的嘴巴！有位朋友很憤恨地叫我不要忘却在這裏宣布一下，我覺得用錢請人打嘴巴確是不很合算，不知買『古推牌』香水者以爲如何！

在巴黎報界後起之秀的有個巴黎晚報（"Paris Soir"），在巴黎很盛行，一到傍晚，滿街都是『巴黎蘇阿』（該報名稱的譯音）之聲，使我想起在上海馬路上所聽到的『大晚夜報』的呼聲同樣的熱鬧。

廿二，九，十九，記於巴黎。

# 二六　再談巴黎報界

巴黎的重要報紙都操縱於資產集團之手，此中大概情形，記者已於上次通訊裏談過了。記者並於九月八日，得友人的介紹，到銷路最大的四家報館的一家——晨報——去仔細地參觀了一番。先和該報政治部的東方部主任（專研究中國日本等東方各國問題，能英語，）略談該報組織的情形，繼由印刷部主任陪同參觀全部印刷機，由同去的領事館陳君任法語翻譯，解釋頗詳。談話和參觀所得的結果，覺他們的組織和我國的報紙大同小異，所不同者是規模比較的宏大，效率比較的增高而已。就規模方面說，例如他們的編輯部分工的工作就比較的詳密，總主筆之下，分有採訪總部政治部本國新聞部運動部圖書部等等，每部有部長一人主持，下面有編輯員及訪員多則二十餘人，少亦十餘人．社論由各部各就專門研究的範圍分任撰述．總主筆之下，有三個襄助主筆，五個特派訪員，不屬於各部的．這五個特派訪員重在國際方面，各對所專注的國家都有專門的研究，一有特別事故發生，卽趕往各該國任特駐記者若干時．至於效率方面，以印刷機爲最顯著．我國上海各報每次印刷的時間，大概在兩小時左右，他們每次只須十分鐘至一刻鐘．這種效率的增高，不但印刷迅速，同時在採訪及編輯方面也得到不少的便利．我國的文字在印刷前要排字，手續麻煩，他們卽可在機器上打字，打好一字，機器裏面就鑄好一個鉛字，隨打隨鑄，便捷得多，這也是他們便宜的地方．至於報館的建築比我國的報館大，印機的設備也比我國的報館多，那是因爲他們的銷數比我們的多十倍二十倍，是當然的．

這個報對中國的態度也很壞，遇着中國出了什麼壞事，便張大其詞；偶遇中國有了好事，便噤若寒蟬，不過我們仔細想想，目前的中國究有多少好事給人家登，却也。不。能。不。自。慚。愧。！

現在請再談談關於巴黎晚報。

在法國報界負盛名的時報雖也號稱晚報，但該報偏重全日的政聞（如議會裏的辯論等，）第二天還有人買，在實際上並非晚報性質。在巴黎最流行的眞正晚報，要算是巴黎晚報了。牠的內容偏重在下午的社會新聞，凡晨報午報所已載的，牠都不要。談起這個報，每使我想起老友曾虛白先生在上海所聚精會神主持的大晚報。這兩個一在東亞一在西歐的晚報，頗有類似之處。牠們都是各在本埠最流行的，巴黎晚報的銷路雖還不過二十萬份，但幾全銷在巴黎，每到傍晚，好像就已布滿了巴黎全城，馬路上隨處可見，地道車裏，電車裏，人家裏，到處可見人手一份，賣報的老太婆更提高嗓子大叫而特叫。（法國的賣報孩子却未見過，可見他們對於兒童的保護和教育很周到，不讓他們荒廢學業光陰，但是許多老太婆却很苦！）大晚報在上海也有這樣的現象。我看到巴黎晚報消息的靈敏，編法的新穎，和精神的飽滿，每想像那裏應該也有一個『曾虛白』在努力着！

巴黎晚報有個很大的特色，那便是有關新聞的相片的多而明晰。牠每遇有一重要的社會新聞，就有一二十幀的相片插圖，夾在文字裏面，使讀者如親歷其境。牠的相片插圖不僅僅是登出幾個有關係人的肖影，也不僅僅是和新聞有關係的呆板的房屋，尤其難得的是常能把當場發生事變的活動的人的舉動情形攝入，這樣的攝影記者的藝術和機敏就難能而可貴了。例如有一天的社會新聞裏，其中有一幕是幾個婦女在街上攘臂握拳打架，警察很尷尬地夾在中間解勸，被他們完全攝入，相片上的標題是『太太們開戰』！他們看了相片裏的那樣憨態可掬，再看到這幽默的標題，沒有不失笑的。

這個晚報，就是婆婆媽媽，弟弟妹妹，都喜看，一般成年人和青年人更不必說，優點就在社會新聞特詳，插圖佳妙，編法又能處處引人入勝。不過在法國的報紙，有一點却也值得注意，那就是儘管偏重社會新聞，而誨淫的描寫却沒有，卽有講到男女發生關係的事情，也不過說到開房間，成愛人，並不像在中國有些報上簡直天天不忘處女膜，時刻想到生殖器！在這裏有位朋友因看到中國的這樣的報，很滑稽而却沉痛地對記者說道：『這樣不如效法張競生博士編行性史更爲乾脆，何必辦什麼報？』

巴黎晚報初辦時，在推廣方面也常有獨出心裁的方法。例如先在報上聲明第二日在某條熱鬧街上有特別事故發生，誰記得最詳投稿該報，由該報選取的，有特酬數百法郎。第二天該報卽僱人在該條街上作吵嘴或其他引人注意的表演，詳記投稿者果得重酬。有一次忽於報上登一個年月日，如有人適遇該日是生辰，可持該日該報去領酬若干法郎。又有一次忽於報上載一地道車車票的號碼，誰能拿那張號碼的地道車票赴該報館的，也可得酬若干法郎。諸如此類的小玩意兒很多，總之引起人的注意罷了。

不過引人注意是一事，報的內容是否值得一看又是一事。倘若報的內容沒有閱看的價值，徒然引人注意也是沒有用的．

廿二，九，十九夜記於巴黎．

## 二七　法國教育與中國留學生

法國一般人民的教育比我們的普及，這是不消說的，但是在資本主義社會制度之下，教育究竟不能平等．例如法國的初級階段的教育，（七八年畢業，）分爲兩種：一種是國民學校，那是完全免費的；還有一種稱爲『利賽』（"Lycée"即中學），據說教員比較的優良，功課比較的完善，訓育比較的嚴格，但是非有錢的子弟不能進去．至於高等學校和大學，更不必說，沒錢的人不能問津，要末只能進特爲他們而設的職業學校．最近因有人鳴不平的結果，『利賽』初年級的一年已可免費，但是沒錢的人讀這不上不下的一年，於事何補？而頑固派則已大為憤怒，說這樣使『上等人』的子弟和『下流』的子弟混在一起，將貽害無窮！

法國中學辦法的嚴格，是在各國教育制度中向來有名的，畢業期限六七年，高中分文理科，文科畢業時須能三種外國語，其中有一種為死外國語，非拉丁文，即希臘文；理科雖不必學習死外國語，仍須學習兩種外國語。他們都注重翻譯的能力，作為將來進而研究更深學問時閱讀外國書報的基礎。高中畢業即為『學士』("Bachelier")。

關於高等教育，法國有國立大學十七所，及獨立的學院若干所。畢業年限自二三年至六年，依科而定。(醫科最長，須六年)畢業後稱『碩士』("Licencier")，所奇者，要得這種『碩士』，難於『大學博士』(這個名詞意義見後)，入學要經嚴格的考試，平日功課和畢業考試都較嚴。所以中國的留學生進這種『碩士』班的很少，進所謂『博士班』的反而多，因為進『碩士』班要經過嚴格的考試，進『博士班』只須有中國的任何大學的一張文憑，都得進去。學理科的還須隨着教授在實驗室裏研究三四年，學文科的就只須預備一篇論文，學法科的從前也如此，近幾年來較嚴，須考八門功課後才做論文，考得順利的大概要兩三年工夫。這都是指所謂『大學博士』（"doctorat d'université"），還有『國家博士』（"doctorat d'état"），非經法國本國的大學畢業，不能應考，論文也比較的嚴格。只有『國家博士』有擔任中學教員的資格，『大學博士』和『碩士』都須經過『中學教員考試』合格後，才許任教於中學。這種考試均由大學教授主持。他們對於中學師資的認眞，於此可見一斑。

中國留學生大概都注重在『大學博士』頭銜的獲得，這裏面眞正用功的朋友固不乏人，而不求實際但冀得一有名無實的虛銜頭，以便回國後在尊崇虛榮的社會裏瞎混的也所在多有。所以我們雖不能作一概抹煞之論，但社會對於人材須求其實際，而不可獎勵憑藉虛銜頭以自欺欺人的風氣，這是可以斷言的。而且就是在這裏面眞正用功的朋友，在國外所學的多屬外國的材料，到本國後還須注意本國的材料，作繼續不斷的研究，對於本國的社會才能有眞正切實的貢獻，此外還有一點也很重要，就是在未出國留學以前，宜先有比較充分的準備。有某君到了法國之後，進中學不願意——其實能否考得進去，還是個問題——進大學又夠不上，於是他天天吃飽飯後就跑到彈子房裏去打彈子，連打幾年，也算留學，一時傳爲笑柄。這雖是絕端的例子，但在文字工具及基本知識方面沒有相當的準備而卽貿貿然出外留學，這樣的不經濟，確是無可諱言的事實。

法國的高等學府當然以巴黎大學爲巨擘。各省的國立大學，學生也不過數千人，而巴黎大學的學生特多，據該大學所發表的前年統計，學生人數共達三萬人之多（確數爲二九七四二人），其中本國學生兩萬一千四百六十七人，男生佔一萬五千六百八十七人，女生佔五千七百八十人，可注意之點是女生人數僅佔男生人數的三分之一。外國學生八千二百七十五人，幾佔全體學生三分之一；其中男生五千八百零四人，女生兩千四百七十一人，女生佔全體外國學生三分之一強。最近因受世界經濟恐慌的影響，外人來留學的銳減，全體學生人數已減少五千人左右。其中文科約佔六七千人，法科約八千人，理科三千餘人，醫科五六千人，藥科一二千人。他們學文法科的人也比學理科的人多，這也是可以注意的一點。聽說他們本國畢業生的出路，以學理科的較易，因為人數少，供需還相去不遠。

在舊社會制度下，高等教育的資本主義化，固然是顯著的事實，而且這樣下去，在受此種教育者的本身，也一天一天的增加恐慌，也可以說是日趨沒落，日向窮途末路上跑，因為在現社會裏這種『商品』的生產過剩，到了後來連賤賣都賣不出去！在中國，大學生畢業每年整百整千的出來，而社會上天天鬧着不景氣，從前有人罵大學生不肯做小事，現在有的甚至連小事都沒得做，這種危象的日趨緊張，稍稍留心中國社會現狀的人都能知道的。在法國，他們的情形，當然不及我們的緊張，但據記者從多方面的探查，大學畢業生的『位置荒』，也漸露着端倪了。得着『碩士』銜頭而無事可做，只得做汽車夫的已不乏其人，這比之日本的大學畢業生有的只得幹倒垃圾桶的事業，固似乎勝一籌，但在素以在歐美各國中猶得『繁榮』自傲的法蘭西，也漸有捉襟見肘的窘態了。

廿二，九，廿四，記於巴黎。

## 二八　法國的大學教授

中國的事情說是難做，有的時候却又似乎很容易做，例如『大學教授』，雖學識湛深的不乏其人，但大概只須掛有外國留學生銜頭招牌的，好像對於『大學教授』的任務都能勝任愉快！這也許是在這過渡時代人才缺乏時期所不能免的現象，但是若把這種變態視爲常態，不思有所改進，對於中國學術及文化前途的發展是很有妨礙的。我們談到法國大學教授資格的認眞，更引起我們對於中國大學教授這種現象的特殊注意。

關於法國大學教授，有幾點值得我們的注意：(一)資格的愼重。他們要做教授的，在考得『國家博士』後，還須有八年或十年的服務經驗和準備工夫。在這準備的時期內，或任助教，或任教務長的助手，最後須經過『教授考試』及格後，才有擔任正教授的資格，所以做到正教授的大概都在四五十歲的年齡，對於他所擔任的功課都有了相當的充分研究和經驗。這種『教授考試』是由教部任命已做正教授的人所組成的考試委員會主持。(二)職位的穩確保障。他們的教授不是隨着校長的進退而進退的，像中國的『最高學府』——尤其是國立的——往往換一個新校長，便有一班教授要打破飯碗，同時又有一班同派的人可以『彈冠相慶』，這是他們所沒有的。他們的教授，根本就不是由校長聘請，是由教部任命的，（不過校長得按服務規程，如教授有違法時，得檢舉，）如他不違背服務規程，教部也不能任意辭退，所以差不多是終身職。進來不易，黜退也難，不像在我國那樣招之則來，揮之則去的容易。(三)關於教授的研究工具有充分的設備。他們的大學，除有公共的圖書館外，每一正教授都有各人的幾間專門圖書室，關於他所專攻的那門書報，都盡量的搜藏，理科的教授還加上各人的實驗室，關於這種專門圖書室及實驗室的經費，不是由大學校長所能任意給與或減少的，是列入國家預算，由國會通過，獨立於學校平常經費之外的，他們對於學術研究的重視，可以概見。他們不但在設備上給教授以充分研究的工具，而且在時間上也使教授有充分研究的可能。正教授每年所擔任的教授時間，大概都不過三十小時至六十小時，每星期至多不過一二小時而已。在事實上，教授並不因此而閒暇，因爲他們的時間要用在實驗室裏面去，同時要博覽關於該科的各國書報，接近世界上最新的知識，否則多人已發明的，他還不知道，或他自以爲是新發明的，在事實上別人却早已有了。(四)教授的待遇。正教授最初每月薪金約三千法郎左右，可逐漸增至每月四千法郎左右，助教每月一二千法郎。一千法郎約合華幣二百圓，四千法郎有華幣八百圓之數，似乎爲數頗鉅，但是他們的『加爾松』(garcon 學校裏的茶房)每月也可有一千法郎，而况這是比較高的薪金，(最高可到五千法郎一月)在他們的生活程度，原不算得多，但是他們的職位既有穩當的保障，在生活上也就沒有危險了。(五)研究的精神。理科各門的正教授所教的內容，都是他們在實驗室裏的心得，所以每年的教材不同，畢業生隔幾年後如再到原來的老師處聽講，又是另一種新的東西，和從前所聽的大不同了，因爲他們這種老師是每年在那裏有進步的。關於比較屬於通常的教材，都是由助教授來教的。據說他們這種實驗室裏差不多每星期都有多少關於科學上的新發明，並有關於這種發明的新報告發表。這樣一來，大學教授便負起科學上的發明責任，(同時當然還有其他的研究機關也在進行着，)促進利用這種發明的事業上的進步，同時也是大有貢獻於學術和文明。講到這一點，想到我們的大學關於研究上的設備怎樣？對於大學教授的待遇怎樣？所謂大學教授對於學術及文化上的眞正貢獻怎樣？大學裏的研究(？)對於社會事業的關聯和影響又怎樣？這種種都值得我們作深切的反省，倘若我們對於本國的學術及文明要獲得鞏固的基礎和獨立的進展。

不過有一點却也需要分別的說明一下，那就是法國大學裏，在自然科學方面誠有上面所說的那樣日在進步的程途上向前，而在社會科學方面，大學教授却都是很守舊的，他們所教的內容，根本上還都是帝國主義的傳統學說；他們認法國爲上國，爲最上無比的上國。對於法國的現社會制度，對於僞民主政治的都表示十二萬分的滿足！來法國學社會科學的人，一不留神，便受盡他們的麻醉，思考越弄越糊塗起來了。法國青年的思想多偏於守舊，一部分固由於環境的比較的安定，不像我國青年之日處水深火熱之中。處處受着慘酷的痛苦，但是一部分也未嘗不是因爲這班守舊教授所廣布的毒素在那裏作怪！

這班守舊教授所以這樣冥頑不靈，也不無他們的苦衷，因爲他們對於新的學說既有所不屑，要保持他們在社會上所已得的權威地位，不得不抱殘守闕，極力掙扎一下．不過這在資本主義而又稍稍採用欺騙性質的和緩社會革命的所謂社會政策的國家裏，也許還可以苟延殘喘，在帝國主義和牠的附生蟲所侵蝕下的中國，情形便不同了．所以在五四運動時代站在思想界前線的某名教授，現在大發其投降帝國主義和取媚於軍閥官僚的論調，便大受青年的激烈的反感，因爲從前受他領導的青年，現在却站在他的前面了，爲環境及時代所逼迫而不得不踏在他的前面了．這也可謂有幸有不幸罷．

廿二，九，廿七，記於巴黎，

# 二九 法國的農村

法國在世界大戰以前，原是偏重農業的國家，自世界大戰以後，利用賠款所得及所取得的各地的煤鑛鐵鑛，對於工業才有比較激進的傾向，但是農業仍佔很重要的位置，法國全國人口四千萬人裏面，仍有百分之四十，即一千六百萬人是從事農業的。記者原想到農村裏去看看，剛巧從前在意大利碼頭上走散的張心一君由德來法調查農村經濟，便於九月廿五日，約同秦國獻君同到凡爾賽附近的一帶農村裏去跑了一個整天。張君從前在美國專研農村經濟，秦君在法國專研農村教育及農藝已有五年之久，記者此次觀察農村，有兩君做旅伴是再好沒有的了。

我們先在凡爾賽農業研究院（L'institut des recherches agronomiques）裏

參觀了一番．該院由農部設立，研究結果卽由農業局實施於各農村，院的周圍有八百畝地專供實驗之用．院長係著名的農業教授調任的，親出招待，說明頗爲詳盡，其中最使我感覺興趣的是關於植物的病理研究，種種病狀的解剖圖形和模型，以及實驗室裏試驗管中的種種病態研究，都令我感到我國內地大多數人民的疾病受到科學的研究和衞護的，還遠不及這些生長在科學比較發達的地方的植物！

其次參觀的是國立格立農(Grignon)試驗場，和附近的格立農國立農業專門學校(Ecole Nationale d'agriculture)．該試驗場有一萬畝的田地供試驗之用，規模頗宏大，試驗結果也由農業局實行傳播於各處農村的實際工作上去．國立農業專門學校和這個試驗場，都設在農村，其影響於農業的改進都很大．該校有百餘年的歷史，於農業發明上有特殊貢獻的教授，校裏都替他們鑄半身銅像，樹立於校園旁，以資紀念．這種在學術上有眞切貢獻者的銅像，雖僅半身，卻有牲的特殊的價值。該校設備也頗完備，對畜牧尤多注意，雖在暑假期中，所養畜的牛羊豬玀等等，仍得看到。牲們的食料，都有一定的配合，開成『菜單』懸掛着，和我們在大菜館裏所看見的大菜單相似，不過還要精密些，因爲每種『菜』都註明分量。上海話罵人做『豬玀』，聽的人大概沒有不勃然憤怒的，但是這裏的豬玀都有合於科學方法的『菜單』，不能不說是『豬玀』裏面也有闊綽的了！

法國農村的組織是以『村』爲單位，他們叫做 Commune，每市有市議會，由村議會選出『村長』(Maire)。四千萬人口的法國，有五萬餘村長，平均每八百人便有一個村長。這種村長是沒有薪水的，由原有職業的人兼任，村長之下，由農村小學的校長任書記(也可譯爲幹事)，農村小學同時也就是『村政府』所在，書記有相當的薪俸。這樣一來，農村小學很自然地成爲農村裏的重要的中心，農村小學和農村社會也很自然地發生了密切的關係。人口比較少的地方，農村小學就只夫婦兩人擔任，夫教男生，婦教女生，成爲夫婦學校，後期小學裏農藝新知識的灌輸，則由農業局聘任專門教員到各村輪流施教。這種『村政府』所管的事情，是關於戶籍（人口登記）；土地登記及表册；人事（如村民結婚時證婚，喪事須請村府派人視察，兒童產生須報告登記等）；交通（如道路郵電等）；教育（一部分經費由國家供給）；救濟事務（如救濟失業及其他慈善事業等）；並有警察權。他們因一般人民的教育程度已比較的高，辦事易有軌道可循，所以事務簡單，除少數人口特多的地方，都不過有這樣簡單的組織。這種『村長』有一定的職權，雖省長有監督之權，卻不能像我國區長之徒爲官僚的爪牙，以在鄉間刮地皮爲天職，因爲他們的村民監督得也很厲害。

法國的鄉村無論怎樣小，都有一個郵局，兼理電報和一個公用的電話，小的地方往往郵政局長同時就是郵差。他們的農村裏面也有平坦的馬路，也有電車，走的次數雖不及城市的多，大概是因爲需要上不同的緣故。

我國的農村有茶館，法國的小小農村裏也有咖啡館，規模當然比城市的簡陋得多，只是一個小房間，裏面放着幾張桌子，幾張椅子圍着，可是也有白的檯布，也還比較地乾淨，櫃台上一個中年婦人也還裝飾得乾乾淨淨，（指記者所進去過的一個農村咖啡館而言），記者和張秦兩君因爲走得乏了，就也到這樣的一個農村咖啡館裏去坐坐，另有農村的風味。張秦兩君大談其中國農村問題，我除旁聽高論外，常溜着我的眼珠旁觀咖啡館的周圍和其中的鄉間人物。

我們跑來跑去，看了所謂『村政府』——農村小學——之後，天漸漸黑暗起來了，繼之以大雨，我們三個人在草原上，森林間，逃難似的大踏步跑着。張君說這是法國的鄉間，如在中國，也許我們的皮鞋上已踏得滿鞋的泥漿了！最後由秦君引到一個他從前認識的農家裏，一對老夫婦，一個十六七歲的兒子，他們『舊雨重逢』，倒也談笑甚歡，那個女主人徐娘半老，風韻猶存，拿着一瓶酒和幾個玻璃杯出來，放在桌上，老不開瓶倒酒，我們在旁倒想快些喝幾口以消冷氣！後來秦君在皮包裏挖了半天，挖出一小包信封裝好的中國茶葉送他們，那老頭子才似乎受了什麽靈感似的，趕速到桌旁把酒瓶開起來，我想這也是所謂禮尙往來罷。我們坐了一會，雨已停，便仍踏着濕的道路，於夜色蒼茫中跑了許多時候，才乘火車囘到巴黎。

法國的農村土地已漸集中於大地主之手。受着世界不景氣的影響，已漸有失業的，尤其是酒業，法國的中部及南部的農家，幾於家家種葡萄，葡萄酒爲重要農產品，從前運銷各國，現在賣不出去，陷入很困難的境地了。

廿二，九，廿九，記於巴黎。

## 三〇　在法的青田人

關於在歐洲的我國的浙江青田人，記者在瑞士所發的通訊裏，已略有談及，到法後所知道的情形更比較地詳細．這班可憐蟲的含辛茹苦的能力，頗足以代表中國人的特性的特徵！而眼光淺近，處於侮辱和可憐的地位，其情形也不亞於一般的中國人，我每想到這幾點，便不禁發生無限的悲感．

據熟悉青田人到歐『掌故』的朋友談起，最初約在前清光緒末年，有青田人某甲因窮苦不堪，（青田縣爲浙江最苦的一個區域，人民多數連米飯都沒得吃，）忽異想天開，帶着一擔青田所僅有的特產青田石，由溫州海口而飄流至上海，想賺到幾個錢以維持生活，結果很不得意，不知怎的竟得由上海飄流到歐洲來，便在初到的埠頭上的道路旁，把所帶的青田石雕成的形形式式的東西排列出來．歐人看見這樣從未看見過的東西，有的也被喚起了好奇心，問他多少價錢，某甲對外國話當然是一竅不通，只舉出幾個手指來示意．這就含混得厲害了！有時舉出兩個手指來，在他也許是要索價兩毛錢，而阿木林的外國人也許就給他兩塊錢．這樣一來，他便不久發了小財．這個消息漸漸地傳到了他的本鄉，說貧無立錐之地的某某，居然到海外發了洋財了，於是陸續陸續冒險出洋的漸多，不到十年，竟布滿了全歐！最多的時候有三四萬人，現在也還有兩萬人左右，在巴黎一地就近兩千人．洋鬼子最初雖不注意青田石的這項生意，而且是神不知鬼不覺的漏進來的，沒有什麼捐稅，我國的青田人才得從中取些小利，後來漸漸知道源源而來，便加上捐稅，聽天由命的中國人在這方面的生意經便告中斷，但人却來了，自問回中國去還更苦，於是便以各種各色的小販爲生．他們生活的儉苦，實在是歐洲人所莫名其妙，認爲是非人類所辦得到的！現在巴黎的里昂車站（Gare de Lyon）的附近有幾條齷齪卑陋的小巷，便是他們叢集之處，往往合租一個大房間，中間擺一張小桌子，其餘的地板上就是鋪滿着的地舖．窮苦和齷齪往往是結不解緣的好朋友，這班苦人兒生活的齷齪，衣服的襤褸，是無足怪的，於是這些地方的法國人便都避之若蛇蝎，結果成了法國的『唐人街』，法國人想到中國人，便以這班窮苦齷齪過着非人生活的中國人做代表！有人怪這班鳩形鵠面的青田小販侮辱國體，但是我們平心而論，若國內不是有層出不窮的軍閥官僚繼續勇猛的幹着『侮辱國體』的勾當，使民不聊生，情願千辛萬苦逃到海外，受盡他人的蹂躪侮辱，這班小百姓也何樂而爲此呢？他們這班小販這樣說：每日提箱奔跑叫賣，只須賺得到一個法郎（就法國說），就是等於中國的兩毛錢，每月卽等於中國的六塊錢，倘能賺得到三個法郎，每月卽有十八圓，這在他們本鄉青田固不必想，卽在今日的中國，在他們這樣的人，也談何容易！所以他們情願受盡外人的踐踏侮辱，都飲泣吞聲的活着，因爲他們除此外更想不到什麼活路啊！

在巴黎的青田小販所以會叢集於里昂車站的附近，還有一個理由：因爲他們大多是由海船來的，由馬賽上岸到巴黎，這是必經的車站·這班人由中國出來，當然沒有充足的盤川，都是拚着命出來的，到了馬賽，往往腰包就要空了，盡其所有，乘車到里昂車站，到了之後是一個道地十足的光棍，空空如也，在馬路上東張西望，便有先到的青田人（他們也有相當的組織）來招待他去暫住在青田人辦的小客棧裏，青田小販裏面也有發小財的（多的有二三十萬的家資），便僱用這種人去做小販，他便從中取利。所以在這極艱苦的事情裏面，也還不免有剝削制度的存在！這種小販教育程度當然無可言，不懂話（指當地的外國語），不識字，不知道警察所的規章，動輒被外國的警察驅逐毒打，他們受着痛苦，還莫名其妙！當然更說不到有誰出來說話，有誰出來保護！嗚呼中國人！這是犬馬不如的我們的中國人啊！

這班青田人幹着牛馬的工作，過着犬馬不如的非人的生活，但是人總是人，疲頓勞苦之後也不免想到鬆動鬆動的娛樂。巴黎是有名的供人娛樂的地方，但在這班小販同胞們，程度決夠不上，無論咖啡館也罷，跳舞場也罷，乃至公娼館也罷，他們決沒有膽量進去問津，於是他們裏面比較有錢的人便獨出心裁，開辦賭場，打麻將，抽頭，精神上無出路的小販們便都聚精會神於賭博，白天做牛馬，夜裏便聚起來大賭而特賭，將血汗得來的一些些金錢都貢獻給抽頭的老闆們！

這幾個開賭場的老闆們腰包裏豐富了，便大玩其法國女人，一個人可包幾個女人玩。最後的結果是小販們千辛萬苦賺得的一些血汗錢仍這樣間接地奉還大法蘭西！

這班可憐蟲過的是不如犬馬的生活，同時也是盲目的生活，無知的生活。往往因爲極小的事情，彼此打得頭破血流！前幾個月裏有因賭博時五十生丁（約等中國的一角錢）問題的極小事故，兩個人大打其架，不但打得頭破血流，竟把一個人打死了！法國警察發現了這個命案，當然要抓人，聽說這個『打手』在同鄉私店裏多方躲藏，至今尚未抓到。

這班青田人有的由海船不知費了多少手續偷來的，有的甚至由西比利亞那面走得來的，就好的意義說，這不能說他們沒有冒險的精神，更不能說他們沒有忍苦耐勞的精神，但是有這樣的精神而却始終不免於『犬馬』的地位，這裏面的根本原因何在，實在値得我們的深刻的思考。

廿二，九，廿九，記於巴黎。

# 三一　由巴黎到倫敦

記者提筆寫這篇通訊的時候，到倫敦已有一個多月了，因爲預計所已寄出的文稿，還可供生活許多時候繼續的登載，所以到今天纔動手續寫通訊；但這一個多月的時間却也支配得很忙。大概上半天都用於閱覽英國的十多種重要的日報和幾種重要的雜誌，下半天多用於參觀，或就所欲查詢的問題和所約的專家談話，晚間或看有關係所查詢問題的書籍，或赴各種演講會（去聽不是去講），或約報館主筆談話，或參觀報館夜間全部工作。每天從牀舖上爬起來，就這樣眼忙耳忙嘴忙，忙個整天。

記者係於九月三十日上午十點鐘由巴黎動身，當日下午四點五十五分到倫敦。由巴黎到倫敦須渡英國海峽（English Channel），原有四條路線可走，而以走加雷(Calais）和杜佛（Douver）一條路線，所經海峽距離最短。記者在事前就聽見朋友說起經過英國海峽雖爲時僅兩小時左右，但風浪極大，無論怎樣富於旅行經驗的人，却不得不吃些苦頭，記者因怕暈船，不必要的苦頭可免則免，所以就選走這條海峽距離最短的路——先由巴黎乘火車到加雷（法境），由該處離火車乘輪渡海峽，達杜佛（英境），然後再乘火車到倫敦。到通濟隆買票的時候，才知道要走這條路，由巴黎到加雷的火車只有頭二等，沒有三等，這個竹槓只得讓他們敲一下了。輪上，因預得朋友的警告，說三等暈得更厲害，千萬要坐二等，我也只得照辦，不過從杜佛到倫敦的一段火車却仍坐了三等。

下午兩點鐘開始渡海峽，一到船上，陰雲密布，凜風吹來，氣候就特別冷起來，許多男女老幼搭客身上都穿了冬天厚呢大衣，我却只穿了一件春季夾大衣，可是此時滿心準備着大嘗一番暈船苦楚，危坐待變，身上雖似乎有些發抖，却不覺得怎樣冷．船上原有大菜間供搭客們吃中飯，但一則因爲這種地方價錢都特別昂貴，二則因爲準備暈船不宜果腹，所以我便打定主意叫自己的肚子餓一頓．記者餓着肚子坐着待變的時候，一面縱覽同船的許多老的，少的，男的，女的，形形式式的搭客；一面却另有一種感觸，覺得我所以肯，所以能不怕怎樣大的風浪在前面，都鼓着勇氣前進，只有應付的態度，沒有畏避的態度，就只因爲我已看定了目的地——所要達到的明確的對象——又看定了所要經的路線．此事雖小，可以喩大．

但是事情却出乎意料之外！我睁着眼巴巴地望着海面，準備着狂風怒濤的奔臨，却始終未來，等到船將靠岸，隨着大衆從第二層甲板跑到最高一層甲板時，大風驟作，有許多太太小姐們的裙子隨着大衣的衣裾被風吹得向上紛飛，她們都在狂笑中用手緊緊地拉着，一不留神，大腿和臀部都得公開一下，引得大家哄笑，還有許多『紳士』（"gentleman"）們的帽子也被大風吹得滿地（甲板上）滚．

搭客們就這樣笑做一團，紛紛上岸。

由瑞士到法國時，火車駛入法境後，僅由法國海關人員在火車上略爲翻看搭客的箱子（火車同時仍在繼續前行），此次由法到英，上岸後却須到海關受一番盤查。他們把本國人（英）和外國人分做兩起，經兩個地方出入。凡是本國人，只須看一看護照，就放過。一大堆外國人（其中以法國人佔多數，中國人就只記者一人）便須於呈驗護照後，由海關人員十幾人各在一張桌旁，向客人分別查問。有個海關人員問到記者時，問我來英國幹什麽，我說我是個新聞記者，現在歐洲旅行考察。他很鄭重地問：『你不是來找事做的嗎？』我開玩笑地答他道：『我是來用錢，不是來賺錢的！』他聽了笑起來，問我錢在那裏，我剛巧在衣袋裏有一張匯票，便很省便地隨手取出給他看一看，他沒有話說，只說如在英居住過了三個月，須到警察局登記，說完就在我的護照上蓋一個戳子，後來我仔細看一下，才知道這戳子上面還鄭重註明：『准許上岸的條件，拿此護照的人在英國境內不得就任何職業，無論有薪的，或是無薪的．』總之他們總怕外國人來和他們搶飯吃就是了——這大概也是他們失業恐慌尖銳化的一種表現．

離了海關，提着衣箱趕上火車，於擁擠着的人羣中勉強找得一個座位，便向倫敦開駛．英國火車的三等比意大利的好得多了，六個人一個房間，有厚絨的椅子，椅下還有彈簧，我國火車的二等還比他們不上，三等更不消說了．車行不久後，天氣放晴，氣候也和暖起來了，向左右窗外看看，鄉間房屋多美麗整潔，比法國的鄉間好，和在瑞士鄉間所見的髣髴．途經一個很大的墓地，幾百個十字架式的墓碑湧現於鮮花青草間，異常清麗，但見東一個西一個婦女穿着黑衣垂首跪在碑前，想像她們不知灑了多少傷心淚！

到後因已承朋友先為租好了一個人家的房間，便搬進去住．倫敦的街道，大街固然廣闊平坦，就是住宅區的比較小的街道，也都是像上海靜安寺路或霞飛路那一樣的光滑平坦整潔．住宅大都三層樓，門口都是有餘地種些花草．記者所租的房間，也在這樣狀況中的一所屋裏。這種一般的小住宅，裏面大都設備得很整潔講究，在馬路上就看得見華美的窗帷，不但房裏有花絨地毯，就是樓梯上也都鋪有草絨地毯。拉水馬桶和自來水浴室也都有。房裏都有厚絨沙發可坐。除東倫敦（East London）的貧民窟外，這可算是一般人民水平線以上的普通生活，這當然不是上海鴿子籠式房屋的生活所可同日而語了，至於連鴿子式房屋還沒得住的人，那當然更不消說。不過記者在倫敦現在所住的這個屋子，却有些特殊的情形，這些未嘗不是英國社會一部分的寫眞，下次再說。

廿二，十一，五。倫敦。

## 三二　華美窗帷的後面

記者上次曾經談起倫敦一般居民的住宅，除貧民窟的區域外，都設備得很清潔講究，在馬路上就望得見華美的窗帷。但在這華美窗帷的後面究竟怎樣，却也不能一概而論。像記者現在所住的這個屋子，從外面看起來，也是沿着一條很清潔平坦的馬路和行人道，三層洋房的玲瓏雅緻，也不殊於這裏其他一般的住宅，華美的窗帷也儼然在望，但是這裏面的主人却是一個天天在孤獨勞苦中掙扎地生活着的六十六歲的老太婆！她的丈夫原做小學教員，三十年前就因發神經病，一直關在瘋人院裏，她有兩個兒子，一個女兒，大兒子二十歲的時候就送命於世界大戰，第二個兒子也因在大戰中受了毒氣，拖着病也於前兩年死去了，女兒嫁給一個做鐘錶店夥計的男子，勉强過得去。於是這個老太婆就剩着一個孤苦零仃的光棍。這個屋子她租了二十年，房屋依然，而前後判若兩個世界，她還得做二房東以勉强維持自己的生活，租了六個房客，（中國房客就只記者一個，）因租稅的繁重，收入僅僅足以勉强餬口，每天要打掃，要替房客整理房間，要替各個房客預備湯水及早餐，整天地看見她忙得什麼似的。她每和記者提起她的兒子，就老淚横流，她只知道盲目地怨哀，她的兒子給什麼犧牲掉，她當然不知道。處於她這樣前後恍然兩世的環境中，在意志薄弱的人恐怕有些支持不住，而她却仍能那樣勤苦的活下去，我每看到這老太婆的掙扎生活，便覺得增加了不少對付困難環境的勇氣。

房客來去當然是不能十分固定的，遇有房客退出，她的租稅仍然是要照繳的，於是又增加了她的一種愁慮。記者搬入居住的時候，她再三鄭重的說，如果住得久，她要把沙發修好，要換過一個鐘，我聽了也不在意，第二天偶然移動那張老態龍鍾的唯一的長形大沙發，才知道不僅彈簧七上八下，而且實際僅剩了三個脚，有一個脚是用着幾塊甎頭墊着的，至於那個鐘，一天到晚永遠指着九點半！地上鋪着的絨地毯也患着禿頭或瘌痢頭的毛病。她三番四次地問我住得怎樣，提心吊膽怕我搬家，我原是只住幾個月，便馬馬虎虎，叫她放心。至今那張老資格的沙發還是三隻脚，那個鐘還是一天到晚九點半！她往往忙不過來，索性把我的房間打掃整理暫時取消，我一天到晚忙着自己的事情，沒有工夫顧問，也不忍多所顧問。有一次有一位中國朋友來訪我，剛巧我不在家，她對這位朋友把我稱讚得好得異乎尋常，說她的屋子從來沒有租給過中國人，這是第一次，現在才知道中國人這樣的。後來這位朋友很驚奇地把這些話告訴我，我笑說沒有別的，就只馬虎得好！這幾天有一個房客退租了，她便着了慌，屢次問我有沒有朋友可以介紹。（這位老太婆怪頑固，不肯租給婦女，說不願男女混雜，並說向來不許有『女朋友』來過夜。）在資本主義發達特甚的社會裏，最注重的是金錢關係，一分價錢一分貨，感情是降到了零度，沒得可說的。

我曾問她爲什麼不和女兒同住，免得這樣孤寂勞苦，她說如果她有錢，儘可和女兒同住，一切關於她的費用，可由她照付，如今窮得要依靠女婿生活，徒然破壞女兒夫婦間的快樂，所以不願。在現社會裏，金錢往往成爲眞正情義的障礙物。

附近有個女孩子，十四歲，她的父親是在煤炭業裏做夥計的，平日到義務學校就學，每遇星期六及星期日便來幫這老太婆掃抹樓梯及其他雜務，所得的酬報是吃一頓飯，取得一兩個先令，人雖長得好像中國十六七歲的女子那樣大，但因貧困的結果，面色黃而蒼白，形容枯槁，衣服單薄而破舊，她每次見到記者，便很客氣地道早安，我每看到她那樣的可憐狀態，未嘗不暗歎這也是所謂『大英帝國』的一個國民！

當然，記者並不是說這一家『華美窗帷的後面』情形便足以概括一般的情況，不過在社會裏的這一類的苦況，很足以引起特殊的注意，尤其是在經濟恐慌和失業問題鬧得一天緊張一天以後。由此又令我連想到另一件事。前天我在倫敦的一個中國菜館裏請一位朋友同吃晚飯，談得頗晚，客人漸稀，不久有一個妙齡英國女子進來，坐在另一桌上，金髮碧眼，笑靨迎人，沈靜而端莊，裝束也頗樸素而淡雅，從表面看去，似乎無從疑心她不是『良家婦女』，但這位朋友却知道她的身世悽涼，因受經濟壓迫而不得不以『皮肉』做『生產工具』。我為好奇心所動，就請認識她的這位朋友把她請過來，請她同吃一頓飯，乘便詳詢她的身世，才知道她的父親也是參加世界大戰而送命的，母親再嫁，她自己入中學二年後，便因經濟關係而離校自食其力，在一個藥房裏的藥劑師處當助手，做了兩年，對此業頗具經驗，但後來因受不景氣的影響，便失業了，忍了許多時候的苦，才在一個商店裏找到一個包裹貨品的職務，小心謹慎地幹着，不久又因經濟恐慌而被裁，於是便加入失業隊伍裏面去了，多方設法，無路可走，除求死外，只得幹不願幹的事情。她此時雖在幹不願幹的事情，但因青春美貌還能動人，所以對『男朋友』還能作嚴格的選擇，我說青春易逝，美貌不留，不可不作將來打算，不擇人而嫁，便須極力尋業，她說嫁人不能隨便在街上拉一個，很不容易，尋業已想盡方法，無可如何，並說比她更苦的女子還多着哩，有不少女子終夜在街上立着候人，直到天亮無所獲而垂頭喪氣，甚至涕淚交流的，所在多有。據記者所見，她的話並非虛僞的，平日我夜裏十點後總不出外，最近因參觀幾個大規模的報館，往往深夜始歸，那樣遲的時候，公共汽車及地道車都沒有了，汽車（"taxi"）又貴得厲害，只得跑腿，上月三十日夜裏參觀泰晤士報館（"The Times"），走過日間很闊熱的大街叫做 Charing Cross 的時候，已在夜裏兩點鐘後，果見兩旁行人道上每隔幾家店門便有女子直立着等候什麽似的，因怕警察干涉，僅敢對你做媚眼，或輕聲低語，這類『站班小姐』大概都比較的年大而貌不揚，找不到『男朋友』，只有『站班』的資格了！

廿二，十一，八，晚。倫敦。

## 三三　英倫的休戰紀念日

昨天早晨（十一月十一日）『房東太太』捧着早餐走進記者房間以後，一面布置杯盤，一面她的眼眶裏却盈滿了晶瑩着的熱淚，顫抖着嗚咽着對記者說道：『今天是休戰紀念日（"Armistice Day"），在十一點鐘的時候，全體人民都舉行兩分鐘的靜默，脫帽示敬——對爲大戰所犧牲的勇士們示敬。』她說着的時候，那老淚就忍不住地在她的臉上直滾着。記者曾經說過，這位老太婆所僅有的兩個兒子都是爲着參加世界大戰而送命的，在這天她的情緒上的深刻的悲痛，是不消說的了。我只得安慰她幾句——雖明知這種空言的安慰是無濟於事的。

記者被她提醒以後，忽忽地吃完早餐，略翻閱一部分的當天報紙，便向外跑，要看看『全體人民』『兩分鐘靜默』的情況，一出了門，就有一個婦女捧着一盤的薄綢製成的紅花，一手還提着一個罐頭式的封好挖着洞的錢筒，迎笑着請我買一朵，我問後知道是捐給殘廢兵士用的，花分六辦士和一先令兩種，便買了一朵六辦士的，將錢擲入錢筒，她便把一朵紅花插在我的大衣左旁的領上，彼此道謝而別。我繼續進行着，看見東一個西一個同樣地持着盤搖着筒兜售紅花，才知道今天這朵花是不得不買的，因爲買了一次便等於一張『通行證』，免得再麻煩了。不一刻，看見什麽人的身上都插有這樣的一朵紅花，老的小的，男的女的，粗的細的，都有。望望汽車上，貨車上，汽車夫都插有，穿着破舊衣服的清道夫身上也插一朵，乃至路旁站着或坐在地下，身上穿着破爛不堪衣服的叫化子，身上也插有一朵；據說這都是殘廢軍士在一年中製造的，在這一天便有無數的市民自願盡義務代售。在這一天，英國全國的街上這樣售出的紅花達四千萬朵。這些紅花，在許多孤兒寡婦老父慈母看來，實象徵他們的親愛者無辜爲帝國主義所犧牲者的鮮血！我的那個頭髮盡白的『房東太太』，對着這朵紅花就不知道要陪了多少眼淚！要喚起了多少哀思！又像我在上次文裏談起在倫敦一家中國菜館裏所遇見的那個可憐的英國女子，她的父親也死於大戰，她自己弄到今天竟因失業而不得不幹『不願幹的事情』，在這天對着這朵紅花，念到她自己的飄零的身世，也不知道要怎樣地『柔腸寸斷』，泣不成聲！

記者在熙來攘往的人叢中跑了一段，跳上一輛公共汽車，向前直駛，剛開到很熱鬧的托丁漢可脫路（Tottenham Court Road）和新牛津街（New Oxford Street）的轉角，恰到了十一點鐘，只聽見一個炮聲，各車立刻停止，喧嚷嘈雜的街市，頃刻間成爲萬籟俱寂毫無聲息的境域，我車裏的那個穿着制服的售票員立刻脫帽立正致敬，全車的人都立起來，男的都脫着帽，呆若木鷄似的，有兩三歲的孩子輕聲說些什麽，也被他的母親禁住，他只得睜大着眼睛發怔。我原是夾在裏面看熱鬧的，但也未便獨自一個人還堂皇坐着，所以也依法泡製，隨着大家脫着帽立着·但我這時候却像在教會學校時照例做禮拜一樣，我心裏却另在轉我的念頭·尤其有趣的是各店口的男女夥計們，以及行人道上的男女老幼，他們都於頃刻間各就原有的方向及地位呆立着不動，好像大家同時受着電氣似的偶像！兩分鐘到了，炮聲一響，街路上又像車水馬龍似的動起來，好像受着電氣似的偶像，同時也好像聽了『開步走』的口號，蠕蠕地動起來·這種現象確可以表示他們一般人民的訓練程度——雖則這種所謂『休戰紀念』在實際上沒有多大的意義，甚至可以說毫無意義，因爲年年幹着這樣的『紀念』，年年在這一天，各國的大人先生們都要舉行老調的典禮，湊湊熱鬧，像英國在這一天便要由英王把花圈放在參戰兵士的紀念碑前，（這次有霧，英王怕有礙身體，未出來，由威爾士親王代行，）全國教堂都做禮拜禱告，大唱『哦，上帝啊，我們幾千年來的救助者』("O God, Our Help in Ages Past")，有什麼用？老調兒彈了十五年了，現在各帝國主義者正在準備着再來一次更慘酷的戰爭！

據英國作家威爾士(H. G. Wells)的預料，下次的世界大戰裏面，要死亡人類的半數。這並非誇張的話，在事實上有可能的。在前次世界大戰的時候，毒氣殺人的慘酷，已極可驚，最近英國在銷路最廣的報紙裏佔一位的每日快報("Daily Express"每日銷數達二百萬份)曾出一本關於前次世界大戰的相片專集，其中慘象歷歷在目，受毒氣而立刻死倒遍地的固慘，而成羣結隊的士兵，來不及戴上避毒面具，眼睛因受毒氣而立刻成爲瞎子的，垂頭喪氣痛哭流涕，一個一個瞎子用手摸着前面的瞎子肩上前行着，其不死不活的慘象更令人不忍注目！但是現在更進步了！據英國的重要雜誌所記載的事實，這幾年來各帝國主義的國家對於殺人毒氣更有異常進步的研究，所造成的結果可比以前增加無數的慘酷，在他們且自詡爲這是所謂『化學戰爭』("chemical warfare")。尤其可駭的，是他們除努力發明『化學戰爭』的種種毒氣外，又在努力發明什麼『病菌戰爭』("bacteriological warfare")，可由飛機上擲下特製的裝滿瘟疫病菌的玻璃球，經這種病菌摧殘的任何城鎮，可於短時間內全數死亡，其效果比炸彈還要廣，這是何等慘酷的事情，但卻是各帝國主義者努力準備着幹的。在這樣的形勢下，雖力竭聲嘶大唱『哦，上帝啊……』，即使叫破了喉嚨，有什麼用？所以在倫敦有的報上老實說所謂『休戰紀念』簡直是和死者開玩笑！在這班不幸的死者，如說句寧波話，便是『阿拉白死脫』！

廿二，十一，十二，晚，倫敦。

## 三四　世界新聞事業的一個中心

倫敦的新聞事業，在世界新聞事業裏面，素來佔着一個很重要的中心地位，這裏有一部分的原因固由於英國在國際政治上和經濟上都佔着很重要的位置（雖則在大戰以後，經濟上的權威已被暴發戶的美國搶去不少），還有一部分的原因也由於英國新聞業的資格老：發達得早．像大英百科全書（"Encyclopaedia Britannica"）所稱爲『世界第一新聞紙』（"The First Newspaper in the World"）的倫敦泰晤士報（"The Times"），便有了一百四十八年的歷史；代表英國守舊派意見，以『帝國日報老前輩』（"The Empire's Senior Daily"）自許的晨報（"The Morning Post"），有一百六十二年的歷史，那就更『老』了．當然，僅靠老牌子倚老賣老是靠不住的，他們的存在或繼續發展，自有他們所以能存在或繼續發展的特點——雖則他們的立場和方向儘有種種的差異．

在倫敦大學政治經濟學院當『紅教授』的拉斯基（Harold J. Laski）最近曾說過，每天只須選讀八種重要的報紙，注意各報的社論，對於國際政治和世界大勢，便可獲得很明澈的了解．他這幾句話也許說得過分一點，因爲讀報的人自己如果沒有正確的眼光和判別的能力，也許不但不能『獲得很明澈的了解』，反而受着麻醉，越看越糊塗！但是編撰精審的報紙，的確可作爲研究參考用的『現代史料』。記者自到倫敦以來，每日除觀察，談話，或聽講外，便以閱讀八九種報紙爲常課，自覺得益不少，興趣也非常地濃厚。第一可注意的是各報有各報的特點，極少雷同。他們不但在言論上因各報的立場不同而內容互異，即在消息上也因爲各報的注意點不同而取材也逈然各異；有的消息，簡直儘可以這報有，那報沒有，就是遇着異常重大的國事或國際問題，問題儘管相類，而彼此所載的詳略或注意點，也不一樣。像每期銷數達二百萬份的每日快報（"Daily Express"），向靠登載『驚人消息和男女祕聞』(sensation and scandal) 著名的，該報在第一頁用大標題描寫的『社會新聞』，在注重政治要聞的泰晤士報上面，往往連頁末小小的地位都佔不到。

言論和消息，各有特殊的注重，以造成各報的個性，這原可算是報紙的一種優點。但是在資本主義的社會裏面，也往往在這種『特殊』裏面表現出很矛盾的現象・例如每日工人（"Daily Worker"，英國共產黨的機關報）最近載有一段很悽慘的消息，據說有一個失業工人名叫諾烈斯（Walter Noris）餓着肚子在一個愛威爾橡皮廠（Irewell Rubber Co.）門前等候工作做，從早晨八點鐘等到下午五點半，最後因完全無望，便跳入愛威爾河自殺・這是多麼悽慘的一幕！但各報都沒有，而差不多同時有個軍官的小姐夜深由跳舞場乘汽車回家，因重霧，汽車誤開到泰晤士河裏面去，結果溺死，資本主義的報紙多把這新聞大載而特載，並把這位小姐的倩影放大登出來，表示不勝歎惜之意，而那位失業投河的工人，在新聞紙上的『驚人消息』，却遠比不上這位跳舞晚歸乘着汽車駛入泰晤士河的小姐！

關於機械的設備方面，記者曾參觀幾家規模特大的報館，而以每日銷路均達二百萬份的每日傳知（"Daily Herald"）和每日快報爲最宏偉・他們多用電力自動機替代人工，時間迅速，效率增高・例如每日傳知報因便於全國遞送起見，除有一部分報係在倫敦印刷外，還有一部分報係在孟却斯特印刷，兩地的消息，每晚都用電力自動機於幾秒鐘內互相傳遞．由孟却斯特經無線電直接通到的消息，在倫敦報館的自動機卽在紙條上面戳成小圓洞拼成的符號，這種符號的紙條鑽入另一機械，立刻變成用打字打得清清楚楚的一張一張的新聞稿子，再由電力自動運送機送到編輯先生的面前．編輯先生和看校樣的，看校樣的先生和排字工友們，彼此稿件的收付，也都是用電力自動機運送．稿件一放上去，就像一隻老鼠似的，立刻沿着電線溜到目的地．這和上海商務印書館找錢用的運送機又不同，因爲這種運送機上放置文件的東西是繼續不斷的自動地溜着，忙得什麼似的，用的人連拉都不必拉．該報館離電報局有三英里遠，他們却在地下通一個小圓管，也用這一類的電力自動運送電報，每一電報在幾秒鐘內就可送到．孟却斯特和倫敦之間，（相距約一百八十英里，）不但消息用電力自動機傳遞得那樣迅速而便利，就是相片，也靠電力的作用，最快的可於五分鐘內拍過來．每日快報的設備更新，排版澆版等等工場內既都用電力，熱度特高，同時都裝有電機空氣管，把外面的新鮮空氣輸入，所以裏面一點並不悶塞，這是其他報館所不及的。

報紙各有各的特點，不作表面上的摹倣，以及設備上的科學化，這都是值得我們注意的，此外便是於新聞裏面常常注意插圖的加入，以引起讀者的特殊興趣，除『老氣橫秋』的泰晤士報外，各報對這點都很注意，尤其是每日快報，但還不及法國巴黎晚報對於新聞插圖的新穎生動而豐富。要加多這種新聞插圖，不但攝影記者須靈敏而又具有吸取幽默材料的手段，而且印機也要好，印得明晰悅目，否則東一個墨團團，西一個一團漆黑，還是沒有的好。

廿二，十一，十九，倫敦。

# 三五　英報背景和對華態度

關於英國報紙的情形，記者在上次通訊裏已略有所述，現在要談談牠們的背景和牠們對於中國的態度。

英國報紙大概可分兩大類，一類是所謂『風行』的報紙，他們稱爲"National newspapers" 或 "Popular press"，銷數比較地最大，却都是資本家的宣傳機關，都操縱在他們的手裏。這類『風行』的報紙最著名的要推每日快報（"Daily Express"）和每日傳知（"Daily Herald"）。英報界十年來有高度的『托辣斯化』，在報界托辣斯裏面有『四巨頭』（"Big Four"）之稱，這『四巨頭』之中手段最靈敏，聲勢最煊赫的要推比佛補魯克勳爵（Lord Beaverbrook 1879-）。從前提起英國報界的大王，大概沒有人不知道北巖勳爵（Lord North Cliffe 1865-1922），現在英國報界最令人注意的便是這位比佛補魯克勳爵了。每日銷數達二百萬份的每日快報，他便是最大的股東，全受他的操縱，他極力主張『大英帝國』（"British Empire"）的鞏固，以便『大英帝國』的大資本家得盡量吸收殖民地的膏血！

每日傳知在表面上是工黨的機關報，但實際上却也受資本家的主宰！獨立工黨的國會議員某甲最近在衆議院裏曾經當面揶揄背黨的麥克唐諾，說他現在已成爲『守舊派的心肝寶貝』（"The darling of the Tories"），其實這個工黨機關報也變成了『資本家的心肝寶貝』了！原來這個報紙被『四巨頭』之一的英報界托辣斯大王異立亞斯（J. S. Eleías）所組織的奥旦公司（"Odham"）加入股子，該公司佔全部股份百分之五十一，工黨所組織的『職業組合總會』（"Trades Union Council"）佔全部股份百分之四十九。資本家的手腕眞厲害！就多這一股，有全權主持這報紙！所以這個報在表面上雖常發表些有關工黨的新聞或言論，在實際則完全學每日快報的樣，特別注重"Sensation and scandal"（『驚人消息與風流祕聞』）的社會新聞，迎合一般人喜看奸淫盜刧的心理，推廣銷數，大增廣告，賺的錢就往資本家的腰包裏送！

這樣的報紙，資本的雄厚和贏利的多，其數量往往足以驚人，例如現由『四巨頭』之一的魯索默爾勳爵（Lord Rothermere 1868-）所主持的每日郵報（"Daily Mail"，北巖勳爵所創辦，每日銷數約達一百八十萬份左右．）也是英國『風行』報紙之一，資本現值四百萬鎊，合八千四百萬圓，八年來，每年紅利分到百分之九七〇！試想這如果是社會化的機關，所得的錢不歸資本家而拿來辦有益大衆的事業，有益於大衆的福利怎樣的大！

講到英國報紙在言論上的勢力，却不在於這類所謂『風行』的報紙，而在於僅屬一部分人看的報紙，其中不僅在英國受人注意，並且在國際上也受着嚴重注意的，這要推泰晤士報和孟卻斯特導報（"Manchester Guardian"）．泰晤士報每期的銷數大概不過二十萬份左右，孟却斯特導報每期的銷數不過十五萬份左右．銷數多而言論勢力反不及銷數比較少的報紙，這似乎是一件很矛盾的現象，其實略加研究，却也有牠的原因．上面所說的那些專重在“Sensation and scandal”的報紙，看的人根本就當作好玩，對牠們並不存有嚴重的態度；泰晤士報一類的報紙，却爲那些雖屬少數而却是間接直接有關現在英國『統治階級』的人們所慣看，這班『統治階級』在現狀下既有左右時局的勢力，這些報紙的言論當然也隨着增加牠的勢力．這樣分析一下，這種言論代表什麽人的意識和利益，也可不言而喻了．（關於倫敦的泰晤士報，記者曾作較詳的考察；關於孟却斯特導報，記者也特由倫敦到孟却斯特作較詳的考察，牠們的奮鬥史却也頗有注意的價值，當另文記述之．）

此外英國的共產黨發行有每日工人（“Daily Worker”），每日一張，據該報的廣告部主任自己說，每期僅銷四萬五千份．提倡社會主義的獨立工黨沒有日報，只出一種週刊，叫做新導報（"New Leader"），銷數也有限，大概不過兩三萬。英國反革命勢力尙在頑强時期，可見一斑。第三國際在英國出有英文的週刊叫國際通訊（"International Press Correspondence"），及半月刊叫共產國際（"Communist International"），可公開售賣。

最後記者要談幾句關於英報對中國的態度。除不是帝國主義喉舌的報紙外，不消說，對中國都存着輕視的態度……在此處，『輕視』兩字已算是很輕很輕的字眼。試舉一例：上月有三個英國人，據說是在南昌號輪船上當機師的，在牛莊附近被海盜綁票，囘到倫敦後在各報大登新聞，最起勁的當然是每日快報，他們遇有中國東北的新聞，向來只有『滿洲國』的字樣，但遇着英國人在東北被海盜綁去，『中國』字樣似乎萬不可少，所以便在大標題上大寫『中國土匪』（"Chinese Bandits"），描寫海盜怎樣怎樣的殘忍，看報的人就把牠當作一般中國人的眞實寫景！據載最後還是靠日本軍隊把他們援救出來。這在他們並不覺得日帝國主義在東北不能禁止海盜打劫，反覺得中國要靠日本軍隊來援救肉票！登載了洋洋大文章還不夠，還在該報的畫報上登着不少關於此事的照片，有兩張裏面是幾十個『中國土匪』被槍殺後縱橫散亂的臥在地上，又足見『中國土匪』之多，而中國人命之賤！（據說該肉票是用錢贖出的，『大文章』裏也未說有激戰。）怪不得記者屢次聽見英國的男女朋友老實的說，在他們未和中國人做朋友以前，見着中國人便覺得有一種不可思議的畏心，有的就老實把中國人當作『半野蠻』（"Half Savage"）看待。這不足怪！這是他們的報紙乃至一切出版物對華態度所產生的必然的結果！

廿一，十二，九。倫敦。

## 三六　談泰晤士報

英國的報紙，在國際上最聞名的，大概要算泰晤士報（"The Times"）首屈

泰晤士報創辦人華爾德

一指了。這個報差不多有了一百五十年的歷史，講到牠的奮鬥史，却也頗有趣味，並且令人想到天下成功的事情並非出於偶然的——其間都有若干困苦艱難的經過，和對於這些困苦艱難的抗拒，戰鬥，克服。

泰晤士報的創辦人名華爾德（John Walter），於一七八五年一月一日發行第一號。最初並沒有什麼驚人的成績，因爲沒有遇着盤根錯節，利器也無從表見。但是一七八八年的三月六日，機會到了，在這天的前一夜，下議院對於東印度公司問題作澈夜的辯論，第二天早晨七點鐘乃分成贊成和反對的兩派。當時辦新聞業的人都以爲有些新聞報告就是了，遲些早些並不在乎，而泰晤士報却能載上當天早晨七點鐘的國會新聞，辯論的內容和分裂兩派的人數，載有四排之多，隨後兩天又接連勝過別報的消息，於是才引人注目。當時的報紙，依現在看來，大都是道地十足的『飯桶』，牠們對於重要的國內外新聞，很寫意地等候着『官報』，華爾德却獨出心裁，逐漸在國內外布置着自己的訪員，遇着重要的事故發生，他每能用迅雷不及掩耳的手段，預先派出才力可以勝任愉快的專員探取要聞。例如一七八九年七月的法國革命剛發生，他就預料事變的嚴重，預派有訪員用最迅速方法傳遞要聞，後來十月路易十四和皇后由凡爾賽移到巴黎，以及後來他們先後被殺的消息，英文報紙就只有泰晤士報第一家發表出來。有的重要消息竟比所謂『官報』早四十八小時收到，別的那些『飯桶』報紙當然落後了！

據說華爾德的重要特性是赴事的奮勇，决斷的敏捷，和意志的堅强。但他的報紙的力量漸增，他的苦頭也漸多，曾經數次因嚴評權貴而被罰金或拘囚，有一次連嘗着十六個月的鐵窗風味，身體雖受了損壞，但他出獄後還是照舊的幹着。他六十三歲告老後，於一八〇二年由他的幼子華爾德第二接下去。他雖是一個廿六歲的青年，但意志的堅强和膽量的壯勇，更勝於他的老子。因他的努力，因他的四十年的慘淡經營，當時的泰晤士報被人稱為『英國最大的力量』，因為他不但努力於新聞方面的正確和迅速，同時並注意於社論的精警。當時的政府對於這個『新怪物』（"New monster"）非常的怕，屢次設法要『收買』，甚至在郵遞方面加以種種困難，但華爾德始終不屈，想盡種種方法抵抗困難。有人說他的這種始終不屈的奮鬥，於今日的英國報界言論自由，有很大的影響。其實統治者的最笨拙的行爲，莫過於想『收買』言論機關，他們不知道別的東西可『買』得來，言論機關是絕對無法『買』得來的，因爲言論機關的命根在信用，『收買』就等於宣布牠的信用的『死刑』，就等於替牠鳴喪鐘！

替該報努力的人當然不止這兩個，以上不過略舉一二故事，以見該報已往奮鬥史的一斑。現在要略談該報現在的情形。關於所有權方面，簡單地說起來，除若干無力左右政策的小股東外，最大的是兩個股東，一爲創辦人華爾德的玄孫愛德（Arthur Walter），一爲亞斯德（John Jacob Astor）。英國人已把這個報當作一種『國寶』，規定好以後該報如須出售（卽換老闆），須獲得一個委員會的同意，這個委員會是由下面五個人所組成的：(1)英格蘭大理院院長，(2)牛津神學院院長，(3)皇家學會會長，(4)會計師公會會長，(5)英格蘭銀行總裁。

關於泰晤士報的特點，可分新聞和言論兩方面來說。該報每日普通出六大張，每張四大頁，合成二十四頁，而最重要的新聞和引人重視的社論（在美國通稱editorial，在英國却通稱爲leader）却都在當中的一張，所以我們每天看泰晤士報，一到手就先翻到當中的一張。新聞的一欄稱爲『帝國和國外』（"Imperial and Foreign"），下面便是一段一段的關於國內外的電訊，每段電訊都另有標題。非遇有非常重大的政聞，大標題總不易見，不像每日快報或每日傳知那樣，天天有大標題，而且不止一個。最近在每日快報上，因美國電影女明星曼麗璧克馥（Mary Pickford）和男明星范朋克（Fairbanks）離婚，便用大標題和相片，佔着大半頁的顯著地位，這在泰晤士報上是絕對碰不到的。平心而論，電影明星離婚是否值得那樣大吹大擂固成問題，像泰晤士報那樣死氣沉沉的編法却也未敢恭維。不過牠却有一個很值得注意的要點，那便是牠對於任何新聞不登則已，既登。

了出來，一定是比較的確實，尤其是關於政治的消息。牠因此於無形中養成讀者對於牠的這種信任心。我有幾次對英國朋友或在英國的中國朋友談起重要的政聞，他們往往要問是不是在泰晤士報上看見的，倘說不是，他們還覺有懷疑餘地，倘說是，他們便覺得特別重視。不過依我看報的經驗，『確實』是一事，有否成見却另是一事。像泰晤士報對中日事件的新聞，多登些有利日本的新聞，多登些有害於中國的新聞，在分配中仍可含有厚彼薄此的作用。

關於言論一欄，在英報中泰晤士報的社論確有牠特殊的風格和精彩。每天大概都有四篇洋洋灑灑的長文章發表，在質和量方面都爲其他英報所不及。有人說章秋桐從前在英倫時，天天注意研究泰晤士報的社論，頗有心得，所以在他所主撰的曾經風行一時的甲寅月刊上，他的文章也頗有類似的風格。講到『雍容雅度』的十足的『紳士』（"Gentleman"）腔調，確有類似之處。

泰晤士報在英報中確可算爲『鐵中錚錚』者，不過在骨子裏，對外仍是站在帝國主義的立場，對內仍是維持資產階級勢力的立場，却是很顯然的事實，所以我們研究該報，僅就技術方面着眼，講到政治立場，那又是另一回事了。

廿二，十二，十九．倫敦．

## 三七　孟卻斯特導報的創造者

英國的孟卻斯特（Manchester）——對華經濟侵略的大本營，自由主義（Liberalism）的發祥地——牠的大名，我們早已震耳欲聾了。記者因於十一月底往愛爾蘭觀察那老大民族的解放運動，順道到孟卻斯特和利物浦勾留了一星期。孟卻斯特以棉織物著名於世，最重要的市場是印度和中國。自由主義對於殖民地取柔和政策，也是出於要保持或擴充市場的苦心；像日本那樣一手拿手鎗，一手

孟却斯特導報創造者司各脫

拿東洋貨迫你買的辦法，比之於自由主義當然是笨拙得不堪的。孟却斯特是對華經濟侵略的大本營，而同時又是自由主義的發祥地，這裏面的聯繫，也就意在不言中了。

在英國主持這自由主義最力的，是和泰晤士報在英國言論界分庭抗禮的孟却斯特導報（"The Manchester Guardian"）。記者曾帶了倫敦西友的介紹信，承該報副主筆華雷斯（Mr. A. S. Wallace）殷勤招待，作詳細的參觀和談話。孟却斯特導報的編製，和泰晤士報大略相似，沒有什麼特點足述，規模也差不多，我以爲值得我們注意的是擔任該報主筆至五十七年之久，使該報由一地的報紙成爲全國的報紙，成爲國際的報紙，該報的創造者史各特（C. P. Scott 1846-1932）。

在世界新聞界上有今日地位的孟却斯特導報，史各特雖被稱爲創造者"creator"），但該報的創辦人却是他的姑丈推勒（John Edward Taylor），當史各特還在牛津大學肄業的時候，該報已由推勒的兒子推勒第二繼續經營，他的年齡比史各特大得多，但却看中了他的這位表弟是個特出的人才，勸他準備着加入該報。史各特由牛津畢業後，先往愛丁堡的蘇格蘭人報（"Scotsman"）爲蘇格蘭最著名的日報）去實習，在名主筆盧塞爾(Alexander Russel)手下襄助了一年，便到孟却斯特導報服務，到該報後又在副主筆古柏（John Couper)指導之下實習一年，然後才正式擔任該報主筆，當時他才二十五歲，該報剛舉行了五十週年紀念。一九二一年該報舉行一百週年紀念，同時剛巧是他擔任該報筆政的五十週年紀念。記者屢提起這些年數，意在注重事業需要長時期的繼續努力。推勸看定了這個人才，便絲毫不加牽掣地任他放手辦去，長時期的放手辦去，這也是有不可及之處。一九二九年，史各特已八十三歲，自動辭去主筆職務，但仍任該報常務董事，直至八十六歲死的時候，他的一生眞是全部分盡瘁於這一件事業。死後英國新聞界公認他是『近代英國新聞業上最傑出的人物』("The most distinguished figure in English journalism of modern times")。

關於史各特的生平，據記者管見所及，覺得有幾點值得我們記述的：

（一）他一生在辦報，也一生繼續不斷的在求學——廣義的求學。我們看到他生平所作的私人日記，便可看出他『求學』之勤。他每和各種專家談話之後，便把內容很詳盡的在日記中寫了許多頁數，並非準備發表，只不過作爲寫社評時的參考，只不過作爲增進自己學識的工具，所以有的時候，他的同事覺得某特殊問題在他定是外行，不料他却能說來如數家珍，引起不少的驚奇，這不是他能變戲法，只是他平日『繼續不斷的在求學』的自然結果。尋常學校裏的學生也紀錄教師的講辭（所謂"take note"），不過史各特的『學校』是全社會，隨時隨地都能得到他的『教師』。在尋常學校裏對於教師講辭的紀錄，也許是爲着要敷衍考試而不得不勉強耐着性兒記些下來，在史各特却是像飢渴似的自動地追求着。

（二）他對於他自己所信仰的主張，能夠很勇敢地堅持到底，不屈不撓的堅持到底。例如他曾經堅決反對英國對南非洲波耳（Boer）戰爭，雖受許多人攻擊，甚至他的報館和家裏都有受人『打倒』的危險，在最嚴重的時候不得不由警察保護，而營業上也受着不少的影響，但是他認為他的主張是對的，便勇往直前，毫不怯弱。（在這樣危殆的時期，推勒仍信任他，這也是很可佩服的。）

（三）史各特能把友誼和公論分得清楚。他雖曾經被選為衆議院議員，却始終未置身政界。可是歷來有不少的首相或閣員向他徵求意見，他立於朋友或顧問的地位，對於當前政治問題也有很大的力量。但是他不因為和這些人有了多少的友誼，便影響到他在言論上的獨立的態度。例如大戰時路易喬治(Lloyd George)任首相，遇着重要的國事問題總要請教他，和他友誼很厚，但是他對於喬治的政策，認為對的雖極力擁護，認為不對的，也極力攻擊。（這都有具體的問題為證，為避煩屑，不具引。）

最後關於他對新聞業的態度，還有幾句話可以說一下。他說：『新聞業的根本意義，實包含忠實，純潔，勇敢，公正，和對於讀者及社會的責任的感覺……

新聞紙的最基本的一種職務是在採訪新聞，這方面最重要的是要不畏艱險的保全眞實，不應有絲毫成見參雜其間。評論儘可以自由，但是事實是神聖的，歪曲事實以作宣傳，這是最可痛恨的。反對者的聲音也應有被聽取的權利，並不應少於贊助者的聲音所能得到被聽取的機會……』

史各特當然是過去的人物，他的中心思想也是過去的不合現時代的陳物，但是他一生對於新聞事業的繼續不斷的勇敢的忠實的努力精神，却還值得我們的注意。（其實這種努力的精神並不限於新聞事業，在任何有益社會大衆的事業，都是一樣的可貴。）

廿二，十二，廿四晚，倫敦。

## 三八　孟却斯特

記者於十一月廿七日上午十點三十分鐘，由倫敦乘火車赴孟却斯特，下午兩點十分鐘到。此行所得關於孟却斯特導報的材料，上節通訊裏已述及，現在要略談關於其他的見聞。

我們要感覺到孟却斯特對於英國的重要，只要想到英國的經濟幾全靠工業製造品的出口，棉織物向居英國工業製造品的第一位，在大戰前，英國棉織物的出口貨，實佔該國全部出口貨總價值中的三分之一，大戰後雖銳減，仍佔四分之一；我們知道這棉織物所自產造的大本營是在蘭開夏(Lancashire)，而孟却斯特却爲蘭開夏該業的最重要的中心地點。在大戰前，可以說世界各市場的棉織物進口貨，全部中的四分之三是由孟却斯特的公司輸運出來的；在大戰後，關於棉織物的國際貿易，也還有二分之一是操於孟却斯特該業中人的手裏。英國在大戰前成爲『一世之雄』——世界上最富强的國家——就經濟方面說，大部分靠牠的出口貿易，出口貨的大宗是棉織物，而孟却斯特却是英國製造棉織物的中心區域。孟却斯特和英帝國主義的繁榮，和英帝國主義對殖民地及半殖民地的經濟侵略，其中密切的關係，於此可見。但是現在却到了倒霉的時代！視作靠山的出口貿易自一九二九世界經濟恐慌以來，已越縮越少，縮到不及從前的三分之一了。佔着出口貨大宗的棉織物當然隨着一同倒霉，加以日本在這方面的激烈競爭，日帝國主義和英帝國主義大搶市場，更使這隻『壯牛』（"John Bull"）走頭無路。東洋貨最兇的是價錢便宜，例如一件布的襯衫，在英國即工資不算，運輸和經商的費也不算，成本至少須一個先令六辨士，（普通售價每件約在五先令左右，）而日本貨的布襯衫却能在英國市場上每件售價一個先令！所以即在英國直接的殖民地如香港，日本貨的進口在一九三二年值七十餘萬鎊 £737,088），一九三三年僅開始八個月內，竟增至一百萬鎊以上（£1,107,229）；又如在印度，日本貨的進口在一九三二年值八百餘萬鎊（£8,883,178），一九三三年僅開始八個月內，竟增至一千萬鎊以上（£10,448,081）！這裏面棉織物當然也是大宗，弄得蘭開夏的棉織工廠停工的停工，倒閉的倒閉，叫苦連天！帝國主義互爭市場的把戲，正在鈎心鬥。

角一幕又一幕地演着，愈演愈尖銳化！

孟却斯特雖在倒霉的時代，但仍然是煙霧瀰天，加以天天是陰雲密布着，無時不是黃昏的模樣，由工廠的煙囱裏出來的煙還不夠，街上還有一種舊式的汽車，不用汽油而是燒煤的（大多數是運貨車），上面也有個小煙囱，在街上來來往往大放其煙灰。我每出門一次回到旅館裏，或僅出門走了幾步路，用手巾向臉上一擦，或鼻孔裏一抹，總是黑化。住這工業區的人民，煙灰想總吃得不少。但街市熱鬧，商店裝璜美麗，交通便利，馬路平闊，男女熙來攘往，却不失其爲大城市的氣概。

記者住在一個小旅館裏，房間約有二三十間，最下層有頗舒適的公共寫字間和餐室。旅館雖小，却非常清潔，樓梯和地上都鋪着花絨地毯。裏面除一個老闆和一個老闆娘外，就只有兩個青年女侍者，雖僅穿着藍布的罩衫，白布的圓領和胸前的圍巾，但美慧天成，令人愉悅，可是一天忙到晚，我看什麽事都是她們倆幹着，早晨六七點鐘就聽見她們的迅捷的足聲在房門外響着，直到夜裏十一點鐘以後才得休息，而那對主人却終日閒暇着。有一次剛巧只我一個人在公共寫字間裏的牆壁火爐前看報，這兩個女侍者裏面有一個進來替火爐加煤，我乘便問她星期日也略能得到休息的時候嗎？她嘮着嘴說也是一樣的一天忙到晚，說完後嫣然一笑，回轉身又忽忽忙忙地去幹着別的工作了。就在這小小的一個旅館裏，有資產者和僅靠勞動力以求生者，便截然分明，使人感到勞逸的不均，人生的不平。

到的那天，有位在孟却斯特的朋友楊君知道我來，特從倫敦買到幾樣中國菜的料子，預備約中國學生某君燒幾樣中國菜來吃晚飯，不料某君不在家，他忽想起有個他所熟悉的業洗衣作的華僑某甲也是燒中國菜的能手，便同去找他，就在他店裏同吃晚飯，帶來的幾樣菜就請他一手包辦。這個小小的一家洗衣作，某甲是老闆，這家店就是他的產業，年逾半百，人很老實，不過生得奇醜，還有個中國夥計，看上去很像鴉片鬼。此外還有一個五十來歲的英籍老太婆，和她的一個生得可算健美的女兒，年約二十左右，腹部已膨脹，聽說已有了三個月的身孕。這老太婆很健談，和我談了許多關於英國的家庭習俗，特別注意錢的重要！後來聽楊君說，才知道她的女兒不久以前已嫁給這個洗衣作老闆某甲，這老太婆就靠這女兒吃着不盡，這也許是她對於『錢的重要』的一種表現罷。兩女四男同桌吃了一頓。席中老太婆，楊君，和我，話最多，某甲和夥計因只會說廣東話，變腔的英語也說不到幾句，所以只盡量的喝酒吃菜。那個年青女子雖偶爾說話，但大部分時間都靜默着好像在想着無限心事似的。飯後和楊君在途中時，我說菜的味道很好，不過看着那個滿腔心事的年青女子，不知怎的心裏始終感到有些怏怏不樂。其實這也是舊社會制度裏的常有現象，像我國某『要人』，年逾半百，聽說潛伏梅毒已到了第三期，（比較起來，那位勤苦老實的某甲好得多了，）還娶了年青貌美的大學女生，這女生的家屬還在事前千方百計地慫恿她出嫁，因爲高攀了貴戚，全家從此可以不愁不『雞犬升天』了！這算是舊社會制度裏的婚姻自由！

廿二，十二，卅一．倫敦．

# 三九 利物浦

英國棉織業大本營的蘭開夏有兩個最著名的城市，一個是孟却斯特，記者在上次通訊裏已略述梗概了；還有一個是利物浦（Liverpool），在蘭開夏西南沿海的一個船業中心，有英國的『西方門戶』（"The Gateway of the West"）之稱．該埠沿岸接連着的船埠達六英里半之遠，港內水面積有四百七十五畝（acre）之廣，無論怎樣大的輪船，都能靠岸．英國進口貨的四分之一和出口貨的五分之二，都經過利物浦．該埠除在運輸上佔重要地位外，最重要的工業是造船，故大規模的船塢，連綿數里，坐着架空的電氣火車，沿船埠兜了好半天，還看不完。但是英國的出口貿易，既跟着世界經濟恐慌而踏上了倒霉之路，運輸業當然隨着一同倒霉。孟却斯特到了倒霉時代，利物浦也不得不到了倒霉時代。繁榮時代，規模越大越煊赫；倒霉時代，規模越大越糟糕，越難收拾。在一九三三年的一年中，造船業工人有一半以上失業；船埠工人及水手有三分之一以上失業，形勢嚴重，可以想見。

記者於十一月三十日上午十一點三十分鐘由孟却斯特乘火車動身，下午兩點十分鐘到利物浦。市面蕭條，較孟却斯特露骨得多。在利物浦大學地理學院肄業的朋友涂長望君（生活的讀者）到車站來照拂，並承他陪伴了兩天，誠摯可感。記者此次出國最感愉快的是藉着生活的媒介，遇着許多有志的青年朋友，涂君也是其一。我們雖未曾謀面過，但却是一見如故，快慰平生，因爲我們在精神上都早成了好友。涂君說利物浦大學地理學院教授（兼院長）盧斯佩 (Prof. Percy M.

利物浦大學教授盧斯佩

Percy M. Roxby

Roxby）對中國非常表同情，叫我去談談，當天下午四時左右便同往，將近該校和進了該校的時候，陸陸續續看見男女同學迎笑着對涂君打招呼，態度都很親熱，據涂君告我，該校因盧斯佩教授對中國異常表同情，每討論到遠東問題，總是幫中國，所以造成風氣，他所主持的地理學院的男女生近百人，都是對中國特具好感的，我才恍然於許多男女生對中國人的親熱態度。

盧斯佩教授十年來曾三次到過中國，對於中國文化及地理問題的著作頗多，對於中國學生的事情，非常肯熱心幫忙，遇着有演說機會的時候，總是替中國說話。中國的好壞，自有本身的事實存在，我們原不必聽見有人說好話便色然而喜，但是肯表同情於中國的朋友，却也值得我們的介紹。

英國人把下午四五點鐘的那頓茶點，看得很重，有人說他們晚飯不吃還不打緊，下午那頓茶點是萬不可少的。我們到了地理學院裏的時候，正遇着盧斯佩和幾個同事在樓上一個小房間裏吃茶點，便邀涂君和我一同加入。盧斯佩教授說他剛接到一位倫敦朋友的信，知道我來，正盼望着晤談．他今年五十三歲了，還是一個獨身，住在學生寄宿舍裏，和學生混在一起，衣服看上去也很隨便，大有一個書獃子的模樣，大概他的注意力都用在地理學上去了．在這天的茶點席上，却有他的一位妙齡秀美的女秘書奧德恆女士(Miss Oldham)擔任『女主人』的職務，很殷勤和愛地招呼客人的茶點．此外還有該學院的講師史密斯君（W. Smith）．我們五個人圍桌而坐，我們當然很容易談到中國問題，我忽見他（盧斯佩）瑟瑟縮縮從衣袋裏一個日記簿上，取出幾張剛從報上剪裁下的關於中國的新聞，有一張是一個英國『死硬派』素有『中國通』之名的某甲寫給泰晤士報的信，大意說日本佔據滿洲，雖經國聯認為不合理，但現在已成事實，時勢不同，如仍根據國聯意見，不注意事實，徒然妨礙世界和平云云．這幾位英國的男女朋友——盧斯佩，史密斯，和奧德恆——都憤憤不平，我暗中覺得我們自己不長進，旁人反代為不平，徒然增加我們自己的慚愧而已！我們約談半小時後告辭握別．

盧斯佩教授有個習慣頗好笑，他談話時，仰着頭，眼睛好像總是望着天花板・倘若不是他的誠懇，簡直有人疑他旁若無人・我出來後對涂君說句笑話，說盧斯佩的眼睛總是好像望着天花板，他大概從未知道同事裏面有個那樣秀美的密絲奧德恆罷！

記者在利物浦除參觀了利物浦大學（建築學最著名），大規模的船塢（有許多輪船都閒空着），利物浦的貧民窟（所謂 Slump，該處是在英國最大的貧民窟之一，衣服襤褸，房屋破爛，觸目皆是）・此外在建築上比較特別的是利物浦的『浮碼頭』，他們稱為 "Landing Stage"，因為在那海岸旁的潮水上落的很厲害，最高時漲到三十四呎，低時十一呎，所以為搬貨及搭客上下的便利，不得不有浮着的活碼頭，該碼頭長二千五百三十四呎，平均闊八十呎，高出水面六呎到八呎，用鐵鍊繫在岸旁，價值二三十萬鎊，工程殊為宏大，走上去簡直是陸地，不覺得是在什麼碼頭上・不愧為帝國主義對外實行經濟侵略的大本營的規模！

還有個尙在繼續建造中的大建築物是利物浦大教堂(Liverpool Cathedral．世界第一宏偉的大教堂是羅馬的聖彼得大教堂，高四百十八呎，利物浦這個才造好一部的大教堂也有三百零八呎高，欲搶得第二把交椅，自一九〇四年開始建築以來，建築了近三十年，尙未完工，其工程浩大可想．記者去瞻仰時，不得不驚歎該處大貧窟裏的許多貧命集合起來，那比得上這個上帝的福命啊！聽說對此事捐款最踴躍的是該處的資本家．帝國主義最歡迎的是聖經（見海上零拾），資本家所歡迎的又是大教堂！

在英國的華僑，最多的是在倫敦（當另文記之），其次要算利物浦了，有三百八十人，其中約有一百八十人做輪船上的水手，火夫，及極少數的管事人(Steward，類於茶房頭的職務），現此中失業者已有六十八人，此外者幾家小菜館及小商店，大概只專做本國人的生意，其餘的大多是洗衣業，也僅靠老主顧勉强維持着．（孟却斯特也有二十幾個華僑，全是洗衣業，幾全有了英籍的妻子，）

他們大多娶了英國女子，冒着險到英國謀食的華僑，教育程度原很低，有許多中西文字都不識，而英國妻子至少受過高小教育，所以大半受妻子的管轄，懼內者居多，因爲寫信記帳以及許多事都需要仰仗她們。利物浦也有華人麕集的中國街（其實叫 Peet Street），記者也去『巡閱』一番，當然都是小店，有好幾家關了門，『寄人籬下』，免不得隨人倒霉了！並到該處一家中國菜館裏去吃過兩次飯，看見幾個中英合種的男女小孩，眞長得健美可愛，和他們瞎談一陣，覺得他們天眞爛熳，性情都很和藹。有個三歲的孩子，只頭髮是黑的，其餘就全似個洋囡囡，可愛極了，我簡直想把他抱回中國來；這家老闆是個廣東人，老闆娘是個大胖子的英婦，他們有個合種的女兒已十八九歲，具着一副婀娜的美態，一對嫵媚的慧眼，說着一嘴的鶯聲軟語，婉轉動聽，聽說已和一個英國人訂了婚，準備明年出嫁，怎樣的英國人却不知道。

涂君談起他有個好友趙雲鵬君，在利物浦大學專攻橋樑工程，也是生活的讀者，最近因肺病進了醫院，聽見記者來的消息，以不得一見爲憾，我說我應該到醫院裏去慰問他，便於十二月一日下午買了一些水菓，約同涂君和特由倫敦趕來利物浦陪我同赴愛爾蘭的張似旅君，到醫院裏去看他。他住在一個大病室裏，有幾十個病人一排一排的沿着四面的牆旁榻上躺着，佈置得很整潔，他也穿着睡衣躺着，我們三個在病室門口伸着脖子看清了他的榻位，便躡手輕脚地偷移到他的榻旁。經涂君介紹後，我和他很誠懇地握着手，並把水菓捧給他，他看見我們來了，歡喜得什麼似的。我們聽見他說醫生說已可無礙，身重加了兩磅，不過還須療養，也非常替他歡喜。我們除竭誠慰問外，不敢多談，於鄭重道別後，又偷偷躡躡地跑出了病室，已是萬家燈火了。

當夜我便和張君乘輪赴愛爾蘭的首都。

廿三，一，四，倫敦。

# 四〇　繼續努力解放的愛爾蘭

我們想起愛爾蘭，每要連帶想到這個老大民族七百年來繼續不斷地努力於民族解放的鬬爭，尤其是在已往的兩個世紀裏，這部鬬爭史是用殷紅熱血寫成的；是無數戰士粉身碎骨造成的！這鬬爭現在還未完成，雖則是離了一個舊的階段，踏上了一個新的階段；他們仍在英勇地繼續努力於民族解放的鬬爭。我們不幸生在受帝國主義踐踏的中國的人們，對他們不禁洶湧着同情，興奮和慚愧的情緒。記者此次便懷着這樣的情緒，到愛爾蘭去了一趟。

在倫敦有位新交的好友張似旅君本來也想到愛爾蘭去看看，聽見記者有意去旅行，便約着同去。他由倫敦逕抵利物浦，於十二月一日夜裏十點鐘同由該處乘輪渡愛爾蘭海(Irish Sea)，輪船雖小，但是有吸煙室，有大餐間，設備還算完整；房間很小，上下兩榻外，有一冷熱自來水白瓷臉盆，兩人一室，記者和張君便住在一個房間裏。我們先在大餐間裏買了一壺茶，談到十一點鐘後就寢，第二晨八時到愛爾蘭的首都都伯林(Dublin)。我們在都伯林雖僅僅就擱了四個整天，但可算是盡量地利用着；一部分時間觀覽有歷史意味的勝蹟，一部分時間和幾家報館的主筆及各政黨的主要人物談話，最後還去訪問了愛爾蘭自由邦(Irish Free State)總統凡勒拉(Eamon De Valera)。張君眞是一個很難得的旅伴，因爲他興致非常的好，一點不怕麻煩，有一家報館的主筆，我們一同去訪了四次才看到，他都是欣欣然沒有一個字的怨聲。尤其是尋訪各政黨中人談話的麻煩，像在我們到時正在受政府搜查的法西斯黨的機關，跑了好幾處才尋到，尋到了，據說已移到某秘密處所，由該機關用汽車把我們兩個人載着灣了許多圈子，才到了他們的秘密處所，我們兩人相視而笑，因爲無緣無故大揩他們的油。又如尋訪共產黨的機關，東查西問，到貧民窟裏鑽了許久，居然也尋到了。張君不但不覺得我討厭，而且依他也非達到目的不肯甘休；這位朋友的不怕麻煩，不畏艱難的精神，尤其是他的那種欣欣然對付當前阻礙的態度，實在使我十分地佩服他，敬重他。

在都伯林所見的馬路的平坦，交通的便利，乃至男男女女的形貌，在表面上簡直分不出他們和英國人有什麼截然的差異，但是一方面卻是壓迫的民族，一方面卻是被壓迫的民族；一方面一定要拉在大英帝國裏面，一方面卻要千方百計地造成完全獨立的共和國。記者此次所要調查的，是他們所受的壓迫已減至何種程度，和他們要獲得完全自由平等的前途趨勢怎樣。愛爾蘭有兩千萬畝膏腴之地，氣候又宜於農業，英國統治階級對愛爾蘭的傳統關係，最主要的便在剝削愛爾蘭的農業富源。愛爾蘭被侵略後，土地被沒收，婦女孩童整批地被賣到西印度羣島去，英國人打死愛爾蘭人在法律上是無須償命的！當時那樣慘苦的情形，這是讀歷史的人都知道的。但是愛爾蘭人繼續不斷地反抗，前死後繼地鬬爭，英國眞好像吞下了一枚炸彈，終不得高枕而臥。最後經一九一六年的革命戰爭及以後的混戰遊擊，終於一九二一年的英愛條約，產生所謂愛爾蘭自由邦，有自己的國會，處理內政，行政首領對國會負責，但同時却有個總督代表英皇，而國會議員又須宣誓盡忠英皇。可是據說現在這位代表英皇的總督，實際上已沒有人睬他，照例應呈他核准的律令也不送給他看，議員宣誓盡忠英皇的把戲也不照辦了。這樣說來，愛爾蘭在實際上是否已經完全獨立？現在他們所爭的什麼共和國，是否不過在名義上的問題呢？記者把這個問題提出問過好幾個他們的報館主筆（也問過凡勒拉，他的回答見下節），他們竟都承認是的。其實我們如作較深刻的研究，便知道不盡然。愛爾蘭的海軍根據地迄今仍在英國的掌握中，這是軍事上很顯然的事實。再就愛爾蘭最重要的一個經濟問題（土地問題）而論，英政府爲和緩愛爾蘭農民參加革命起見，特於一八八五年，一八九一年，一八九六年，及一九〇二年，屢頒布所謂購地律(Land Purchase Act)，准由政府發行公債借給農民購地，惟購地的農民須每按年償還本利若干，稱爲『年金』(annuity)。這樣一來，至多不過把獻給地主的佃租，改獻到資本家手裏去，而在半餓狀態中過活的農民，還是依然故我！在一九三二年，愛爾蘭農民進貢給英國的這樣『年金』仍有三百萬金鎊之鉅。英國統治階級（主要的當然是資產階級）現在仍藉着『土地年金』和用進步的工業品（英國的）與落後的農業品（愛爾蘭的）的交換，由此盡量剝削愛爾蘭的農民。英國的資本主義盡量發展英國的生產，同時並盡量吸吮愛爾蘭農民的膏血，使愛爾蘭的工業永續地落後。此外愛爾蘭的銀行制度，完全和英國的發生連帶關係。一方面愛爾蘭的資產階級將剝削所得，投資於英帝國者，僅就南愛而論，也超過了二萬萬金鎊，所以爲維持他們的切身利益起見，仍願維持和英帝國的關繫。現在愛爾蘭柯斯葛雷夫(William T. Cosgrave)所領導的法西斯運動，便是代表大資產階級，這大資產階級和純粹民族資產階級的性質又有些不同，因爲多少和英帝國主義發生了聯繫，所以他們是傾向和英國妥協的．愛爾蘭民族解放運動，這班人當然是沒有份兒．凡勒拉所代表的是小資本家和中等階級，他們能負擔起這個使命嗎？這便是記者在上文所謂『前途趨勢怎樣』的問題，請容在下篇談到凡勒拉時附帶地提出來談談．

廿三，一，十五．倫敦．

## 四一 凡勒拉訪問記

記者到都伯林的第三天下午（去年十二月四日），和張君似旅同去訪問愛爾蘭自由邦總統凡勒拉．我們去看他，原沒有什麼特別的事情，不過因爲久聞這位爲愛爾蘭民族解放努力鬥爭二十年的健將，順便去瞻仰瞻仰他的言論丰采，但

愛爾蘭總統凡勒拉

是在我們到的那幾天，愛爾蘭和英政府交涉宣布獨立共和國的問題，正鬧得滿城風雨，凡勒拉在這時候正是該國新聞記者所極不易見到的人物，况且我們並沒有什麼介紹信，冒冒失失地去亂闖一陣，能否見着，毫無把握，可是我們覺得不妨試試看，即見不着，也不過徧勞了自己的兩條腿，沒有什麼蝕本的事情，於是便打定主意去跑一趟。我們到了他的官署門口的時候，只見一隊衛兵穿着很威武的制服，現着很森嚴的氣概，在門口持鎗守着，我們倆挺胸大踏步前進，他們只注目望着，倒不盤問什麼，到了傳達處之後，道明來意，先由祕書在客室晤談，他說總統見的人很多，尋常非在一星期以前預先接洽不可。我們說明天就要走，請他替我們問問看。他答應當天夜裏用電話把接洽的結果通知我們。後來得到他的電話，說總統答應第二天下午五點半晤談。第二天上午凡勒拉爲着英政府殖民地大臣剛送來對於他的通牒（即詢問英政府，如愛爾蘭宣布獨立共和國，英政府是否不致以武力壓迫）的復文，開緊急國務會議，下午三點鐘又在上議院報告這件事情，仍肯於百忙中的同日下午五點半和我們接談，這大概是因爲他聽見記者是由中國那麽遠來的，但在我們覺得究是一件不易多得的事情。

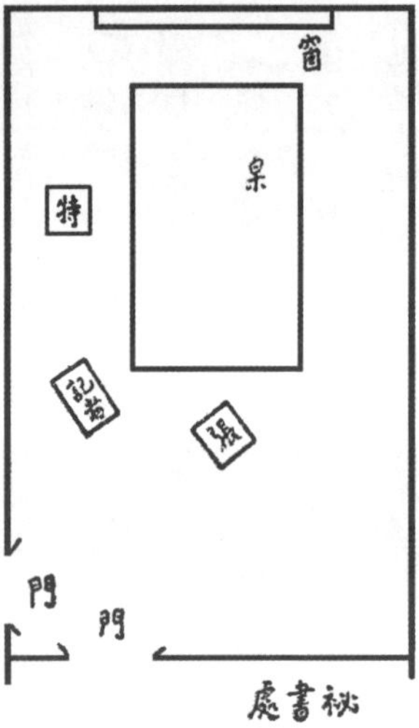


我們先由祕書引進客室略候，便由他領到總統辦公室裏去，這辦公室是個頗大的長方形的房間，設備很簡單，只有一張很大的辦公桌放在一端的窗前，凡勒拉背壁坐在案前，桌的右邊放着兩張沙發。凡勒拉坐位的背後牆上掛着一張愛爾蘭全島的大地圖，對面的那個牆上掛着一個很大的半身石膏像，看上去似乎是一九一六年革命戰爭的領袖披爾斯 (Patrick H. Pearse) 的遺像。凡勒拉每天就前面對着這個殺身成仁的烈士，後面背着全愛爾蘭的版圖，辦他的公事。

凡勒拉的形貌，我們早在各種刊物及報上登的相片上看到了：那個頎長的個兒，深沈的眼光，好像記載着許多患難經歷的額上皺紋，薄薄而緊湊的嘴唇，尤其可注意的是他的那個充滿着思慮的面孔和靜默鎮定的態度。我們走進他的辦公室後，他起立離座兩三步迎客，由祕書介紹後，我們賓主三人握手後便坐下來敍談。記者先對他致謝上次他在日內瓦國聯會議任主席時對中國表示的好意，繼說對愛爾蘭民族解放鬥爭精神的敬慕，所以見他感到異常的愉快。張君也對他致謝他在百忙中接見我們的盛意，他自己也承認實在忙，我接着說我們不敢多費他的時間，只想很簡要的替生活週刊提出幾個問題來問他。他說談話內容必須在生活上發表的話，務必先給他看過。記者答應照辦，所以下面幾段的談話，已由記者回倫敦後先把要點譯成英文，寄給他看，經他回信同意的。

記者問愛爾蘭民族是否在實際上現已完全自由，愛爾蘭政府和英政府所爭者只是共和國的名稱問題。凡勒拉答說不然。他說實際現狀仍爲愛爾蘭人民所不能滿意，並說他在致英國殖民大臣的牒文中也聲明一九二一年的英愛條約是用武力强迫愛爾蘭人民接受的。『當時愛爾蘭人民如不接受，除立刻戰爭外，沒有別條路可走。他們從未出於自願地接受這個條約。但是在我的政府（凡勒拉自謂）負責宣布共和國以前，還要先把這個問題用投票方法徵求全國人民的意向。』

其次記者問北愛爾蘭的六郡（County）不能併入自由邦，是否由於宗教信仰的不同和經濟的理由從中作梗。他答說宗教信仰的不同，即南愛爾蘭也有，於政治並無妨礙。他深信哀爾斯特省（Ulster 在北愛爾蘭）的九郡中，有六郡和其他愛爾蘭部分隔離，從中作梗者是由於英政府的政策；一旦英政府的勢力和贊助消滅，哀爾斯特省問題便可得到滿意的解決。說到這裏，凡勒拉立起來指着牆上所掛的地圖，接着說道：『在北愛爾蘭也有一郡選舉我，足以表示即在這六郡裏面，也有很堅强的少數贊成愛爾蘭的全部統一。』

講到宣布共和國，愛爾蘭人民在經濟上是否要受到打擊（因英國關稅對帝國的殖民地有相當的權利)，他認爲不成問題。他說：『今日世界上各國都有經濟的困難，連英國和她的各殖民地都在內。就愛爾蘭說，和英國的強迫的聯合，和因此所引起的擾亂和不穩固，無疑地是我們的經濟困難的主要原因。和英國脫離，便是穩固，這是趨向繁榮的第一步。』

張君問他對於中國問題有何指教，他很謙遜地表示對於中國現在局勢不能有何具體的意見。他說覺得中國問題因爲地大和人口的衆多，(記者按：愛爾蘭面積僅三萬二千餘方里，人口四百餘萬，)又因爲中央和地方當局的缺乏彼此間的適當聯繫，愈感困難。他相信組織(organization)是解決中國許多困難問題的樞紐；允許各地方政府有大量的自主，同時關於全國的要政，須服從中央，他認爲這樣可以解決中國的許多困難問題。

以上幾條是凡勒拉所同意發表的談話內容。我們談約半小時後退出。臨行承他應記者的請求，叫他的女祕書檢出他的最近肖像贈給本刊。我所得的感想是他在實際上已漸成爲過去的領袖人物，他的思想和政策都難於應付現在和未來的愛爾蘭問題；他的腦袋中所裝的東西還只是民族革命，似乎關於社會革命的影子一點都沒有。他相信組織是解決中國許多困難問題的樞紐，這話固很重要，但他却沒有注意這種『組織』應該以什麼爲中心，然後才能對帝國主義的壓迫作英勇堅決的抗爭。

他在去年十一月因英國殖民大臣在下議院裏說出一句愛爾蘭自由邦有自由處置自己事務之權，便送給英政府一個牒文，詢問如果愛爾蘭自由邦願和英帝國脫離，英政府是否不致用武力壓迫；英殖民大臣用很滑頭的口脗回答說，因爲英當局不相信愛爾蘭自由邦會有這樣的運動，所以認爲對此問題沒有答復之必要！自由平等是要用熱血犧牲去換來的，那有如此便宜貨可搨！記者和凡勒拉談話時，曾問他，據他看來，愛爾蘭的完全獨立問題可由議會的和平方法達到呢？還是要由於革命的武力鬭爭？他說這個問題要英政府來回答。我不便對他說這是要愛爾蘭人自己決定的！

廿三，一，十七．倫敦．

## 四二　從愛爾蘭歸途中

記者偕張君於十二月五日夜裏離開都伯林，所乘的輪船於當夜八點鐘開，六日上午六點鐘到利物浦，張君因該處有美國友人約談，須稍作勾留，我獨自一人先由利物浦乘八點三十分鐘的火車回倫敦．離輪船時天剛漸漸黎明，於灰暗渺茫冷氣襲人中，提着衣箱乘輪船公司所備的公共汽車直達車站，於當日下午一點半鐘到倫敦．我暫時以倫敦為『家』，所以這段經歷算是從愛爾蘭的歸途中．

在這歸途中，陸陸續續看完了一本英文的凡勒拉傳記，覺得現在他在實際上雖似乎漸成了過去時代的領袖人物（參看上節），但是在他盡着使命的那個階段間，英勇赴義，浩然置生死於度外的激昂悲壯的犧牲精神，和每遇大難當前，都能處以冷靜鎮定的態度，也很足以使我們感到興奮，所以在此處不妨略談他的奮鬬生涯。

凡勒拉今年五十一歲了，他的父親，據說是個西班牙的醫生，因做了政治犯而亡命到美國，他的母親是愛爾蘭人而生長於美國的，他便在美國紐約產生。他產生才兩歲，便成了孤兒。後來他的母親改嫁，把才三歲的他送到愛爾蘭她的兄弟——一個小農夫——處養育。這時愛爾蘭的一八八六年自治議案（Home Rule Bill）剛被英國國會否決，愛爾蘭自由的希望正在無限期的黑暗中，這三歲的凡勒拉便在這黑暗的國難中長大起來，應時代的要求，在那個階段的民族解放鬬爭中，擔起他的領袖的職責。但是他這領袖不是突然間從天空中掉下來的，讀他的歷史，便知道他這領袖是由實際鬬爭中——繼續不斷的實際鬬爭中——產生。

出來的。他受過初等教育之後，考得大學公費，性喜算學，原想研究天文學，畢業後任算學教員，很得學生的崇敬，他們都說『凡勒拉先生教授算學的時候，算學不再是算學，却成了一件令人快樂的東西！』這樣看來，他原來是個好教員，但是愛爾蘭國難的緊迫，不容許他繼續弄這件『令人快樂的東西』，一九一三年十月，負起愛爾蘭民族獨立運動使命的新芬黨（Sine Fein 原義爲『我們自己』）創辦愛爾蘭義勇軍，私買軍械，對英國作實力鬬爭，這位『凡勒拉先生』慨然投粉筆而從戎，由課堂而兵房，用全副精神加入這個運動，不久卽因戰績升任指揮官。這是距今二十年前的事情。他在這兩年的（指在一九一六年的革命戰爭以前）軍事的實際鬬爭中，也就好像受了兩年的實際軍事訓練。我們知道在一九一六年的革命戰爭裏面，凡勒拉的英勇血戰，震動了全世界，但是我們要注意，他並不是由課堂裏的算學教員，一躍而爲兵房裏的指揮官，在此時以前還受了兩年的實際軍事訓練，換句話說，這個指揮官也是從實際的革命鬬爭中產生出來的。他在行動上表現他是個組織者，是個戰士，在每一個出乎意料之外的危難，或是生死俄頃的關頭，他總是沈靜而勇敢。

他當時有了七個子女，一九一六年在都伯林革命起來的那一天，他受命統率百人（當時義勇軍全數不過千人），守一個要隘名叫博蘭彌爾斯(Boland's Mills)，他先和妻子訣別，下決心作殊死戰，身先士卒，軍官對他說指揮責重，請他審慎些，他喊道：『已有比我好的人犧牲了生命的啊！』他還是拚死的向前作戰。英國大軍奔臨，凡勒拉的軍士以一敵二十，雖後來義勇軍全部以衆寡不敵而終於失敗，但英軍始終未曾衝破凡勒拉所死守的陣地。他的死守博蘭彌爾斯是愛爾蘭一九一六年革命史中最光榮的一頁，好像我國翁照垣將軍和他的軍士死守吳淞一役是一二八抗日血戰史中最光榮的一頁。

當時大勢已去，他隨着若干革命領袖被捕入獄，在軍事法庭上很鎮定而尊嚴地聽受死刑的宣判。好幾個革命領袖都被今天槍決一個，明天槍決一個，死刑就要輪到他了。但是說也奇怪，反因爲他是血戰最英勇的一人，死守到最後的一人，震動了英國全國的輿論，英國國會裏面也有人提出抗議，於是他的死刑宣判竟被臨時改爲終身徒刑，但是當時有人把這個消息告訴在獄中的『凡勒拉先生』的時候，他正在看一本書，他的頭由書上仰起來靜聽了之後，對這個人道了一聲謝，。。。。。。。。。。。。。仍很鎮定而靜默地繼續看他的書。他由課堂而兵房，現在是由兵房而牢獄了。

他是當時若干革命領袖死着剩下來的唯一的一個，在牢獄裏還在計劃並主持外面的革命運動，同時暴露牢獄中對政治犯的虐待情形，一九一七年，英首相路易喬治正想運動美國加入世界大戰，並要召集愛爾蘭會議以求和平解決愛爾蘭問題，對這些使英國丟臉的事很感到棘手，遂無條件釋放一九一六年事變的政治犯，凡勒拉才同被放了出來。但後來他還好幾次被捕入獄。

我們承認在他盡着使命的那個階段內，他的確有過他的光榮的鬬爭史，但現在他似乎已漸成了過去時代的領袖人物，這理由我在上節裏已說過，不再贅。

五日夜裏在船上吸烟室裏和張君談話的時候，他談起加拿大人對種族成見很深，兩年前他在美國有位中國朋友當醫生的，娶了一個美婦，同往加拿大旅行，上岸時移民廳官吏依向例要使白種和有色人種分成兩列問話，不許混合，這位朋友隨前聲明說 "I am her husband. She is my wife"(『我是她的丈夫．她是我的妻子．』)這個官吏很沒有禮貌地扳着面孔說道："I don't care whether husband or wife. I only look at your face!"(『我不管是丈夫還是妻子．我只看你的面孔！』)我聽了很難過．我們可以想像此君當時的苦痛，但這豈僅是此君一人的苦痛！

廿三，一，二十，倫敦．

## 四三 『巴立門的母親』

英國在政治上向有『巴立門的母親』"Mother of Parliament" 的尊稱．現在這位『母親』倘若不是『風燭殘年』，她老人家的光輝却已大不如前了。

所謂『巴立門』，我們都知道就是英國的國會，包括上議院和下議院。記者到英國後，也去夾在新聞記者席上旁聽過，聽聽這班代議制度裏的議員老爺們的長篇累贅的滔滔辯論。在下議院裏，政府黨坐在一邊，和反對黨的一堆坐位對面，中間隔一長桌。政府黨坐位的前排便是首相和其他閣員的坐位，各黨聽到自己方面演說或辯論的脚色講到他們認爲可以特別注意或特別有精彩的語句，便大呼其『聽啊！聽啊！』(Hear! Hear!)遇着可笑的話語，便哄堂大笑，有的時候，竟好像彼此在『尋開心』！有的時候，反對黨的議員立起來對首相或某閣員當面作一番很長的斥責，那個閣員也只得靜默地坐着傾聽，這種當閣員的大概也聽得慣了，我看他還是很泰然的樣子，大有我國所謂『笑駡由他笑駡』的態度。像已投降資產階級的現首相麥克唐納，便常在這個時候，被工黨議員用社會主義的口頭禪，當面對他譏嘲揶揄。我替他覺得怪難受，他却好像沒有聽見似的！其實這不過當面笑罵一場，笑罵完了，便算完結！議員領着他的年俸，首相或閣員則『好官我自為之』。這便是他們所自豪的所謂『紳士式的戰爭』（"Gentlemenly battle"）。

這種『紳士式的戰爭』制度，在大戰以前，也就是在一九一四年以前，都是靠兩大政黨——保守黨和自由黨——的運用，即所謂『兩黨制度』（"two-party system"）。在當時的衆議院裏誠然已有了四黨的名稱，除保守和自由兩黨外，工黨已萌芽，愛爾蘭國家主義派也另成一系，但都幼稚，大權仍在兩大政黨之手。一個在朝便成了政府，一個在野便成了反對黨（"Opposition"）；這樣一升一降，循環幹着。這兩黨制度所以能順利進行着，有個很大的前提，那便是彼此對於現存的社會制度及政治制度的根本性質，有大量共同的立場。有了這樣的共同的立場，甲政黨接替乙政黨組織政府，或改選一個新的國會，所移動的才不過比較屬於枝節的政策，才不致大大地把前任所通過或所執行的法令根本推翻，否則這甲乙兩黨便無法循環上下着輪流執政。再說得具體些，英國的保守和自由兩黨

英國國會全景←

英國上議院→

英國下議院←

英國貴族中學校↑

倫敦貴族之高級中學校學生每日在校須著大禮服此圖係在休戰紀念日全體學生禱告情形↓

養成貴族之英中國學校青年學生均穿大禮服戴高禮帽↑

中英合種孩子之一部份↓

倫敦西冥寺北門全景↑

西冥寺內伊列薩伯斯女皇墓←

西冥寺内蘇格蘭女皇馬利亞之墓←

西冥寺内亨利第八教堂→

西冥寺内之東樂隊席←

西冥寺北門正面→

循環上下鬧了許多年的把戲，他們雖似乎處於敵對的地位，但根本上都是擁護資產階級利益的政黨，關於這一點，便是他們的大量共同的立場。這兩大隊『紳士們』，無論他們在會場上的『紳士式的戰爭』幹得怎樣有聲有色，要想他們能從這『戰爭』中對現存的社會制度及政治制度弄出什麼根本的改革來，那是絕對無望的。其實這所謂『代議制度的民主政治』("Parliamentary Democracy")所以能運用靈活法，根本大前提便是：在這制度裏有左右政局勢力的最大多數人，對於當前的政治和經濟的根本組織，須有實際的同意。

這樣的研究，我們感到特殊興趣的，是英國由資本主義到社會主義的革命，能否憑藉『巴立門』制度達到，很可以由此引申出相當的結論來。這一個答復，很可以從英國工黨參加『紳士式的戰爭』的成績(？)裏面得到。

在大戰後，以全國的工會組織為後盾，以社會主義的建設為號召的英國工黨，曾經組閣過兩次。英國工人運動差不多經過百年來的辛勤奮鬪，工會組織的力量日漸强大，大戰後英國資本家因利潤率減退，盡力減低英國工人的生活標準，更引起工人的反響，工黨勢力的膨脹遂有一日千里之勢。但是工黨人物登上政治舞台之後，欲求實行自由黨所行的改良政策，如社會保險，養老金，住宅津貼等等，還不可得，至於什麼實行社會主義的建設，反抗資本主義制度，當然更屬夢想。因爲英國的資本主義雖還在利用『剩餘力量』("remaining strength")掙扎生存的時代，但是日漸衰退的趨向是已無可挽回的了。所以在自由黨執政時代還可拿出點敷衍工人的改良政策的費用來，到了資本主義日陷末路的時候，首相或閣員要增加這類的經費嗎？他們的由文官考試制度出身的永久的專家官吏便要把事實告訴他們，說已無費可加了，如再加上去，稅率加重，『企業家』不願辦『企業』，工人的失業更要多起來了。這的確也是資本主義制度下必然的趨勢。結果如何？是落得個笑話！工黨的領袖們不但不能實行他們在選舉前口口聲聲答應工人羣衆的許多甜蜜的社會主義建設，爲工人謀利益等等的大話，他們上台之後，反而要設法減少自由黨所曾經給與工人的改良政策的經費，以維持日趨沒落的現制度！有人說工黨兩度執政，在國會裏都佔少數，事事須仰自由黨的鼻息，受其牽掣，所以無法發展。其實這還是表面的說法。在根本制度未改革前，工黨在國會即得多數，他們有點石成金之術，以救濟資本主義社會的根本矛盾嗎？

要改革根本制度嗎？是否像現在組織形式的國會所通得過？這只要回想上面對『代議制度的民主政治』的分析研究，便可得到相當的回答。即獲得個意外的特殊的衆議院，貴族院如何？英皇又如何？問題多着哩。

時代一天一天地前進着。『巴立門的母親』往何處去呢？

廿三，一，廿三。倫敦。

## 四四　如此救濟！

英國是歐洲各國裏面工業化達到最高度的國家，雖以工業化著名於世的比利時，還須屈坐第二把交椅．就她的全部人口而言，從事工業工作的人和從事農業工作的人的比例，是七和一之比：卽在每一個人從事農業，同時有七個人從事工業．在歐洲工業化居第二位的比利時，這兩方面的比例是六個半和兩個；瑞士和荷蘭是大約六個和兩個半．德國的工業化雖然也達到了很高度，但人民從事工業和從事農業的比例，却不過兩個和一個，卽每兩人從事工業，同時有一個人從事農業．在法國這兩方面的比例是五個和四個，工業會發達的國家，自從世界經濟恐慌以來，失業的救濟也會感棘手．就英國說，大多數人民的生計靠工商業，

（佔全人口百分之八十以上，）而英國船業和製造業之繁榮，大半倚靠出口貿易，世界旣捲入經濟恐慌的狂潮，國外貿易大受影響，生意沒得做，船業當然也隨着倒霉。於是從事船業，製造業，和商業的人民，便有許多陷入失業的困境中。自從大戰結束後，英國政府的起伏，可以說全是以這個失業問題爲中心。一九二九年的普選（英國國會每五年普選一次），各黨的競選運動，都是要從這個問題上博得人民的同情。路易喬治（Lloyd George）所主持的自由黨，當時所出版的敍述該黨政策的小册子，書名便叫做『我們能夠戰勝失業』（"We Can Conquer Unemployment"）。保守黨和工黨都紛爭着，說只有他們各黨的政策才能眞正『戰勝失業』。鬧了許多時候，直到現在，不但不能『戰勝失業』，而且對於救濟失業的具體辦法，唯一的傾向，是極力地減削救濟費，是極力地想出種種限制的花樣，使許多失業工人被驅於救濟範圍的外面去。

英國的失業人數現在多少？大家都以爲這個數字可以看英國勞工部所發表的

統計，這項統計是從該部遍設全國的勞工介紹所（Labor Exchange）所登記的失業工人數目彙編而成的。（這種介紹所現已無業可介，實際幹的就只是登記失業，及發救濟費等等。）其實這種統計並不能包括英國全部失業者的數目。失業工人登記之後，原可於若干時間內（大概爲廿六星期）每星期領得救濟費。（他們叫做"dole"，這字的原義含有慈善施與的意思，在資本主義制度下的工人，就只有領受『慈善施與』的資格！）當局要設法減削救濟費，便想出種種限制工人登記的法令，如全家總收入調查法（"Means Test"），不合格淘汰法（"Anomalies Act"）之類，對你下種種的限制。（內容詳下面）工人未失業的時候，有些職業是有失業保險辦法的，由工人每星期自己省下幾個錢，僱主出一點，政府出一點，存作失業時的保險費，這筆款子原爲工人失業時應得的，但是只得領二十六星期，（而且自一九三一年以來，還要打個九折，）過此期限，你雖仍然失業，登記簿上便把你的大名取消，在統計上便少了一個失業工人！假使你是個老子，你失了業，你的兒子未失業，你也領不到救濟費，你的大名也不在失業統計上！假使你不幸身爲女子，做了女工，雖然你在有業時照付了失業保險費，失業時如果你不自禁地嫁了丈夫，那你的失業保險費也不能照領，因此限制而從失業簿上取消姓名的女工已有數十萬人之多；這樣一來，你的大名也不在失業統計上！至於不是單身的工人，一人失了業，後面隨着飢餓的家屬，那當然更不在統計之列了・經此種種限制之後，英國公家的最近統計，失業人數仍在二百萬人以上，實際受失業影響的多少人，我們很可以在想像中得其梗概・

這樣一來，不但失業人數的統計可以大大地減少，救濟費當然也可以大大地減少・所以英國勞工部大臣柏特頓爵士(Sir Henry Betterton)曾於去年（一九三三）十一月十七日，在衆議院裏宣布，說現政府自一九三一年十月實行『經濟計劃』("Economic Measures")以來，截至一九三三年九月爲止，這兩年間對失業工人的救濟費，省下了五千四百五十萬金鎊(£54,500,000)！

這樣以極力減少（？）人數和極力減少救濟費爲原則的救濟辦法，在勞動者方面所受的困苦及影響，只須隨便舉幾件事實，便可見一斑。最顯著的事實，是勞動者勉強付了屋租，不能顧全肚子。據英國各郡醫官的報告，失業者家屬體格的衰壞和學校兒童營養的不足，其數量有可驚的增加。去年四月間英國醫學會（British Medical Association）公推九個名醫，研究此事，經過九個月的調查研究，最近得到結論，謂英國失業工人的家屬，已沒有足保健康的最低限度的糧食。去年倫敦發生一件很慘的事情：有個失業工人名烏伊文（George Hewry Weaving），一妻七子，他所得的"dole"不夠養他們，他的妻（Mrs. Minnie Annie Weaving）因愛子情切，常常自己挨餓，使她的子女能多吃一些，結果體格日衰，患肺炎而死。星期一起病，不肯請醫生，星期三她的丈夫出去請醫生來，到家的時候，她已經死了，一羣孩子圍着她哭！後來官廳驗屍，懷浩斯大佐（Major Whitehouse）說：『靠每星期一些救濟費要養活九個人，還要付租金，我也只能說她是餓死的！』醫師得費斯（Dr. Arthur Davies）也說她雖生了肺炎，倘若平日糧食充足，身體不致如此虛弱，我相信不致於這樣容易受打擊。這也許是一個比較絕端的例，但誰也想像不到在這樣繁華的倫敦，竟有這樣的人間地獄！

廿三，一，廿五，倫敦。

## 四五　紙上自由

我國俗語有句話叫『紙上談兵』，我覺得英國和法國的『民主政治』倘若比專制的國家有不同的地方，最大的特點可以說人民的確已得到『紙上自由』了。這所謂『紙上自由』，也可以說是『嘴吧上的自由』。

要明白這特點，需要相當的說明。

法國的報紙，無論極左的報或極右的報，對於政府的批評指摘，都盡量地發揮，法國社會黨的機關報和共產黨的機關報，對政府更往往抨擊痛駡得體無完膚，從來沒有因言論開罪當局而有封報館捕主筆的玩意兒。議員在議院裏當面斥責政府要人，那更是司空見慣的事情。

號稱『巴立門的母親』的英國，爲歐洲『民主政治』國家的老大哥，關於『紙上自由』或『嘴吧上的自由』，也可算是發揮到淋漓盡致了；儘管聽任你在文字上大發揮，儘管聽任你在嘴吧上大發揮，但在行動上，這資本主義的社會制度好像銅牆鐵壁似的，却不許你越雷池一步！

英國自命爲『君子人的國家』，有許多報紙上的言論，都是雍容爾雅，委婉曲折的，但是像工黨機關報每日傳知對於現任首相麥克唐諾之冷嘲熱諷，甚至瞎尋他的開心，往往有很令人難堪之處；獨立工黨機關報之新導報，和共產黨機關報之每日工人，對於統治階級之嚴厲的評論，明目張膽宣言非打倒現政府，非推翻現統治階級，一切問題都無從解決。這在專制或軍閥官僚橫行的國家，直是大逆不道，老早把『反動』的尊號奉敬，請貴報館關門，請貴主筆大嘗一番鐵窗風味，或甚至非請尊頭和尊軀脫離關係不可！但在英國不但這種報紙儘管繼續不斷地發揮他們的高論宏議，就是研究社會主義的機關，或共產黨的出版機關所編行的書籍，直呼現統治階級為强盜，也得照常發售，從沒有聽見政府當局說他們有反動嫌疑，非搜查沒收不可。

"The Continued Willingness of My People to Bear Sacrifices." King's Speech.

還可舉個具體的例子。英國是個君主立憲的國家，一般人民對於英皇還不得不有虔敬的態度，各戲院裏末了時還都須唱着『上帝佑我皇』的歌調。去年十一月廿二日巴立門舉行開幕典禮，訓辭中提到經濟恐慌和失業問題，有『我的人民繼續情願忍受犧牲』之語，("The continued willingness of my people to bear sacrifices.")共產黨機關報之每日工人在第二日的報上，不但在言論裏極盡揶揄，並且登一個惡作劇的插圖（附圖卽當時由該報上剪下縮小的。）把英皇畫成一個矮子，手上捧着一大張『皇上演辭』，下面註着上面所引的那句話．英皇後面，一個高大的警察和首相麥克唐諾扶持着一個失業新律，是準備在國會通過以壓迫工人的，再後面便是一大堆工人羣衆示威高呼『一致摧毀 Means Test!（全家總收入調查法）』及『打倒造成飢餓和戰爭的政府！』等口號，這種實際情形和『繼續情願忍受犧牲』的『皇上演辭』，適成相反的對照！尤其是把『皇上』畫成那副尊容！但是每日工人照常公開發行，並沒聽見牠得到了什麼大不敬的罪狀，『皇上』的威風，比我國的任何軍閥官僚都差得遠了！所以我說，『紙上自由』可算是發揮到淋漓盡致了．

英國巴立門裏的『嘴吧上的自由』，記者在巴立門的母親一文裏已略爲提起．

上面所談的最近巴立門開幕的那一天，還有一件事情頗有記述的價値。那天舉行開幕典禮的時候，英皇在貴族院裏剛才把演辭說完，聽見有一人大聲問道：『關於取消 Means Test（譯註見前頁）和失業救濟費折扣兩事，究竟怎麼樣？』大膽這樣向英皇問着的是獨立工黨議員麥閣溫（J. McGovern）。他接着喊道：

『你們是一羣懶惰好閒的寄生蟲，靠着別人所創造的財富過活。外面人民是正在挨着餓，你們應該覺得自己羞恥吧。』

"You are a gang of lazy and idle parasites, living on wealth created by other people. You ought to think shame on yourself while people are starving outside."

當時與會的許多貴族們和議員老爺們都相顧驚愕，麥閣溫大喊之後，從容步出會場，典禮也隨在靜默中收場。後來這位獨立工黨的議員還是繼續做他的議員，沒有聽見他得到什麼大不敬的罪名。這種新聞，如在我們貴國，早給檢查新閙的老爺們扣留，不許刊登，但在英國，各報仍在第二天照事實登出，孟却斯特導報並在社論中警告政府，謂麥閣溫的行爲雖鹵莽，但人民的困苦，實其背景云云。所以我說，『嘴吧上的自由』可算是發揮到淋漓盡致了。

這當然是處身軍閥官僚橫行的國家裏面的人民所垂涎三尺的權利，因爲在這樣的人民，只有受壓迫剝削的份兒，連呻吟呼寃都是犯罪的行爲！

但是進一步講，終究還僅是『紙上自由』！在行動上，統治階級的爪牙——警察偵探等……也就防範得厲害。有位朋友在倫敦某處演講，演畢後，有位共產黨員順便開着一輛破舊的自備汽車送他回家，就有警察暗隨在後，把他的住址抄下，第二天便向他的房東盤問得很詳細。又如在倫敦專售共產主義書報的工人書店，外面就常有便衣暗探注意買書的人的行踪。有一次我和倫敦報界某西友在某菜館裏午餐談話，我們所談的是關於英國新聞事業的情形，但因爲他是共產黨員，不久就有侍者偷偷地來關照，說外面有警察注意着。他們簡直好像佈滿着天羅地網似的！

廿三，一，廿五．倫敦．

## 四六 大規模的貧民窟

倫敦不能不算是世界上一個大規模的城市，面積近七百方英里之廣，人口在七百五十萬人左右；英格蘭和威爾士的全部人口的五分之一，城市人口的四分之一，都集中在倫敦．在這樣大規模集中的情況之下，英國資本主義社會的形形色色，這種社會的內在的矛盾之尖銳化，都可以很明顯地從中看出來．在這樣大規模的繁華的城市裏，同時却也有了大規模的貧民窟，這是很值得注意的一種矛盾的現象．

英國各大城市，都各有其貧民窟（Slum），而以東倫敦的規模爲最大．西倫敦（他們叫做 "West End"）是最繁華闊綽的地方．最奢華的店鋪，皇族貴人的宮邸，布爾喬亞享樂的俱樂部，博物院，戲院，官署，公園，國會，西冥寺，以及最豪華的住宅區，都在這裏．所以在倫敦有人叫你開地址的時候，如你所開的地址是在 "West End"，他們便認爲你這個人多少是過得去的．南倫敦和北倫敦的屬於工人住宅區的地方，也有貧民窟，但都不及東倫敦的規模宏大！

倫敦分爲二十八區（borough），各區裏面都有多少貧民窟點綴着，就是在所謂『皇家區』（"Royal Borough"）裏面，也不免，不過在繁華富麗的地方看不大出．自倫敦中央起，迤東一帶各區，都就可以看見幾於『清一色』的貧民窟生活，也是世界上任何城市裏勞動階級最集中的一個區域．記者曾費了一天的工夫去觀光．電車一開進了這個區域，就看見在西倫敦所沒有的舊式燒煤的汽車在街上跑來跑去，上面有煙囱，噴出許多黑煙在街道上繞着；電車上的乘客也不同了，都穿着破舊的不整齊的衣服，顧不到什麽『君子人』的排場了；滿街旁的襤褸垢面的孩子，東奔西竄着。貧民窟裏的住宅，大都是建築於百年前的老屋，地板破爛，牆壁潮濕，破窗裂戶的空隙常有冷風繼續不斷的傳送進來，一所屋裏每住着幾十家，一個小小的房間裏堆滿着許多人，英國是科學發達的國家，電燈應該是很普遍的了，但在這一帶貧人住宅裏，還是用着油燈或點着蠟燭 如所住的是地室(basement)，那就終年在黃昏中過日子！

據英國勞工調查所（"Labour Research Department"，這是由勞工團體組織的研究機關，不是政府設立的。）所調查的結果，在倫敦全家擁擠在這種地室裏（住在貧民住宅的地上和樓上的還不在內）過暗無天日生活的工人，至少在十萬人以上。據他們最近所調查的情形，『在倫敦貧民窟的地室，裏面既黑暗而又潮濕，糊在牆上的紙都潮濕着下墜飄搖着；老鼠和虱子非常的多，住在裏面的人很少和疾病不發生關係的。』

因爲擁擠的緣故，常有父母和好幾個成年的子女，甚且加上祖父母，同住在一個小小的房間裏。因爲這種屋子裏的蟲虱有各種各色的，既繁且多，每到夏季，往往趕着整千的人把他們的牀拖到街上來，希望能夠略得些睡眠，但是遇着了警察，又須被趕到門裏去！

倫敦赫克納(Hackney)一區的醫官烏華雷(Dr. King Warry)調査該區貧民窟的擁擠情形，曾有詳細的報告，試就他所報告的事實隨便舉一個例：他說有個家屬共有六人，都住在一個小小的地室裏，這家屬裏面有十歲和四歲的男孩，十一歲和七歲的女孩，那個母親告訴他說，因爲她無法使他們睡開，最大的兩個男女小孩曾經發生過『非禮的行爲』("indecent behaviour")。

一九三三年一月二十七日標準夜報("Evening Standard")所載東倫敦貧民窟的情形，裏面說起有個家屬住在地室裏已十九年了；除父母外，有四個女兒，年齡自十三歲至二十一歲，兩個男孩，年齡一個六歲一個九歲，都住在一個地室。

裏，都要常往醫生處看病。

這樣『很少令人和疾病不發生關係的』貧民窟房屋，租錢在工人看來仍然是很貴的，普通每星期常需付到十五先令至二十先令，英國極少數最高工資的工人每星期雖可得到六鎊以上的工資，但普通總在二鎊左右，所以爲着房租差不多便用去了一半，（這是世界大戰以後的情形，在以前平均只用去收入百分之十六至十七爲房租，）結果剩下的一些工資不夠顧全家屬的衣食，父母子女往往在半餓狀態中過活。

據各區醫官的統計報告，貧民窟居民的死亡率常比普通的增加一倍至兩倍，嬰孩死亡率更厲害。就是養得大的孩子，也多遺傳着所謂『貧民窟心理』（"Slum mind"）據說他們長大時的行爲都使國家要增加警察和監獄的經費！

記者自去年十月到英國以來，聽他們在內政方面鬧得最起勁，視爲一件大事的，便是消除貧民窟運動，大呼『貧民窟是我們的恥辱！』衞生部大臣楊格爵士

(Sir Hilton Young)定了一個消除貧民窟的五年計劃，據說要在五年內消除二十萬所貧民窟的房屋，使一百萬人有新屋住（據各報說貧民窟的房屋遠逾此數，貧民窟的居民亦遠逾此數），而新屋的建造則仍希望以利潤爲前提的私人企業家來辦。並不想到工人租用貧民窟的房屋已嫌其貴，更有何餘力來租用新屋！

其實貧民窟問題也是資本主義制度下的一部分的產物。貧民窟的人民那樣苦楚，而據統計所示，一九三一年倫敦的土地生意不下一萬二千萬金鎊，教會於一九三〇年在倫敦所收得的屋租就達三十八萬金鎊之多。土地的私有專利，房租的高抬，工人的貧窮，都一概不顧，只想如何如何叫工人從貧民窟裏搬到新屋裏去，便以爲這問題可以解決了，這眞是在飢荒時代勸人吃肉糜的辦法

二十三，一，三十一，倫敦。

# 四七　獨立觀念中的叫化子

有獨立觀念的不該做叫化子，做叫化子的似乎就不會有什麼獨立觀念，但是就記者在倫敦所見的許多叫化子，『獨立觀念』和『叫化子』這兩個名詞竟可以聯在一起；有獨立觀念的叫化子，其現象比單純的叫化子，當然更含有嚴重的意義。

你在倫敦無論如何熱鬧的街上，幾乎在每條街上都可以看見東立一個穿着破舊衣服的老頭兒，西立一個穿着破舊衣服的失業工人模樣的男子，有的立在店舖門口邊上，有的立於馬路和行人道的中間，面孔向着店舖，手上有的捧着小木盤，有的捧着小紙盒，裏面排着十幾盒自來火，一聲不響的立着發呆，當着大風奇冷的時候，還可看見這些鬚髮雪白的老頭兒們發抖．這都不是眞在那兒賣自來火的，却是變相的叫化子．你如果付了錢便想拿着自來火走，那便成了阿木林！和英國朋友談天的時候，有時他們說到經濟上的困難，往往說笑話，說『去賣自來火吧！』『賣自來火』原來幾乎成了做叫化子的代名詞．手上捧着幾盒自來火，雖實際是在做乞丐，覺得面孔上似乎究竟好看些(？)，這是他們還捨不得獨立的觀念．我所看見的這種以賣自來火爲掩飾的叫化子雖不少，但很少看見有人挖腰包，只有一次看見一個路過的頭髮也是雪白了的老太婆，拿出幾個辨士給一個捧着自來火，鬚髮同樣白的老頭兒．這大概還是她在年齡上出於『同病相憐』的同情心罷．

有的手上拿着一個口琴，在馬路旁一面吹着，一面兜轉着大跳而特跳，好像發瘋似的．有的手上拿着一個風琴，大拉而特拉，那種兩手用死勁兒拉着，全身都跟着大搖大擺的神氣，使你覺得他實在是用盡了全副的精神．有的手上拿着一個喇叭，在路旁吹着開步走的軍號。有的坐在路旁打着洋琴，叮叮噹噹打了好半天，沒有人肯破鈔，見有人走過便大聲叫着『謝謝你！』(“Thank you!”)但我看去似乎仍然沒有多大的效力！有的老太婆手上拿着一本書，向裏立在馬路和行人道中間，對着書朗聲高誦，但她儘管喘着氣高誦她的好書，我却沒有看見有什麽人去聽她。最近在一條最熱鬧的馬路上，看見一個人頭上戴着方帽，身上穿着一件寬身大袖的長袍(在大學裏得了學位穿的制服)，夾着幾本書，翻着一本，用手指着，大聲演講，看到他長袍底下衣服的破爛不堪，(制服已是破舊的，)以及他那副乞相，才知道他原來是裝着『大學教授』架子的叫化子！他的那副怪形怪狀，最初頗引起過路人的好奇心，圍着看他，後來大概發現了他的眞正目的，便望望然走去了。我回來道經那條路的時候，看見這位『大學教授』只單獨地一個人站在那裏，但他仍然口講指劃，喇喇不休，我不得不佩服他的堅毅的精神！還有一次在另一條最熱鬧的馬路上，看見有一個四五十歲的人物，上身連外衣都沒有了，在那樣車輛和行人擁擠不堪的街道，在一邊馬路上連着大翻其觔斗！車和人都不得不讓他・他那副急形急狀的模樣，非親眼目睹的人，簡直不能想像・這些現象，似乎都不外乎這個意思：我要拿你幾個錢，也盡了一些力，不是白拿的・換句話說，便是還含有獨立的觀念，不願作倚賴的表示・

此外常見的是在路旁唱歌，有一個人唱，有一男一女唱，有集隊唱・這種隊伍有三五人，有七八人，多時竟有二十餘人，雙人並行，衣服都是很破爛的，人倒多是强壯的大漢，看上去多像失業工人模樣，領頭的一個人把鴨舌帽翻過來拿在手上，備路人把錢丟進去・這種隊伍常見於熱鬧市街上行人最多的時候，且走且唱，引吭高歌，頗有激昂悲壯之概，大概這類失業者一肚子牢騷無處洩，乘此機會大喊大叫一番，所以聲音特別激越宏亮・除唱歌叫化隊外，還有一種奏樂叫化隊，每在星期日，有十幾人，或二三十人，各拿樂器，在各馬路相當的方場上，合攏來奏樂・這類奏樂隊的叫化子，衣服比較穿得整齊，有的大衣常服穿得很好，樂器也比較的好，梵峨林，孟得林等俱備。

最令人看着慘然的是四五歲到十一二歲的小叫化子，這類小叫化子雖不及成人叫化子之多，但也常得遇見。有一次我在電車站旁看見一個四歲模樣的小叫化子伸手向人討錢，那樣黃金髮，深藍眼，兩隻紅蘋果似的雙頰，以及那一副天眞爛熳的憨態，實在令人覺得可愛！有一個中國朋友曾經有一次被一個小叫化子追隨着，他身上剛巧沒有零錢，那孩子多追了幾步，旁有一個英國紳士模樣的人出來把這孩子拉開，輕聲對他說道：『這是外國人，不要去擾他。』在天眞爛熳的孩子，覺得肚子餓了便須伸手要錢，什麽外國人不外國人，他們原弄不清楚！至於有名無實的獨立觀念，他們當然更不能理會，所以不討則已，一討便是老實伸手問你要錢。

倫敦的叫化子雖有這樣的五花八門，但是在女性方面，除五六十歲以上的老太婆外，青年的却沒有。這原因很容易明白，因爲她們有『皮肉』可作『交易』，迫不得已時便從這方面去發展了．你夜裏在電燈煇煌人山人海的街市，如 Piccadilly 和 Regent Street 一帶，便可看見『人肉市場』的概況．這在她們算是把『自由身體』(?) 來做『交易』的，不是白拿你的錢，也就是含有獨立觀念的，但是多麼慘酷啊！

廿三，二，一．倫敦

## 四八　家屬關係和婦女地位

資本主義社會裏面，因個人主義之高度的發展，家屬的關係也比較地疏淺．這是西洋社會一般的情形，是我們所早知道的．記者在上文裏談起英國叫化子的時候，曾說他們具有獨立觀念，而同時因社會組織的關係，失業者遍地，雖有獨立觀念而仍不得不做叫化子。在他們家屬關係裏面，也可隨處察覺獨立觀念的成分。例如記者在倫敦所住的屋子的房東太太(二房東，前面曾談起過)，那樣老，那樣辛苦，那樣孤寂，但是她仍不願去倚靠她的已出嫁的女兒。我有一天夜裏回家，進門，(房客各人帶有開門的鑰匙，故不致驚動別人。)便聽見廚房裏漏出的抽抽咽咽的哭訴聲，我辨得出是房東老太婆的聲音，偷偷摸摸移步到廚房門口偷聽，才知道原來是她對這替她幫忙的那個女子且哭且訴，說她這兩天發着寒熱，女兒又來勸她去同住，她說『爲自尊起見，我不能去。』("It is not my pride to go.")這是她在這種社會裏數十年不知不覺中養成的意識。試再舉兩件記者所親自知道的事實。一件是有個女太太於兩個月前死去了丈夫，把她的住宅賣了，來和她的已嫁的女兒同住，但她却一定要照付房租；因她所有的一些餘積還不敷用，所以同時仍須每天出去做事，她的女兒勸她把事情辭掉，在家裏幫幫她(女兒)的忙，這母親不肯，覺得她那樣自由些。還有一件是關於一個六十歲的老頭兒，他是個鰥夫，很孤寂地獨自一人住在一個租賃的房間裏，他的女兒却嫁給一個開小汽車行的人家，很過得去，這女兒自己仍在做一個闊人的私人祕書，每星期有五鎊的收入，丈夫雖只有幾輛汽車，也還不壞，所以他們夫婦便住在一個"flat"（租用的全層的屋子，例如二層樓全層，或三層樓全層，比租零碎房間的算是比較地闊綽．）但是這個老頭兒不願白吃女兒的，自願每星期替他們的這個"flat"大掃除一次，揩玻璃窗，刷地板等．在外國這類工作並不輕便，因爲各房間裏的地毯都須搬開，桌椅等等都須移開，門窗房角都須細細地揩拭一遍，每個房間往往要費到一小時的時間，是一件很吃力的事情，但是這老頭兒自願要這樣幹，這樣幹了之後，他的女兒每星期給他一些費用，他才肯受．這樣的態度，在我們素重家族主義的東方人看來，簡直不易了解！在西洋這類例子很多，父母子女的關係不過如此，兄弟姊妹的關係更可想見了．這種獨立觀念，就某種意義說，不能不算是一種『美德』——至少在力求自食其力而不肯累人一點上很可貴．

但是在另一方面看，各人只在個人主義裏兜圈子，不會顧到社會的集團的利益，聽任剝削制度的社會存在着，勢必致於雖有獨立觀念而無法維持的時候，雖欲做工而無工可做的時候；平日辛勤做工，到老做不動時還須拖着命做，那些有剝削工具握在掌握的人，却可以不勞而獲地一生享受不盡。

其次可附帶談談英國婦女的地位。自世界大戰後，英國婦女在職業界的地位似乎增高了不少，有女議員，有女律師，有女教授，乃至有過女閣員，但是這僅是在最上層的少數的人物，我們如移轉注意到一般勞動婦女的情形，便可見她們還大多數在掙扎的生活中。據英國鼎鼎大名的女議員愛斯特（Lady Astor）在最近演辭中所說，英國婦女做工賺工資的有六百萬人，其中已結婚的約一百萬人。有許多婦女加入工作，似乎是好現象，但如仔細一研究，便知有兩大原因：一是由於資本家利用『賤工』（"Cheap labor"），婦女們的工資可以特別低；一是由於近幾年來一般失業的日漸尖銳化——尤其是已往的三年以來——婦女不得不出來找工作做，以勉强支持家計．英國資本家看見世界不景氣，爲顧全利潤計，便盡量利用賤價的女工，這是可於英國勞工統計中看出來的，至一九三〇年爲止的已往五年間，男工沒有變動，女工增加了百分之二十，其趨勢可以概見．據勞工調查所所報告，在有的地方，一家裏面，男的得不到工，只有女子在做工．她們麕集到工廠裏去，一天忙到晚，每星期約得十三先令．（一般工資在兩鎊左右，即四十先令左右．）在限制失業救濟金的法令"Means Test"（全家總收入調查法）未實行以前，她們每人還可留下一兩先令做自己的零用費（"pocket-money"），自從該律實行之後，家屬裏男子（例如女工的父親）的失業救濟金，因爲女子得工，要相當的核減，她們便須『涓滴歸公』來養家人．窮苦更加劇了．有個鋼鐵廠的利用女工，那就更厲害！該廠只用十五歲的女子，每星期只出十三先令九個辨士．等她們滿了十六歲，便把她們解除，換用新的女子．這些女子盡量受僱主剝削兩年，後來嫌貴，便被解除．據說實行此法比換新機器容易，因爲新機器還要花錢去買，新女子便堆在門口聽你使用！（見一九三三年出版的"The Condition of the Working Class in Britain" P. 201.)

女店員或女侍者每天工作十小時以上，每星期工資亦多在三十先令以下。例如規模很大的 Woolworth 商店，（美國大富豪在英國開的支店，）僱用女店員很多，每天工作上午八點半到下午八點，工作十一小時之久，每星期僅有二十七先令的工資。照她們普通的生活程度，每星期每人的膳宿須一鎊左右，餘下七八先令，如何夠零用，衣服更不必說了，如再須挖出助家，苦況更可想！而這個公司的老闆於去年十一月間因女兒 Barbara Hutton 成年，先給以三分之一的遺產，即在一萬萬金圓以上，約合二百萬金鎊！這裏面就不知道含有多少女店員的血汗！

但是經濟恐慌一天一天地進展着，加緊剝削還不能維持資本家的利潤，於是更出於裁員。由內地因失業或家境困難而跑到倫敦做店員或侍者的女子，被裁之後，經過一番艱苦的掙扎而仍無法生存的時候，便淪入私娼的漩渦裏面去。

記者最近有一天旁晚在倫敦蠟人院（"Madame Tussaud's Exhibition"）參觀完了出來，就在附近一個飯館裏吃晚飯，一看規模非常的大，女侍者數十成羣，招呼我的那個女侍者年紀很輕，嫵媚玲瓏，活潑愉快，那個臉總是現着笑容，這時候還早，客人不多，她剛巧立在我的桌旁閒着，我見她那副欣然的態度，便乘便問她『你在這裏工作很快樂嗎？』她微笑着說『表面上似乎快樂，心裏不快樂。』我問『爲什麼呢？』她倒很坦白，告訴我這樣的情形：她說前兩個月這個大飯館裏才裁去近百的同事，都是女侍者，雖在目前每星期可領到失業救濟金十五先令，但僅敷房金，衣食無着，在這些已裁去的女侍者裏面有個和她最好的朋友，老實告訴她，說她（指女友）最初還幸而有個熟悉的女裁縫每星期給些零碎的縫紉工作叫她（女友）做，略得津貼，但因不景氣，這零碎的工作也減少，最近她（女友）每星期不得不有兩晚到街上去找『男朋友』（"boy friend"）過夜。我問她：

『自願去找「男朋友」過夜，有什麼不快樂的事情？』她皺着眉說：『哦！不！不是眞朋友，陪人過夜得些收入罷了！』我才知道究是什麼一回事！這種爲着生計所迫，雖欲做工而無工可做，萬不得已，把身體當商品出賣，是多麼苦痛的事情！這又是誰的罪惡？

據這個女侍者說，她所聽到的這類事實還多着哩，怪不得她覺得『心裏不快樂』。

英國在大戰後，男子減少，女子過剩，也是社會上一個雖不顯著而却成問題的事情。據一九三一年的統計，英國全國（所謂"United Kingdom"，包括英格蘭，蘇格蘭，和北愛爾蘭，）男性 22,071,000，女性 23,971,000，女子多出一百九十萬人。所以『老小姐』隨處可以遇着，有好些中國朋友告訴我，說女房東太太因爲她們的女兒有了愛人，津津樂道，覺得榮耀得什麼似的！中國留學生在這裏要得 L. L. D.（原爲法學博士的縮寫，此處諧借爲"Daughter of Land Lady"的縮寫）並不難，不過她們的生活程度究竟比我國人的高得多，要來容易保養難！況且中國還是個被壓迫的民族，隨處受刺激，精神上更免不了許多苦痛。

廿三，二，二．倫敦．

## 四九　英國教育的特點

依資本主義制度下的政治經濟，教育的不平等乃自然的狀況，在歐洲資本主義國家裏面坐頭把交椅的英國，她的教育制度當然也逃不出這個範圍。英國人的特性是注重事實而不很講原理的，她的教育制度便十足地表現着這個特性。全國的教育制度不是由什麽中央政府定好系統頒布執行的，却是由幾百年來，各地因實際上的需要，由教會機關，或公共團體，乃至個人，各自爲政的辦理學校，逐漸雜凑而成現在的情形。就是現在中央政府設有教育部，("Board of Education"，英國中央政府各部都稱 Ministry，部長稱 Minister，獨有教育部稱"Board"，部長稱 "President"，這大概也是他們尊重已成的事實，）仍然僅立於『友誼地批評的顧問和協助者』的地位（"A friendly critic adviser and helper"），在經濟上對各校僅有酌量津貼的行為，關於五歲至十五歲的義務教育(即强迫教育)的强迫執行，也由各地方(所謂『區』"borough") 所選舉的『區參事會』("Council of County") 兼理，至於大學教育，全由私人機關主持，教育部簡直無權過問。這可算是各國教育行政上所沒有的特殊的現象。但教育行政上的現象雖有特殊，而依事實上所演成的所謂『雙軌制』的教育制度——一部分是有錢的人受的教育，一部分是窮人受的教育——也和其他資本主義的國家沒有兩樣。當然，在他們還有很好聽的名詞，一種說是『為領袖而設的學校』("School for the leaders")；還有一種說是『為大衆而設的學校』("School for the masses")．前一種是由嬰兒學校(Nursery school)而幼稚學校(Infant school)，由幼稚學校而預備學校（Preparatory school），由預備學校而私立或受公家津貼的中學校，由這類中學校而升入老資格的大學校（如劍橋牛津之類）．後一種便是從幼稚學校完畢後和第一種的分途，入所謂初級學校(Elementary school)，夾有職業訓練；區立中學，也設有職業科；以及提早就業後可入的種種職業補習學校．這兩大類學校的分道揚鑣，不是以智能為標準，全以家世及財力為標準．所謂『領袖』教育，是養成維持現制度的統治階級，或統治階級的工具；所謂『大衆』教育，是養成供剝削的被統治階級．

從五歲到十四歲的强迫教育，是區立的，不取費的，如不入學，父母要被警察局請去依法受罰的，這應當是平等的了，其實也不然，因為有錢的人家仍要把子弟送入收費的私立學校，不和窮人一起的．這兩方面的教育仍有優劣之分．至於貴族式中學校，最著名的如所謂"Eton College"，每人每年要繳費四百鎊，每月每人合到華幣六百圓！非貴族或大財主的子弟，誰能進去？而這種學校的畢業生，將來不是Sir（爵士），便是Lord（勳爵）。尤其可笑的是這校裏的學生平日在校，一天到晚，無論上課吃飯，都要穿大禮服，戴高禮帽，雖十幾歲的學生，都要這樣，以便養成貴族化的特性！記者曾親往該校參觀，一到該校門口，就看見校內外一羣一羣的具體而微的『大人物』，自十四五歲至十八九歲的孩子，個個穿着大禮服，頂着高禮帽，臂下夾着一兩本書，跑來跑去，眞是奇觀！有許多孩子長得實在美麗，紅潤柔滑細膩的皮膚，清秀煥發聰明的面貌。這不足怪！那樣養尊處優的小貴族，這一些模樣還養不出來嗎？

普及教育原是一件好事，但是資本主義國家對於普及教育却有她的目的，第一是要得到工業上的效率，機器日益進步，運用機器的人，必須有相當的教育程度，才能得到好的效率，做資本家的良好工具；第二是國防，毫無教育其蠢如豕的國民，不知愛國，不能替資本家向國外去搶市場，或替資本家保守已搶得的市場，必須有相當的教育程度，才能了解『愛國』．（此處所謂愛國，當然不是指愛勞動者的國，是指愛資本家的國，換句話說，做資本家的工具而已．）這所謂『相當』，是恰到可以受資產階級利用爲限度，過此則非所許，所以在教育制度上也自然地表現着不平等的現象．固然，這種『一相情願』的限制仍有危險，因爲智識程度原是很難隨意限制的，很難有絕對界限的，一般人民的智識程度略高起來，你也許壓不住，革命情緒也許隨着智識的漸高而俱高，這却是出於資產階級和他們的走狗們的苦心孤詣範圍之外的了．

英國學校每有若干獎金學額（Scholarship）之設，這辦法誠然可給與少數下層子弟的升學機會，但是這種不澈底的辦法，於勞動階級也許害多於利，因爲把他們裏面比較優秀的分子被吸入於貴族化和資產階級化的高等教育裏面去，反而加入了他們的戰線！

最後請略談英國的大學教育，關於牠們所養成的資產階級或小資產階級的

『意識形態』是現狀下所不免者之外，牠們所培成的研究學術的風氣，却很有可取。這也許是英國和美國大學最大的一個異點，美國大學的Assignment（由教授指定要看的書）很多，小考大考頻繁，記書本還來不及，常弄得你頭昏腦脹，很少自由研究和思考的時間，（這是好多赴美留學的朋友的感想，）英國大學每學科每星期上學不過一二小時，使學生有充分自己研究和從容自由思考的時間。當然，這種充分研究的時間也要用得好，否則撒爛污朋友也可大撒其爛污。劍橋和牛津等大學都設有導師制（Tutor system），也許就出於防備撒爛污的辦法，因爲既有導師時常督促詢問，撒爛污便容易被發覺的。

說起英國大學裏所行的導師制，記者曾特爲此事到牛津（Oxford）去了一個整天。除參觀牛津大學的幾個學院外，並和幾個擔任導師的教授或講師作詳細的談話。其要點也沒有什麼大巧妙，每個導師指定照顧學生幾個或十幾個，常常定期和學生作單獨或幾個聚會的談話，常用茶點的方式，每學期大概都請學生吃一頓飯。學生關於選擇科目，研究材料等等問題，都從這種種談話的機會和導師接觸，得到種種指導。這種導師制最大的優點，是於教室聽講之外，師生間多接觸和交換意見的機會。有的話在教室裏不便公開講的，在茶話會中便可揭開天窗說亮話。例如討論到某本著作，教授在課堂上也許不便過於暴露其中的劣點，在私人談話間便可隨意批評，把牠大罵一頓。這種導師制的辦法當然有幾個條件，第一是教師的教書的鐘點很少，才能分出時間來和所指導的學生作從容不迫的談話；第二是教師要專任一校的教務，勿兼職他校，才有時間和精神來盡導師的職責。此外我所注意的是學生和導師所討論的問題，有否關於學生個人的私事提出詢問，據牛津大學幾個導師的經驗，大概都屬於學識上的研究，關於個人私事的提出是絕無僅有的。這在中國便有些不同，例如有學生對導師提出經濟困難問題，說學費繳不出來，我就感覺到導師無法可『導』了。

英國大學生除和導師時有談話接觸的機會外，同學間還有時常彼此輪流請吃茶點談話的風氣。有的在自己房間裏請，有的在咖啡館裏請，有的還請教授或導師參加。在牛津大學的中國學生，有一個說他是最不善於交際的，但是每星期至少也收到一次吃茶的請帖。交際廣的學生，差不多天天有茶點吃。這種吃茶，注重的當然不在茶而在談話。中國俗語有所謂『聽君一席話，勝讀十年書』，多和有學識經驗的人談話，確能獲得不少益處，不過常常請若干同學吃茶點，在窮學生也許受不了。他們大學裏男女同學，這請吃茶的風氣，也許是男女社交的一種好辦法。倫敦大學沒有導師制，但如該校名教授拉斯基係牛津大學出身，也不脫牛大風氣，每逢星期日下午，總請若干學生（多的時候有一二十個）到他的家裏吃茶。他坐在一張大沙發的中間，他的夫人坐在一邊，他的女兒坐在另一邊，其餘學生有坐的，有立的，有靠的，圍成一堆，大談而特談，一談就是一下午，他的話常是滔滔不絕，你在那裏可常聽到在他處所聽不到的許多關於政治舞台上，社會上，或學術界的遺聞軼事，笑話珍聞。

在英的中國留學生雖沒有確切的統計，估計約有四百人左右。雖不敢說沒有冒牌的留學生，（有某省官費生某君領着官費不入學校，天天在房間裏坐着悲觀！）但大概而論，因英國大學很富於研究的風氣，所以都很有研究學術的精神；而且在英國各著名大學，每學科都有相當國際聞名的權威學者，耳濡目染，潛移默化，引起學生對學術研究的興趣和熱誠於不知不覺之中。

廿三，二，四．倫敦．

## 五〇　英國的華僑

據倫默氏（C. F. Remer）近著外國在華投資（"Foreign Investment in China"）一書，自一九〇二年到一九三三年，全世界的華僑竟有七百萬至九百萬人！像歐洲的小國，最少的人口如安多拉(Andorra，在法比邊境的小共和國)，全國人民只有五千人；又如蒙納可(Monaco，在法國沿地中海岸的小王國)，全國人民只有兩萬五千人：這姑不去說牠。像奧國(Austria)，全國人民也只有七百萬人；像匈加利(Hungary)，全國人民也只有九百萬人。依倫默氏所舉的華僑人數，簡直好像歐洲一國的人民在國外東奔西竄着！而且他們都沒有政府做後盾。這樣在海外自闢生路的僑胞的冒險的精神，苦鬥的能力，不能不算為可以驚人的。中國每年入超，全靠華僑匯款回國有些調劑，據倫默氏的統計，自一九〇二至一九一三年間，華僑每年平均匯款回國達一萬五千萬圓；自一九一四至一九三〇年間，華僑每年平均匯款回國達兩萬萬圓。華僑對祖國經濟上的關係，不可謂不重大。但是祖國當局者視華僑在若有若無之間，毫無協助的實際辦法，最近的趨勢是日在沒落之中，看上去只有日漸減少以至消滅的形勢。英國的華僑，也在這樣形勢的包圍中。

在十年前，旅英的華僑至少在一萬人以上，（聽說在世界大戰時達一萬五千人，）但是最近已減到三千人左右了。在英的華僑，大多數在輪船上做水手或火夫，這種苦工作，在經濟繁榮時代的英國人多不願幹，所以肯吃苦的『支那人』要得到這樣的機會並不難。自世界經濟恐慌以後，英國船業受着很大的打擊，首先被裁的當然要輪到『支那人』；而且就是可以維持的部分，僱主們也用英國人來代替『支那人』。所以這碩果僅存的三千人中，失業者已有三分之二了。

旅英的華僑以倫敦及利物浦兩地爲最多。在利物浦的約有三百八十人，其中約一百八十人是水手和火夫，其餘除少數小商人外（開雜貨店），多業洗衣作，在前面利物浦一節中已略有述及。在倫敦的約有四百五十餘人，可算是在英華僑的大本營。其中有二百人是水手和火夫，失業者已達一百五十人；在中國菜館（倫敦有四家）做廚子或侍者等有百人左右，在英國菜館當廚子侍者等，原也有百人，現在失業的也有四十人了；此外在東倫敦開小商店做中國人生意的約有五十人。

東倫敦是英國的一個大規模的貧民窟，記者在第四十六篇一節裏曾經談過，在倫敦的所謂『中國城』（"China Town"），便和東倫敦結不解緣！其實無所謂『中國城』，不過有幾條街裏面中國人特別多些罷了。記者到東倫敦去觀光時，也到僑胞麕集的區域去看看，差不多都是廣東人，最顯著的是中國藥材舖，中國雜貨店，裏面有種種中國的土貨，做的當然都是中國人的生意，所以生意的規模永遠不會宏大的。有的小店玻璃門上貼着中國字條，上面有的寫着『內進買攤』，有的寫着『入內銀牌』，有的寫着『內便開皮』，我起初莫明其妙，後來詢問有的在店門口站着的僑胞，才知道就是賭攤，請你『內便』賭博！我自居於新聞記者的資格，到一處推着門『內便』去看看，果然看見一個很髒的小房間裏，堆着一羣僑胞在那裏津津有味地幹他們的『開皮』，有幾個搨鼻頭的奇相，有幾個煙容滿面的鬼相，我對着他們發怔，發呆，他們看見我那副模樣，大概知道是從祖國來的，很客氣地對我點一點頭，又回轉頭聚精會神於他們的『開皮』了。我出來時抽了一口冷氣，心裏暗想，倘若外國電影公司又想攝些使中國人丟臉的把戲，這豈不又是一幕現成的佈景！

到了一家中國雜貨店裏面去看看，那位『老鄉』夥計倒很像樣，但是他只會說廣東話，英語也不大懂，我們很熱烈地做了半天手勢，還是悶着肚子握別！我只知道他的大意是說市面很不興，生意難做。

在街上遇着幾個中英合種的男女孩童，從四五歲到十一二歲，覺得他們都長得美麗，和他們談談，都和藹親熱，可愛得很。華僑冒險溜往海外，都不能帶妻子，所以有三分之一都娶了英婦。尤其是當世界大戰時，華僑有機會和英國女子同處工作，因有接觸的機會，她們覺得平日聽得可怕的中國人倒也不怎樣壞，因感情日洽而嫁給中國人的不少。這樣溜到海外的僑胞，往往一字不識，英文更說不清楚，嫁給他們的英國女子雖也出身下層，但都能寫字看報，因此養出的合種子女，往往和母親感情特別好，看不起父親，尤其看見有些不肖的父親，自己失了業，靠着老婆辛苦出去做工養家，還要拿錢出去賭博。

這類中英合種的孩子，在倫敦已有二百上下，不但相貌好（雖也有極少的例外，尤其在女子方面），而且非常聰明。據一位熱心華僑子女教育的英國朋友告訴我，英國小學生的學業成績夠得上免費升學學額者只有百分之二十，而華僑小學生得此資格者竟佔百分之四十二，可是爲家境困難，雖免費而仍須自供膳宿，不得不輟學的很多，眞是憾事。

這種原來聰明的孩子，因家庭環境之欠佳，已經吃虧，又難於升學，所以很難和英國人競爭；就是有幸而升入中學畢業的，成績受師長賞識，畢業後承師長寫介紹信介紹職業，僱主也每以中英合種的緣故，加以歧視，拒絕錄用。這種合種的孩子眞不幸，不但在職業上受這樣的歧視，就是在一般社會上的地位也很困難，因爲英國人對於種族成見仍然很深，都看他們不起。這原因在骨子裏當然是由於中國人根本就受人看不起。就是嫁給華僑的英婦，也往往受她們本國人的輕視，她們氣時也會說氣話，說『我不做英國人！我既嫁給中國人，便是中國人了！』

留學生中有些熱心的朋友，靠公使館學生會等處出些捐款，開辦中華學校，在夜裏以中文教這些合種的孩子，已開辦了三年。中國文字眞難學，這些孩子白天要進英國學校，夜裏又要來吃這樣的苦頭，讀了許多時候，僅能寫自己的中文名字，能說『你好嗎？』，有的雖能照樣抄寫中國字，但是讀不出！

華僑的職業總不外乎洗衣服燒小菜等事。關於洗衣業，因爲英國人有了大規模的公司組織，利用機器，華僑的洗衣業亦日在退縮之中，有減無加，更說不到什麼發展。華僑中開菜館的已算是頂括括的闊人了！東倫敦華僑裏面有一位名叫張朝的，在倫敦開了三十年的菜館，現在算是東倫敦華僑的『拿摩温』的領袖！

廿三，二，五．倫敦．

# 五一　英倫雜碎

到英國後所得的印象，已談得差不多了，還有些零零碎碎的見聞，隨意再提出來談談。

英國式的『君子人』（"Gentleman"）的音容態度，很普遍地流行於一般人民間。『謝謝』（"Thank you"），『對不住』（"Sorry"）或『請你原諒』（"I beg your pardon"）等等客氣的話語，幾於隨處都聽得到。你在公共電車上買票，賣票的把票給你的時候，也對你說聲『謝謝』；有許多乘客接收這張電車票時，也囘報那賣票的一聲『謝謝』。隨便買什麽，就是買一盒自來火，或是一份報，夥計或報販收錢時對你說聲『謝謝』，買客接到東西時也囘報他一聲『謝謝』。在飯館裏吃飯，女侍者捧上一盤菜，客人說聲『謝謝』，她也回報一聲『謝謝』。一天到晚簡直在謝來謝去中過日子！大概無論什麼事，除非有人罵你一句，或打你一下，你說聲『謝謝』，總是不錯的！『對你不住』或『請你原諒』的話，其用途似乎不及『謝謝』那樣廣，可是極小的事情，例如輕輕地誤碰了一下或是讓路慢了一些，就趕緊聲明『對不住』，或『請你原諒』，往往兩方面的人同時聲明。有一位新到倫敦的中國旅客葉君，有一天對我說：『英國人眞奇怪！我在街上走路時無意中很重地撞了一個人，他趕緊對我說：「請你原諒！」我這樣重地撞了他一下，他怎麼反而請我原諒！』

據說這類『君子人』的行爲，是含有自尊的意味，對你客氣，不一定就是敬重你的意思，所以對於任何人都這樣。

一般人的守秩序，這在西方各國大概都成了自然的習慣，無論在郵局裏寄東西，在車站上買票，或是在戲院前買票，一有了幾個人，便自動地立成一列，依先後前進，決無爭先恐後的搶奪現象。在戲院前等着買票，一兩百人立成雙人的長隊，是常見事情。尤其有趣的，我寓所附近有個影戲院，每逢星期六的下午，有兩三百兒童，自三四歲至八九歲的模樣，也在戲院前立成雙人的長隊，很靜默地依着先後立着等候，並不見有大人在旁監督，這班小把戲的那樣天眞爛熳的可愛的神氣，每當我乘坐公共汽車從那兒經過時，總要遠遠地回頭望着他們。從小就養成這樣守秩序的習慣，怪不得長大之後成了自動的很自然的行爲。

英國人對於有色人種，有成見的仍然不少。往往門窗上明明貼着『招租』，或在報上『招租』的廣告裏明明說有屋出租，看見是中國人要來租，也許假說已經租了出去。中國友人某君有一次出去租屋，也遇着這樣的情形，外面明明掛着『招租』的牌子，進去問時，却說是已經租了出去。這位朋友很不高興，說旣經租了出去，便該把『招租』的牌子脫下，免人白費工夫來問，房東不肯，這位朋友憤然自己動手把那個牌子强爲脫下後，才離開！其實這於事還是無補。不過這不過是一部分的情形，有的人家因爲住過中國人，知道中國人很好，却很歡迎中國人去租他們的屋子。外國的電影以及書報總把中國人糟塌得不成東西，聽說東倫敦的中國區，有的英國女子簡直不敢單身到那裏去，她們誤會中國人之可怕，可以想見。可是她們或他們有機會和中國人做朋友後，却都覺得中國人好。

一般英國人對中國人仍莫明其妙，不能了解，你衣服穿得整潔些，仍要把你當作日本人。到過中國一兩年的英國人，對中國的印象比較地好，因爲中國人對外國人向來是很客氣的。到過中國幾十年的英國人，自以爲看透了中國的種種劣點和黑幕，對中國的印象最壞，而且這類英國人往往以『中國通』自命！

英國社會裏『老小姐』不少，她們的暮景生活頗多可憐的。在倫敦的朋友熊式一君的房東也是一位當過小學校長六十多歲的老小姐，常常抱着一隻貓，撫摩着叫『達靈』("Darling")！還有一位中國朋友承另一位朋友的介紹，說某某小姐請他去吃茶點，他欣然前往，到時才知道是一位七十多歲的老小姐，坐在一張沙發上，已經不能動調如意了！拉着他嚕嚕囌囌地瞎談一陣，這位朋友不好意思就逃，如坐針毯！他說那個服侍老小姐的妙齡女僕，倒很漂亮可愛，但是英國人階級觀念特重，他又不便叫她加入談話。

倫敦的霧是我們所久聞大名的，常常可於倏然間看見全倫敦被厚霧所籠罩，對面不見人，在白天也要全城點着電燈。遇着潮霧實在濃厚的時候，在街道上雖有了燈光，還是糊裏糊塗的，一不留神，就須對碰，互叫『對不住』都來不及！有的報上就稱這樣的白天爲"Midnight afternoon"（『半夜的下午』）！本年一月二日英國南部八千方英里內，都被濃霧弄得漆黑。倫敦當然不能例外，電車汽車對碰，傷了不少乘客，同日有七個人因迷路大踏步走入河裏去！有一個婦女竟致溺死，其餘的幸而救了起來。盜賊也異想天開，這天倫敦發生了六處盜案，都是乘着濃霧的時候，不易看見，又不易追趕，有的搶了婦女們手上的錢袋就奔，有的竟合夥到店裏去『各取所需』！

倫敦除夏季外，陰暗是常態，晴天是例外，下雨尤其是不可測，所以雖在太陽當空的日子，也有人手上拿着洋傘。他們所拿的這種洋傘都包得很緊，簡直是當着『司的克』用。手上拿着一把洋傘，頭上戴着一頂黑色繃硬的盆帽，（他們稱爲 "Bowler hat"，我在國內時聽見有人稱爲博士帽，）這是英國人的代表式的 (Typical) 裝束。還有人頂着高禮帽，穿着大禮服，也拿着洋傘在街道上跑來跑去。在報上登出的結婚照片，新夫婦從教堂裏禮畢出來，穿着一身禮服的新郎，手上也往往拿着一把洋傘！同樣地怕下雨，婦女却不大見拖着這樣的一件像伙。

法國人多矮而胖，英國人多矮而小，但是法國和英國的警察都極力選用高大魁梧的大漢子，尤其是倫敦。普通的一個英國人和警察立在一起，簡直大小差得多，這類大漢警察大有 Swift 所著的 "Gulliver's Travel" 裏面的大人國中人的氣概。

在巴黎的街道上和菜館裏，常看得見菲洲的黑人和安南人。在倫敦的街道上和菜館裏常看得見菲洲的黑人和印度人．他們自己的感想如何，我不知道，但我替他們設身處地想想，實在替他們覺得難過，因爲總要連帶想到『亡國奴』這名詞上面去．但轉念到我們自己，尤其是轉念到我們東北的三千萬同胞，愧怍憤懣的情緒更不能自禁地洶湧着上來！

廿三，二，七．倫敦．

# 萍蹤寄語

## 初集

平裝每冊實價捌角整

著作兼發行者　韜奮

經售處　生活書店

印刷者　生活印刷所



中華民國二十三年六月初版
中華民國二十四年三月再版

# 韜奮的著譯

## 革命文豪 高爾基

韜奮編譯

修正三版

▷實價一元二角◁

高爾基爲當代革命文學家，此書敘述其生平奮鬭之生涯，由碼頭脚夫而登世界文壇的經過情形，充滿着引人入勝令人奮發的有趣的事實，等於一本令人看了不能釋手的極有興味的小說・有志奮鬭者，不可不看，有意在讀書中尋趣味者，尤不可不看・全書約二十萬言，附銅版插圖十餘幅，均爲外間所罕覯之珍品・書末并附有高爾基著作一覽頗詳，更可供有志研究文藝者的參考・

## 韜奮漫筆

韜奮著

（再版）四角

本書是作者在『生活週刊』上陸續發表的『漫筆』裏選輯的，共五十一個短篇，四萬五千餘言，都是作者隨時就感想所得，用輕鬆雋趣的文筆寫來，很可以表現作者對於所提到的問題的態度和主張，更可以供讀者在思考上的一種補充，或參考的材料・

## 小言論

◆韜奮著◆

第一集（五版）八角

第二集（四版）八角

第三集（再版）四角

本書是從『生活週刊』的『小言論』裏選輯的，著者用犀利深刻的思想・趣味雋永的文筆，痛論社會及政治等・各方面複雜的事實，言人所欲言，言人所不敢言，的是民衆最有力的喉舌・

◆上海生活書店發行◆

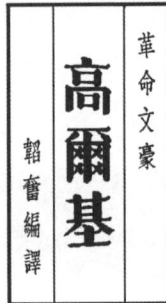

# 韜奮漫筆

韜奮著

上海生活書店發行

中華民國二十二年十月

# 弁言

昨天（九月六日）作者接到徐伯昕先生自我離國赴歐後第一次從國內發出的來信，他在這信裏說起社裏打算編印韜奮漫筆，叫我寫『韜奮漫筆』幾個字寄囘去做封面鋅版，並說如果能做一段弁言更好。

在國外旅行，未曾帶有毛筆，就用自來水筆寫了四個字寄給他。

這些『漫筆』，是作者在生活週刊上陸續發表過的零星雜感，每於編後有餘幅時匆促間提筆寫成，在我自己看來，原無出單行本的價值，現在伯昕先生既有此建議，我想零篇短簡中雖說不出什麼大道理來，多少可以表現作者對於所提到的問題的態度和主張，也許可以供讀者諸君在思考上的一種補充或參考的材料，所以很願意於旅況匆匆中寫這幾句話，聊述『緣起』，並求諸君指正。

韜奮・二二，九，七・記於巴黎・

# 目次

# 生活週刊究竟是誰的？

生活週刊承社會不棄，最近因銷數激增，來登廣告的也與日俱增，大有擁擠不堪的現象，編者有時碰到朋友，他劈頭第一句就說：『好了！生活週刊可以賺錢了！』這句話很引起我的感觸，就是生活週刊替誰賺錢？生活週刊賺錢何用？再說得直截了當些，就是生活週刊究竟是誰的？

要回答這個問題，編者先要說明我們辦這個週刊的方針和態度。

我們辦這個週刊，心目中無所私於任何個人，無所私於任何機關，我們心裏念念不忘的，是要替社會造成一個人人的好朋友。你每逢星期日收到這一份短小精悍的刊物，展閱一遍，好像聽一位好朋友談談天，不但有趣味，而且有價值的談天：你煩悶的時候，想想由這裏面所看見的三言兩語，也許可以平平你的心意，好像聽一位好朋友的安慰，你有問題要待商榷的時候，握起筆來寫幾行寄給這個週刊，也許可以給你一些參考的意見，好像和一位好朋友商量商量。

我們辦這個週刊不是替任何個人培植勢力，不是替任何機關培植勢力，是要藉此機會盡我們的心力為社會服務，求有裨益於社會上的一般人，尤其注意的是要從種種方面引起服務社會的心願，服務所應具的精神及德性。

一個人光溜溜的到這個世界來，最後光溜溜的離開這個世界而去，澈底想起來，名利都是身外物，只有盡一人的心力，使社會上的人多得他工作的裨益，是人生最愉快的事情。講到編者的個人，不想做什麼大人物，不想做什麼名人，但望竭其畢生的精力，奮勉淬礪，把這個小小的週刊弄得精益求精，成為社會上人人的一個好朋友，時時在那裏進步的一個好朋友。

我們深信天下無十全的東西，最要緊的是要有常常力求進步的心願，本刊決不敢說自己已經辦得好決不敢自矜，而且我們常常覺得自己有許多缺點，所堪自信者，卽此。常常力求進步的心願。所以有指敎我們的，我們極願虛心領受，務使本刊的缺點愈益減少，優點愈益加多，不過對於無誠意的斷章取義的謾罵，我們只得行吾心之所安，不與計較。我們以爲做人的態度應該如此，辦出版物的態度也應該如此。

根據上面所說的方針和態度，所以本刊因銷數激增而廣告湧進所得的收入，都盡量的用來力謀改進本刊的自身，由此增加讀者的利益，由協助個人而促進社會的改進。試舉幾個較爲顯著的具體的例。本刊初辦時每期不過一張，自第三卷三十一期起，每期加至一張半，價目照舊，其中雖有一部份地位用來登廣告以資挹注，但材料較前增加，固爲顯著的事實，材料內容，亦較前更求精警，現在稿費比一年前已增加至三倍以上，也是本刊努力增進『質』的方面的一端，原擬自本期起，包皮紙改闊，包皮紙上用的簽條原用油印，均改用鉛印，現因趕印不及，將於下期實行，此層因銷數之多，支出方面當然大增，惟前用油印，郵寄中途易於糊塗，每易輾轉遺失，爲求穩妥計，積極改善，惟力是視。此外自設

『讀者信箱』以來發表於本刊的來信，因限於篇幅，爲數不多，而每日收到來信商榷各種問題的目前平均總在四五十封以上，其數量且與日俱增，都要分別函復，雖郵資所費殊鉅，而我們盡其所知，或代徵專家意見，竭誠答復，認爲是輔助讀者的一個途徑，也是做『好朋友』的義不容辭的一件事情，是我們覺得很高興做的。

上面隨便舉出的幾件事，我們都認爲是分內事，毫無自以爲功的意思，不過我們的意思是要表明生活週刊是以讀者的利益爲中心，以社會的改進爲鵠的，就是賺了錢，也還是要用諸社會，不是爲任何個人牟利，也不是爲任何機關牟利。

這樣看來，生活週刊究竟是社會的。

十七，十一，十八．

# 一個小巧妙

昨天夜裏陳布雷先生欣然對我說道：『我有一個小巧妙送給生活週刊！』我問『什麽？』他就拿起筆來寫了下面的那個『小巧妙：』

造物不答
我問人生何以有貧富
兩
造物吁嗟此手胡爲哉
示
我思之我重思之

這個『小巧妙』是他的令兄陳屺懷先生在民國二年辦『生活雜誌』時獨出心裁做的。（當時署名天嬰。）這個『生』字是包括這幾句話：『我問造物人生何以有貧富，造物不答，以兩手示我，吁嗟此手胡爲哉？我思之，我重思之。』妙在拼成『生』字的時候，那個『以』字，『手』字及『我』字，都作兩面用。至於這個『生』字所含的意味，的確值得我們的『我思之，我重思之。』

孫中山先生也曾經說過：『學校之目的，於讀書識字學問智識之外，當注重於雙手萬能力求實用』

關於這一點，我記得羅琛女士在第十五卷十四期的『小說世界』（十六年四月二日出版）裏有一文，題爲『文乎藝乎？』論得很確當，我現在撮述幾句她所說的精要的話：『無論華人或外人凡關心於中國之興敗盛衰者，皆認中國之弱點在缺乏藝之能力，及藝之職業。試取中國外國學者人數作文藝兩項之統計，可悟中華爲特殊之國！特殊之點何在？曰有口無手。曰有文無藝。』『辛亥革命之後，世人稍覺其非，稍悟生寡食衆之害，稍知生利之眞道在藝之工作。然而習藝之人終屬寥寥，留學歸國，有不能謀得一職者，有嫌其太勞苦而改充官吏者，其耐勞努力之少數分子卒鮮有所成就，無他，中國直不欲建設故也！中國直不欲生產之能力故也！』『衣食足而後知禮節，倉廩實而後知仁義，此天理人情，豎盡千秋，橫盡萬國，無有能逃者也。』『中國不欲富強則已，如其欲之，舍生產職業，實無他途，無尊卑貴賤，皆不能逃避此一途。』

十八，一，二十三·

# 可敬的老司務

上海天津路興仁里永餘錢莊老司務紹興人趙泉生，在該莊服務已有十餘年，於四月四日上午十時三刻，由莊內派往外灘中國銀行兌取鈔票七千圓，用包袱包裹，挾着返店，中途遇盜，趙與。。抵抗，盜開鎗中趙腹部，迨車送醫院，即已氣絕，盜被巡捕追趕捕着。趙年五十五歲，紹興家中尚有七十八歲之老母，一妻，無子，有三女，年長均未出嫁。一家六口，恃趙爲生。銀錢界敬其。。義勇，重金撫恤屍屬，聞其數爲三萬圓，並一面爲趙舉行出喪，送者達五百餘人。各錢莊棧司同人所輓一聯殊切當：『公而。。忘身，遇害適逢寒食。命。死眞。。無愧，捐軀。。不。。讓。。古。。賢。。風。。』

我們以爲做人的價值一方面在能有自立的能力，勿爲寄生蟲以累人而貽害社會，一方面尤在能盡我忠誠爲社會服務。老司務趙君之忠於職務的精神，其所含意味決不是僅僅限於七千圓的數量，也決不是僅僅限於一個錢莊的營業。我們要明白他直接是在一家錢莊裏服務，間接即爲全部社會服務，因爲社會之興榮在各業之協助，所以盡忠於各業者即所以盡忠於社會，因此趙君之『公而忘身』這種忠誠對於社會有重要的意義，有很寶貴的性質。

不但是老司務的職務，我們無論從事何業，都不要忘記兩個方面：一方面當然是藉以維持我們的生計，而一方面也就是藉此有所貢獻於人羣。（强盜之類的事情所以不能稱爲職業，就因爲只圖私利而害人羣。職業是包含利己利人兩方面的。）這樣一來，我們每日所做的事，無論大小，纔都有價值，我們纔覺得值得辛苦忠於所業，即忠於社會，因爲就是忠於爲社會服務，不是僅圖私人的利益。

所以從社會的觀察點看去，這位爲公犧牲的老司務眞值得我們的致敬。錢業界能念其義勇，重金撫恤他的家屬，也是很可佩服的行爲。

十八，四，二十八．

# 拿得定主意

偶遇老友翰才，他說非常表同情於本刊屢次提及的『盡其在我』的態度。他說一個人能有這樣的態度，便自己拿得定主意；有人譽我，不因之而驕，有人毀我，亦不因之而懼；我但知盡我心力往前做去而已。

韓退之曾經說過：『士之特立獨行，適於義而已；不顧人之是非，皆豪傑之士，信道篤而自知明者也。』天下最苦惱的人，莫甚於自己沒有主意，或自己拿不定主意，一以他人之毀譽爲憂喜。曾滌生也曾經說過：『凡喜譽惡毀之心，即鄙夫患得患失之心也。於此關打不破，則一切學問才智，適足以欺世盜名。』這個地方，當然要注意我們心中先有了盡忠竭誠無所愧怍的『主意，』然後纔說得到『拿得定主意，』否則便流入『笑罵由他笑罵，好官我自爲之』的卑鄙齷齪的無恥態度。

大抵任事的人，範圍愈大，愈不能有譽而無毀，有恩而無怨，但求盡其心力，爲大多數人的福利，開誠布公的往前做去而已。能抱定『盡其在我』的態度，便常常能將此心放在太平地。

十八，六，十六．

# 『誓死不用貨』！

昨天有一位老朋友剛從北平到滬，據說北平宣武城門上面的牆原有幾個如大圓桌面般的大字，寫着『誓死不用日貨』，最近却把『日』字挖去，僅剩下『誓死不用貨』幾個字。難道我們中國的國民因受了日本的隆情厚誼（？），感激涕零，連無論什麼『貨』（國貨當然也在內）都要『誓死不用』了嗎？如有惡作劇的『洋人』把這個妙不可言的標語用攝影機攝了去，又是一件替中國體面增光不少的事情！既然要如此表示『感激』之意，何不索性把『不』字挖去，留下『誓死用日貨』豈不更妙？

據東方社七月十四日由東京來電，自濱口內閣及幣原外相等組織新閣以來，僅十日間，我國向日本定購之貨物已如同山積，比去年同期大見暢旺，據說七月上旬向中國輸出額增加之數如下：棉紗九萬圓，棉織物三百萬圓，帽子二萬六千圓，洋布二萬一千圓，鐵製品四萬三千圓，洋傘二萬一千圓。又說日本郵船會社上海航路，每月十次，每次帶貨六百萬噸，現已一躍增至一千四百萬噸。這樣看來，在實際上也大有『誓死用日貨』之概！此後但望繼長增高，似無振興國貨的必要了！

十八，八，四。

# 硬性讀物與軟性讀物

無論是一位以物理算學等科目做家常便飯的工程師，在他書房裏閒散隨意翻閱的時候，倘若書桌上同時放了兩本書，一本是關於工程學的艱深物理學，或是艱深的算學，還有一本却是很輕鬆很有趣的筆記或小說，他大概要伸過手去先拿後一種來看。前一種可以說是硬性讀物，後一種可以說是軟性讀物。

在學校裏的學生，有的在教科書下面偷放着『三國志』或『西遊記』偷看，上面的可以說是硬性讀物，下面的可以說是軟性讀物。

在扳着面孔的教師前，或嚴厲得像『閻王』的老子前，受一頓冰冷的教訓，使人索然無味；在欣悅和愛的好朋友前，談談一件有趣的新聞，便使人心曠神怡。前一種好像是讀硬性讀物的味道；後一種是好像讀軟性讀物的味道。

硬性讀物每偏於專門性；軟性讀物則每偏於普偏性。兩者都是社會上不可少的精神滋養料，我們所希望的是：硬性讀物能盡量的軟一些，軟性讀物能純正而導人趨於身心愉快德慧日增的境域。

本刊內容可以說是軟性讀物，希望能做到讀者諸君的一位欣悅和愛的好朋友——但却不願做『羣居終日，言不及義』的損友，是要黽勉淬礪做一個純潔清正，常在進步途上的益友。

在下常覺自慰的，是區區做了諸位的這個『好朋友』的『保姆』，是受有全權，得用獨往獨來公正無私的獨立精神放手辦去，稿件的選擇取捨，絕對不受任何人的牽掣。本刊向採『盡我心力』的態度，日在努力求進之中，固決無自滿之時，而這種『獨往獨來公正無私的精神』也是要繼續保持下去的。以後我們還想常有『介紹好讀物』的文字發表，但大概仍以有趣味有價值的軟性讀物爲主，而且也要用上面所提出的『獨往獨來公正無私的精神』來介紹。換句話說，我們只認得『好讀物』而不認得人；要使因我們介紹而去購閱的讀者不至上當，不至失望。我們絕對不受任何私人或書業機關的囑託，絕對不講『情面』，絕對不避嫌怨，只以『讀物』本身爲唯一的對象，根據獨立觀察所得，全爲讀者着想，介紹我們認爲確是好的，確是有趣味有價值的讀物，我們深信只有這樣嚴正的介紹，纔有價値，纔有信用。無可介紹的時候，我們就不介紹，因爲我們向來不願做勉强敷衍的文字以虛耗讀者寶貴的時間。

十八，八，十一。

# 兩看的比較

書我所欲也，電影亦我所欲也，二者常可得兼，這倒是我自己的一件幸事。依區區的經驗，看書和看電影很有可以比較的地方：

我們在看電影之前，往往先要看看報上各家影戲院的廣告，但是有時廣告上的戲目雖很動人，你眞的跑去一看，却『嘸啥好看，』甚至『一塲糊塗，』高興而往，敗興而返，於是乎頗覺得報上的廣告靠不住。在下大概只於星期日下午有暇看看電影，星期日西文報紙有電影特刊，對各片內容都有較詳的說明，我其先也作爲參考，但他們因廣告營業關係，對各戲院不得不敷衍，篇篇說明都是說好，一律的都好，便尋不出好壞的眞相來，也沒有什麽信用。猶之乎一個朋友，你和他商量事情，你這樣他說好，你那樣他也說好，唯唯諾諾無所不好，這樣便是一位等於沒有腦子的朋友，於你是絲毫沒有益處的。於是我只有另闢途徑，尋出比較可恃的兩法：一是認定幾個可看的『明星，』是我所信任的某某幾個明星主演的，大概總不至如何使我失望；二是有些欣賞程度大概相同而說話又靠得住的朋友先去看過，對我說很可以看看，我知道他嘗試過了，便放心去看，大概也不至上當，因爲要上當的已經被他捷足先上了，我便可以不必再蹈覆轍。（以上所說是指美國影片，國產電影至今引不起我的興趣。）

講到看書，也有相類的地方。有的時候，廣告上所公布的書名未嘗不引起我們購買之心，尤其是大擂大鼓的登大廣告，某名人題簽啊，某要人作序啊，說得天花亂墜，更易動人，你眞的去買一本看看，也許內容大糟而特糟，你雖大呼晦氣，但是腰包却已經挖過了。你要先看看各報上的書評嗎？往往就是壞的也都是好的，也令人無從捉摸，因爲有許多是應酬書業機關或著作人的。（『新月』月刊裏的『書報春秋』却是有聲有色，是一個例外，但是每期因限於篇幅，批評的本數當然還不夠滿足我們的『讀書慾』。）西文的書籍，就是一本很尋常的教科書，你在序文裏就可以看出，大都經過好幾位有學問的人的校閱，校訂，或指正的，著者特於序末誌謝，可見他們對於讀者很負責任。我國的著作大家好像個個都是大好老，大都是很能獨立的著述，用不着請教人的，橫豎倒霉的是讀者，你買的時候他的大著總已印好出版，只要能出版發售，什麼事他都可以不管了。至於翻譯的作品，妙的更多，譯者對於原書似乎可以不必有澈底的了解，對於這門學術似乎更不必有過深切的研究，只須拿起筆，翻開字典，逐句的呆譯下去，看了就譯，譯了就印，印了就賣，賣了就令讀者倒霉！所以像我這樣經不起白挖腰包任意揮霍的讀者，也只得用看電影的方法：認定幾個比較可靠的著作者（倒不一定是名人），或常請教可靠的朋友介紹介紹。

當然，出了一個新脚色，無論是明星，或是譯著家，有時我也要作初次的嘗試，但如果嘗試一次上了當，以後便不敢再請教。這樣看來，以著述問世的人，不對讀者負責似乎是僅害了讀者，其實還是害了自己，因為他好像一與世人見面，就把自己嘴巴亂打了一陣，將來的信用一毀無餘了。

十八，八，十八．

# 挨罵

偉大如孫中山先生，一生為我們的民族自由平等盡瘁，但是他就一生挨罵，他自己在『自傳』裏就說：『當初次之失敗也（按指一八九五年廣州之役）舉國輿論莫不目予爲亂臣賊子，大逆不道，呪詛謾駡之聲不絕於耳』甚至到他臨逝世的那一年，由廣州到上海，上海英人辦的字林西報還發出孫先生不應住在租界的狂囈。（詳見黃昌穀先生講述『中山先生北上與逝世後之詳情』）我想中山先生如果不能挨駡，决不能爲中國奮鬥至四十年之久，早就氣死了。

林肯也總算是美國的偉大人物了，他爲廢奴及維持美國南北統一而奮鬥，也是一生挨駡，甚至有人駡他不是人，是一個猴子由人加以衣冠而利用作傀儡的。我想林肯如果不能挨駡，决不能爲美國奮鬥至十餘年之久，早就氣死了。

卽如本刊最近所屢次論到的德國逝世未久的史特萊斯曼，當他救國最力之時，卽他挨駡最烈之日，他的救國事業實無時不在挨駡的荆棘中過去，挨駡簡直是他的家常便飯。我想史特萊斯曼如果不能挨駡，决不能爲德國奮鬥至六年之久，早就氣死了。

所以我們遇着挨駡的機會，無須煩悶，無須着慌，無須膽怯。有的時候，尤其是在我國的社會裏，只要你肯努力，只要你想有什麼小小的貢獻，便有了挨罵的機會，最好是你不要努力，最好是你不要想有什麼小小的貢獻——大貢獻更不必說——那纔得安閒無事！

話雖如此，但是如罵得不錯的，我們却也應該虛懷容納，因爲我們深信天下無絕對完善的人，無絕對完善的事，最重要的是要常常虛心誠意的在那裏努力求進步，如果被人罵得對，正是多一個改良的機會，也便是多一個進步的機會。

聽到罵得有道理的話，誠宜猛自反省，從善如流；聽到無理取鬧的話，只得嚮往先賢堅苦卓絕的經驗，藉以自壯膽力與進取的精神，仍是要努力向前幹去，仍是要盡心力向前幹去。

十八，十一，十七．

# 勞而無功

朋友裏有幾位做了知縣老爺，都可算是英俊有爲，廉潔公正，一洗縣公署卽是藏垢納污之所的觀念。前天有位老友，他是在沿着京滬路一個重要區域的縣裏做縣長，也是我所謂『英俊有爲廉潔公正』者之一，來滬順道見訪，他說固然是努力的幹，但在此政治未上軌道的時候，總覺勞而無功。我說你『努力的幹』很對，覺得『勞而無功』却很不對。

依區區冷眼觀察世事及縱覽歷史所得的敎訓，深覺天地間旣決沒有『無因的果，』也決沒有『無因的因，』你用了多少工夫，遲早總有這多少工夫的反應；也許時間有遲早，表現有明晦，範圍有廣狹，絕對不至白費工夫。就是自己覺得完全失敗了，失敗自身就給你學了乖，也不能算白費了工夫；而且依我的信念說，失敗就是成功的前導——事業愈大愈是如此——所以就是失敗，只要你肯從失敗中得到經驗再繼續不斷的幹，必有達到目的或至少更能接近目的的時候。

由此信念而再進一步想，我最愛這幾句話：『不問收穫，只管耕種，不計成敗，只知努力。』

十九，一，十二。

## 『生活』的洋房汽車

在上期我們談起有一位熱心讀者報告有人說編者靠本刊大發其財，有了洋房汽車了。我在上期已說明過兩個要點：（一）本刊是公立的性質，不是任何個人的私產；（二）本刊收支細帳每半年都經潘序倫會計師審核蓋章，負責證明。現在要對於所謂『洋房汽車』談幾句。

編者個人有無洋房汽車，只要不是藉本刊作弊弄來的作孽的錢，原不成問題。美國的木匠泥匠去做工時，來囘都用自備的汽車，他們住的屋子，有地氈，有書房，如果像編者這樣一個窮酸書獃子，居然也勉强能和美國的木匠泥匠比得來，那正是我國發達的好現象，正求之而不可得者，無庸諱言也。這都是個人的問題，恕不多談，現在要問生活週刊社有沒有洋房汽車？爲公而用。有了洋房可以給爲本刊努力辦事的同事以良好的工作環境，有了汽車可以使爲本刊努力辦事的同事有較速的效率，也是我們所希望的，但目前尚未足以語此。本刊現在完全經濟獨立，辦公室也由本刊自己出錢租的，雖似乎有點像洋房，但辦公室裏人多地小，辦公桌的中間走不過並排走的兩個人，簡直好像在牛角尖裏周旋。至於汽車嗎？人還乘不着——除非公共汽車——生活卻自第五卷第一期起每星期乘着汽車揚長駛到郵局，從前生活是鑽在許多大蔴袋裏乘着八九輛黃包車，搖搖擺擺的蜿蜒過市，途中印度阿三看見滿滿的高高的堆着不知什麽，常常舉着警棍和我們爲難，所以爲免麻煩及省時起見，自第五卷起已極力設法使生活每星期乘一次汽車，讓牠闊一下！不過還是租來的。

十九，一，一九。

# 談孫桂雲女士

孫桂雲女士自在全國運動會中以『短跑飛將軍』一鳴驚人之後名震遐邇大有全國傾倒之概，到滬後新聞記者爭爲起居注，簡直一顰一笑一舉一動都煩勞他們記下來登在報上。有一次她到一家店舖裏去買浴衣，就有一位什麼畫家趕緊當場用速寫替她寫生，也登在報上。聽說她的朋友們今天請她看電影，明天請她吃大菜，弄得她時間忙不過來，肚子吃得大出毛病，這種纏繞不清眼睛肚子一刻不得安閒的境況，旁人看來也許覺得榮幸，但實際是苦是樂，倒也難說。五月十日我國在滬的遠東運動會選手爲增進經驗起見，有中美運動會的舉行，選手中最令人注意者又是孫女士，那天是星期六，聽說有許多機關中的職員特為要看孫女士而請假赴會的。

孫女士的事情引我想起美國全國對於飛渡大西洋打破世界飛行紀錄的林德白（Charles A. Lindbergh）之同樣的熱烈歡迎，引我想起美國新聞記者對林德白之同樣的無微不至的注意。雖則孫女士的成績尚不能與林德白相提並論，但可見社會對於含有社會意味的事功成績表示其欽慕，亦屬中外常情，不足為異，重要之點在力求切合實際，勿作舖張而已。孫女士在此次中美運動會中成績不及在杭所得，有人謂因捧而驕，其實當日因五十米為吳梅仙女士所勝，百米出發時孫女士慄慄發顫，實因畏懼過甚，盛名之下難副，有實無名最幸，運動成績公開，無從避名，亦只得盡其在我，勿作無益之畏懼，其實無畏精神也是運動家所應修養的一種德性。

十九，五，二十五。

# 失敗後的奮發圖強

失敗不足慮，失敗之後而猶恬不知恥，不知振作，則爲不治之症。我國雖在第九屆遠東運動大會裏打了一個大敗仗，但在棄甲曳兵而走之後，國內各方面對此事均有自認技術落後痛加懺悔急起直追以求將來勝利的表示，這是最使我們覺得欣然樂觀的一件事。說得最懇切的要算張伯苓氏，他主張補救中國體育宜分治本治標兩種，治本應自小學至大學增加體育必修科，並由適宜指導員負責督率，分門別類，以漸進方法從事訓練；治標則就南北選手所長，加以教導，分區練習，力求進步。他並決就所辦的南開大學切實施行。最近據暨南大學所宣布，該校已擬具偉大計劃，雷厲施行，其要點爲添聘德國指導，用科學方法提高成績；籌辦體育專科，造就完善的體育師資；擇成績優良運動擅長的畢業生，資送歐美研究最新體育學術；校內建設體育區，强迫運動，每人至少須參加一項。這都是好消息，我們但希望勿徒託空言，能切實進行，並願各校繼起。

但是我們却有一點小貢獻，似乎杞人之憂而實值得注意者，卽昔賢謂教人如扶醉漢，扶得東來西又倒，體育固重要，但同時當與智育德育相輔而行，不宜因一事而抹煞其他方面。（其實體育應有補於智育德育而不應反有妨礙。）記者嘗見有些學校裏的所謂運動員也者（例如從前南洋大學中的足球員），平日可以任意不上課，可以任意違犯校規，校長優容，教員側目，好像是學生中的貴族階級，這樣的提倡體育，非徒無益而又害之。

十九，七，六。

# 勇於改革的訃聞

洪深君的太夫人於七月六日逝世，翌日洪君和他的弟弟在報上登了這樣的一個訃聞：

『我們的母親張太夫人痛於七月六日丑時壽終滬寓，享年六十有三歲，深等隨侍在側，茲定於即日入殮，並扶柩回籍安葬。在治喪期內，家人不見客，家中不設奠，請勿枉駕。凡有鼎惠，不論銀錢禮券祭菜聯軸香燭花圈，甚至錫箔紙錠等等一切虛文靡費，務乞一齊免除。惟親戚友好有相關之誼，不敢不訃告。（孤哀子）洪深，濟，演，（孫）鎮，鏗哀啓。』

我以爲交誼不在形式，我們在這個講究效率的時代，精神時間以及費用都有經濟的必要。我們常常聽見許多人望見紅帖喪帖就皺眉叫苦，尤其像我們平民，家裏用不起

『二爺』東西要自己抽出工夫去辦，甚至要自己去送，更是一件苦事，在死人方面並沒有什麼好處所以我對於『一切虛文糜費務乞一齊免除』很表贊同，以爲是社會上應該『免除』的一件事。

『家中不設奠』想起來和尚道士一夜鳴鑼打鼓喊破喉嚨鬧個不休的把戲更可以『免除』了。我們既沒有住大廈深院的力量，每遇鄰舍死了人，便常被這樣的胡鬧吵得終宵不得安眠，這是生人叫死人不顧公德！

至於一概『請勿枉駕』我却以爲要分別說。我有一次誤聞一位好友死了，趕緊奔往，途中追念前情，已不自禁其愴然下淚，到後方知一場誤會，同付一笑。我以爲情誼眞夠得上的自不免要作自動的枉駕，不過定好日子大開其弔，叫許多人來作被動的一鞠躬，再鞠躬，大可不必。

十九，七，二十．

# 道聽塗說

最近有一個星期日的下午，我在本埠南京路上走，經過一個十字街角的報攤，看見一個穿紡綢長衫的仁兄，倒也衣冠楚楚，大模大樣的，手上拿着幾份報，正和那位報販談得起勁，我聽他說各報的來歷和營業狀況，熟極而流，如數家珍，我自己也是辦報的人，當然很注意，所以便被他吸住也立着聽他的宏論，後來他講到了生活週刊，指着報攤上那一厚疊生活笑着說道：『這家報斜氣！』（上海話了不得的意思）我就禁不住從旁插嘴問道：『爲什麽斜氣？』他很正經的囘答道：『經售這家報的報販頭已靠此發了財，討起小老婆。這家報的老板更大大的發了財，現在已造起大洋房了。』我問他『老板是誰？』他絕不懷疑而又十分迅捷的囘答道：『是個廣東人。』我忍着笑趕緊走開，一路笑到家裏。

本刊的新社址的確是租用一個似乎可以稱爲大洋房的一小部分，這所洋房是由董事會設法借到五萬圓造的，分十年由租金攤還，而生活週刊仍是每月出租金租用一小部分，因爲本刊現在是經濟自立，靠自己的正當收入，維持自己的生存。我們的正當收入在目前約有三途：一是廣告，二是發行，三是叢書收入的用途目前亦約有三條：（一）維持本刊的成立，極力勿使讀者的擔負加重，例如最近雖金價暴漲，紙價倏增，百物昂貴，維持艱難，本刊仍保全原有的文字篇幅，只從廣告方面力謀挹注，不願遽增報價；（二）優待著作家，稿費較前增至五倍（編者自己文字向不另取稿費）；（三）優待忠實勤奮爲本刊辦事的職員職工。本刊目前的經濟狀況只能夠靠自己的正當收入維持自己的生存。我在本刊服務的愉快，也因爲我明白知道本刊的正當收入是用到本刊的事業上去，不是替什麼資本家裝私人的腰包。

十九，七，二七．

# 信用

一個人的信用可喪失於一朝一夕一事一語，但培養信用卻在平日之日積月累，而不能以一蹴幾，故欲憑空一旦取人信用是不可能的事情。明乎此點，則欲求人之信用而不注意於平日自己之言行者實爲莫大之愚妄。其次則信用須由『實行』獲得，而非可藉『空言』竊取嘴裏儘管說得天花亂墜，像煞有介事，最初一次至多不過引人注意，然聞者注意之後卽隨之以事實上的推察，一次空言，令人懷疑，二次三次空言，則注意且不能喚起，更何有於信用？明乎此點，則欲求人之信用而僅以空言搪塞或敷衍者亦爲莫大之愚妄。綜述上意，信用之養成須經過相當的時期與確鑿的事實。苟在所經過的時期與事實方面果有以取信於人，則人之與以信任乃自然的傾向，無所用其作態或自己掛在嘴巴吹着，因爲信用之爲物必經過時期與事實之證明，不是擺在面孔上或掛在嘴巴上的東西。

人民對於執政當局的信用也有一樣的途徑。爲政者在所經過的時期中與所經過的事實中，果能廉潔奉公，爲國盡瘁，確無貪婪之行爲，果無親戚私黨把持盤踞作威作福搜括脂膏奢侈恣肆的迹象，使愛者痛心，仇人快意，則雖默而不言，人民的信用自在，否則雖言者諄諄，聽者藐藐，所說的話都是白說的。這個時代雖似乎是專會埋怨別人的時代，但記者却以爲須痛下一番反省的工夫。敵人不足畏，自己和自己的左右最可畏。信用是要由自己在經過的時期與經過的事實中造成的，有公開的事實與人以相見，敵人雖悍，無所施其技。

十九，八，二四

# 蔡先生的近著

蔡子民先生最近在現代學生月刊創刊號裏發表了一篇文章，題爲怎樣纔配稱做現代學生，我以爲他所舉的幾個條件，雖不能說是應有盡有，但要做現代的人却也不可或闕的，固不限於現代學生而已。他所提出的三個基本條件：第一是『獅子樣的體力，』第二是『猴子樣的敏捷，』第三是『駱駝樣的精神。』最後他還加上『崇好美術的素養，』『自愛』『愛人』的美德。

關於第一條件，他以爲『現時我國的男女青年的體格雖略較二十年前的書生稍有進步，但比起東西洋學生壯健活潑生機勃茂的樣子來，相差眞不可以道里計，』所以他提醒我們『先有健全的身體，然後有健全的思想和事業。』講到第二條件，他說『敏捷』的意思就是『快』在這二十世紀的時代做人，總要做個『快人』纔行。『快的居前，不快的便要落後。』提及第三條件，他注重三種責任：對於學術上的責任，對於國家的責任，對於社會的責任。責任要擔當得起這些重任，非學着『駱駝樣的精神』來『任重致遠』不可。

記者以爲目前的我國人，不但物質上飢荒，就是精神上也是很急迫的飢荒——智識方面思想方面的愚昧幼稚。像蔡先生這樣的人，倘能時時出其純正切當的思想以啓迪一般社會，比他做大而無當有名無實的監察院院長的時候，『相差眞不可以道里計。』我們並且希望他不是僅僅讓人拿去做一時的廣告用，而能在這方面作有繼續性的努力。

十九，十，十九．

# 預支死亡埋葬費

王克仁君寄示一本小册子，自述他『主管留日學務之經過』，據該書裏說，做留日學生監督以應付學生要求借款一事爲最感痛苦，茲撮錄其中最足令人發笑者一段如下：『學生要求借款，持言更有種種理由，難以應付。有謂「生等既已流寓外邦，生活困難，國家駐外辦事機關，忍令生等餓斃而不救恤耶？」有謂「按照規定，無論官自費生，死亡之後，得請給埋葬費四百元。現生等既已貧困，終必餓斃，即請預支死亡埋葬費可也」有謂「監督必以死亡而後給費，則生等偷生困難，不如一死了案。現寫遺言，是白所願，即請監督置我於死，爲理善後，黃泉有知，感念無涯！」有謂「前任監督既已借我學費一月，得部准許。今任監督，再請借我一月，例有可援。」有謂「監督明爲國民黨員，奉行三民主義，生等來日求學，所以符總理「革命的基礎在高深的學問」之本旨也。現旣困難，非但無以爲學，抑且無以爲生。請求監督借三五十圓而不可，然則監督將創加民死主義而成爲四民主義乎？」種種談話，頗難盡述，是以克仁任職一月，卽感留日學生監督一職萬非本人所能勝任。』又書中所載王君最後呈教部辭職原文有『此歷來之爲監督，所以有犬馬不若之感慨也』如王君之言果確，則昔人謂『嬉笑怒罵，都成文章』上面所述留日諸君所言，可謂嬉笑怒罵，都成談話。人處逆境，性情易燥，我國留日學生之窘狀可以概見，惟諸君所言，於極端憤怨之中，大有滑稽大家口脗『監督』聞之，殆所謂哭笑不得也！事非經過不知難，各有各的苦處。

二十，二，二十七．

# 傾軋中傷



孟老夫子曾說：『爲政者每人而悅之，日亦不足矣，』其實不但爲政，凡事皆然；而且負責愈專努力愈勇者，『每人而悅之』亦愈難。試用冷靜的眼光分析社會的心理，其中具有熱腸俠義，見善如己出，但知鼓勵輔贊之不暇者，雖不乏其人，然亦有自己懶走，最好別人也不要走；自己走得慢，最好別人走得更慢；自己幹不好，最好別人幹得更不好。否則眼見你的事業有法維持，甚至有法發展，往往妒火中燒，非立刻看見你摧殘消滅，心中實在不甘！他們並不想要自己的事業能維持，能發展，全靠自己努力，決不是靠着中傷別人而能達到維持自己發展自己事業的目的。

在這種傾軋中傷的空氣之下，倘若自己沒有堅定的主意，鎭定的精神，往往易爲外物所震撼，甚至非氣死不可，至少也使你心灰意冷，一事不能辦。曾滌生曾說：『大抵任事之人，斷不能有譽而無毁，有恩而無怨，自修者但求大閑不踰，不可因讒議而餒沉毅之氣；』又說『我輩辦事成敗聽之於天，毁譽聽之於人，惟在己之規模氣象，則我有可以自主者，亦曰不隨衆人之喜怒爲喜怒耳，』每誦昔賢困心橫慮之經歷語，未嘗不爲之神旺。

二十，三，廿八。

# 工作與健康

記者生平有一件聊可自慰的小事情，便是差不多一年到底沒有一天被病魔困倒，但在最近過去的一個星期裏居然替自己造了一個新紀錄——接連生了七天的病。雖日在『熱昏國』中過日子，因職務一時難於覓人代理，只得盡力對『熱昏國』的惡魔作『非武力抵抗，』遇着熱昏程度較低時，還只得掙扎着硬幹。但在這樣掙扎着硬幹的時候，却感覺有一點和平日大異，便是對於工作可謂絲毫不發生興趣，只有勉盡義務的意思。俗語說『做一日和尙撞一日鐘』，我這個不幸陷入『熱昏國』的和尙雖仍勉强拉繩撞鐘，心裏實在覺得沒有趣味，不過既做了和尙，不得不硬着頭皮撞幾下。我於此乃愈益深感生理與心理的關係。僅就工作言，則愈益感覺工作的興趣乃至效率，與生理方面的健康實有極密切的關係。做不適個性的工作固然不能發生興趣，但常在『熱昏國』裏出鑽進的人，卽身體常在不健康狀態中的人，恐怕對於任何工作都難發生興趣，因爲他的個性就只適於生病！

病中承幾位好友來慰問，老友仰briefly談起現在培植子女之不易，他的女公子現在高中肄業，校中要她買一本物理，一本洋書的價錢就不客氣的要付二十七塊大洋！他說他這樣一個『窮爺』也只得硬着頭皮設法照付。我說我們這樣無產階級中人飯吃不起，醫生請不起，書也買不起，從前孔二先生集中國思想之大成，我們在今日但有集『不起』之大成而已！

二十，四，十五。

# 關於勒令停刊的傳聞

本月九日下午忽然接到南京熱心讀者的來信數十封，據說聽見紛傳中央黨部已訓令上海市黨部勒令生活停刊，而所聞的理由則爲『該刊帶有國家主義派之色彩。』記者執筆時，尙未見市黨部有公文來，此事確否，尙未可知，惟蒙許多讀者殷勤慰問，熱誠極感，敬作數語奉答，藉伸謝意；在本刊只知正義，關於本身的成敗得失早已置之度外，原可不必多贅，惟是非不可不講，故亦有略加申明的必要。我孤身負全責爲本刊奮鬥者五年，在我主持中的本刊的一切當然由我負全責；本刊絕對沒有什麼黨派爲背景，是我敢負全責聲明的，而且也是可從本刊向來的言論上看得出來，不是臨時所能憑空文飾的。

我個人對於現在所謂國家主義派，愧無深切的研究，不過做刊物編輯的人，對於國內外各黨各派的刊物都有瀏覽的義務，我看所謂國家主義派所出的刊物，常有『打倒國民黨』的口號，並有所謂『內除國賊，外抗强權』的標語，這似乎是他們刊物上主要的表現，但翻盡數年來的本刊，請問誰尋得出有過一句這樣的話？誠然，本刊未主張立刻就不要國家，尤其自九一八國難發生以來，本刊所發表的關於救國的文字更多，但是主張救國，孫中山先生在民族主義中亦曾再三鄭重言之，如他在民族主義第一講第一段就說『三民主義就是救國主義』他在民族主義第三講劈頭就說『民族主義這個東西，是國家圖發達和種族圖生存的寶貝，』他在民族主義第四講裏更明示我們不得不『救國』的理由，『他說我們受屈民族，必先把我們民族自由平等的地位恢復起來之後，才配得來講世界主義』中山先生的這種意思，本刊曾屢有引證與發揮，想讀者諸君尚能憶及，如謂有主張救國的言論，便可加上『帶有國家主義派之色彩，』這怎麼說得通？我個人對於國家的直覺觀念，以為所謂國家不過是在世界大同未達到以前，全國的人用來團結圖存的一種工具，（這當然是指合於大多數民衆福利的國家，不是指少數人作為剝削民衆工具的國家，）只要不做侵略弱小民族的國家，目前先謀救國再進而負起世界主義的責任，並不致趨入帝國主義的狹義國家的歧途上去。這一層理由，中山先生在民族主義第六講末了也講得很清楚，他說『中國對於世界究竟要負什麼責任呢？現在世界列强所走的路，是滅人國家的。如果中國强盛起來，也要去滅人國家，也去學列國的帝國主義，走相同的路，便是蹈他們的覆轍，所以我們要先決定一種政策，要濟弱扶傾，才是盡我們民族的天職。我們對於弱小民族要扶持他，對於世界的列强要抵抗他。如果全國人民都立定這個志願，中國民族才可發達。』我們須先救中國，俟中國能力充分時才能夠負得起救世界的責任。如自己的國先弄得亂七八糟，受人侵略，自救之不暇，何能更救世界？

本刊業務日繁，總務部營業部各方面的同事雖由二三人逐漸增至二三十人，但在社內的編輯撰述方面至今只有我一個人做獨脚戲，此外則全恃社外的投稿，我自己既未加入任何黨派，自己至今亦未有任何黨派的組織，而本刊又係由我一個人負全責主持，絲毫不受任何機關任何個人的牽掣，所以我敢說本刊是絕對沒有任何黨派爲背景的。不過在投稿者裏面，有的是我只見文字而不認識他們本人，他們究竟有無黨派，我當然無從知道，但是我只取專家對於專門問題研究的文字，他們從未在本刊上宣傳什麼黨派的主義。

我之言此，並非表示對於任何黨派作一概抹煞的輕視，不過本刊確未和任何黨派有何關係，是一件事實，我把事實提出來報告罷了。

二十，十二，十九．

## 公私經濟的界限

近來常蒙讀者寄示關於批評本刊或記者個人的言論，記者一方面對於指教者之殷切，不勝感謝，一方面對於指教者的諍言，亦無不虛心考慮，盡量容納，間有出於別有成見，則聽諸社會公判，不願多所詞費，或係出於誤會，則亦根據事實，逕函解釋。最近又承一位熱心讀者寄示某報一張，中有一文，題曰：生活週刊之今昔，劈頭就說：

『鄒韜奮主辦之生活週刊，以立論之清雋犀利，年來甚受普徧的讀者歡迎，聞其銷數已達十餘萬份，駸駸乎於新申諸大報相埒，鄒韜奮亦由一清貧之文人一躍而爲大紅特紅之時代名人，築洋房，擁豔妻，出入以汽車代步，舉止豪闊，匪復吳蒙。』

該文接下去就引記者在本刊第十六期所作艱難締造中的生活日報一文裏所提起的本刊最初艱苦備嘗的一段事實，引了之後，接着說道：

『於此足見鄒氏之得有今日地位（此處原註：月入數千圓，）未嘗不慘澹經營歷盡坎軻者，而該週刊突飛猛進一日千里之成績，信不能不令人歎服……』

記者看了這兩段話，初覺既是出於誤會，本想逕函答復，略作解釋，繼而覺得該文含有兩點頗重要，似有提出申論的價値：一是公私經濟的界限；還有一個附帶的問題，即我們是否値得以個人私利爲對象而向前努力？

該文一方面敍述本刊的發達，同時卽接着斷言記者『築洋房，擁豔妻，出入以汽車代步，舉止豪闊』是直好像本刊的公款收入就是記者私人腰包的豐滿，公私經濟是可以沒有界限的。其實本刊的收入須用於本刊自身的事業上面，與記者私人的腰包並未發生聯帶關係。就事實言，記者在未接辦本刊的五六年前，半天在一個中學校裏教英文，半天在一個教育機關裏編譯叢書，現在所得的月薪，比較五年前當教書匠時代的每月收入比較一下，還少十隻大洋（本刊除月薪外並無分花紅的辦法）記者是否因本刊的發達而在個人經濟上發了財，是不辯自明的事實。講到我個人數年來的負擔，有大家族十餘口的牽累，有小家庭六七口的牽累，還須幫助一個弟弟求學，家裏一有病人，我就好像熱鍋上的螞蟻，幸而自己曾於公餘譯了兩三本書，有些版稅拿來貼補貼補，否則早已索我於枯魚之肆。講到『妻』，『妻』確有一個，『豔』不『豔』，我自己無須多辯，不過這個『妻』我已娶了七年，我『主辦』本刊迄今不到六年，就是『豔』也不是靠着本刊的發達。纔『豔』起來的，這也是不辯自明的事實。講到『築洋房』嗎？我所租的是單幢兩層樓的屋子，和一個也有家眷的親戚同住，他們住在三層樓，我和『豔妻』以及兩男一女，五口子就住在二層樓的一間臥室裏，『豪闊』到那裏去？至於『代步』我只有常常對不住我的兩腿。我常對我的『黠妻』說我不過是家裏的一個帳房先生，每次領到薪水到家，涓滴歸公，她當着我的面前就支配給我看，這樣若干，那樣若干，常常不夠，看去已十分省儉，我又無法叫她緊縮，官署可以裁員，我又未便把那個兒子或家中人裁出去，只得說等到有版稅拿時再說，所以我的『黠妻』常拿『版稅』兩字和我開玩笑，因爲我兩手空空，一來就拿『版稅』做盾牌。這種種屬於個人的事情，我原不願說來糟塌本刊的篇幅，不願說而又說了一些出來，是要說明公私經濟應有嚴格的界限。本社平常對此點異常注意，凡與社中公事無涉的信件，記者向來不用社中的信箋信封，不耗費社中的一分郵票，卽其一例，不但記者如此，本社各同事都如此。我們的帳目，每半年必經過會計師的嚴密查核，公私經濟絕不容有絲毫的含混。愚意公私經濟須嚴分界限，這是任何事業的基本條件，本社同人不過盡其分所應爾罷了。至於所謂『大紅特紅之時代名人』記者的工作專注於本社事業的範圍，絕不藉本刊爲個人有所活動，『紅』與不『紅』，『名』與不『名』，非所顧問。

記者不以自己爲窮苦，亦毫無怨懟自己窮苦的意思，且鑒於天災人禍，萬衆流離，衣不蔽體食不果腹的同胞徧地皆是，我每自愧其享用之已爲過分。非謂『窮苦』本身之有何可羨，惟當此哀鴻徧野，民不聊生，每念大多數同胞水深火熱之痛苦，實不勝其歉疚愧怍，在我們個人方面多一分刻苦，也許可少一分不安，少一分罪戾。由此也可略略說到第二問題，即我們如爲社會公共福利而努力於一種事業，把牠看作社會的事業，而非個人的事業，便覺值得奮勉；若不過爲個人私利而孜孜，便感覺人生之毫無價值，所以我們應力倡捨已爲羣的意志與精神。

二十一，五，二十一。

# 編輯先生的邏輯

七月六日的新聞報本埠新聞有一段奇妙的文字如下：『我軍退出第一道防綫，閘北已完全入日軍之手，戰地附近之公共租界，因礮聲已遠，市民且認爲戰事暫告一小段落，前晚英法租界內爆竹聲震天，同時各大小商店懸旗慶祝，沉寂恐怖之上海似稍有生氣。』我看了這一段奇文，最初以爲我的眼睛出了毛病，仔細再讀一遍，纔知道紙上確是這樣印着，並未看錯。依這位編輯先生高見，『前晚』本市所以『爆竹聲震天，』所以『同時各大小商店懸旗慶祝，』唯一的原因，就是因爲『我軍退出第一道防線，』閘北已完全入日軍之手』！這種匪夷所思的邏輯，眞令人聞之咋舌！據記者所知，那夜市民是誤聞白川陣亡，我軍恢復閘北，已打到麥根路車站，所以放爆竹懸旗慶祝，雖屬傳聞之誤，但究是愛國心的表示，如依新聞報所述，簡直是中國人慶祝『閘北已完全入日軍之手』一變而爲亡國奴心理的表現了！這雖是素以『死硬』之西報所想不出的因果關係，而新聞報竟能獨出心裁，可謂富有創造力者矣！

二十一，三，十二．

# 『新』的誤解

以星相爲業，在本埠大馬路上大發其財的吳鑒光的兒子吳忠良最近被控『誘奸閨女，』始亂終棄，這位閨女姓沈名愛娥，年二十一歲，在某商業機關服務，因姿色秀麗，爲吳在途中遇見而垂涎，由多次追隨而相識，後有一次被吳誘至某旅舍託詞訪友，邀沈上樓，女以向未與男子同遊旅舍，頗露拒絕之意，吳即責以新時代女子不應如此固執，再三堅邀，女乃隨之而行，結果就此上了他的當。吳原使君有婦，以未娶欺女，珠胎暗結之後，終被遺棄不顧。這種事實，在上海灘上可謂司空見慣，不足爲奇，但有一點値得我們注意的，即吳以『新時代女子不應如此固執』的話來作『激將法，』沈女竟因此自愧而馴伏。。。。。。。。。。。。。。。。。。。。。。上鈎。羅蘭夫人的老話，所謂『自由自由！天下多少罪惡假汝之名以行！』如今這『自由』二字大可換上一個『新』字，其實新時代的女子難道就該不分男女的邪正而閉着眼睛自毁其一生的幸福嗎？那『新』字便是『罪惡』的代名詞了！在老前輩聽見『新』最覺頭痛，其實他應該研究研究他所覺得頭痛的『新』的內容究竟怎樣。小後輩最覺不『新』之可愧，但也要研究研究他的『新』的內容究竟是什麼？

二十一，八，六。

# 功效

關於最近逝世的發明大家愛迪生的生平，本刊曾經屢有詳細的介紹，他根據閱歷所得的經驗之談，尤其有意味的是這句話：『人能努力前進而又能忍耐地等着，那末萬物都是他的了。』不努力前進而徒然忍耐地等着，那是希望不勞而獲，或是惰性的表現，固無成功的可能；雖知努力前進而急躁得不能忍耐，好像今天結婚，明天就要生子，那不是心灰意冷，便是要中途自盡，甚至急死，成功雖在後面等候着他，他却不能等候到成功的到來。這兩面實有聯帶關係，爲常人所最易忽略的。前賢勉人『只問耕耘，不問收穫，』並不是勸人不必有精密的計劃而但向前横衝直撞，盲動一陣，却是勸人要努力前進，不必急急於近功速效。

記者對於所謂功效，還有一點更澈底的意見。常人所視爲功效的，往往只注重於最後的一個階段，或是最後的一點；我以爲我們可把功效看作綿延的任何階段間的事情。我們聚精會神於一種事業，做一年有一年間的貢獻，做十年有十年間的貢獻，這種貢獻便是功效，做一日就一日有功效，不一定要等到最後的一階段或是最後的一點，纔算有功效。有了這樣的信心，便有向前的勇氣，絕對沒有灰心的時候，記者常自想有一日給我機會在本社努力工作，我卽努力一日，一旦滾蛋，只須已往所做的工作問心無愧，盡了我的心力，便是我對於社會的區區貢獻，雖滾蛋而仍可欣然，不覺得已往的工作是白做的。這樣看來，人人都隨時隨地有獲得相當功效的機會，功效之大小遠近也許未必盡同，其爲盡我心力所獲得的功效則一。誠然，我們對於一種事業常有理想中的一個最後目標，但努力前進的過程卽是愈益接近目標的途徑，走一段卽近一段，所走過的便是『收穫』便是『功效』。我們只怕不走，只怕一開步就想一步跨到。

二十一，二，二十。

## 『名者實之賓也』

最近我國有兩位藝術家——劉海粟和徐悲鴻——在報上大打筆墨官司，頗引起我國藝壇上不少的波動。他們你一個『藝術流氓，』我一個『藝術紳士，』有人說笑話，說他日中國的藝術界裏，或於象徵派寫實派浪漫派等等之外，又有『紳士派』『流氓派』等等的產生，可謂謔而且虐。記者對於藝術是完全門外漢，未敢多所饒舌，據朋友裏面知道劉徐兩位藝術家的本領的人談起，對於他們的藝術上的特長都表示相當的敬佩。記者以爲最害人的還是廣告上的宣傳，捧場的人也不能不負幾分責任。上海市政府替劉藝術家開了一個『個展，』在廣告上劈頭就替他上個尊號，叫做『當代畫家，』此外替他作文宣揚的人，你一聲『畫家，』我一聲『大師，』鬧做一團，徒然替他引起反感，這眞是非徒無益而又害之！

寫到這裏，瞥見報上載着『悲鴻畫集』的廣告，裏面有『獨步中國，無與爲偶』的句子，這似乎也有『畫家』『大師』相類的意味了。

『名』這個東西，大概是人人喜歡的，常語說『三代以下唯恐不好名，』這也許是鼓勵人上進的一種興奮劑。但因爲是人人所喜歡的，所以最易招忌，尤其是含有獨佔意味時最易引起反感，所以眞心愛護人的人，不願作過分的捧場。『名者實之賓也』，實至名歸，出於自然，捧亦無用。在愛護自己的人也不願有人替他作過分的捧場，這不但是避免麻煩，而以過分宣傳易於引導（儘管是出於無意的）靑年不重眞實苦功而專想取巧盜名，專想出風頭，更是莫大的罪孽。卽講到精神上眞正的愉快，亦以實過於名或有實無名爲至樂，而且名過於實或有名無實爲至苦。

二十一，十一，二十六。

## R女同志

有位朋友張文理先生說起去年他遊歷到蘇聯莫斯科時，遇見中央黨部祕書羅璧澤克女士(Robitsek)，她是一位最初參加革命的女健將，和他談起革命過程中困苦奮鬬的情形頗詳。他問她當俄國革命後饑荒窮苦得那樣厲害的時候，同志們何以尚能團結奮鬬，她說由於領袖們之刻苦奮鬬，感人至深，並隨舉一個例子，說列寧的夫人在革命未成功前，尙有襪穿，後來革命成功，列寧拿到政權，列寧夫人所穿的襪反而破爛不堪，同志們看見他倆夫婦之刻苦，多爲感動下淚，那忍不一心一德，共爲革命前途努力。又據說列寧在奔走革命時，身上穿的一件破舊的大衣，革命成功後，他還是一直穿着這件破舊的大衣，直穿到他死的時候，沒有換過一件新的。現在這件破舊的大衣還存在莫斯科博物館裏面陳列着，張先生到莫斯科時還曾親自看見。這位羅壁澤克女士，聽說就是胡愈之先生所著莫斯科印象記裏面所提及的『R女同志』。

記者以爲這種軼事不僅含有『儉』的意義，若僅說『儉』，我國老式的守財奴亦未嘗不知道『儉』，注意之點在能自我犧牲而爲勞苦大衆謀福利。

二十一，九，廿七。

# 硬吞香蕉皮

重遠先生偶然談起從前吳俊陞（做過黑龍江省督辦）吃香蕉皮的一樁笑話。當時東北對於外來的香蕉是不多見的，所以有許多人簡直沒有嘗過，有一次吳氏到了瀋陽，應幾位官場朋友的請客，赴日本站松梅軒晚宴，席上有香蕉，他破題兒第一遭遇見，不費思索的隨便拿了一根連皮吃下去，等一會兒，看見同座的客人却是先把皮剝掉然後吃，他知道自己吃法錯了，但却不願意認錯，趕緊自打圓場，裝着十二分正經的面孔說道：『諸位文人，無事不文質彬彬的，我向來吃香蕉就是連皮吃下去的！』一時傳爲笑柄。其實錯了就老實自己承認，倒是精神安泰的事情；文過飾非是最苦痛的勾當。世上像吳氏這樣硬吞香蕉皮還振振有詞的雖不多見，但明知錯了不肯認錯，還要心勞日拙的想出種種方法來替自己掩飾，甚至把規勸他的人恨得切齒不忘，這種心理似乎是很爲普徧。這種人窮則獨害其身，達則兼害天下！因爲他所能接近的全是脅肩諂笑的奸佞小人，所最不能容的是强諫力爭的正人君子。

聽說最近被刺的軍閥張宗昌生平有三不主義，第一是不知道他自己的『兵』有多少，第二是不知道他自己的『錢』有多少，第三是不知道他自己的『姨』有多少。所謂『姨』者便是姨太太。據北平傳訊，他的棺材運到北平車站的時候，『內眷未進站，掛孝少婦約十六七輩，含淚坐靈棚下，柩至，乃依次出拜，伏地號啕而呼曰：「天乎！天乎！」十餘人異口同聲，亦復一陣淒絕，一時哀樂嗚嗚，與嚶嚶啜泣之呼天聲相間雜，『少婦裝束一致，喪服之內，露其灰色長衫，衫或綢或布，髮多剪，留者僅二三人，除「五太太」外，最長者亦不過二十五六，最年輕有正在破瓜年紀者，然喪容滿面，亦皆憔悴不堪。』這裏面有一點頗可注意者，這一大堆供作玩物的可憐蟲大有捨不得她們所處境地的樣子，在旁人覺得她們原有境地的可憐，在她們似乎還覺得不能保持原有境地之爲可憐，換句話說，她們似乎情願忍受。其實我們如作進一步的看法，在這。。樣。。的。。社。。會。。制。。度。。和。。經。。濟。。制。。度。。之。。下，她。。們。。都。。是。。不。。知。。自。。主。。也。。無。。力。。自。。主。。的。。若。。干。。寄。。生。。蟲。。而。。已，說不。。上。。什。。麼。。情。。願。。不。。情。。願。。

二十一，十，一．

# 不相干的帽子

在如今的時代，倘若有人有意害你的話，最簡易而巧妙的辦法，是不管你平日的實際言行怎樣只要隨便硬把一個犯禁的什麼派或什麼黨的帽子戴到你的頭上來，便很容易達到他所渴望的目的；因爲這樣一來，他可以希望你犯着危害民國緊急治罪法第幾條，輕些可以判你一個無期徒刑，以便和你『久違』『久違』，重些大可結果你的一條性命，那就更爽快乾淨了。

記者辦理本刊向採獨立的精神，個人也未從戴過任何黨派的帽子。但是近來竟有人不顧事實，硬把和我不相干的帽子戴到我的頭上來。有的說是『國家主義派』，讀者某君由廣州寄來一份當地的某報，裏面說『你只要看東北事變發生後，生活週刊對於抗日救國的文章做得那樣的熱烈，便知道牠的國家主義派的色彩是怎樣的濃厚！』原來提倡了抗日救國，便是『國家主義派』的證據！那只有步武鄭孝胥謝介石趙欣伯熙洽諸公之後，纔得免於罪戾！

不久有一位朋友從首都來，很驚慌的告訴我說，有人說我加入了什麼『左傾作家，』我聽了肉麻得冷了半截！我配稱什麼『作家！』『左傾作家』又是多麼時髦的名詞！一右就右到『國家主義派，』一左就左到『左傾作家，』可謂『左』之『右』之，任意所之！如說反對私人資本主義，提倡社會主義，便是『左，』那末中山先生在民生主義裏講『平均地權，』講『節制資本，』講『民生主義就是社會主義，』何嘗不『左？』其實我不管什麼叫『左，』什麼叫『右，』只知道就大多數民衆的立場，有所主張，有所建議，有所批評。

而已。

最近又有一位讀者報告給我一個更離奇的消息，說有人誣陷我在組織什麼『勞動社會黨』，又說『簡稱宣勞』，並說中央已密令嚴查。這種傳聞之說，記者當然未敢輕信，甚至疑爲捕風捉影之談。這種冠冕堂皇的名稱，我夢都沒有夢見過，居然還有什麼『簡稱』！我實在自愧沒有這樣的力量，也沒有這樣的資格。

有一天有一位朋友給我看某報載張君勱等在北平組織國家社會黨，說我『已口頭答應加入。』那位記者不知在那裏聽見，可惜我自己這個一點不聾的耳朵却從未聽見過！

我們在小說裏常看見有所謂『三頭六臂』，就是有三個頭顱，也難於同時戴上這許多帽子，况且區區所受諸母胎者就只這一個獨一無二的頭顱，大有應接不暇之勢，實覺辜負了熱心戴帽在鄙人頭上者的一番盛意！

根據自己的信仰而加入合於自己理想的政治集團，原是光明磊落的事情，這其中不必卽含有什麼侮辱的意義。不過我確未加入任何政治集團，旣是一椿事實，也用不着說謊。我現在只以中華民族一分子的資格主持本刊，盡其微薄的能力，爲民族前途努力，想不致便犯了什麼非砍腦袋不可的罪名吧。

要十分客氣萬分慇懃硬把不相干的帽子戴到區區這個頭上來，當然不是我個人値得這樣的優待，大不該的是以我的淺陋，竟蒙讀者不棄，最初每期二三千份的生活，現在居然每期達十餘萬份，（這裏面實含着不少同事的辛苦和不少爲本刊撰述的朋友的腦汁，決不是我一人的努力）雖夾在外國每期數百萬份的刊物裏還是好像小巫之見大巫，毫不足道，而在國內似乎已不免有人看不過，乘着患難的時候，大做下井落石的工夫，非替牠（生活）送終不可，而在他們看來，送終的最巧妙的方法莫過於硬把我這個不識相的傢伙推入一個染缸裏去染得一身的顏色，最好是染得出紅色，因爲這樣便穩有吃衞生丸的資格，再不然，黃色也好，這樣一來，不幸爲我所主持的刊物，便非有色彩不可，便可使牠關門大吉了。我的態度是一息尚存，還是要幹，幹到不能再幹算數，決不屈服。我認爲挫折磨難是鍛鍊意志增加能力的好機會，講到這一點，我還要對千方百計誣陷我者表示無限的謝意！

二十一，十，八。

## 爲什麼要保全『生活』

自從平津各報紛載本社被封和記者被通緝的消息以後，承蒙許多讀者紛紛賜函慰問，有的更告訴我們不少離奇的消息，或說聽見記者已逃往法國去了，或說聽見記者已吃了衞生丸，在北平的親戚甚至打電報來問記者的安危，也就是要知道記者究竟裝進了棺材沒有。以記者這樣常自愧恨毫無實際貢獻於社會的一個小卒，竟承蒙厚我諸君的懸系，萬分慚感，自覺實在不值得這樣的優遇。我個人的安危毫不足道，不過卻絞盡腦汁，籌思如何能在可能範圍內保全這個六年來由許多同事的辛苦和許多讀者的愛護而培養到了今朝的生活。但是記者又想到我們爲什麽要保全生活？爲牠的資產嗎？生活從最小規模到現在，都是全靠自己從發行，廣告，及叢書方面的收入支持，絕對量入爲出，僅求收支相抵，實無資產可言（這是有歷年會計師審核的賬册可稽的）爲記者個人物質上的得失嗎？我苦幹了六年，在物質方面和六年七年前坐冷板櫈的時候並無差異。既非爲保全本刊的資產，又非爲保全個人的得失，究竟要保全什麽？所要保全的是本刊在言論上的獨立精神——本刊的生命所靠托的唯一的要素。倘本刊在言論上的獨立精神無法維持，那末生不如死，不如聽其關門大吉，無絲毫保全的價值，在記者亦不再作絲毫的留戀。

附帶還有幾句話：倘若不得不到聽其關門大吉的時候，關於常年定戶的定費，我們當然要負責歸還，絲毫不容含混的。我們平日責人嚴，責己當更嚴，這是分內應負的責任。記者光明磊落的來主持本刊，到了滾的時候也還是要光明磊落的滾，纔對得住熱誠贊助本刊的許多讀者。

二十一，十，二十二．

## 犧牲的決心



淞滬抗日血戰中以孤軍苦守吳淞威名震動海內外的翁照垣將軍在他所著的淞滬血戰迴憶錄一文裏提起當時守吳淞的情形，有這幾句話：『總指揮的命令是「死守吳淞。」這幾個字已經深入在當時各個戰士的腦筋裏……守吳淞只是一個決心，一個「犧牲的決心而已。」』我讀到『犧牲的決心』這五個字，反復念了好幾遍。

古人說死有重於泰山，有輕於鴻毛。其實犧牲也有重於泰山，也有輕於鴻毛的，其樞機全在乎看準了應當犧牲的時候，即須毅然決然的犧牲，無所用其畏怯，無所用其躊躇。什麼是應當犧牲的時候？即不犧牲也等於犧牲，甚至較犧牲的損失爲尤大（不限於物質的損失）準備犧牲反而有不致犧牲的可能，卽有表面上的犧牲；而實際實非犧牲；這便是當機立斷應當犧牲義無反顧的時候。例如當十九路軍之忠勇抗日，在當時明明知道前有勁敵，後無援軍，但如效法不抵抗的軍閥把兵讓出，將閘北拱手奉送，似乎不犧牲了，但將民族的人格名譽破壞無餘，是否不犧牲等於犧牲，而且較犧牲的損失爲尤大？後來筋疲力盡援絕而後退，似乎犧牲了，但喚起民族精神，震動世界觀聽，實際是否和犧牲適得其反？

現在實際是對日帝國主義屈伏，老實處處不抵抗，卻覥然於『抵抗』兩字上面加着『長期』兩字以自欺欺人，亦不外乎沒有『犧牲的決心』而已，假惺惺何爲？

二十一，十一，五．

# 偷竊無線電報

北平報界最近鬧了一樁不大不小的笑話，事實是這樣：北平有幾家報館因電費昂貴，加以無力派訪員駐京探訪新聞，往往設法偷竊其他報館駐京訪員所發的無綫電報，有北平某晚報駐京訪員乃施用小巧，以愚弄偷竊電報的報，預先和本報館商妥，由京發一明文電報，說行政院長汪精衛被刺，某報竊得此電後即用大號字登出，華北軍政界爲之大震，即紛紛電京探詢，始知此項消息毫無根據。

有人說某報意圖不勞而獲，可謂咎有應得，其實『偷竊』這件事，記者雖未曾有過經驗，但推想起來，偷偷揑揑，輕手輕脚，東張西望，甚至出了一身冷汗的行動，却也很費心思，很費氣力，說他『不勞』似乎也不很確切。如作進一步的研究，說他是爲了缺乏孔方兄的關係，大概更近事實怕『電費昂貴』以及『無力派訪員駐京探訪』都是由於孔方兄之末能光顧。我們平常只見慣竊三們爲着錢而偷竊，至今纔知道號稱『無冠帝王』的新聞記者也爲着錢的關係而廁身偷竊之林（老話有所謂『廁身士林！』）抛開經濟問題而空談道德的先生們，對於此種因果似頗有特加注意的價值。

二十一，十一，十二．

# 笑之總動員

據世界新聞社莫斯科電訊所傳，最近蘇俄當局間流行一種新口號，如『打倒憂鬱之魔』，『笑之總動員』之類。蓋當局以爲國家之進步與繁榮，必須於國民之蓬勃鮮明之生氣中求之，而斯拉夫民族原有厭世的憂鬱的性格，必須加以澈底改造。其改造方法，先利用演劇電影及各種刊物，命令國內各劇場及影片公司，此後演劇及攝製影片，喜劇自不成問題，卽在悲劇亦必儘量以笑料穿插其中。又令各新聞紙及雜誌等多載幽默文章，並由美國輸入各種喜劇劇本，並奬勵本國伶人奏演『笑的藝術』。

這個宗旨當然值得我們的贊成，因爲我們絕對沒有理由歡迎『憂鬱之魔』，但是蘇俄是已在『進步與繁榮』途徑上走的國家，提倡『笑之總動員』還有可能性；若在中國這樣辱垢山積窮困絕頂的境域中——當然指大多數的勞苦民衆，少數醉生夢死驕奢淫佚的『高等華人』自是例外——滿目悽涼，隨處哀痛，如何笑得起來？『枵腹從公』不可能，要叫不知有生趣的勞苦民衆枵腹快樂，也是同樣的不可能。晉惠帝在荒年問人何不吃肉糜，如不設法改造環境而只勸人歡笑，何以異於荒年勸人吃肉糜呢？

二十一，十一，十二。

# 四P要訣

據說在美國對於人的觀察，很通行所謂四P要訣。第一個P是Personality，譯中文爲『人格』；第二P爲Principle，可譯爲『原則』或『主義』；第三P爲Programme，可譯爲『進行程序』或『計劃』；第四P爲Practicability，可譯爲『可以實行』或『可行』。原文這四個字都有P字爲首，故稱四P。就是說要觀察人，第一要注意他的『人格』怎樣，第二要注意他的『主義』怎樣，第三要注意他的有無『計劃』或怎樣，第四要注意他的計劃是否『可行』他們以爲對人能仔細考察他的四P，思過半矣。

不過我們倘略加研究，便覺得所謂『人格』，人人看法不同。在統治者看來，往往覺得奴性並無背於人格；在革命者看來，和罪惡妥協都是人格的破產。從前認女子殉夫或上門守節是女子的無上的好人格，現在却不値得有識者之一笑。這樣看來，所謂『人格』還需要一種新標準。我以爲人格的新標準，應以對社會全體生活有何影響爲中心；對於社會全體生活有利的便是好的，對於社會全體生活有害的便是壞的。例如壓迫者榨取者之歡迎『奴性』，是要利用多數人以供少數人享用的工具，這於全體生活是有害無利，是很顯然的，關於第二P的『主義』也可以這同樣的標準做測量的尺度。

第三P和第四P合起來講，有了『計劃』還要『可行』，這便是說計劃要能對準現實，作對症下藥的實施，不是徒唱高調的玩意兒但是有時『計劃』之『可行』，雖爲識見深遠者所預見，往往爲眼光淺短者所無從了解，囂然以高調相譏，爲積極進行中的莫大障礙。在這種情況之下，便靠實有眞知灼見者之力排衆議，以堅毅的精神和困難作殊死戰。等到成績顯然，水落石出，盲目的反對或阻礙有如沸湯灌雪，立見消融。所以第四P的辨別判斷，尤恃有超卓的識見，對於現實須具有豐富縝密的觀察。

二十一，十二，三。

# 白白地送掉一條命

上月底蘇州高中有個十七歲的學生，投井自殺，留下了三封遺書，寫給父母的信裏說：『父親媽媽，十七年教育只好算白費去了，你兒子只好死了，』他『只好死』的原因，說是『一切世故人情不懂一點，學問愈弄愈不好。』寫給師長的信裏說：『到今日四年的初級還不能畢業，實在不能再活在世上了。』寫給同學的信裏說：『在我小的時候，親愛的父親及任何愛我的人，一定很希望我成功一個有用的人，或大人物，但是在現在十七歲了，不要說世故人情不懂，中學也讀了四年，只是退步，所以爲中國爲世界着想，還是不要作無用的人吧。』

這位青年朋友白白地送掉一條命，不知道有無別的苦衷，僅就遺書內容看來，他似乎還有向上的意志，因性子太急，求速之心太甚，來不及向前努力而完全停止了——永遠停止了——努力的工作，這是很可惋惜的。他似乎不願使父母白費十七年的教育，但自殺正是使父母白費十七年的教育；他似乎以世故不懂學問不好爲憾，但這都不是一死反而能懂能好的！他所採用的手段恰恰和他的目的相反。

青年有志向上，這是最好的現象，但有兩點很值得特別注意：（一）盡其所能爲人羣謀福利，所能已盡，於心無愧，人物的大不大，不在乎；（二）所志愈大，抵禦困難的力量要愈大，一有困難就打算走死路，那困難永遠排除不掉，而事業又往往與困難結不解緣，所以徒有大志而不準備和『困難』迎戰，徒然自速其死而已。

二十一，十二，五。

# 無孔不入

日帝國主義者在我國東北的軍警偵探便衣隊之無孔不入，可謂淋漓盡致。據我國參加國聯調查之代表團諸君所傳述，他們住在旅館裏，左右前後無時無地沒有這種便衣偵探監視着，有時兩人或幾個人在房間裏談話，忽有不認識的不速之客跑進來夾在中間坐着旁聽；有人出外回到自己的房間裏，忽見已有一位不相識的日本人在裏面堂而皇之的坐着！他們不但對中國人如此，對於西洋人也麻煩得不了。據最近密勒氏評論報所述，頗覺可笑，茲譯述一二如下：

國聯調查團中有一位委員卜蘭克（Mr.Blan'k）者，偕同他的夫人隨該團到了瀋陽，他們倆在未到以前，就有人警告他們留神日本的偵探，所以卜蘭克夫人特別注意。他們住在大和旅館，有一天早晨她由外面獨自走囘自己的房間裏面去的時候，忽看見有一個不認識的日本人，而身上却穿着旅館『僕歐』的制服，在寫字檯旁急急忙忙的翻閱她丈夫所放下的文件，這個人看見卜蘭克夫人進來，顯然有些驚慌的神態，打算拔起脚離開這個房間。不料卜蘭克夫人却機警得很，假裝相信他是旅館裏的一個僕役，對他呼着說道：『僕歐，我打電鈴呼喚你有了一點鐘了；我要你把這個房間的傢具另再搬動布置一下。』於是她就指揮那位禮態顯頊的假裝的偵探——顯然是個軍官——把床鋪搬移到房間裏的別一邊，等到床鋪照樣搬好之後，她叫他把浴室裏打掃一番，又叫他把房間裏的椅桌等等揩抹乾淨，隨後她再叫他把床鋪搬囘原來的地位。卜蘭克夫人一面指揮，一面把身體靠近門口，使得這個冒充的偵探不易逃出或叫人幫助，這樣的拘住他做苦工，整整過了半小時的時間，最後纔給他幾個酒錢，讓他出去。這個軍官總算觸足霉頭！

還有一件可笑的事，有一次有一位美國新聞記者由大和旅館乘汽車到瀋陽的美領事館，瞥見後面有個日本軍警偵探也乘着汽車追踪而至，這位新聞記者走入美領事館之後，就把這情形告訴領事館中的人，他們聽到這個消息，決意和這個偵探開開玩笑。由美副領事借用了這位新聞記者所戴的帽子和外衣，昂然出去坐上他所乘來的汽車，由自己開着向前急駛。那位日本人認爲是新聞記者出來了，也開快車向後趕上，但見前。。。。車電掣風行，東衝西撞，他在後面足足拚命趕了一點鐘模樣，趕了一場空！

日人在東北之種種作祟，顯爲碧眼兒所深悉，但老滑頭李頓回平後談話，却說『在東北雖遇許多困難，但此種困難之給予，非日本政府，亦非日本軍事當局，而爲第三者，』這樣看來，天地間只有手鎗炸彈是最有效用的東西！

二十一，七，九．

# 『把牠玩弄一下』

偶翻閱最近出版的新社會半月刊，其中編輯餘談裏有一段使我看了忍俊不住的發笑，內容是說：『本刊近來得了幾位新同志的幫助，有一種新的氣象。這幾位新同志，就是章乃器……諸先生。我們希望讀者諸君對於這幾位新同志所作的文章，加以玩味。——說到玩味，我們不禁太息痛恨於手民的太不小心，竟將本刊上期末一句「把牠玩味一下」的句子，排成「把牠玩弄一下」。我們在這裏，對於章乃器先生不得不表示歉意。』手民誤排原是很尋常的事，不過上面這件事却誤得特別有趣。『玩弄』在上海話可以說是『尋開心』，『手民』如此『玩弄一下』（當然是無心的）眞是『尋開心』！

其實在這樣烏煙瘴氣的時代，原可『玩味』而竟致『玩弄』的事情確實不少。議會制度到中國便弄出猪仔議員；總統制度到中國便弄出賄選的曹三；共和制度到中國便弄出軍閥的恣睢橫暴，貪官的肆無忌憚……什麼原來並非完全不可『玩味』的東西，一到中國便都成爲『玩弄』了！

二十一，九，十七．

# 神經病

我們尋常說人有神經病，肯承認的大概不多，甚至沒有人肯承認，但是身體有健康有不健康，精神也有健康有不健康；檢驗身體，眞正健康一無缺憾者不多見，在精神方面是否都能十全的健康而沒有幾分神經病，似乎也常是一個問題。據『精神病學』專家的研究，精神病可分爲兩大類，一是全部精神錯亂的病，一是局部精神錯亂的病。全部精神病當然最厲害，恐怕非送入『瘋人院』不可。局部精神病如能留意靜養，或相當治療，亦可避免或減少痛苦。關於病狀方面，有三種尤其值得注意：一是狂躁，一是憂鬱，一是憂狂循環發生。患狂躁病到厲害的時候，終日奔放，搗毀雜物，他的狂暴行動往往自傷傷人。患憂鬱病到厲害的時候，終日垂頭喪氣，愁眉不展，對環境總覺得毫無樂趣，甚至走上自殺的一條路。如患憂狂交間病，這兩種病狀就要循環發生。

患全部精神病的人，在社會上似乎尙不多見，但是患局部精神病的人却常常可遇到，換句話說，多少患有幾分神經病的人，是常有的。猶之乎身體十全健康的人不易得，精神十分健康的人也不易得。我們如把『精神病學』的原理來察人，也許有許多地方可加以原諒，至少不致火上加油，增加他的病狀；因爲既知這是他的病，何必多作無謂的計較？如把這些原理來省察自己，也許亦可減少幾分病狀，或漸漸可以豁然，把神經病一掃而空；因爲既知狂躁是病，便該心平氣和些，既知憂鬱是病，便該達觀些。我們遇着困難的刺激，往往容易引起精神上的錯亂，因此不是狂躁，便是憂鬱，或二者兼而有之。其實困難是要運用我們的智慧與籌劃來克服的，狂躁憂鬱何用？不但無用，反使困難因應付不當而增加，豈非自己儘往牛角尖裏鑽嗎？我們如不知狂躁和憂鬱是病，猶可說也，既知是病狀，安可任牠猖獗，不加抑制呢？從另一方面說，既知別人有了這樣的病，我們如也加入湊熱鬧，豈不是也自居於病人之列嗎？

這樣看來，家庭間的勃谿，朋友間的齟齬，有許多地方恐怕還是或多或少的神經病在那裏作怪，我們如能以冷靜的腦子，作超然的旁觀，大可爲之失笑。

但是話又說囘來了，有人說做好人必須具有三分獸氣，這也就等於說必須具有幾分神經病，否則事事取巧，樣樣便宜，未免養成不痛不癢的麻木的東西，或老奸巨猾毫無絲毫血性的冷血動物。這話當然很值得我們的贊同。東北義勇軍如不是有幾分獸氣，不顧成敗利鈍的幹，也大可效法軍閥官僚們之力抱不抵抗主義了，這便是當前的好例。但是狂躁與憂鬱究竟是可以無須的東西。

二十一，十，十五．

# 關於新年的夢

胡愈之先生所主持的復興後的東方雜誌，可算是最有精彩的定期刊物中的一種，最近該誌準備出『新年號』發出一批『徵求答案』記者也承該誌寄下一份，裏面的建議頗饒趣味，大意謂『在這昏黑的年頭兒，莫說東北三千萬人民在帝國主義的鎗刺下活受罪，便是我們的整個國家，整個民族，也都沉淪在苦海之中。沉悶的空氣窒塞住每一個人，大家只是皺眉嘆氣，捱磨各自的生命。』在這種狀況之下，夢境中大概也只有痛哭流涕，但該誌提醒我們：『我們對現局不愉快，我們却還有將來我們咒詛今日，我們却還有明日。』所以他們建議『在這漫長的冬夜裏，』『讓我們大家來做一回好夢，』並『打算把這些夢搜集起來在東方雜誌新年號發表。』不過平常的夢是胡亂做的，這次他們要求的夢却限定兩個範圍做一下：（一）『夢想中的未來中國是怎樣的？』（二）『個人的生活中有什麼夢想？』指定範圍做夢，却是一件不容易的差使！

記者草此漫筆時，這本夢卷還未交出，但不妨先提出談談。本刊年來對於政治經濟財政軍事教育等等方面都在原則上或計劃的輪廓上粗貢大意，記者個人對於第一部分的夢，其大勢所趨，想讀者已可猜想得出。簡單說起來，我們所夢想的未來中國，是個共勞共享的平等的社會。所謂『共勞』是人人都須爲全體民衆所需要的生產作一部分的勞動；不許有不勞而獲的人；不許有一部分榨取另一部分勞力結果的人。所謂『共享』是人人在物質方面及精神方面都有平等的享受機會；不許有勞而不獲的人。物質方面指衣食住行及衞護等等（包括醫藥衞生）精神方面指教育及文化上的種種享樂。政府不是來統治人民的，却是爲全體大衆計劃，執行，及衞護全國共同生產及公平支配的總機關。在這個夢裏，除只看見共勞共享的快樂的平等景象外，沒有帝國主義者，沒有軍閥，沒有官僚，沒有資本家，沒有男盜，沒有女娼，當然更沒有乞丐，連現在衆所認爲好東西的慈善機關及儲蓄銀行等等都不需要。因爲用不着受人哀憐與施與，也用不着儲蓄以備後患。

講到區區所夢見的個人生活，當然是夢見我自己無憂無慮歡欣鼓舞的做這樣共勞共享的社會中的一分子，在全國生產大計劃中擔任我所能做的一部分的工作。在那個夢境裏，我不怕有業時尚有內顧不了和後顧不了之憂，我不見有愁眉哭臉的無告同胞使我如坐針毯，精神上感覺無限的痛苦，却可在無憂無慮歡欣鼓舞中盡我能力對大衆作盡量的貢獻。

二十一，十二，十．

# 怎樣看書

『自修有許多的困難，這是實在的。但這些困難並不是不能克服的。第一，我們要有決心。學校的功課，卽使牠不是我們所高興研究的，但我們怕考試不能及格，致不能升級或畢業……不得不勉強讀牠，至於自修，是沒有這種外界的推動力的；是完全出於自動的努力。然而自動的努力所求得的智識，才是我們自己的智識，才能長久的保存着。爲要通過考試而讀的書，考試一過去，就忘得乾乾淨淨了！因受教師之督促而讀的書，一離開了學校，就完全拋棄了！只有爲自己和出於自己的努力的，才能永續地研究下去……』

這一段話是在怎樣研究新興社會科學（柯百年編）一書裏面看見的，這似乎是平淡無奇的話，但凡是在社會上服務後感覺到智識上的飢荒的人，對於這幾句話想來沒有不引起特殊感觸的。我們感覺到智識上的飢荒嗎？只有下。決。心，自。動。的。努。力。於。自。修，永。續。的。研。究。下。去。一天如至少能勉强抽出時間看一小時的書，普通每小時能看二十頁，一年便可看完三四百頁一本的書二十幾本，四五年便是百餘本了，倘能勉强抽出兩小時，那就要加倍了。記者最近正在編譯革命文豪高爾基一書，全書約十五萬字，已寫完了三分之二，其中最令我感動的是高爾基艱。苦。備。嘗。中。的。無。孔。不。鑽。的。看。書。熱，我執筆時常獨自一人對着他的故事失笑。

不過看書也要辨別什麼書，有的書不但不能使人的思想進步，反而使人思想落伍！有位老友從美國一個著名大學留學回來，他是專研政治學的，有一次來看我很詫異的說道：『我近來看到一兩本書，裏面的理想和見解完全是另一套，和我在學校裏所讀的完全兩樣，眞是新奇已極！』原來這位仁兄從前所讀的都不外乎是爲資產階級捧場或擁護不平等的社會制度的學說受了充分的麻醉，他的這種『詫異』和『新奇已極』未嘗不是他的幸運，他也許從此可從狗洞裏逃出來！

此外關於看書這件事，還有兩點可以談談。第一點是以我國出版界之幼稚貧乏，能看西文原書的當然愉快，如看譯本，糟的實在太多，往往書目很好聽，買來看了半天，佶屈聱牙，生吞活剝，莫名其妙！錢是冤花了，時間精神更受了無法追回的莫大的損失，我們要誠懇的希望譯書的先生們稍稍爲讀書的人設身處地想想，就是不能使人看了感到愉快，感到讀書之樂，至少也要讓人看得懂。第二點是在這個言論思想自由的空調儘管唱得響澈雲霄的年頭兒，看書也有犯罪的可能，常語謂『書中自有顏如玉』，如今『書中』大可引出『鐵窗風味』來！什麼時候沒有這種蠻不講理的舉動便是什麼時候望見了社會的曙光。

二十二，一，七。

# 大衆的力量

北平有一部分大學生在國難急迫中作『自援式的逃命』，頗引起國人的悲觀論調，記者曾於八卷四期『小言論』裏論及此事，舉出兩個理由認爲不能即將此事作爲對於全部分青年悲觀的根據，第一個理由是這種行爲不是可以代表全部分青年的心理，第二個理由是只要有領導的中心力量，必定有多數人自願效死的，最近杜重遠先生自北平回滬，談起北方民氣及下級軍士忠憤的心理，也很有可以參證之處。據說南開大學張伯苓先生曾召集學生詢問有人願意赴前敵工作的沒有，簽名願往者紛至沓來。後來張先生說到前線去是要冒飛機炸彈的危險的，僅僅簽字不夠，並須聲明如在前線送了性命，也是出於自願，不必學校負責，他們又紛紛聲明，毫不怯退。試問這種忠勇奮發的青年，豈是一部分的『自援式的逃命』青年所能湮沒？記者有個妹子在北平協和醫院研究製藥料，並主持某醫院的製藥部，最近也有信來，說她們醫院裏的姊妹同事們這幾天製了不少的凍瘡藥膏及創傷藥膏，一罐一罐整百整千的往前線輸送，後方工作忙得不可開交。她並說她們都常在憂慮前方兵力太單薄，擋不住暴敵，但大家却無不奮發忘倦的從事後方工作，盡她們的心力幹着。這在她們也是何等的積極精神！

他們和她們平日對於『丘八』有何好感？但是一旦『丘八』一變而爲抗禦帝國主義的侵略，以鐵血衞護民族生命的前敵士兵，他們和她們就廢寢忘食的懷念他們，馨香祝禱的希望他們勝利，樂此不疲的替他們幹着後方工作。這表示什麼？這表示大衆的意志，大衆的欲望，大衆的需要，大衆的……

脫離大衆的任何集團，都沒有力量可言，只有能代表大衆的集團纔有力量。中山先生曾經說過『喚起民衆共同奮鬥，』可見他對於民衆的力量有深切的認識。但要『喚起民衆，』決不是可以用宣言通電所能辦到的，必須有合於民衆所急切需要的實際行動，纔能。『喚。起。民。衆，共。同。奮。鬥。』

二十二，二，十一。

# 蕭伯納的幽默

英國文豪蕭伯納氏到上海到北平，使許多歡迎他的人碰着一鼻子的灰，使他們感到很不舒服，有的人便駡他傲慢。他在上海筆會席上所作的幽默演說，就有這幾句話：『此刻演說不必要，因在座諸君均爲著作家，我誠爲班門弄斧。普通人均視作家爲神秘偉大之人物，今。諸。君。皆。盡。知。內。容，多。言。何。益？』可見他未嘗自以爲『偉大。』他又說『我在。此。正。如。一。動。物。院。中。之。陳。列。品，諸。君。已。看。過，我亦不必多言矣。』可見他的力避煩囂，是怕多做『動物院中之陳列品。』

後來他在秦皇島離了輪船，改乘北寧路所備專車赴平，路過天津，『蕭伯納坐在第四節車中第三號包房，天津北洋工學院南開大學中西女學教職員學生及新聞記者登車，蜂擁車內表示歡迎蕭氏之意，不料蕭命茶房將包房上鎖，歡迎人員均乘興而來，敗興而歸。』他到北平後，路透社的專電有這幾句：『政府機關報今晨雖載有大規模之戰事正在發展中之消息，而仍以廣大之篇幅，登載蕭伯納抵北平事，聞此足證華人傳統的不感覺痛苦性』熱烈歡迎似乎是出於一番好意，但不但享以閉門羹，外國記者甚至藉此測驗『華人傳統的不感覺痛苦性！』霉頭可謂觸到道地十足了！老蕭到北平後對中外記者談話，說：『中國人對外國人最客氣，對自己反不好，且相打！自己能團結，方有希望。』這也是可供我們自省的話。

我國對於外國的名人，向來有視為萬能的觀念，喜歡對他們做出過分的歡迎，無所不問的請教，從前杜威羅素克伯屈到中國來的時候，都忙得不少人屁滾尿流！相當的招待，原無不可，但必欲奉為天皇地皇，好像就要下跪叩頭的神氣，不但無補於敬意，反而徒滋竊笑。就他們各人所研究的專門範圍，提出問題向他們討論，固無不可，但必把他們看作無所不知似的，好像一切問題都可請他們代爲解决，不但是無可滿足的希望，反而使人頭痛。當克伯屈到中國時，我看見報上登着請他演講和討論的程序，今天大學教育，明天師範教育，後天中學教育……無所不包的請他指教，未嘗不失笑。杜威羅素克伯屈等比較的滑頭些，也許心裏覺得好笑，而嘴裏却不願流露出來，但關於這一點所帶去的印象。。。。。。恐怕已經不會怎樣好，此次碰着一位心爽口直的蕭老頭兒，便不客氣的發出不少『妙論』，甚至將『包房上鎖』，這在老蕭固未免太惡作劇，但我們中國人也許可以得到一個小小的教訓吧！

二十二，三，十一。

# 兩性間的思想問題

關於兩性關係的文字，每每是老那麼一套話，看了令人索然無味，但在最近的東方雜誌（第三十卷第五號）上看到蔡慕暉女士做的兩性間的思想問題一文，覺得有不少警語。她是喜歡研究文藝的，又嫁了一位文學家，特重『兩性間的思想』也許就是她閱歷有得之言吧。

她說：『更有好多人以爲結婚是一種神秘的門，未進去的人每每憧憬着門內的幸福，盡力想跨進去而已進去的人却每苦於不易退出那門』這寫盡了『那門』內外萬頭攢動的多少男女的心理！

她又說『如果能在男女結合之前注意到思想問題，雙方互相開誠布公地交換，討論研究，更正到發見志同道合時再相親相愛，再結成密切的關係，那當然是最理想的了。『世界上實在祇有志同道合的兩性結合才能享受眞正的兩性幸福，祇可惜人們大都不會注意到這一點。』誠然！因爲只有心靈能融合爲一，彼此在學識思想上能互相欣賞，互相鼓勵，互相切磋，互知甘苦的兩性結合，才能享受眞正的兩性幸福。還有一點也很可以注意的，就是選得對了，據蔡女士的觀察，還有發生問題的，她說：

『當她們未婚的時候，她們讀書，做工，研究社會問題，不滿意現家庭制，注意政治問題……但一旦結了婚，她們每會突然改變態度，將書本擱之書架，甚或拋之暗角，不願出外工作，不再研究問題，也不肯在改良家庭上用思想，政治經濟等問題自然更引不起她們的興趣，祇會像廚娘乳媽地照料小孩，注意油鹽醬醋等小事……她們不但不能瞭解異性的思想，就連未婚的姊妹朋友的思想也會覺得很隔膜。我曾聽見好多朋友告訴我，她們的姊姊嫁了不久，就開口小孩閉口丈夫，叫人聽了怪討厭，有的時候同姊丈談談倒反而有味些，這不是婚後婦女思想容易退步的明證嗎？』

這段話說得異常的深切明瞭，用不着我來加什麼了，但是我覺得還有一點而是很重要的，就是現在的家庭環境——也可以說是社會環境因爲家庭稍稍擴展便伸進社會裏面去了——也有以促成婚後婦女思想的易於退步——假使她是原有思想而亦有意於繼續增進的話，例如我們近來就有幾次接到女讀者來信，說她們因欲出外就業或就學，詢問中國有沒有像蘇俄所設的托兒所一類的機關。此外如家庭中的種種不全的設備，處處費了許多主婦的寶貴的時間，這種時間原來都可利用在學識思想方面的。我想如有設備適宜的大規模的公寓，裏面有公共食堂，有公共洗衣作，兒童公育，以及其他公共的設備，在這種大公寓裏居住許多小家庭，予主婦以種種的方便，使她對家務上所費的時間可以減少至最小的限度，在別方面便是使她也有充分的時間用在學識思想方面。

照目前的家庭乃至周圍的社會環境的情形看來，婚後婦女之『祇會像廚娘乳媽地照料小孩，注意油鹽醬醋的小事』，與其說是她們自己情願做，不如說是環境迫她們不得不做，因為『姊姊』所處環境的實際需要，和『姊丈』的不同，和『未婚的姊妹朋友』所處環境的實際需要也不同。如果環境沒有一番澈底的改革，也許有極少數出類拔萃的人物能克服困難，不爲所拘束，但已很難，望之一般女子，更不是一件容易的事情了。

二十二，四，十五．

# 兩性關係的各方面

在上期的本欄裏，記者因看到東方雜誌上蔡女士著的兩性間的思想問題一文，引起一些感想，已略爲說過了，但還有些意思要提出來談談。

我曾這樣想，世上的兩性間的關係，大概不外乎這幾種方式：一個方式是心靈的安慰和性的安慰能融合爲一；一個方式是只有心靈的安慰；還有一個便只有生理的滿足，講不到什麽安慰不安慰。

心靈的安慰和思想問題有密切的關係。『彼此在學識思想上能互相欣賞，互相鼓勵，互相切磋，互知甘苦的兩性結合，才能享受眞正的兩性幸福。』（見上期拙作）這就因爲只有如此纔能獲得心靈的安慰，而心靈的安慰是『眞正的兩性幸福』中的第一要素，缺了這個要素，就是有了性的關係，也只有性的滿足——第三種方式中的『生理的滿足』的一部分——絕得不到性的安慰。必須和心靈的安慰融合爲一的性的關係，纔夠得上所謂性的安慰。

第一種方式的兩性關係是最理想的，最幸福的。有了這種關係的兩性，不但是他們本身的新生命，而且也是他們共同爲人羣而努力的興奮劑，也是他們爲着這種努力而排除萬難勇往無前的源泉，也是他們在黑暗中攜着手向着前面曙光掙扎奮鬥的明燈。革命文豪高爾基亡命國外從事革命運動時，秀外慧中思想敏捷能力豐富的女劇家瑪利亞，便是他的這樣的一個伴侶。她是他的愛人，是他的左右手，是他的心腹，是他的安慰者，是他在患難中的保護者，也可以說他是她的這種種。

第二種方式——只有心靈上的安慰——那是因爲雖則思想上和第一種方式沒有什麼兩樣，但却因爲有了特殊的障礙而無法自由結合，這種關係只得限於篤厚的友誼，如超出了這個範圍，而又無法排除障礙，結果便不免於悲劇。即在此篤厚的友誼中，亦甘中有苦，苦中有甘。

第三種方式當然是最平凡最無味的，那便是只有生理的滿足。現在大多數所謂正式夫婦，除極少數的例外，大概都可歸在這一類。這裏面也有新舊之分。舊的是存着嫁雞隨雞嫁狗隨狗的心理，爲着生活而嫁，她的看重丈夫，並不在乎丈夫的本身有什麼使她覺到值得看重，只是因爲『良人者所仰望而終身者也』男的也就只把他的『家』當作『旅館』安頓身體的地方，不是安頓心靈的地方。此外還有一部分號稱新女子，以浪漫爲前提，以奢侈爲常事，今天跳舞，明天打牌，女的以男的爲供給物質上享用的奴隸，男的至多亦不過以女的視爲當前的玩物，他們都是所謂『無靈魂的人們』，心靈的安慰不安慰，原不是他們所意識得到的問題。

二十二，三，二十五。

## 江朱事件

自本月十四日時事新報露布了以石膏造像與雕刻藝術馳名的藝術家江小鶼氏於三月二十九日與朱湘娥女士離婚，第二日又載了江氏離婚之次日即與徐芝音女士訂婚消息以後，頗轟傳社會，資爲談助。簡要事實：江二十五歲時與朱（時年十八）訂婚，訂婚二年後留法七年，三十三歲回國結婚，『時有藝術家陳曉江者與小鶼同學至好，又與小鶼連袂渡法，共研藝事，惟陳留學彼邦兩年即返，娶徐芝音女士，生一子，小鶼回國結婚之日，卽陳客死北平之年，彌留前卽以妻兒重托小鶼，小鶼慨然許之：……念亡友付托之重，對此孤兒寡婦，照顧周詳，惟恐心力不盡者，而徐女士靑春素幃，得小鶼慇懃如此，未免感恩知己，而芳心怦然動矣。』江今年四十歲，與朱協議離婚書謂『意見不洽，殊難偕老，』條件爲『由江新（卽小鶼）給付素達（卽朱女士）贍養費洋二千五百圓，分四期支付……嗣後男婚女嫁，各不相干。』朱女士於去年見江曾一度提出離婚，卽『偏托親友，欲謀一職業，庶幾一旦決裂，不致托身無處，』後卽得西城某女校教職。

此事露布後，仁者見仁，智者見智，意見當然各人不同，時事新報關於此事消息的來源，謂『有悲朱女士之際遇者，爲談其間經過情形，希望社會有所主張，』顯有爲朱女士抱不平的意思。時事新報雖似以客觀態度敍事，但字裏行間，亦可看出爲朱女士抱不平，例如第一日新聞的末段：『書據（指離婚書）既經確立，七載相安之夫婦遽告仳離，朱女士懷書歸校，芳心忐忑，如失魂魄，夜臥宿舍，時適凄風陣起，冷雨敲窗，女士懷念愛人，不覺黯然欲泣，出書重讀，血淚俱下，然度小鶼此時，必呈書於某夫人之前，方欣然樂道其家庭革命之成功也。有與江朱譒者言，若小鶼之亡友陳某者死而有知，亦正大可自負其有先見之明，而甚幸其妻兒之得所，蓋非知己之友，豈能以妻兒重托之，且終托之哉！言下慨然！記者握管至此，亦爲之悽愴擱筆也。』『慨然』的幾句話，尤盡挖苦之能事！

我以爲兩性關係，只有完全出於雙方本人自由選擇，認爲彼此都合於彼此心中最崇拜的人，纔有雙方的眞正幸福之可言；倘若牽於人爲的束縛，無論是經濟的，或是制度的，或是傳統思想的，都只有苦痛。此處所謂『自由選擇』，尤其注重的是社會的環境須使兩性不受經濟制度，及傳統的思想所束縛，而彼此都能自由的選擇。在這種情況下，只有心意完全投洽的結合起來，貌合神離的便無勉强纏在一起的必要。因爲勉强纏在一起，兩方都感到痛苦。有許多女子情願忍苦遷就，有的是爲着經濟不能完全自立，有的經濟雖能自立，又爲傳統的思想所包圍，（例如因社會上傳統思想的殘餘勢力，仍感到『棄婦』之爲可恥，再嫁之不易等等）也就是失却自由選擇的可能性。我們根本贊成上面所解釋的『自由選擇』，惟在現社會制度裏，女子尤其缺少『自由選擇』的可能，確是個待決的問題，如能消除這個困難，像江朱的事件，便是極尋常的一件事了。

二十二，四，二九。

# 托兒所

最近記者剛把 Alice Withrow Field 所著的 "Protection fo. Women and Children in Soviet Russia" 看完，想撮譯蘇俄保護婦女和兒童的重要辦法，在本刊上介紹，隨後收到女青年協會編輯部送來最新出版的蘇俄婦孺保護政策一書，纔知道已有了中文的譯本。這本書的原本是今年（一九三二）纔由 E. P. Dutton & Co. Inc., New York, U. S. A. 出版的。著者裴爾德夫人是美國的一位社會教育家，親到俄國作三年的實際調查（一九二九至一九三一年），內容對於托兒所的辦法敍述頗詳。譯本是由張濟川，馮雪冰，和陳征帆幾位先生分任譯成，所以出書頗速（最後兩章未譯）。譯文雖不無小誤（例如托兒所的兒童係從一個月到三歲，該書把『一』個月筆誤為『六』

個月，見譯本九三頁原書一四四頁）但大體都譯得忠實，文筆亦頗暢達。無論何書，看譯文當然不及看原本來得暢快，但原本以二百四十一頁的書要賣十五圓一本，譯本只定價六角，相差就很遠了。

封建制度的社會裏產生大家庭；資本主義制度的社會裏產生小家庭；在社會主義化的社會裏，無論男女，都成爲社會化的分子，讀書有公共的圖書館，遊戲休息有公共的俱樂部，吃有公共的食堂……在這種環境中，各人在經濟上在思想上都完全獨立，各人都各有其爲社會服務的工作，就是小家庭也漸漸地沒有存在的價値了。男的不再需要女的做『家奴，』女的不再需要男的做『財奴，』大家都做社會上的獨立的自由的一員。在這樣的社會裏，離開必須到社會工作的母親的兒童由誰看護呢？於是托兒所佔着很重要的位置。

俄國在十月革命以前，全國只有托兒所十四處，自十月革命以後，已經開辦了一千個托兒所，據說因經費困難，還未能大擴充，但這個方向是對的，仍有待於繼續努力而已。

裴爾德夫人說：『婦女如要和男子享受平等的權利，她們必須有自食其力的能力；因爲她們不能夠一面和男人平等，一面却須依靠她們的丈夫過活。』托兒所不但能排除婦女自食其力的障礙，而且把兒童交給專家教養，在兒童也獲得莫大的利益。所以她又說：『托兒所不但能使許多婦女和她們的丈夫一同工作，並使兒童得到機會享受現代護養兒童的最有效的方法。』在每日由母親把孩兒交給托兒所時，第一事就是由該所醫生查驗一番，發現有病即醫，如有傳染病即送入兒童醫院醫治，直至醫愈爲止。這較之放在沒有醫學知識的母親手裏妥當得多了。

二十二，四，十五．

## 不肯妥協的精神

記者近在編譯革命文豪高爾基一書，看到列甯對於黨內信仰搖動的分子之堅決的不肯遷就不肯妥協的精神，受着很深的感動。先是社會民主黨分裂而爲兩派，一爲蒲列哈諾夫所領導的孟希維克派，一爲列甯所領導的布爾希維克派。高爾基很想設法把這兩派團結起來，使黨的力量不致分散，而得着更大的力量；極力主張列甯和孟希維克派的麥托夫等開一會議，商量辦法，列甯竟堅決的拒絕，甚至於說他寧願分屍四段，不願和這班人妥協。雖麥托夫譏笑他說在俄國只有兩個布爾希維克黨人，一是柯爾郞推，一是列甯自己，但他只付之一笑，絲毫不爲之遊移。後來在布爾希維克黨的自身，又有博達諾夫等一派人又以意見不合分裂爲『前進派』，高爾基又積極設法使他們重新結合，又被列甯嚴詞拒絕，連高爾基都被他責備一番！後來事實上是列甯看準了，孟希維克和前進派一班人都在理論上立不住，漸漸地退到暗淡無光的角落裏去了。理論澈底，策略準確，然後以排除萬難堅定不移的勇氣和精神向前幹去，必有成功的。一日卽最初同志儘少，這種堅如金硬如鐵的同志，一個可抵十個百個，內在的力量是異常偉大的。這是我所得到的最深刻的感想。糊裏糊塗地幹着，像『垃圾馬車』一樣地彙收並蓄，卽一時好像轟轟烈烈，終必以虛僞的或盲目的信仰，被投機分子的盡量利用，徒然成爲以主義（？）爲幌子，以私利爲中心的一團烏合之衆！

但是堅定不移的態度，必須出於理論上的澈底看清，策略上的澈底看準，然後纔能在驚風駭浪中，拿定着舵，雖千轉百折，仍朝着正確的方向前進，纔終有達到彼岸的時候。否則自己糊塗，還要强人也糊塗，這便是剛愎自用，結果反足以僨事，此卽所謂差以毫厘，謬以千里了。

二十二，四，八。

# 蘇聯的出版事業

在資本主義的社會制度裏面，最顯然的矛盾現象是一方面鬧着生產過剩，一方面大衆却日在啼飢號寒的愁城中過日子。這癥結無非由於生產是以利潤爲目的，購買力薄弱的大衆就只有呆望着過剩的產品發怔！其實如以供給大衆需要爲目的的生產正需要更多的生產，何過剩之有？這種情形不但見於物質的產品，卽文化的產品——如書報等——也有同樣的趨勢。

和蕭伯納同爲英國『法屏社』"Fabian Society"健將的作家韋勃 Sidney Webb 近來根據他遊俄的觀察，在現代史料"Current History"上發表了好幾篇關於蘇聯近況的文章，在最近出版的該月刊的三月號裏，韋勃有一篇關於蘇聯出版事業的文章，所述情況，頗饒趣味。蘇聯全國的出版機關，都由國家主持，都不以獲得個人利潤爲目的，換句話說，就是都以供給大衆的需要爲目的，所以出版事業的發達，雖以出版事業素稱發達的英美德等國，對她一比，都像小巫見大巫了。

蘇聯全國的出版機關都受國立莫斯科出版局的節制。這個出版局創立於一九一九年，僅就這個出版局一處的事業而論，在一九三二年的一年間，就出版了四萬種新書，共印六萬萬册，這樣的數量，就是德國和英國兩國每年的新出版物合併計算，還比不上！

這種可驚的統計，還不過是『關於俄羅斯本部』，即俄羅斯蘇維埃社會主義聯邦共和國(The Russian Socialist Federal Soviet Republic,)或簡稱爲俄羅斯共和國。（按蘇聯現在包含七個蘇維埃國家，俄羅斯不過其一）此外各共和國也有各自的出版局，像烏克蘭共和國的國立出版局專印烏克蘭文字的書，每年所出新書也有五千餘種之多。除上述者外，就蘇聯全部論，每年新書和小册子還有五萬種，共印約有九萬萬册。——還有六千種的新聞紙及定期刊，如日報週刊及月刊等，每期總計也有四千萬份，還未算在內。這事的數量，就是德英美三國每年所出的新書和小册子共計，蘇聯至少可和他們相等。

但是在二十年前，俄國的成年人口裏面，約有半數是文盲。蘇聯出版事業的驚人發展，乃在最近十二年間的堅忍的努力，現在一般人民對於閱看書報的熱烈，簡直如癡如狂。不但簡易的書，就是比較艱深的書，也在短時間內一售而罄。例如在一九三二年，黑格爾的知識百科全書，裏面包括有他的『邏輯』學，這就是在博學之士，也感覺到艱深的，譯成俄文後，第一版出五千册，在五天內完全賣完！第二版印一萬册，又在一個月內賣得精光！第三版又印一萬五千册，聽說年內又要賣光了。有人怪國立莫斯科出版局書印得不夠，該局說紙廠裏雖在積極趕着造紙，但所造的紙來不及應用，而依五年計劃，各方都須顧到，又不能再多分出勞動力來增加造紙。蘇聯在已往五年間，對於書報需要之倏然大量增高，實爲世界史上空前的現象。

在今日的中國，有日銷十萬份左右的日報，已算是刮刮叫的『大』報，有每期銷到十幾萬份的週刊，便引起注意或嫉妬，甚至引起强有力者的壓迫和覬覦，其實以中國人口之多，在出版事業的種種障礙排除之後，服務於出版界的人們將要忙得轉不過氣來！區區十幾萬份的出版物算得什麽！

二十二，四，二十二。

# 『兩地書』

我最近用了每晚十時後的三個深夜，把最新出版的一本兩地書好像一口氣地看完。（『魯迅與景宋的通訊』上海青光書局印行。）這是他們倆由師生而戀愛，由戀愛而『成眷屬』的四五年間的你來我往的一百三十五封的信。

我們在這裏面看得到他們流露於字裏行間的深摯的情誼和幽默的情趣，就是不認識他們倆的人，看了也感覺得到他們倆的個性活露紙上。許女士寫給魯迅先生的信，其先稱『先生』，既而稱『先生吾師』，既而稱『師』，既而稱 "My Dear Teacher"，最後索性稱 "Dear"，她的這顆心是隨着這稱呼的進步而一天一天進一步的獻給她的他了。有一次許女士在信裏說了一句『夾入我一個小鬼從中搗亂』，魯迅的回信就說『……其實是空言恐怕於「小鬼」也無甚益處。』隨後她就索性在信末署名的地方，把『許廣平』三字上的『你的學生』的字樣改為『小鬼！』書裏關於諸如此類的幽默，很天真而自然的幽默，令人看着發笑的地方還不少。

這還是關於個人的方面此外關於他們在社會裏所遇着的黑暗或荒謬的情形，亦有深刻的描寫——而且也常常寫得令人看了哭笑不得，我現在姑舉幾件事：

許女士乘輪船往廣州去的時候，在船上同艙的有個姓梁的，『是基督教徒，』她有個女友，和一個男友（？）不絕的來，一方面唱聖詩，一方面又打撲克……』

她在廣州女師校當訓育主任時，那樣一天到晚的忙，忙到夜裏九時十時後纔有自己的時間，繁重辛苦極了，寫到同事間的傾軋諷刺，更令人感到做事不易所住的地方尤其特別，有三個『小學教員』住在她隔壁，『總是高朋滿座，即使只有三人，也還是大叫大嚷，沒一時安靜。更難堪的有兩位自帶女僕婢子，日裏做事，夜間就在她們房裏搭牀，連飯菜也由用人用煤油爐煮食，一小房便是一家庭，其污濁偪促可想。所以我（女士自稱）的房門口的過道，就成了女僕婢子們的殖民地，擺了桌子，吃飯，梳洗，桌下鍋盆碗碟，堆積甚多……但我這方面總是竭力迴避，關起門來……』

魯迅先生寫他在廈大任教授時所遇的種種怪現狀，亦頗可發噱。他先『住在國學院的陳列所空屋裏，』去上課須走石階九十六級，來回就是一百九十二級；喝開水也不容易……』後來搬到教員寄宿舍，『器具毫無，』辦事員『故意特別刁難，』經他『大發其怒之後，』器具才有了，『還格外添了一把躺椅！』還有一段寫廈大『校員懇親會』的事情：

『昨天出了一件可笑可歎的事。下午有校員懇親會……不料會中竟有人演說先感謝校長給我們吃點心，次說教員喫得多麼好，住得多麼舒服，薪水又這麼多，應該大發良心，拚命做事，而校長如此體貼我們，眞如父母一樣……』

二十二，五，二十。

# 一夫一妻制

最近因克士先生發表了戀愛和貞操一文（見生活八卷第十五期），引起不少關於兩性關係及家庭制度的討論信件，我們當擇要陸續在信箱內發表。來信中對於現狀下的一夫一妻制，仍有視爲神聖不可侵犯的制度。關於這一點，現代社會學（李達著，上海崑崙書店發行）第六章家族（五八頁至七二頁）頗有參考的價値，全文徵引，非篇幅所許，茲僅撮述一二，藉作介紹。

關於一夫一妻制的起源：『溯一夫一妻制之成立，實由男權確立之故；男權之確立，實由共有財產化成男子私產之故。世之道學者，宗教家，恆視一夫一妻制爲最神聖最高尙最純潔之男女關係，而不知其並非出自愛情而出自財產關係也。世有私產發生，而社會有貧富之別，富者憑藉經濟勢力，成爲治者，成爲權力者，以壓迫貧人，虐待貧人；男子在家族內亦憑藉經濟勢力，成爲治者，成爲權力者，以壓迫女子，虐待女子。此女子所以儕於奴隸之列也。』

關於現在婦女的地位：『今日婦女謀生之方法，不出三途，卽「作妻妾」「賣淫」及「從事職業」是也。三者除職業婦人自食其力外，其餘作妻妾與賣淫者，在社會上之名譽雖殊，而其特性以謀生則一也……婦女地位之低劣如此，男女關係之不合理性如此，其果一成而不變乎？吾人有以知其必不然也。』

關於婦女解放與家庭的將來：『男女關係隨經濟之進化爲推移，故將來男女關係之變遷，亦惟有於將來經濟狀態之變遷中推論之。私產制度成立以來，至今已數千年，經濟進化之極致，必有無私產之新社會出現。無私產之新社會實現，則一夫一妻制所藉以成立之經濟基礎亦歸於覆滅。原一夫一妻制係由傳授遺產於子孫之必要而生，新社會既無私產，則男性傳授遺產於子孫之觀念勢必改變。一夫一妻制既因經濟的理由而生，經濟的理由消滅，則一夫一妻制亦必隨而消滅。與其說爲消滅，卽謂爲一夫一妻制之完全實現，亦無不可也。生產手段既歸社會公有，女子斯無委身男子謀生之必要，而根據戀愛結合之一夫一妻制定能實現。至此則男性之狀態必與舊日相反，而女性之狀態亦必大生變化。生產手段既轉爲公共財產，則單一家族，已非社會之經濟單位。私的家計成爲一種社會的產業，子女之教養及教育成爲公共事務，社會對於一切兒童，無嫡出私生之別，一律平等保護。於是男女自由戀愛之障礙消除，而眞正之戀愛成立。世之道學者流，昧於男女關係進化之歷程，竊慮將來男女之防範一弛，則男女關係雜亂放縱，勢非恢復古代雜婚或羣婚之狀態不止，人類且有淪於禽獸之虞，故對於戀愛結合視爲異端邪說，極端闢斥，是又過矣。歷史爲進化的而非退化的，一切社會制度因時勢之必要而生，亦隨時勢之必要而亡。家族制度爲社會制度之一，苟於人類之存在有絕對必要，雖欲破壞而無從，苟於人類有害，雖欲保存之亦不得也。』

二十二，六，三．

# 呻吟的哀音

自抗日戰事發生『不妥協』『不屈服』而只有『諒解』以後，中國輿論界的消沉，可謂『出乎意表之外，』其實也在乎『意表』之中。申報的自由談在不久以前頗有憤然實行其『自由』權之概但在五月二十五日却放出呻吟的哀音，發表一則小小的啓事，『謹掬一瓣心香，籲請海內文豪，從茲多談風月，少發牢騷，』『區區苦衷，伏乞矜鑒，』理由據說『實在是「天下有道，」「庶人」相應「不議」』全國言論界如都抱這樣的態度，抗日戰爭中的『諒解』問題，當然是可以一帆風順，一直『諒解』下去了！

說到這裏，令我陡然想起某君說過這樣一段的故事：

『今晨從窗口看見我的一位鄰人在鞭責一個年幼的婢女，當那小女孩因痛而大聲號哭時，嚴厲的主婦却來了一句：「不准哭！」我替那孩子設想，固然她是無法忘記所受的屈辱和肉體上的痛苦的……果然他到底又哭出來了！可是隨了哭聲而來的又是一句「不准哭」的怒吼和鞭撻！

你覺得這是一幅太慘酷的圖畫嗎？在覆巢下的中國民衆現今所處的境遇，和這個『小女孩』不知有何不同？如說有的話，大概是除了家裏的『主婦』之外，還加上一個發令指使的鄰家『主婦』在裏面作祟。

果然『天下有道，』豈但『「庶人」相應「不議？」』還應歌功頌德纔夠味兒。這樣說來，這個『不准哭』的『小女孩，』還算在幸運上高人一等的了！

二十二，六，十．

## 統治者的笨拙

十九世紀末葉的俄國，在青年裏所潛伏着的革命種子已有隨處爆發的緊張形勢，而當時統治者的橫暴殘酷，也處處推促革命狂潮的奔臨。

『……到了十九世紀的末了，形勢一天一天的愈益緊張了。一八九七年，有一個大學女生名叫瑪利亞（Maria Vetrova），被拘囚於彼得保羅砲台，在該處她在神秘的情況中自殺。當道對於她的死，嚴守了十六天的秘密，然後纔通知她的家屬，說她將火油倒在自己身上，把她自己燒死。大家都疑心這個女生的死是由於强姦和强暴而送命的，這件事變更爲學生界憤怒的導火線……』（見革命文豪高爾基第十八章革命的前夕）

俄國革命便由統治者在這樣壓迫青年自掘墳墓中醞釀起來。

其實這種慘酷的現象，不僅當時的俄國爲然，世界上黑暗的國家，統治者對於革命的男女青年的摧殘蹂躪，也一樣的慘酷，不但慘酷而已，而且還要用極卑鄙惡劣的手段，造作種種蜚語，橫加侮辱，以自掩飾其罪惡。這種手段當然是極端笨拙愚蠢的，因爲略明事理及知道事實的人決不會受其欺騙；在統治者自身，徒然暴露其心慌意亂，倒行逆施，增加大衆的憤怒和痛恨罷了。

二十二，十，八。

# 韜奮漫筆

每册實價肆角
外埠酌加寄費

著者 韜奮

發行者 生活書店 上海法租界陶爾斐司路

印刷者 生活印刷所



中華民國二十一年十一月初版

# 小言論

韜奮著　生活書店發行

## 第一集　一册八角

生活週刊的「小言論」，係就各種重要時事，用銳利的眼光，精確的思想，公正的態度，雋永生動的文筆，痛加評述，言人所欲言，言人所不敢言，是民衆最有力的喉舌・本書就是從十七年到廿年上半年末了兩年半間的「小言論」裏選編的・共一百卌二篇，篇篇都是著者精心之作，尤可鼓勵讀者運用思考，增進觀察力及判斷力・

## 第二集　一册八角

本書內容是從二十年六月至廿一年十一月間的生活「小言論」裏選編的・評論以時事爲材料，而其觀察點則有其中心思想以爲權衡，於紛歧雜錯的個別問題中，均有一貫的中心思想爲背景・倘與第一集比較，可見作者思想的日趨堅定・本書也可說是生活週刊的中心思想的重要表現・已讀第一集者，更不可不看第二集・

## 第三集　一册五角

本集是民國二十一年十一月至二十二年七月中的生活週刊「小言論」裏選輯的，共五十六篇，著者用犀利深刻的思想，趣味雋永的文筆，痛論社會及政治等各方面複雜的事實，更較前兩集爲精彩・已讀第一二集者，尤不可不看這第三集・

# 小言论选集

韬奋 著

# 小言論選集

韜奮著

# 小言論選集弁言

從前曾將我在生活週刊上發表過的小言論，先後選留一部分，編成了第一，第二，第三，共三集，寫作的時間自民國十七年十二月到廿二年七月，共約二十七萬字，三百二十七篇。最近書店裏的同事說這三集小言論都已告罄，有重版的必要。我略將舊作翻開來看看，覺得有許多文字，在現在看來，實覺得『汗流浹背』，那裏有重版的價值？我於是用『鏟除』的手段，大大地『鏟除』一番，把許多送入『墳墓』裏去，讓它『千古』吧。還有一小部分比較稍稍像樣的，留下了四十七篇，佔原有篇數百分之十四強，不及原有篇數五分之一；共約九萬餘字，佔原有字數百分之二十六，不及原有字數三分之一。這樣，把四五年間在生活週刊上做的小言論，選編成了小言論選集。（其實已是選集的選集。）

我回國後最感到愉快的一件事便是發現讀者界在認識方面有了長足的進步。也許再過幾時，就是這選集也有送入『墳墓』的必要，那就更是作者的欣幸了。

韜奮記於大众生活社。

一九三六，二，四。

# 目錄

# 募捐提倡做死人

有一位朋友對我說他的親戚某君眞是『有心人』，用了許多精神去募捐到五百塊錢，印了三千部有益世道人心的書送人，問我要不要。我聽了不化錢有書看，而且還是『有益世道人心』的書，就請他順便拿來瞧瞧再說。過了幾天，他就把所謂『有益世道人心』的書送了一部來，我看上去有四厚册，書面寫着『閨範』兩字，第一册封面上還這樣的寫着：『……所願得是書者，各各在家爲眷屬演說，出外爲大衆提倡……俾一切閨閣淑媛，皆得受持，是則是效，庶不負前人著述之苦心，諸君流通之素志也……』我略翻幾處來看看，知道其中所提倡的『婦女善行』是注重在『婦人者伏於人者也』。再看其中所撰述的事實，很有許多太合於現代潮流及人道主義的妙不可言的地方，可惜一點兒引不起我們『流通之素志』，更不敢『在家爲眷屬演說』，現在姑隨手撮錄一二則以表示印送者作孽之苦心！

有一節是該書著者自詡爲『錄之以爲夫婦居室之法』的，事實如下：『呂榮公夫人僊源（原註夫人字也）嘗言與侍講爲夫婦，相處六十年……自少至老，雖衽席之上，未嘗戲笑．』做女子的人原來應把面孔練得冷，練得板，而且能夠冷而且板到六十年之久，纔夠得上『夫婦居室之法』！這個地方的『室』字似應改爲『牢』字，因爲這樣陰森慘冷的空氣，只於監牢中髣髴有之．但這是『有心人』所提倡的『閨範』！他主張這是『一切閨閣淑媛』所應該『是則是效』的！

還有一節是該書著者讚爲『不失爲聖人之道』的，內容如下：『江文鑄妻范妙元，年二十一，歸於江，及門，未合巹，夫忽以瘵疾卒．范曰：「入江氏門，卽江氏婦也，豈以夫亡有異志哉？」遂居江氏家，潔身守志，卒年九十五．』爲一個素不相識毫無情愛可言的人，不過踏進了門檻，便把從二十一歲至九十五歲的七十四年的一生送到孤寂慘冷的境界裏去！卽范妙元自己有這幾句話，也是受毒深重所致，到現在時代，非全無心肝的人，大概不至贊成『上門守節』的把戲吧！然而這是『有心人』所提倡的『閨範』！他主張『一切閨閣淑媛』所應該『是則是效』的！

我們不忍責備當時這類無知的婦女，因爲她們受不講理性的邪說和環境所煽惑壓迫，原也很可憐的．我們所覺得痛心的是這部書係呂坤在明朝萬曆十八年著述發行的，在現在已是三百年前的老古董，受過他的災害的那些無辜的可憐蟲，都早成了死人，化爲灰土了，而生在二十世紀的『有心人』，仍閉着眼下狠心這樣提倡做死人！用了許多精神來募捐提倡做死人！所尤可恨的是還有許多人好像有錢無處用，情願拿出來助桀爲惡，貽毒社會！

（十八，四，二十八．）

# 半個腦子

據於腦學很有研究的費利博士(Dr. E. E. Free)說，有許多腦學專家依實際研究的結果，都深信人類對於他們的腦子往往只用了腦子全部分能力裏面的一小部分，還有一大部分隱藏着的能力，都因沒有用着而埋沒掉。這個意見，因美國霍布金斯大學(John Hopkins University)裏有位腦學專家鄧德博士 (Dr. Walter Dand)最近執行了五起腦病的剖腦手術，獲得空前的奇異結果，愈益可信。據說有五個人患了異常嚴重的腦病，只有開刀或有一線之希望，於是像我國人所謂『死馬當活馬醫』，便由鄧德博士用手術，把他們的大腦割去一半。我們都知道一個人的大腦是他思考力所薈萃的區域，剖割之後，這五個僅有半個腦的仁兄，有兩個仍不幸而無救，有三個的生命却得以保存，於是這位腦學專家便得着測量所餘思考力的好機會。既割去了半個腦子，必有一半身體是要麻木不仁的，這是當然的一種結果，在未用手術以前就預料到的。一個人大腦的左半邊是管轄右半身，大腦的右半邊是管轄左半身，因為腦神經離開腦殼之後，就這樣交換方向的布滿左右半的身體各部。鄧德博士這次把五個人的腦右半割去，所以生存的三人左半邊身體都麻木不仁。所奇者是這三個人的大腦雖然僅留着一半，而細究他們的思考力却與前無異。換句話說，就是他們有全腦的時候，並未曾用着全腦，只不過用着一半，否則思考力必定可以比現在加倍起來。

我國昔賢說：『心常用則活，不用則窒。』『精神愈用則愈出。』這原來不過是他們經驗的話，現在有了上面所說的科學方法的證實，更覺得有深切的意味了。

昔賢又嘗有幾句警語說：『智慧愈苦而愈明，不可因境遇偶拂，遽爾摧沮。』『苦』是人人討厭的東西，有什麼好處？也無非是受了『苦』的刺激，把大腦裏的部分多用了一些，所以『愈明』；坐享『寫意』日子的紈袴子弟，『撒撒爛汚』，大腦裏用着的部分愈少，也許還要幹些不正當的勾當，把大腦傷了幾部分，弄得更糟！

但是用腦子也要得法，否則反而容易用壞。例如學校裏所謂『書蟲』（上海人所謂『書讀頭』）何嘗不是一天到晚的用腦子，可是『愈用』非特不能『愈明』，反而愈笨！要免這種弊病，有兩要點：（一）用腦的時候，要使注意力完全集中(Concentration)。『書讀頭』的讀書，也許捧着書看了好幾頁，不曉得自己看了什麽！或硬記了許多時候，不懂得自己記些什麽！有的人讀書時間雖不多，而心得却不少，就是在讀的時候注意力集中的緣故。讀書如此，處事亦然。（二）這樣用腦若干時之後，必須有『弛散』(Relaxation)的機會，就是要使腦子完全休息，使緊張的腦神經得處於完全弛緩的狀態。『書讀頭』之所以尷尬，就在乎『一天到晚』沒有『弛散』的時候，所以他的腦子『愈用』而愈『窒』。讀書如此，處事亦然。

（十八，五，十二）

# 糊塗蟲假認真

本刊心水君在二十三期『無若有』一文裏談起幾年前某省有一位省視學鬧出的笑話，他重在說明『知之爲知之，不知爲不知，是知也．』勸人『有若無，實若虛』．他這段笑話，引我記起前幾年某省另有一位省視學的事情，倒也可算是一樣難得的後先相映的『佳話』！

這位省視學原是一個糊塗蟲，但他不幸做了什麼省視學，每年總要視察幾個學校，而且於視察之後，還要做幾篇報告，視察和報告都要有些話來敷衍一下，便苦了他的『特長』！有一次他到一個很有名的中學校裏去視察，他雖然到各教室裏去『視』了一番，原未『察』出了什麼，連各教員的姓名都不知道，這本是他糊塗的好處！但他一心準備着要做報告去呈給教育廳長瞧瞧，不得不認眞一些，所以於視察之後，在該校應接室裏，便就懸在壁上的玻璃框內的教員姓名表，把姓名及職務照抄在袖珍日記簿裏，像寶貝似的藏好帶了回去，這總算是他的深謀遠慮了．不料他所照抄的那個教員姓名表是隔年的，其中有一個教員是已經去職的，還有一個是已經死掉的，這位糊塗蟲作報告的時候，却閉着眼睛一個一個加了幾句評語，連去職的和死掉的教員所有的教授法都被他『視』了一下，『察』了出來，這樣的認眞，說他糊塗似乎難免罪過！高高在上的教育廳當然根據他的報告公布，被那個中學校長和教員看見之後，爲之大譁．他對於教員勢難個個說好話，總要有些不大好的批評，糊塗的批評當然要引起一部分的不平，該校校長本想告他一狀，後來想到他對全校的總評總算說了好話，纔置之不論．危哉糊塗蟲，間不容髮！

據說宋朝有一位戸部侍郎叫做呂端，宋太宗想叫他做宰相，有人說他糊塗，宋太宗說『端小事糊塗，大事不糊塗．』終於叫他做了宰相．這位省視學先生在總許裏總算閉着眼睛說了幾句『好話』，也許還可以把『大事不糊塗』自慰，深歎生不逢時，不然也許還有宰相的資格！但是他比呂端更勝一籌的是假認眞，天下遲早終必拆穿的是假的事情，糊塗也罷了，糊塗而假認眞，便更危險。

依姓名表上抄下來的姓名，只要抄的時候戰戰兢兢，如臨深淵，如履薄冰，不要抄錯，似乎是一件很穩當的事情，誰料這樣『觸霉頭』，却遇着是一個隔年的表格！在做『假』的人都以爲是『深謀遠慮』，『萬無一失』，不知天下只有眞的事情是可以顚撲不破的，假的事情無論如何周密，總是必有一天要拆穿的。

（十八，五，十二）

# 傻子太少

有某君談起他有親戚某甲最近乘滬寧車到滬，所乘的是三等車，上車時乘客擁擠，座位上都坐得滿滿的，他只得立着，後來立得腿酸腰痛，東張西望，無意中瞥見有乘客某乙自己坐着了一個地位，身邊又放着一件行李，也佔去了一個人的座位。某甲便請他把那件行李拿下來，讓他坐坐。不料某乙竟不肯讓，某甲和他大辦交涉：「你買了一張票，我也買了一張票的……」某乙很頑強的怒斥他：『誰來管你買票不買票！』某甲更冒起了火，愈嚴厲的提出抗議，某乙却妙得很，把本來掛在胸前衣服裏面的一個徽章，特為抽出來拖露於衣外，表示他是機關裏的職員，也許還是一個什麼官兒。可是某甲仍『弗識相』而大講其理由，說什麼『現在的政府是民治的政府，鐵路既是國家的，便是國民所得共享的……』某乙聽了說得更妙，他正而經之的憤然駁他道：『我就是國家的，我的行李就是國家的。』理由多麼充足！法國的專制皇帝路易十四所說『朕卽國家』的話，不能專美於前矣！他的意思大概是說他既做了公務人員，國家的就是他的，他的就是國家的，所以他可以隨意享用，乃至於他的行李也有享用火車上座位的特別權利！我却笑語某君：『他的行李既然是國家的，卽不是私人的，公物公用，便不應給他私有，應該充公纔是！』

這位用徽章來嚇人的仁兄誠然憨態可掬，憨語可哂，但也未嘗不是有人——比他顯赫的——拿機關或官吏的威權來『侵略』我們老百姓，這種好榜樣給了他暗示，他不過是做得憨些說得憨些而已。當時全車的其他乘客都作壁上觀，某甲雖繼續的抗議，只好像中國人在租界裏的抗議，都是白說的，竟一路嘰哩咕嚕的立到上海。

我記得西瀅閒話的著者說過這樣的幾句話：『有一次我立在倫敦一條街上，

候着看新市長就職的行禮．大約立了一點鐘，我身後的人已有數重，忽然一個中年婦人突來站在我的面前，我自然一聲不響的退讓了．我兩旁的不認識的女子却抱了不平．她們說我站了一點多鐘，那婦人不應當搶我的地位．中年婦人聽了她們的批評，面紅耳熱的逡巡自去，她去後我兩旁的人還憤憤的說她無禮．這種在中國會有嗎？誰肯這樣無故的開罪他人，何況爲了不認識的外國人？然而這樣的傻子我自己在英國遇見就不止一次．』

老實說，我國敢於蔑視法律而專恣橫行肆無忌憚者之所以多，就是一般國民中『傻子』太少而社會制裁力太薄弱的緣故．我國的那個『某乙』所以敢於無理『頑強』，英國的那個『中年婦人』所以不得不『面紅耳熱的逡巡自去』，並不是她比他特別好，是因爲她的國裏『傻子』多而社會制裁力強；他的國裏『傻子』少而幾至於無，社會制裁力弱而幾等於零．

（十八，八，十八．）

# 幾個特色

南開大學校長張伯苓氏最近由歐美回國，本刊上期裏曾有一文記述他在海外所得的『深刻的印象』，此外他還談起一件很動人的事情・他說此次在國外遇着一位熟悉東西人民心理的朋友，就他觀察所得，告訴他下述的一段話，使他永不能忘・據那位朋友說，假定有十個西洋人聚攏來開會議，各人對於所討論的問題，盡量發表各人的意見，共同討論之後，總有一個『結論』（Conclusion），這個結論的內容不是甲的，不是乙的，不是丙的，也不是丁的……是由各人參加些彼此的意見，修正些彼此的意見，補充些彼此的意見，治爲一爐的結果・會議之後，各人就依照這個公共獲得的結論做去，把各人原有的個人的成見一概丟開・這樣。會議能使與議的各個人得着增加智識的利益，因爲獲得許多別人的好見解補充自己的識見，啟迪自己的思考。假定有十個日本人聚攏來會議，便不同了，便不是由人人參加意見，只讓一二特有勢力的人發表意見，多數人則以此一二人的意見爲意見；假定有十個中國人聚攏來會議，又不同了，未開會以前十個人有十個意見。會開了之後十個人還是十個意見！同床異夢，各幹各的。

據張氏說他聽了這一段形容我國人各執私見不肯和衷共濟的話，只有覺得慚愧，沒有話說。這種意見如出於後生小子之口，也許有許多『遺老』『遺少』要大罵『媚外』或『洋化』，現在出於在中國辦學二三十年老成持重的張老先生，也許值得國人稍稍加以注意吧。

我覺得上面所說的那三種會議，第一種在中國雖非絕對沒有，確是『鳳毛麟角』；第二種在中國似乎不少，不能讓日人專美；至於第三種則爲我國大多數會議的一大特色，大值得事事要保存『國粹』者的苦心保存！

據我平日觀察所得，我國的會議除了這個大特色外，在會場上似乎至少還有幾個不大不小的特色：(一)隨意談話有絕對的自由。孫中山先生在民權初步裏說『凡研究事理而爲之解決，一人謂之獨思，二人謂之對話，三人以上而循有一定規則者，則謂之會議』，在我國的會場上，儘管在『三人以上』，『對話』似乎特別的多；他們就是有什麼意見，並不願意作正式的動議，却情願交頭接耳的亂說一陣，弄得會場上好像聚了一大堆蒼蠅，嗡嗡之聲盈耳，何等熱鬧！(二)隨時發言有絕對的自由。會議時一人發言未畢，他人依例不應插言，這種拘束，在我國似乎太妨礙自由，所以想說話便隨時可以出口，是否有人未曾說完，不必措意，好像他只生着一張嘴，並未帶着耳朵來。(三)有固執的精神。你倘者有所主張，就是錯了，儘管有人糾正，你還應該面紅耳赤，始終表示悻悻然的態度，老實把糾正你的人視爲私仇！

(十八，十，二十七．)

# 大光明中大不光明

上海有影戲院名大光明者，二月二十二日發生一件大不光明的事情——其實在下對這件事恭維之曰『大不光明』，不過要針對大光明的嘉名，使名實相符的程度特別顯明罷了。論到這件事的性質，簡直是十全奴性的十足表現，卑鄙齷齪鮮廉寡恥到了極點，『大不光明』四字未免過於客氣，我實在覺得有點抱歉！

這件事的原委，詳見洪深君寫給上海特別市黨部執委會的呈文（見二月二十四日新聞報），及他在同日民國日報上發表的大光明戲院喚西捕拘我入捕房之經過一文，茲爲便於評論計，再簡要的略述如下：上海的光陸和大光明兩戲院開演羅克主演的不怕死有聲電影，裏面捏造中國人綁票販土怯懦種種醜態，盡量形容不怕死的羅克處處制勝怕死的中國人。現任復旦大學暨南大學教授曾在美國專研戲劇的洪深君適在大光明看見此片，激動義憤，對觀衆作激昂慷慨的演說，表同情者紛紛退票，該院大股東兼總經理潮州人（潮州仍屬中國版圖，特此鄭重附註！）高鏡清竟指使其所僱用之西人經理將洪君揪入經理室裏面毆擊，並喚西捕將他拖出該院，拘到捕房裏去管押，可惜捕房尚未能體貼入微，當夜卽釋。

此事至少有兩點值得特別的注意：（一）外人之揑造誣蔑，固屬可恨，然以本國人而憑藉外勢以侮辱欺凌本國人，更屬無恥之尤，應爲國人所同棄，鳴鼓猛攻，不稍寬假，庶幾可使只要錢不要臉，至於協助外人侮辱自己民族，憑藉外勢欺凌本國同胞的厚臉專家，亦不得不稍稍顧到只要錢不要臉的無恥勾當實可爲而不可爲，替民族精神略留生氣。有人說大光明因在美領署註册，是受大美國國旗的保護，當然不屑受青天白日旗的庇蔭，故所謂總經理也者雖不幸做了中國人，實可自命黑髮黃臉的大美國人，現在僅僅開演侮辱中華民族的影片，放出一點兒欺侮中國人的威風，已算是格外克己！（二）『明哲保身』教人怯懦畏懼，實養成今日不痛不癢的痲木國民，現在我們要提倡爲正誼公道及民族前途就是死也不怕的精神。我因此對洪君此事乃不勝其佩仰，當日尋不着他，翌日一清早就跑到他家裏去慰問，並面致我十二分的敬意。

（十九，三，九。）

# 留學熱中的冷靜觀

上海市教育局與寰球中國學生會發起聯合各大學各團體籌備歡送八月中旬放洋的大批留學生，聽說已於七月十九日在華安大樓開過一次籌備會議，想屆時必有一番盛況。教育爲立國基礎，高深學術尤爲國家建設所急需，留學諸君有機會赴國外求高深學術，備將來爲國家社會努力，我們除竭誠歡送外，似無話說。不過記者在我國的留學熱中試作冷靜觀，殊不能無感，姑妄言之以供社會人士的參考。

我國每年大批留學，以赴美爲尤盛，在美的中國留學生多的時候達六千人（見本刊上卷三十五期），最近降至一千二百六十三人（見七月十二日出版的密勒氏評論報美國通訊），這並不是心理上熱度的減低，最大的原因是在國內禍亂無已，窮的程度大有進步，但是窮的程度儘管進步，今年金價尤有空前的暴漲，而將於八月放洋的留學生上面仍加得上『大批』兩字，愈足見心理上留學熱之有增無已。我們試默察一般人的心理，大概可以說做子弟的人不入學校則已，既入學校，其心理上總以未留學或不得留學認爲未能登峯造極爲憾；做父兄的不培植子弟則已，既培植子弟，其心理上總以未使或不能使子弟留學認爲未能登峯造極爲憾。他們之所以『爲憾』者，其注意點多不在什麽眞才實學，却在未能得一銜頭或資格。這種心理，我們不能怪做子弟的，也不能怪做父兄的，因爲社會所崇拜的是虛銜頭空資格，眞才實學原屬無關重要，非如此便無以應社會的需要，便無以增進自己在社會上的地位！

記者直率敘述這種幾於普遍的心理，並非無條件的反對留學，我的朋友裏面具有眞才實學而爲留學生的不可勝數，我敬之重之，故我個人更無輕視留學的成見，且認爲在相當條件之下，我國在目前並有留學之需要，不過愚見以爲徒重虛銜頭空資格而忽略實際材能，實爲一種病態心理；依這種心理，曾經留學的飯桶也應該位尊多金，未曾留學的雖有優越才能也應該屈居下位。這樣一來，固然寃抑了許多確有眞本領而沒有虛銜頭空資格的人才，也減損了許多確有眞本領的留學生的價值。這種惡劣風氣之釀成，實在是社會上握有用人之權而自己沒有腦袋或雖有腦袋等於沒有的一班人的罪惡。結果大家崇拜虛銜頭空資格，有無眞才實學可以不問；大家所努力者也只是取得虛銜頭空資格，無須顧到眞才實學。於是於不少國貨飯桶之外，更加上不少洋貨飯桶！

（十九，八，三。）

# 勞苦民衆中的一樁喪事·

東北商工日報最近載有遼甯的一段新聞，標題烈日下洋車夫倒斃，大概說：

『近日天氣特別炎熱，生活諸感不適，而一般勞動者更受其痛苦，月之二日上午十時許，大西關五斗居東路南發現一死屍，原是一洋車夫，記者當向五斗居分所詢問究竟，據云死者所拉之車號數一萬一千一百二十一號，屬於商埠二分局內之玉合車廠，此車夫體甚強壯，素無疾病，此次之死，完全是因在烈日之下跑路太多，血氣大傷，至五斗居東，體力實覺不繼，頭目發暈，猝然倒地，氣絕身死。慘哉！午後四時許官方驗畢即日埋葬矣。』

我國民衆在兵災匪禍遍地之區所受的慘苦，本刊曾有所評述以告國人，而該報此段新聞所述之慘狀則發生於兵災匪禍區域之外，則全國勞苦民衆水深火熱之狀況更可概見。在北方所稱爲洋車夫，卽南方所稱的黃包車夫，其平日的生活，勞役甚於牛馬，待遇苛於奴隸，每遇嚴冬炎夏，則蹣跚於暴風之中，呼喘於酷暑之下，尤處人世奇慘的境遇，故黃包車夫實爲勞苦民衆中之尤悽慘者。同是圓顱方趾的人類而處身同國者，目擊這樣號稱人類而實無異於牛馬的同胞，司空見慣，固可熟視無睹，苟略一思索，當必認爲莫大的恥辱而侷促不安，慚愧無以自容。但勞苦民衆儘管勞苦，而軍閥爲個人權利而混戰，官僚爲個人權利而搜刮，仍各行其事，荒縱極欲！在這種形勢之下，全國人民憂傷憔悴，固不知死所，卽彼罪孽深重的少數特殊階級之燕巢幕上，終亦不知死所而後已。

卽就死後的排場說，上述的那位在烈日之下倒斃的黃包車夫，東北商工日報記者雖加以『慘哉』的慨歎，但死了一個可慘的黃包車夫便不過『官方驗畢卽日埋葬矣』草草了事。在殃民禍國的軍閥或官僚，一旦幸而死了，我們便可在報上看見煌煌然載着有人替他組織什麼『治喪事務所』，派着總務文牘會計庶務等等執事，替罪孽深重的死人辦公，如此虛耗國帑猶以爲未足，動不動還要加上多則盤萬少亦數千的『治喪費』。依我們平民的眼光看來，勞苦民衆勞苦到黃包車夫，却是自食其力，工作遠勝於酬報，對社會可謂有功無過，若爲國家社會之蠹的軍閥官僚，多死幾個，死有餘辜，但他們死後還要虛耗國帑！

（十九，八，二十四）

# 欲蓋彌彰的獸行

我國蕭信庵女士應荷屬安汶島華僑培德學校之聘，中途被荷商渣華公司輪上荷人大二副強汚，本刊以此事不僅關蕭女士個人之辱，實爲我中華民族全體之羞，曾一再有所論列，十月廿一日報載上海該公司經理強辭掩飾，謂大副確向蕭女士接吻一次，否認非禮行爲，並謂二副無關，本案曾經望加錫法庭偵查，但對大副等爲不起訴處分云云・荷人對此獸行之欲蓋彌彰，徒引起我們的愈甚的憤慨・蕭女士所作弱女孤行途遇危險記，對於該兩隻獸之屢次侮辱均有詳述，對於二副的獸行明明說他『一手鎖門，一手握吾頭頸，門鎖好，見其解褲紐，以其陽具取出，將吾推倒在牀』，今荷人僅認爲『接吻』，文明的荷人對他們本國女子接吻時是否用得着解褲紐，取陽具，我們不得而知，依高尚的中國人看起來，這是獸類的獸行，確鑿無疑．蕭女士與此獸類旣無宿怨，以女士平日之盡瘁教育，品性純潔，絕對不肯自辱其名而對此獸類有何其他用意，故我們對蕭女士的泣訴認爲字字眞實，對那兩隻獸的獸行認爲鐵案如山，無可掩飾．

雍容雅度的外交當局是不盡可靠的，欲荷屬法庭主持公道更是做夢，然則我們民衆對此事有何對付方法？曰有，而且只有一條路，就是一致團結起來與包庇獸類的渣華公司斷絕交易，實行華僑聯合會通電所謂『自今日起，勿搭乘渣華公司輪船，勿配寄渣華公司商品，勿起落渣華公司客貨，勿承登渣華公司廣告，勿刊載渣華輪船進出口消息，使荷人認識華人非獸，使全世界人類認識華人是人』，必如此纔能使包庇獸類者感到切膚之痛．

聞廈門已對渣華斷絕營業關係，渣華輪在該處無業可營者共有八艘之多，將開來上海．我們願竭誠對廈門同胞頂禮致敬，同時要問上海以及各埠的中國人打算怎樣？

（十九，十一，二．）

# 文明國的文明行爲

荷商渣華公司芝巴德輪大副二副汚辱我國蕭信庵女士一案，記者曾於本刊第四十七期欲蓋彌彰的獸行一文痛斥上海該公司經理強辭掩飾之無恥。最近消息，該公司亦知中國輿論之非盡痲木，中國民衆之非盡冷血，有與該公司斷絕經濟往來的決心，不得不稍戢其兇燄，將大副二副免職，船主及醫生降調，便想就從此馬虎了結，並由買辦何錦鏞恭備菲酌，請各團體各報館吃一頓，華僑聯合會特於本月四日通告各界勿受其愚，通告中並補述該公司經理恬不知恥的幾句話，說蕭女士年已三十，滿面痲點，似無被汚資格，可見文明的荷蘭國裏凡是女子面上無痲點而又年在三十以下者都有受外國人隨意強姦的資格！這種文明的行爲實非高尙的中國人所能了解，高尙的中國人裏面也產生不出那樣強姦外國女乘客的大副

二副•

閒話少說，記者愚見以爲華僑聯合會及熱心主持正義的各團體當研究並提出對方應執行之最低具體條件•華僑聯合會最初宣言，有『在芝巴德之獸類大二副未嚴厲處刑，荷蘭政府未正式向我民族道歉，蕭女士未得到相當賠償以前，絕不停止（抵制渣華輪船公司所有船隻）』，所謂『嚴厲』，所謂『相當』，都須依法酌理加以具體的規定，庶幾目標明瞭，羣力奔赴，易於堅持到底而達到所期望的目的•

（十九，十一，十六•）

# 悲慘壯烈的台番

台灣的生番於十月二十一日起與日人血戰。在生番以自己的努力，圖民族的生存，天經地義，無可訾議。據日聯十一月三日門司電，東京帝國大學教授吉松考察台灣行抵該處，據云暴動原因有三：(一)反對戶口調查，(二)近來工資低減，(三)日人侮辱番婦。調查戶口有無虐待情形，電文未詳；第二因無非對被壓迫的民族更作酷烈的經濟剝削；第三因則以日本的通訊社及教授猶肯公開明言，則其內容必有更不堪聞問者。此次生番作殊死戰，婦女多自殺以送父兄出門，以絕男子出戰者之後顧憂。記者執筆時聞生番不勝日軍飛機巨礮之猛擊，大勢已去；但我們不問一時的成敗，只知正義的鬥爭，願傾萬斗熱血，對此悲慘壯烈的台番志士灑一掬同情之淚。

（十九，十一，十六。）

# 哀監察院

人性不甚相遠，並非外國官吏特別好而不敢妄爲，我國官吏特別壞而肆無忌憚，其重要樞機乃在社會輿論能否明是非，嚴褒貶；監察機關能否抉弊竇，著實效。日本政府大員犯法後不得不鋃鐺入獄的新聞，爲我們所習見。最近美國前內務總長因受賄而宣判有期徒刑，雖以七八十歲之高齡，多方設法求恕，執法者不爲稍動。國政之能上軌道，政府之所以能取信於國民者，即在此是非嚴明，賞罰不苟，也就是所謂法治的精神。我們對於監察院之成立，甚爲重視，對于院長打倒蚊蟲蒼蠅老虎的決心，不勝其同情，也無非希望在實際上能收到這樣的效果。

但是監察院自本年二月二日成立以來，幾及半年，執行懲戒的機關所謂『官吏懲戒委員會』者，至今尚未成立，僅有彈劾而無懲戒，監察院豈不成爲『吶喊院』？實際效果云云，徒覺可哀而已！依彈劾法雖得同時呈請國民政府免職『爲急速救濟之處分』，但近據京訊，彈劾交通部電政司長莊智煥及立法院委員史尚寬的幾位監察委員因提出彈劾案兩月之久，政府並未將莊等免職查辦，特提出質問，有『監察制度幾等虛設』之憤語。又前南京土地局長常鴻鈞以『土地奶奶』一案喧傳一時，雖經監察院調查確鑿，提出彈劾，僅免職而未經懲戒，最近又聞另有新委任，而受彼蹂躪的湘女子鄧成立則被陷受拘未釋。依彈劾法第三條規定：『彈劾案之提出……應詳敘事實，附舉證據』，可見經監察院提出的彈劾，已有『事實』和『證據』，不應含糊以不了了之。依監察院組織法第六條規定：『彈劾案提出時，由院長另指定監察委員三人審查，經多數認爲應付懲戒時，監察院應卽彈劾移付懲戒』，可見經監察院移付懲戒時，已經過『審查』，不應含糊以不了了之。卽政府認監察院的彈劾不對，應該還他一個是或非，若延擱不理或含糊了事，使蚊蟲蒼蠅老虎視監察院如無物，分道揚鑣，各盡能事，使老百姓只覺監察院不過等於「吶喊院」，實深惋惜。我們以為監察委員諸君應以去就力爭，務使名實相符，勿讓那班蚊蟲蒼蠅老虎在旁竊笑。

# 國慶與國哀

『以今日事勢觀之，天災可以死，盜賊可以死，瓜分之日可以死，貪官汚吏虐民可以死，吾輩處今日之中國，國中無地無時不可以死！到那時使吾眼睜睜看汝死，或使汝眼睜睜看我死，吾能之乎！抑汝能之乎！……吾今死無餘恨，國事成不成，自有同志者在．』這是林覺烈士——黃花岡爲國殉難烈士之一——二十年前爲國努力殺賊臨危授命時寫給他夫人遺書中的血淚語．革了二十年的命，他當時垂涕而道之『事勢』，到現在已成了『事實』．據東北逃難來滬友人所述，遼吉在暴日鐵蹄下之我國人民，民家出入惟日兵所欲爲，身命殺戮惟日兵所欲爲，強姦婦女惟日兵所欲爲，取擕自由惟日兵所欲爲，不僅日兵，即一切日本浪人都可狐假虎威，無惡不作，受其凌辱者，除俯首貼耳，飲泣吞聲，或不勝羞憤，犧牲一身外，含寃賫恨，哭訴無門。中國雖未全亡，而亡國奇慘，東北數千萬同胞固已含淚承受，林烈士所謂『無地無時不可以死』，所謂『吾眼睜睜看汝死，或使汝眼睜睜看我死』，無異爲今日東北之寫眞。我們念及雙十，不禁聯想到二十年前此日武漢之義舉，不禁聯想到慷慨捐軀爲國犧牲的無數烈士，同時更不禁聯想到殉難諸烈士當時所痛心疾首奮不顧身欲爲同胞鏟除之危害，至今日則如水之益深，火之益熱，所謂『同志者在』，徒見其掛羊頭賣狗肉，鈎心鬬角於私鬬，喪權辱國爲慣技，一任暴敵之橫衝直撞，刦掠慘殺，不以爲恥，除『不抵抗』外無辦法，除『鎭靜』外無籌謀。痛念先烈之赤血熱淚，環顧國家之黑暗悽慘，逢此雙十，悲感叢集，實國民抱頭痛哭之日，國哀而已，何慶之有？

但是徒然哀痛，一味悲觀，則亦非有覺悟的民族所應爲。因爲國慶或國哀，皆爲我們所自取。所以記者撫今追昔，雖不勝其悲愴，但却不願消極，並切望全國同胞不要消極。我們必須深信種瓜得瓜種豆得豆的因果律。今日國慶所以成爲國哀，是由於我們已往的不努力；今後國哀之能否變爲國慶，亦視我們將來能否努力爲轉移，關於這一點，我們應勿忘歷史給與我們的教訓。

（二十，十，十。）

# 決死之心和怯懦自殺之區別

自暴日佔我國土後，青年痛憤自殺者頗不乏人，最近陸續發現者又有數起，一爲黃次章君，年十九，甯波人，本埠閘北市北公學學生，平日懇摯勤學，自聞日軍侵佔東北，驟然憤激，背家人往天后宮義勇軍招募處報名，因身材矮小，未經錄取，於本月六日暗服安眠藥片致命；一爲康寶森君，年二十歲，遂甯人，係財政部稅警總團步兵排長，感覺國破家亡，滿懷義憤，於本月七日開槍自戕；一爲不知姓名之男子，於同日痛國難投浦江自殺。

保護國權，須全國人人有決死之心；抗日運動，須全國人人有決死之心；準備應戰亦須全國人人有決死之心；故人人有決死之心，實爲救國的首要條件。悲憤國難而自殺，我們雖不忍有所非議，但我們切盼青年明白決死之心和怯懦自殺截然不同。黃梨洲嘗謂『慷慨赴死易，從容就義難』，我們可以換句話說：『慷慨自殺易，奮鬥救國難』，要想救國就不該怕難，因爲怕難就是怯懦。試問人人都來做『易』的事情，叫誰來幹『難』的事情？而且覺悟的分子愈多，國家民族復興的希望愈大，不惜一死報國的人就是最有覺悟的分子，最能自我犧牲的分子，敵人方深恨我們有這樣的分子而思一網打盡，日軍入東北後之仇視青年學生，卽其明證，我們反紛紛自殺，豈不是自傷元氣而助敵張目？故我們應以決死之心用到積極的路上去，不應向消極的路上跑，至少須等到與仇人肉搏時拚命。

（二十，十，十七。）

# 爲民族爭光的馬將軍

我們中華民族的歷史，爲保全國土而以死禦敵的忠貞將士與官吏，代不絕書，言其較近的事實，則明末史督師可法於清兵進攻揚州，孤軍血戰十日不屈，清多爾袞五次致書勸降，都不啓封，城破時自殺未遂，被清兵執去，優禮備至，敬呼先生，而史公怒說：『頭可斷，身不可屈！』終被殺而義無反顧。史公此語雖出於距今二百八十六年前，而其慷慨義聲，猶似歷歷在耳，碧血千秋，萬世感泣。即降而至於甲午中日之戰，我國雖敗，但我國兵艦致遠奮戰聲震遐邇，其督帶鄧世昌忠勇奮戰，至死不屈，雖艦沉沒，而全船勇戰以殉國難，無一逃者。即海軍提督丁汝昌亦於敗後自戕以殉。誰謂中華原爲怕死而不知義勇的民族？但最近日軍來侵，我國却出了『日本人要什麼就給他什麼』的『不抵抗主義』的『中華民國陸海空軍副司令』，又出了臨危『裝一僕役模樣』『持菜籃作出城買菜模樣』『混出逃到北平』的『東北邊防軍總參謀長』，以及其他無數精於逃遁的高級軍官們！國人所感受的恥辱，可謂無以復加。在此鮮廉寡恥的黑暗境界之中，突然湧現一位為民族爭光屢以死抗日軍的黑龍江代理主席馬占山將軍，我們不得不以滿腔熱誠對馬將軍以及他的忠勇憤發為國効死的將士頂禮膜拜，致其無上的敬意。

此次日方誘脅洮南鎮守使張海鵬圖亂黑省，助他向齊齊哈爾（黑省會）進攻，想要造成熙洽第二，不料為黑省義軍所敗，黑省因防日軍，增援協助義軍過江前進，毀拆嫩江鐵橋，固為軍事上正當之處置，而日軍之狠心狗肺，不願斂抑，藉洮昂路有借日款之關係，以兵力強修鐵橋。在他人國土內協助叛軍，存心掠奪，是否可藉口路款而自掩其醜，為天下所共見。白里安直斥芳澤，謂『洮昂鐵路之嫩江橋距條約所許日本駐兵之滿鐵附屬地，已在五百公里外』（其實依條約，日在滿鐵附屬地已無權駐兵），日本此種暴舉所引起的印象，可以概見，但日本軍人的獸性爆發，任何是非，無從說起，竟於十一月四日晨五時以飛機甲車掩護軍隊向我猛攻，馬將軍親赴前線督戰，我軍士氣旺盛，迎頭痛擊，十時日軍不支敗退，午時日軍增加援兵反攻，我軍奮死抗戰，前仆後繼，一以當十，五時日軍大敗而逃，退到泰來。六日日軍復增援大舉進攻，以手溜彈為衝鋒利器，士兵上刺刀向我猛撲，我軍多缺乏刺刀，以槍柄抗敵，以死肉搏，仍將敵擊退，其奮勇可知。截至記者執筆時，日軍仍在調集援軍以圖再攻，我方挖壕固守。最後成敗是另一事，馬將軍通電有『我有守土之責，當効命疆場，誓與寇敵拚命，決不生還』等語，這種保衛國土，甯死不屈的精神，實為中華民族前途生路之所繫，使世界知道我國軍人非盡無恥，為民族爭回不少光榮。這樣忠勇的衞國軍人，固非枉死於內戰的傀儡軍人可比，亦非他國以侵略別人國土的暴虐軍人可比，全國國民對於這種以衞護民族保全國土而不畏自我犧牲的模範軍人，實應表示一致的感謝與鼓勵。記者此文之作，自信能代表全國同胞對於馬將軍及其忠勇部下致無限的敬意。

# 實行長期的奮鬬

十九路軍蔡廷楷軍長對西報新聞記者談話中，曾經說過幾句很扼要的話：『我們是爲中華民族及中華民國生存而戰。在軍事方面，日本在久戰之後，也許能勝，因爲她的近代戰爭器械較精，但是要和中國人民作長期的奮鬥，她必失敗。此次之戰不是一朝一夕所能完畢的，中國要抵抗到底。講到我們十九路軍的將士，我們要打到最後一人和最後一彈。』

聽說蔡氏沉默寡言，堅毅勇決，有大將風度，在他不大說話的嘴裏，上面這段話却說得要言不煩，句句有力。亞洲的中日問題，有如歐洲德法問題，恐怕非數十年乃至百年內所能完全解決，纏繞不清的日子多得很，所以此次戰事在表面上的結束也許一年半載可以暫告一段落，而實際問題的澈底解決，仍有待於長期的奮鬥；蔡軍長和他的忠勇將士此次血戰抗敵，義聲震動遐邇，不過爲我們全國『爲中華民族及中華民國生存而戰』開一先聲，我們全國民衆還要趕上去作繼續不斷的努力．十九路軍的將士『要打到最後一人和最後一彈』，我們全國民衆也要準備奮鬥到一息尚存，此志不懈．我們遇軍事上打勝仗，固然要奮發的繼續向前，就是打了敗仗，我們也要奮發的繼續向前，因爲我們要『爲中華民族及中華民國生存而戰』，必須準備作長期的奮鬥，只有向前的一條路走，無所用其徬徨，亦無所用其回顧．

而且準備長期的奮鬥，不但對外須有這樣的態度和精神，對內也要有這樣的態度和精神．如希望十九路軍打了勝仗，國內一切問題都能隨此解決，那是癡心妄想；政治問題，經濟問題，社會問題，都還要我們繼續奮鬭去力謀解決，都要用『打到最後一人和最後一彈』的精神去力謀解決．

（二十一，三，五．）

# 與努力成正比例的效果

迷信的因果報應的說法，在今日科學昌明時代，誠不足道，但效果必與努力成正比例，有一分努力，必多一分效果，這種自然的因果律，實爲顚撲不破的眞理，我們試冷眼靜觀，在在可以尋得事實上的佐證。最近如十九路軍忠勇抗敵一個月零四日，不幸因援絕力盡而有總退却之舉，但其所下的努力仍有其相當的效果，實有彰明較著的事實爲鐵證，而足以引起我們深長思者在。記者覺得這一點最值得我們的注意，因爲我們對這一點誠有澈底的明瞭與堅決的信仰，便不至發生僥倖的心理，也不至發生失望的心理，只知道向努力的一條路上走——除了這一條，沒有別的生路。（當然，努力的方向也有種種，向着絕路努力的，由因果律的作用，多努力一分，也多走近死路一分，例如軍閥政客貪官汚吏的無惡不作，變本加厲，在他們也算在那兒努力，結果是為他們自己掘墳墓！我們這裏所謂努力，是指為民族求解放而從事的努力。）

試就最近在上海舉行的停戰會議而言，我國最初因日方打算由最高級司令長官白川擔任出席此次會議之軍事代表，所以也擬任十九路軍總指揮蔣光鼐氏為我方出席之軍事代表，不料日方於開會前一日忽而變卦，改由第九師團長植田謙吉充任，蔣總指揮乃回京不出席此項會議。這雖與實際問題無出入，但能爭得這一口氣，還是十九路軍奮勇抗敵所建立的餘威。

此次停戰會議討論到第二條日軍撤退程序一節，日方首席代表植田忽然不顧預備會雙方所定的原則，主張以東自獅子林經楊行大場西至眞茹為日軍退駐防線，我方代表以日方如此無理取鬧，當卽表示退席之意，會場空氣，一時陡告緊張。據西報所載，當時我國軍事代表與日方軍事代表舌劍唇槍，殊為激昂，後經在座之友邦公使竭力勸解，日方表示重行考慮，空氣始漸和緩。我國外交代表在會議席上有這樣硬的氣概，似不多見，我國軍人對外之義勇磅礴，亦非易得。這種硬的精神，也可以說是十九路軍奮勇抗敵所建立的餘威。

至於十九路軍在國際上替我們民族增高人格與聲譽的地方，處處使我們發生興奮與銘感。我們每讀西文報紙及雜誌，講到中國，只有熱諷冷嘲，令人嘔血，但是自經十九路軍忠勇抗敵之後，他們說到這件事，沒有不一致讚揚的。最近出版的在美國銷數最廣的週刊"The Literary Digest"（March 5, 1932），裏面有一文，題爲中國對侵略者的可驚的抵抗"China's Amazing Repulse of the Invader"，所述尤詳。這一篇文裏面所撮舉的各報言論，一致承認中國在道德上精神上已獲得勝利。像華盛頓的"Herald"報，說得尤其鄭重，牠說『中國經過許多年的屈服與不抵抗，最後如眞能學習與敵抗戰，東方的全局便要基本上改變過來。』又謂『這一戰對於東方未來趨勢的影響，是難於預見，是不能預料的。』總而言之，各國素把我們視爲卑劣的民族，一見我們有相當的努力，便不能自禁地流露着他們相當的敬畏。

十九路軍的努力還是不幸因援絕力盡而未能始終不退的，但是所得的效果已如此；倘當時能有實援而堅持——至少至三月十四國聯調查團到滬之日——其效果又何若？能禦侮的軍隊至少須打時不怕死，敗後不搶刼，我國夠此資格的軍隊，除十九路軍外，再有多少？號稱模範軍的某私人的軍隊，其已給我們民衆的印象爲何如？這都是當前無可爲諱的事實。我們能抗外侮的軍隊只有這些，所以所能獲得的效果也只有這些。我們不能說滿意，也不能說不滿意，因爲我們要想到效果與努力是成正比例的；幾分努力，只有幾分效果。

十九路軍努力的經過與所獲的效果，都是擺在我們面前鐵一般的事實。我們誠能不忽視這種事實而加以深切的推闡，便覺外患並非國家的致命傷，內部政治之黑暗與社會之萎靡，實握民族前途的命運。事至今日，幾於人人的心理上都隱然有『悲觀』兩個字。這種悲觀之所由來，其原素有二：一爲僥倖的心理，即欲於未曾努力中求效果；一為失望的心理，即不知道或不注意效果必隨努力而來。

（二十一，四，二。）

# 萬家墮淚哭忠魂

五月二十八日，淞滬抗日陣亡將士追悼大會在蘇州舉行，軍民數萬人參加公祭，蔡廷楷氏頻頻回顧各陣亡將士遺像，潸然揮淚。開會至全體肅立奏哀樂時，蔡氏尤悲慟欲絕，泣不可仰，全場嗚咽悽愴，與祭人員及民衆亦多爲之悽然下淚者。許世英氏所贈輓詞，有『萬家墮淚哭忠魂』，可謂實際的寫眞。大會標語有兩句話爲全國民衆所不能忘者，一爲『抗日陣亡將士是爲全民族求解放而犧牲』，一爲『踏着烈士的血前進』。前一句可以說明抗日陣亡將士何以感人之深，因爲天下最令人感動歌泣的，莫過於爲同胞奮鬭而置自己生死禍福於不顧的犧牲行爲。後一句可以說明我們後死者應如何繼續先烈遺志而向前努力幹去，否則更無以對我『爲民族求解放而犧牲』的先烈。

顧子仁先生最近自歐美回國，談起日本在九一八事變將發生時，極力對外人宣傳，說西洋人對中國人看得不澈底，只有日本人最懂得中國人的特性，斷定中國人所有的特性不外兩種，一是怕死，一是要錢・怕死的人只要有武力作兇狠的壓迫就行，要錢的人只要於痛打之後給以小利即可馴伏自願爲奴，所以他們預料只要用武力亂打一陣，繼以小利爲鈎餌，在兩三個月內就可以使東北的中國人服服貼貼的完全屈伏，就可以使局勢完全安定，勸外人只要聽他們一手擺佈，共享太平，不必加以干涉・於此可見日本軍閥不但不以中國爲國，簡直不以中國人爲人！滬難發生時，鹽澤宣言四小時可以完全佔據閘北，亦無非以中國人怕死爲前提；後來利用閘北等處漢奸之醜態百出，亦無非以中國人要錢爲得計・在他們的心理方面，南北措施，可謂是一鼻孔出氣・我國未打先逃以忍辱不抵抗爲無上妙計的軍閥官僚以及認仇作父的東北漢奸閘北漢奸，在日人看來固然都可證實他們的『觀察』，但是血戰抗日於嫩江的馬部將士，血戰抗日於淞滬的十九路軍將士，奮勇殺敵前仆後繼的東北義勇軍，以及下決心與暴敵死抗到底的全國大多數民衆，便出乎他們所自詡的『觀察』之外了。

和淞滬抗日將士具有同一精神的東北義勇軍，其可敬的行爲尙有爲外間民衆所未深知者，試述其一二近事：迭挫日軍的遼西義勇軍，其中有首領曹廣大胡忠厚被漢奸勾結日軍捕去，於綁赴法場槍決時，猶能沿街大聲演講，提醒國人，共起驅除帝國主義的日本，市人聞者多掩面痛哭。曹廣大的妻不忍偸生，更不願爲日本奴隸，當時即剖腹自盡，隨她的丈夫一同離此殘暴的世界。這種悲壯激昂不怕死的中國人的精神，誠非日人所能夢見！有友人某君新自東北來，據說東北義勇軍之艱苦奮鬬，實非言語所能形容，戰時因醫藥之不備，傷後即倒於道旁，輾轉苦痛，終於死亡；往往下一頓糧食不知所在，而此時先奮勇向前殺敵再說，這種只知有民族的前途，不知有一己的安危的精神，任何人都不能不受極大的感動。這種不怕死的精神，又出於日人意料之外！某君又說起老北風曾捕得日軍參謀十二人，日軍以十二萬圓日金求贖，他一錢不要，却把這十二人槍決得一個不留，以致日兵臨陣時一聞老北風之名就打算逃，錢的效用又安在？

奮勇抗敵不計成敗尚在東北帝國主義鐵蹄之下掙扎的義勇軍，即正在『踏着烈士的血前進』，也就是繼續抗日陣亡將士的精神與遺志向前邁進。『萬家墮淚哭忠魂』的同胞們，也都應各竭心力，『爲全民族求解放』而作繼續不斷的奮鬭。抗日陣亡先烈對民族的最大貢獻，是他們所留給我們的不知生死不計成敗，『爲全民族求解放』的不屈不撓的向前努力與奮鬥的精神。他們有此精神的表現，纔使全世界恍然於中華民族絕非帝國主義者所想像之『習慣於潰敗與恥辱的民族』；纔使全國民衆一掃其萎靡不振自暴自棄的惡根性；纔使全國軍人，雖平日對外怯懦無恥達於極點的領袖，公祭之時亦不得不紛派代表，靦顏稱頌，恍然於衞國軍人之深得全國民衆之崇仰，確非平日專以自私自利爲目的，爭奪地盤爲能事者所能比擬其萬一。庶幾由此可以稍稍增進軍人的人格，故抗日陣亡將士的犧牲誠大，而他們所表現的精神，對外對內的影響却亦無限。我們應承繼這種精神，作繼續不斷的邁進；光明的前途，是要靠我們自己去努力奮鬭得來的。

（二十一，六，四。）

# 死路一條！

不久以前，湖北省府夏主席及各省委發起大做佛事，祈禱昇平（詳見本刊七卷第二十七期武昌通訊）：後來又聽見湖南省唐代主席兼教育廳長親往城隍廟祈禱甘霖；最近越鬧越像樣，聽說中央委員及在野名流戴傳賢等爲國家多難，災患洊至，發起在北平雍和宮起建金光明道場，以祈息災弭亂，轉移刼運，現正在籌款進行中，據他們的『募捐啓』中所述，除說了一大篇鬼話之外，還說『變亂日益加劇，水災洊至，日寇侵陵，同人等怵於國難當前，生靈塗炭……發起金光明道場，以祈轉移刼運，造福國家』；又說『雍和宮道場，不特爲消一時之災，並足以樹百年之大計，應請政府撥款提倡，各界人士救國救民，具有同心，敬祈踴躍輸助，俾法會得以觀成，民國前途，實利賴之。』這是死路一條！『各界人士』

如尚有絲毫『救國救民』的『同心』，對此喪心病狂荒謬絕倫的『百年大計』，不但一文錢不該『踴躍輸助』，應羣起而攻之，爲『民國前途』除此妖孽！

所謂『變亂日益加劇』，所謂『水災洊至』，所謂『日寇侵陵』，所謂『國難當前』，所謂『生靈塗炭』，誠然都是千眞萬確的事實，國事一糟至此，身居黨國要人者應負何等責任，姑不置論，但『水災』『日寇』乃至『生靈塗炭』，是否靠念經拜懺所得消弭，在如今科學昌明時代，雖三歲童子，可以回答，而身居黨國要人以至號稱在野名流竟欲藉道場以謀侵蝕國帑，記者以爲誠欲『轉移刦運，造福國家』，宜先將此輩妖孽明正典刑，庶幾『不特爲消一時之災，並足以樹百年之大計』！

我們在中國歷史上知道在南北朝時有梁武帝也像戴院長，一來就跑到寺院裏去念經（這寺院不是五權憲法中的考試院），有所謂『三捨身於同泰寺』的記載，後來侯景帶兵攻陷臺城，梁武帝歎曰：『自我得之，自我失之，亦復何恨』．最後被迫餓死臺城，臨死雖口苦索蜜而不得，今提倡經咒救國諸公，目前尚有民衆被榨取的脂膏豢養着，當不致卽時餓死，聊可自慰，也許還感覺『自我失之，亦復何恨』，但從前之『失』，僅更朝代，事屬一姓得失，現在之『失』，則全民族陷入奴境，不僅諸公死有餘辜，所以在諸公儘管一相情願，我們民衆却不能跟着你們這班妖孽同奔這死路一條。

# 二萬人投考的風波

由長沙傳來消息，湘省第一紡紗廠近以添設織布的工作，於月前布告招考男藝徒二百名，女藝徒一百名，錄取者每月每人僅津貼伙食六圓，零用二圓，乃各處失業民衆來省報名投考者竟達二萬人以上，人數既極擁擠，遂分作數日測驗，以其中多中學生，合格者多至七千七百餘人，而定額只有三百，於是採亂碰辦法，於六月二十九日用抽籤撮取，並由警備司令部及保安團武裝到場維持秩序。先將女性的籤擾亂，裝入一大筒內，叫兩個瞎了眼睛的女子在筒旁抽出，每抽一籤，執事者卽當場當衆唱明號碼及姓名，當時女性落選失意者卽紛指其中有弊，多方解釋始平定。當抽取男性至大半時，又羣起擲石拋磚。負責職員逃避，鬧到頭破血流，軍警開鎗示威，擠傷羣衆不少，最後結果五人被看管，一人被笞責二百•這種嚴重情形，在所謂黨國要人感覺如何，不得而知，我們認爲這不是偶然爆發的局部事實，其實是全國普偏的狀況，應能引起我們嚴重的注意•

依我國的土地及富藏而言，生活於這裏面的民衆原沒有理由要處於這樣悲慘悽涼的境地，但不應如此而終於如此者，在我們做民衆的自己縱任軍閥官僚之橫行，土豪劣紳之剝削，只知飲泣吞聲於壓迫剝削的現狀之下，絕無進步的生產技術與進步的生產組織之可言，內部的結構如此，當然沒有實力以抵抗帝國主義者之加上一層鎖鍊，抽筋朘骨，吮血吸膏，遭殃最慘者獨爲勞苦大衆•在這種狀況之下，有覺悟的分子應如何和勞苦大衆立在一條戰線上，打出一條生路，這是當前一個最重要的問題•現在走頭無路瀕於死境的勞苦大衆一天天地突增，已爲共見的鐵一般的事實•但這種悲慘悽涼的現象決不是枝枝節節的辦法所能根本解決的•國家民族的整個問題不解決，個人出路亦無法得到澈底的解決，這是我們應有的覺悟•

（二十一，七，九•）

# 名犬與名人

據本月十日美國洛杉磯電訊，電影界名犬，爲一般影迷所素知，奏技奇妙的犬星琳丁丁當日死於好萊塢，美國報紙爲報告此名犬的死耗，曾載有半頁的新聞。

把人和犬來相提並論，常人總覺得人爲萬物之靈，犬那裏夠得上資格！只要聽有人常爲特別表示謙遜的意思，把自己親生的兒子稱爲『小犬』，罵人罵得發急的時候，常有『狗東西！』的急聲脫口而出，便可見人類對犬類所自負的一種『自大心理』。但如把這位名犬琳丁丁先生和在我國報紙上所常見的一般名人比較比較，除極少數潔身自好者外，所謂名人者是否能對之無愧，似乎可加上一個疑問的符號。

第一，名犬琳先生之所以得名，有他的『奏技奇妙』的實在本領給我們的確確的看見，他的名不是有名無實的名，乃是名實相符的名。他在電影界上有了演好電影的眞實本領，當然該得電影犬星的名。我們報紙上常見的名人們所幹出的成績是什麽？

第二，名犬琳先生對於電影觀衆確有實際的貢獻，同時他對社會並沒有什麽搾取剝削的行爲。這似乎是在我國名人中所不易找得出的，因爲他們只有利己的分兒，只有盡量搾取剝削勞苦大衆而自己養尊處優的分兒。

第三，名犬琳先生雖享盛名，並未藉盛名而作惡，不若我國名人中有明目張膽拐人妻子的，有昧着良心侵呑公款的，而仍得逍遙法外，睥睨一切，行所無事！

第四，名犬琳先生死後遺人以不少的惋惜，只要看美國各報對他死耗給以半頁的新聞地位，可想而知。必須多少有利於人，死後別人纔覺得他死得可惜，如今所謂名人，也許其中有不少如果死得愈早愈多，社會上所受的災殃可以有正比例的減少！

我們當然不希望名人們都成『狗東西』，但却很希望他們裏面還有許多能把自己和琳丁丁先生比較比較！

（二十一，八，二十。）

# 憂慮國事自殺

海軍部下闢魚雷營副營長曾國暹君因憂慮國事，於本月八日用手槍自殺。曾君閩人，年纔二十九歲，烟台海軍學校五年畢業後，在各艦充當見習生兩年，期滿後被派爲下級海軍軍官之槍砲官等職一年，海軍部以曾君志氣高尚，成績優良，於民國十八年被派赴日本入海軍魚雷營學校留學兩年，剛於本月二日回國，到部報到，奉令委爲魚雷營副營長，到差視事，即對同仁述在日留學兩年時，個人及國家所受侮辱，均達極點，自九一八事變發生後更甚，回國後，覩國人執迷不悟，對國事極抱悲觀，視事後纔三日，突於八日晨以手槍自殺。海軍部長陳紹寬氏謂曾君學剛完成，正爲國家効力之際，厭世自殺，良深浩歎。他不知道曾君之死，正是因爲我國海軍在國防上毫無禦外的意向，簡直沒有機會爲國家効力，爲有志者所不能忍，故憤而出於一死。在目今身居武職高位，坐視外敵侵略而安逸不以爲恥者，隨處都是，其精神的萎靡，和臉皮的粗厚，已成習慣而爲第二天性，曾君獨覺不能忍受，不可謂非鶴立鷄羣，但憂慮國事而至自殺，與國事究有何補？我們於哀敬之餘，不禁爲曾君發生無限的悼惜。

自國難發生以來，我國海軍除能對敵艦鳴砲致敬及恭宴日海軍軍官聯歡外，未聞有何稍稍可以掩醜的舉動，曾君身居海軍界，所受刺激必較常人爲尤甚，但無恥者長生，有志者夭折，豈非反使國家受極大的打擊？所以僅僅有志不夠，有志而尚須具有奮鬬的精神。共圖民族的復興，前途困難之多與所須抵抗力之大，實爲意中事，所以我們必須準備和困難抵抗，必須存心和失敗鬬爭，必須努力與忍耐兼備。

（二十一，十，二十二。）

# 為軍閥諸公鑄鐵像的研究

最近本埠有何濟翔君在申報上公布寫給廢止內戰大同盟會總會的一封信，向該會建議替內戰的軍閥諸公鑄鐵像，頗見藎籌，不勝欽佩．不過以記者之愚，覺得他的計劃如要『能收實效』，仍是『究有幾何』？他說：『居今日而欲謀澈底掃蕩軍閥，舍革命外，別無他途……在今日而欲空言廢止內戰，不從根本謀解決，不論何種方策，祗有歸於失敗，決不能獲得絲毫效果，往事歷歷，可為明證．』可謂一針見血，語語中肯．但他卻接着說道：『雖然，於此獨有一事焉，值得吾人為之者……即為從事內戰者範鑄鐵像……擇本市各重要處所植立之．使受萬人唾罵，且永著惡名，彼萬惡軍閥……苟猶稍有人心，觀此必不能無所愧怍』（以上引語均見十月十七日申報），中華民族的附骨之疽，外為帝國主義的侵略，內為軍閥官僚的蹂躪，內外夾攻，勾結橫行，不知死所的是我們老百姓，所以我們聽見有使得軍閥諸公『愧怍』的『方策』，沒有不舉手贊成的。不過對鑄鐵像的建議仍有下列的疑點：

（一）內戰為『萬惡軍閥』作惡的一端，此外如勒種鴉片，公賣鴉片，苛捐雜稅，盡量貪污，暴力壓迫，吸盡脂膏，置民死地，以及其他種種舉不勝舉的慘酷黑暗的暴行，其罪孽並不遜於內戰，今若專為從事內戰的軍閥鑄鐵像，未免使其他『萬惡軍閥』抱向隅之憾。而且小軍閥的後面還有大軍閥牽線，如鑄小不鑄大，鑄從犯而不鑄正犯，都欠公平。

（二）倘對禍國殃民的『萬惡軍閥』一視同仁，每位軍閥都很公平的替他鑄個鐵像，顯揚顯揚，不但當此國防工業重要時期，沒有許多鐵的產量可供虛耗，而且『各重要處所』亦不敷諸公許多鐵像『植立』之用。墳墓纍纍，佔地過多，已不經濟，今於死人墳墓之外，又加上許多等於死人的生人的鐵像，殊為經濟上所不許。

（三）而且『萬惡軍閥』的『人心』是喪盡了的，面皮比牛皮還長得厚，恐怕雖鐵像林立，在他們仍是顧盼自雄，甚至把鐵像當銅像看，那末鐵是白費了，地皮也是白佔了，水深火熱中的老百姓還是在十八層以下的地獄裏！

然則奈何？何君在前段已說得很清楚了。

# 玩什麼把戲！

記者前因有『要人』及在野名流爲國家多難，災患洊至，發起在北平雍和宮起建金光明道場，『以祈轉移刼運，造福國家』（發起人戴傳賢等的『募捐啓』中語），在本刊七卷第二十七期裏特作『死路一條！』一文，聊爲民衆驅除妖孽。近幾天有所謂『時輪金剛法會』者在北平大擂大鼓的鬧得天花亂墜，新舊所謂『要人』者亦趨蹌恐後的入壇參禮，恭敬無比（聽說伍朝樞適在北平，獨不赴時輪會，倘果確，値得稱許），又有不少妖孽在光天化日下蠢動了！

他們玩的把戲是由班禪在法會率各喇嘛僧衆七十餘人各持法器捧誦經咒外，並向萬餘男女施什麼『法水灌頂』，灌時先用紅帶纏衆目，使不得見，灌後各賜白藏花圍頸，並加給各要人及蒙王以五福冠，一切手續均甚神祕。

關於這個『法會』，九月間在上海就有大幅廣告登出，上海灘上所謂名人者亦有不少署名。劈頭就說『同人等前以十六省水災，繼以東北上海兵禍，天時人事，重苦吾民，皆因衆生業重，亟應乞法消除，發起時輪金剛法會』，『特設位超薦各省歷年陣亡將士水旱癘疫天災死亡人士』。釋氏稱惡因曰『業』，袞袞諸公和一班附驥尾於軍閥官僚的士大夫自己作了不少的孽，殃及池魚，老百姓總算是道地十足的『魚』了，現在却把這罪惡完全推在『衆生業重』，輕輕一卸，可謂無恥之尤！

該『法會』最近在北方各報所登啓事又有一種新穎的說法，說『年來天災人禍，迭出不窮，民生塗炭，流亡徧地，同人等以人力無可挽回，冀佛力或可垂救』，『佛』是不會說話的，『人』是難於諉責的，現在拉着不會說話的『佛』來負全責，『人』大可如釋重負了！怪不得有人說現在出兵收復失地已絕望，只有希望在天之靈的中山先生招集黃花岡七十二烈士的忠魂，調集歷來死難的義軍出關去幹一下！有鬼來幫忙，我們只要坐享其成，豈不大大的合算嗎？

（二十一，十，二十九。）

# 李頓深慮中國青年

國聯調查團的團長李頓總算是一位老滑頭，但最近這位老滑頭似乎說出了幾句心坎中的話・據本月四日倫敦電訊所述，英國國會上院對滿洲問題有所討論，李頓勳爵亦曾參加，他說：『吾人此時苟不能堅決與智巧的處理此糾紛之局，遠東定將有長時期之混亂與戰爭，蓋中國遲早必將振興，彼將起之青年或將開始準備報仇與戰爭之政策也・』老滑頭最靠不住，但是老滑頭的觀察有時却也可以特別老到・李頓到中國南北跑了幾趟，他不把中國的既要錢又怕死的軍閥官僚們放在眼裏，却戰戰兢兢的深慮到中國青年之『準備報仇與戰爭之政策』而斷言『中國遲早必將振興』，他的那副老眼總算不差・

不過記者覺得中國青年果欲負起這個使命，有幾點尤其要注意到的是：（一）

在這樣貧困擾亂的中國，青年感到個人生活走頭無路，固不勝其苦悶，有的雖個人生活比較安逸，而看到週圍的腐爛，頹廢，貧窮，屈辱的情形，也不免感到極度的苦悶。所以青年要解除苦悶，要跟着中國現狀的改變與中國問題的解決而俱來。但改變中國現狀，解決中國問題，全靠青年的努力，故青年當拋開個人的利益，爲羣衆的利益而奮鬬，而犧牲。（二）對於全國的實際問題，應就各人所長而特加切實的研究，一旦需用，即可成竹在胸，不必臨渴掘井。在烏煙瘴氣不求效率的時代，纔有今天內政明天教育後天交通的萬能人材插足之地，欲求效率，便須恃專能而一掃萬能。（三）須有與一切罪惡不妥協到底的決心。現在剝削民脂民膏的軍閥官僚中也有不少是已往的青年，因同流合汚，屈膝投降，一同滾到糞坑裏去，遂致奇臭不可嚮邇！現在的青年如果也閉着眼睛爭先恐後的鼓起勁兒儘往這裏面滾，李頓的「深慮」便成了杞人之憂了。　（二十一，十一，十二。）

# 民心背離中的胡佛

美國每屆選舉總統，總有一勝一敗，『勝敗兵家常事』，原不足奇，不過歷屆失敗的總統候選人，其景象之狼狽，此次胡佛可謂開了一個新紀元，可謂觸足了霉頭！

他尤其狼狽的一次要算十月二十二日赴第特羅作運動選舉演說的一次，他的專車剛到車站時，就有二千餘人對他作示威運動，大呼『打倒胡佛！他使一千五百萬人失業』，致胡佛被困車內二十五分鐘，由大隊軍警出來彈壓，始得離站赴奧林匹克運動場會所·自車站至運動場開會的地方，路長四哩，兩旁滿立民衆，總統車過時，或悄然無語，或發怨罵之聲，無一作譽詞者·胡佛總統在車中欲強作笑容，但終不能掩其情感，總統夫人坐在他的旁邊，則雙眉深鎖，默然不語，其窘態可以想見。

據路透社紐約電訊所傳，有人以爲胡佛總統之不復獲選，原因有二：一爲數百萬美人之感受時艱者之盲目憤恨；一爲共和黨宣傳佈置不若民主黨之完善。其實在野的民主黨還用得着宣傳，在朝的共和黨在事實上已有的表現就是牠的最有效的宣傳，在事實上既弄得焦頭爛額，引起國民一般的『憤恨』，雖欲有所宣傳而實難自圓其說，即『佈置』得再『完善』，亦難引起人民的信仰，雖在文字上嘴巴上吹上了天，還是白吹！不過我們却未曾聽見胡佛刮過地皮，未曾聽見他引用滿山滿谷的狐親狗戚，平心而論，他在數年中還是苦心孤詣地很勤苦地幹。美國經濟的不振是資本主義末日的自然趨勢，是制度上的根本問題，就是羅斯福來，也是無可如何的，就此義而稱美國人民『憤恨』爲『盲目』，尙有幾分意義。但此事至少可以令人愈益深刻感到經濟和政治的密切關係，如對大多數人民的經濟問題無法作實際上的解決，不管你在嘴巴上吹得如何天花亂墜，大多數人民仍感到切身的痛苦，結果還是奉送你一個『憤恨』；倘大多數人民的經濟問題擱置腦後，而少數狐親狗戚的腰包問題反大解決而特解決，那『憤恨』更說不上什麼『盲目』了！

（二十一，十一，十九。）

# 招商局收歸國營

我國唯一最大的航業機關招商局——也可以說是腐敗最著名的航業機關——最近已以『收歸國營』的名義在報上長篇累牘的供給新聞材料而吸集世人的特殊注意了．本刊對於過渡期間的財政，原主張逐漸增進國營生產事業的收入，務使經過相當時期之後，國營生產事業的收入能佔國家收入的重要部分，一方面減輕人民對於國家財政上的直接擔負，一方面以所得利益公諸全體人民共享．但是我們對於『國營』，須先注意怎樣的『國』？怎樣的『營』？社友新生先生在中國財政的癥結一文裏（見生活七卷第四十期雙十特刊），認爲此事『有一個大前提，即須先辦到政治清明官吏廉潔，而後國營生產事業始可得到充分發展而不致蹈官辦事業先肥私囊之覆轍．』現在我們做國民的對於『國營』能存有多少希望，須先問這個大前提解決了沒有？

據招商局新總經理劉鴻生氏對人表示，謂該局歷年來性質不清，厥爲國有商有商有商辦及商辦官督等問題。『商辦官督』誠然和所謂『國營』者不盡同，但『國營』和『官』既脫不了關係，『官督』的成績和『官辦』的成績至少有相當的象徵作用。該局全體理監事於本月十四日宣誓就職的那一天，交通部長朱家驊氏在所致的訓詞裏，說起『不料監督制度實行至今，迄已五年，不但毫無成績，而該局營業之崩敗，如狂瀾旣倒，莫可挽救。』前監督陳孚木氏甚至有受賄七十萬圓的嫌疑，躲在香港打着電報裝腔作勢不肯出面，大替官場現形記增加了一頁光榮史！

而且國營的最重要的目的是要將所得利益歸全國民衆共享。現在的鐵路算是『國營』的了，頭等車虧本而三四等車賺錢，加起價來却是三四等活該倒霉，至於乘三四等車擠得好像裝豬仔一樣，那是民衆的當然權利，也可以算是『共享』

的。一。種。！闊人要看風景，花車少不得！火車既有花車，將來輪船大可特設花艙，俾得相映成趣！

『國營』兩字怪好聽，但。是。我。們。要。注。意。怎。樣。的。『國。』？怎。樣。的。『營。』？

（二十一，十一，廿六。）

# 臨死不忘義軍的徐君

滬江大學被車撞重傷殞命的學生徐煥棣君，據他的阿兄所述，徐君因肝部破裂三寸許，不能醫治，致於上月十三晨五時一刻逝世，臨死時念念不忘者乃東北義勇軍，遺囑阿兄將他的衣袋內所餘的二十餘圓捐助爲義勇軍軍費。肝部破裂三寸許是何等痛苦的病症，臨死是何等緊急的時間，乃能於此痛苦呻吟之中，卽將瞑目之際，念念不忘東北義勇軍，其意義不在二十餘圓的物質數量，乃在其一片至誠——令人感動的熱血肝膽！他的這種精神，足以代表終必復興的中華民族的青年爲大衆利益而奮鬬的精神！記者對徐君的不幸夭折，敬表無限的惋惜，對於徐君臨死時的念念不忘民族前途安危的純潔高尙的精神，尤表無限的敬意。

爲民族生存奮鬬而視死如歸的東北義勇軍，其可歌可泣的事實，常傳入我們的耳鼓，使我們感愧，使我們奮發。據齊齊哈爾電訊所傳，謂『日軍佔領道鎮後，谷部隊於十七日（上月）上午十一時與義勇軍一百五十人衝突，該軍隊長爲妙齡女子，騎白馬單身衝入日軍中激戰，遂戰死。』又據北平電訊，『救國軍女隊長陳春波．十日（十一月）率隊攻綏，與敵戰一晝夜，被敵機炸傷左腿，當退韓家溝待機，大部刻已移集熱邊凌源一帶。』以弱質聞於世的中國女青年，有這樣慷慨赴義的決心和精神，誰謂我們的民族沒有光明的前途？陳女士還有人能舉其名，若單身匹馬戰死的那位女傑，並其名而未宣於世，犧牲一身爲大衆福利奮鬬，但求其心之所安，名固身外物，無足輕重，但是這種無我的精神，愈足令人悲慨感奮。

最近有在廣州某大學任社會學教授的某君來滬過訪晤談，據說他所遇着的在廣州就有數百青年，均表示苟有裨於民族的拯救，雖死無憾。以效死的精神爲民族奮鬬，這是中華民族的救星。我們於悼惜紀念徐君之餘，連念及此，不禁於黑暗中好像望着了前途微露着的曙光，讓我們攜手努力，共奔前程。

（二十一，十二，三。）

# 無名英雄墓的創建

最近看到創建無名英雄墓委員會送來的一份『募捐啓』，略謂『「一二八」之變，我軍苦戰三十餘日，其間抵抗最久，砲火最烈，傷亡最多者，實爲廟行鎭一帶。廟行一村落耳，居民僅百餘戶……敵攻閘北，久不能下，乃續調大軍，改設主攻點於此……我軍因屋爲營，掘壕死守，在炮火機彈狂轟猛射之下，村屋全燬，士卒死亡山積，然於我軍總退却前，敵未能越雷池一步！嗚呼，此非我民族精神之表現耶！……而當時粉身碎骨之大多數士卒及義勇助戰人民，遇害而不知姓名者，僅餘荒塚纍纍……爰於抵抗最久，砲火最烈，傷亡最多之廟行鎭東南隅，度地營阡，表曰：『無名英雄之墓』……墓之周圍，偏栽花木，藉以供護俠骨忠魂……而二十一年來所受至慘至酷之外侮，可以於後人腦海中，永留一深刻之印象，用以奮起我民族之觀感……』

為民族大衆的生存而奮鬬，死抗帝國主義的侵略而不自顧其身的無名英雄，誠値得我們的頂禮膜拜，永誌哀思，所以我們對於無名英雄墓的創建，很願樂觀厥成。當日帝國主義的暴軍掠奪東北入寇淞滬的時候，實際奮起抗敵的，在東北僅有馬將軍（後來纔有李杜丁超蘇炳文等健將），在淞滬僅有十九路軍（最後加入一小部分的第五軍），而當時負有守土抗敵之責的軍事長官固不止此，都明哲保身的不知滾到那裏去了！所以這座墓的建設，除『募捐啓』中所舉的兩點效用外——供護俠骨忠魂與永留深刻印象——還有一個很大的效用，就是愧死只知對國民耀武揚威，只知在嘴巴上說得天花亂墜的軍閥們！

可是我們如再進一步想想，却還有一點很可痛心。世界大戰後各國也盛行所謂『無名英雄墓』，因為他們在實際上不過做了帝國主義者的工具，所以只可憐而無可敬。我國的『無名英雄』抗的誠然是帝國主義了，而實際所保的是什麽？

保了同胞大衆呢？還是保了軍閥官僚們的地盤飯碗？這個答案是應由後死的同胞負責回答的，因爲死者不能復生，要使得死者不致白死寃死，全靠後死者的努力，這却不是僅僅創建一座墓所能了事的了！

# 追悼殉難四童軍

當暴日蹂躪淞滬，忠勇的十九路軍及一小部分的第五軍血戰抵抗的時候，有中國童子軍第五十團團員羅雲祥，鮑正武，毛徵祥，應文達四君，因眼看着無數同胞被暴敵無辜殘殺，乃根據童子軍第二條——隨時隨地，扶助他人，服務公衆——的訓詞，隨着戰地服務團奔往戰地輔助紅十字會，救了不少受難的同胞的生命，乃竟遭暴敵擄掠慘殺，以身殉難。上海童子軍理事會特於本月十一日在市商會舉行追悼典禮，並舉行殉難四團員紀念碑揭幕典禮。四君年齡最幼者十六歲，最長者不過二十一歲，都是英俊有爲的青年，爲我們這個正在掙扎奮鬬的民族效力之日正長，遽遭非命，曷勝悼惜！但捨身救同胞於危難，爲民族抵抗帝國主義的殘暴而犧牲，這是有意義的死！這是值得永遠紀念的死！

舉行四位烈士追悼的大會宣言裏面有『撫念忠烈，益惭後死』之語，我們反復誦讀這八個字，尤不勝其感慨系之。但記者於追悼四君之餘，還有一點要和全國有志青年提出，加以鄭重的解釋者，卽我們所以『撫念忠烈，益惭後死』者，其注意要點絕不在『死』字，而在乎他們四位所以死的意義。每見愛國青年，動輒想到死路，報紙傳述，屢見不鮮，卽在記者執筆作此文的前一日，卽有一位十六歲青年學生嚴世英服毒自殺於旅舍，遺書有『東北失陷，國事蜩螗，憤慨異常，生不如死』等語，這就只想到一個『死』字，以爲只要一『死』，便足以風世，而不知道無意義的死，和死一隻貓一隻狗沒有什麼兩樣！或者有人說他爲憂國而死，何謂『無意義』？其實所謂『有意義』，不僅指動機，尤重行爲，像四君的死，所以有意義，不是他們躱在房間裏自裁所造成的，乃在捨身救濟危難中的同胞和抵抗帝國主義的殘暴的行爲上表現出來。

# 人間地獄

記者最近在一個午夜裏偶然看到有位吉雲先生作的關中見聞紀要（見獨立評論第二十九號）描寫陝西的無辜農民受着當道『逼款』的慘酷，輾轉反側，一夜睡不着。據說該省『每縣每年派「烟款」若干萬，再由縣政府按全縣田畝分配，無論你種不種鴉片，派給你的「烟款」總是要繳的！』『一方無力繳，一方想法逼他繳』，故有『逼款』這個新名詞的產生。至於『逼款』所用的方法，第一步派許多公差到欠款的人家，把他可以變賣的東西，自耕牛到碗筷，一概拿走！第二步把他捉將官裏來，先打五百『畫板』，限三天繳款！過三天沒有，加上五百打一千，又限兩天，限滿沒有，再打一千，加上一副鐐，改限一天，如此演進下去！該文作者尚有一段至慘極酷的敍述：『我記得我們從盩縣向西到了一縣，因為那個地方荒僻得很，沒有靠得住的店，不得已到縣政府借宿。我們住的房子就是法庭前邊的西廂，東廂是收發處。我們因為一天奔走疲倦了，早就睡覺。剛要入夢的時候，忽然聽到那位收發先生大聲叫傳人。不到一刻，果然聽到脚步和鐵鐐雜亂聲，差役呵喝聲，「堂上」拍「驚堂」呼打聲，杖責聲……哀求聲，號哭聲，嗚咽聲！我起初想被訊的那一班犯人不是土匪，也是犯殺人罪，不然決不會帶鐐打板子的。跟後又聽出「堂上」怒罵，限張三一天內繳五十，李四兩小時內繳三十，方纔明白……是「逼款」！他們這樣鬧到半夜，纔慢慢沉寂下去。」該文作者第二天因下雨再留一夜，到了夜裏還是照樣這一套，還是聽到那種『號哭哀求，悽慘的哽咽』！據說他後來走的縣份多了，看見各縣差不多一樣！經不起毒刑的人只有賣妻子贖命，不願賣妻子和沒有妻子可賣的人便只有待斃。

篇幅有限，介紹的話說得長了，不能多加評論，但國人看了這種事實，也必能自下結論。我要問這是否人間地獄？閉目設身處地想想，誰能不痛哭？有國無國，和這班求生不能求死不得的民衆有什麽相干？我更要問這是誰的責任？這是誰的責任？

（二十一，十二，十七。）

# 一年一度的新年

每過了三百六十五日，都可遇着一年一度的新年，這原是一件很平凡的事情，但是常人總喜歡在這新年裏結束舊帳，開拓新機，懷着種種新的希望。不過這也要看什麼人。像歐美各國便有好幾處有成羣結隊的失業者，乘此機會舉行『索食示威』，受着軍警的嚴厲取締，未過年沒得吃，過了年還是沒得吃。例如我國關中一帶的苦百姓，被當道逼繳『烟款』的時候，帶着手鐐脚銬在大老爺堂上被杖責得慘呼痛號，未過年繳不出『烟款』要挨打，過了年繳不出『烟款』還是要挨打。又例如甘肅一帶的老百姓吃樹皮草根，十六七歲的大姑娘還沒有褲子穿。未過年這班老百姓吃的是樹皮草根，過了年這班老百姓吃的還不過是樹皮草根。未過年這班大姑娘的褲子發生問題，過了年這班大姑娘的褲子還是不免要發生問題。總之過年這囘事在他們是『有若無』的，沒有舊帳可以結束，沒有新途可以開拓，當然沒有什麽新希望可給他們懷着。此不過隨手拈來，略舉數例，此外大多數勞苦民衆未過年是救死惟恐不贍，過了年還是救死惟恐不贍的，更不勝枚舉。至於東北受不抵抗主義的恩賜，熱血義民因反抗日帝國主義而死於非命的；閘北，吳淞，江灣，瀏河，太倉一帶，抵抗日帝國主義而犧牲的忠勇軍士和無辜良民；較近在撫順附近之千金堡，栗子溝，平頂山三村，暴日軍隊因探悉有大刀義勇軍三人至平頂山探路，即將三村男女老幼三千餘人，用機關鎗掃射慘殺；凡此種種在未過年以前，都已送了生命，都來不及過年了。此外就是勉勉強強可以過年的人，在這種呻吟號哭的環境中，雖欲強顏歡笑，亦不可得。

這樣看來，要過個比較的心安意得的年，似乎是一個微乎其微的問題，但是也和民族的整個出路脫不了關係。民族的整個出路，在政治上的領導者能以大衆的意旨爲意旨，能以大衆的力量爲力量。申報上有位穗先生在新年獻詞裏說過這樣的幾句話：『在一個嚴密計劃之下，使大衆能各盡其力，各盡其能，而且人人是爲社會盡其力盡其能，才能獲得大效。不能與民衆打成一片，不能運用民衆的偉力，這恰爲自取滅亡之道。』這誠然不錯，但是要民衆能夠打成一片，要民衆的偉力能爲所運用，這種『嚴密計劃』必須能代表大衆的意旨，然後纔能獲得大衆的力量。

根據這個觀點，我們至少要希望過了年以後，在禦侮方面，在內政方面，在建設方面，和未過年以前的空調兒爛調兒有些不同。

# 為國捐軀的安營長及士兵

榆關抗敵血戰，以南門之戰為尤激烈，守南門的安德馨營長，奮勇殺敵，苦戰一晝夜，負傷臨陣，敵衝進時，率衆三百人與敵肉搏，全營殉難・安為清眞教徒，屍身由山海關回教友冒險搶獲，靈柩於本月十八日運送到平，各界代表及民衆到站迎接者萬餘人，十九日在北平清眞寺開弔，官民紛紛冒雪去行最後敬禮者絡繹不絕，將運往他的故鄉保定安葬，報名送葬者已逾萬人・我國民衆對於為民族生存而奮鬬犧牲者的崇敬與哀思，又有了很顯明的表現・

據安營長的阿兄德明談，說他的弟弟於國難嚴重時期，即將家眷送往故鄉，以備盡忠於國，後又致函家中，謂外侮日亟，我已準備為國守土，置生死於度外，家中諸事可請大哥（即安德明）負責照管云云・又據上海回教同人接北方電報告安氏抗敵經過，謂於日軍尋釁時，曾對他的士兵說：『我安某一日在山海關，日人一日決不能過去，日人欲過去，只有在我們的尸骨上過去』並於上戰場時，大呼『中華民國萬歲！』士兵聽了，無不奮勇當前，慷慨授命。於此可見安營長爲國殉難，早具決心。嗚呼！『日人欲過去，只有在我們的尸骨上過去！』這種爲民族爭生存而奮鬪犧牲的精神，我們後死者應該含淚承受，踏着先烈的血跡前進！

我們所沉痛悲憤者，倘我國果有整個的抗敵計劃，通盤的聯絡布置，以安營長及其部屬的忠勇奮發，所得結果，必不僅此。此次榆關抗戰，將官因奉令不准使事態擴大，有礙交涉（？），不准開槍還擊，敵部爬城進攻，只擲磚石，後敵猛攻前進，纔於憤激中開槍抗禦，此中戎機，已有出入；又據北來通訊，當敵方援兵湧進，炮火最烈之時，我方守兵不但無法換班進膳，即補充子彈，亦不可能，可見布置單薄，原無充分準備。在這種艱苦困難的環境中，而士兵猶能百折不囘，死守下去，從容就義，尤令人聞之泣下，而所以致諸將士於如此環境中効死者，其責任何在，我們願於憤慨哀痛之餘，提出一問。

# 新聞記者

前幾天報上載着一個電訊，據說：『波斯京城古希士報總主筆，日前以波斯王將其侍衛大臣某免職，特致電於波斯王，稱賀其處置之得宜，滿擬得王之嘉許，不意波王得電後，大爲震怒，以一區區報館主筆竟敢與一國君主談論國事，遂罰彼爲宮前清道夫云。』以報館總主筆罰充宮前清道夫，這位『波王』也許是善於提倡『幽默』的一位人物。雖則那位『總主筆』滿擬得王之嘉許『，一肚子懷着不高明的念頭，辱不足恤，但是『以一區區報館主筆竟敢與一國君主談論國事』一句話，却頗足以代表一般所謂統治者的心理。他們以爲只須新聞記者能受操縱，能馴伏如綿羊，便可水波不興，清風徐來，多麽舒服，其實新聞紙上的議論，不過是社會心理的一種反映，牠的力量就在乎能代表當前大衆的意志和要求·社會何以有如此這般的心理？大衆何以有如此這般的意志和要求？這後面的原因如不尋覓出來，作根本的解決，儘管把全國的言論都變成千篇一律的應聲蟲，『水波不興』的下面必將有狂瀾怒濤奔臨，『淸風徐來』的後面必將有暴風疾雨到來！

固然，各種事業有光明的方面，往往難免也有黑暗的方面，如上面所引的『滿擬得王之嘉許』的那位總主筆，便是咎由自取·不過報紙的權威並非出於主筆自身的魔術，乃全在能代表大衆的意志和要求，脫離大衆立場而圖私利的報紙，即等於自殺報紙所以能得到權威的唯一生命，那便不打而自倒了·

（二十二，二，四·）

# 三層奴隸

據北平電訊所述：『溥儀在長春爲三層奴隸，百事須秉承鄭孝胥，鄭秉承駒井，駒井聽命關東軍』。奴隸的生活算是很可憐的，但奴隸之下的奴隸做到三層，在奴隸中的程度可算是超等的了。（此處所謂超等，也就是所受的壓迫有了超等的資格。）這裏面的關係並非像直線的那樣簡單，由關東軍壓迫駒井，由駒井轉而壓迫鄭孝胥，由鄭孝胥再轉而壓迫溥儀，這似乎是一條直線的壓迫統系，但在溥儀受了鄭孝胥的壓迫之外，同時也不能就可免受駒井和關東軍的壓迫，這便構成重重的壓迫，最低層的奴隸所受的壓迫當然是最繁重的。同一電訊裏說起溥儀『每於無人時輒自墮淚』，這個可憐蟲連『墮淚』都得不到自由了，其苦楚可以想見。

大家聽見溥儀做了三層奴隸，以爲是很可憐了，其實無論在那個殖民地裏，凡屬外受帝國主義摧殘，內受軍閥官僚土豪劣紳等等壓迫的人民，究竟做了第幾層的奴隸，倒也是一個很可研究的問題．就壓迫的力量而論，帝國主義者當然是首屈一指，要推牠坐第一把交椅，因爲牠不但能用飛機大砲直接置殖民地的民衆於死地，同時還能叱咤風雲似的，頤指氣使着殖民地的軍閥官僚們鎭壓殖民地的民衆，動輒可以把他們捉將官裏去，帶上極重的脚鐐，寃沉海底，哭訴無門．像某處有抗×會的青年學生，據某君最近的調查，飽享這樣優遇的就不在少數．第二把交椅當然捨軍閥官僚們莫屬，尤其是對外不抵抗對內最善抵抗的軍閥大人們，他們最顯著的本領是隨時可以任意奉送衞生丸一枚，幹了就算了，誰能動他們的毫末？第三等座位不得不讓上仰軍閥官僚的鼻息，下吮勞苦大衆的膏血的土豪劣紳等等老爺先生們了．所以在這種殖民地裏最下層的最大多數的民衆，實際上也就做了不折不扣十足道地的三層奴隸．做到了三層奴隸，如只知道『每於無人時輒自墮淚』，那是註定了只有終身在奴隸圈裏苟延殘喘，永無重見天日的時候！因爲奴隸的解放，決不是『墮淚』的一類行爲所能有絲毫希望的。

# 蕭伯納妙人妙語

正在週遊世界的英國文豪蕭伯納，近在孟買發出驚人言論，謂英國鑒於印度民族運動之不可抵抗，勢將放棄印度云云，孟買的英人省長聽了爲之大着其慌，卽倉皇警告蕭氏，叫他不必與聞印度政治。我以爲蕭伯納固妙人妙語，卽孟買省長亦有他的卓見！印度果能得到自由平等的一日，决不是由於英國的放棄，因爲帝國主義者决無自動放棄殖民地的可能性，關於這一點，孟買省長不以蕭伯納所謂『放棄』爲然，雖有充分的理由——這理由是否這位孟買省長有意識的知道，那是另一問題——但因『印度民族運動之不可抵抗』，印度這塊殖民地終非英國所能久據，那却是當前的明顯的趨勢。甘地對於印度的拯救，雖在政治及經濟上都沒有什麼澈底的計劃可言，但他數十年來領導印度反抗帝國主義的民族解放運動，暴露帝國主義的侵略行爲，對於印度民族不能不說是偉大的貢獻。只要印度民族的反抗精神一日不息，帝國主義者卽一日不得安枕而臥；只要印度民族的反抗行動雲起泉湧，百折不囘，印度民族的光明前途卽操在他們自己的掌握，卽終非任何暴力所能摧殘。

我們因論到印度民族的獨立解放運動，就連想到和我們自己有切身關係的中國民族的獨立解放運動。中國目前的政治經濟社會等等方面固然是漆黑一團，但除了自居特殊階級無惡不作的一班混蛋外，中國民族的大衆却充滿了與帝國主義者——尤其是日帝國主義者——拚命鬬爭的意志，東北義勇軍及前敵應戰的下級士兵不畏艱苦視死如歸的精神，便是一部分強有力的表現。（據最近北平派赴前敵的慰勞員所報告，前綫士兵都願捨身和日帝國主義者死拚，他們不怕冰凍霜雪，不怕飛機大礮，只怕再下後退命令。）我們當前的重要問題，是如何使這種民族革命的精神組織化，實力化，如何獲得有力的中心領導，由此聯合全民族的大衆力量，作大規模的持久性的反帝鬥爭，不達到民族解放，不達到民族自由平等的目的不止。

（二十二，二，十一。）

# 蕭伯納的幽默

英國的當代文豪蕭伯納氏(George Bernard Shaw)最近環遊世界，聽說可於這幾天到上海，大概記者這篇短文和讀者諸友見面的時候，這位白髮皓髯精神矍鑠的蕭老先生已到了中國。他是一個社會主義者，他的有聲有色的著作都是在抉發暴露現代資本主義社會裏的矛盾腐敗黑暗，在我國所謂『有力量的人』尙徬徨於歧途中的時候，這位老先生到中國來走走，我們當然尤其表示歡迎。他今年七十七歲了，不但思想和他的年齡成反比例，就是他的精神的『老當益壯』，也足以振作振作我國人裏面年未老而先現出一副老腔老樣的『待亡人』，這也是我們對於他可以表示歡迎的一點。(蕭氏的許多戲劇的名著都是在四十歲以後作的，其中有一半是五十歲以後作的，他的尤其偉大的三種劇本 "Heartbreak House,"

"Back to Methuselah," "Saint Joan" 都是在六十歲以後作的。）除了這兩點外，他的爲人，他的演講，他的著作，最令人不忘的，就是在他那縱橫的機智和辛辣的譏諷中尤富於令人失笑令人絕倒的幽默意味。但是他並非一味替『笑林廣記』增加材料，所以他有一次聽見人說『這個有趣的脚色不過說說笑話罷了』，他欣然的回答道：『不錯，我是說說笑話，不過我說笑話的方法是要說出眞實來，這纔是世界上最有趣的笑話。』（見Henderson 所著 "Contemporary Immortals"）他最近途經香港，對路透社訪員就說了一大篇『笑話』，訪員問他要不要飛遊長城，他說：『我以爲沒有趣味的事情莫甚於此，長城於中國有什麼用呢？』他並用冷諷的態度盛讚日本不向中國宣戰一點最得體，因爲說宣戰確未宣戰，一面仍得積極侵略！這些話在我國人聽了當然痛心，但却都是『眞實』。

講到蕭氏青年時的奮鬥生涯，却不甚幽默。他的老子一貧如洗，蕭氏早孤，全恃寡母撫養成人，十五歲就棄學就商，廿歲到倫敦，最初三年，常在商店裏替人記記帳簿，抄抄貨單，所以他後來說笑話，說他的『較早的作品』是在帳簿和貨單裏面！但他同時却無時不在那裏夢想要作一種小說。於是在一八七九年，他鼓着勇氣大膽的寫他的第一種小說。他作完之後，即名爲未成熟，但是賣不出，從來沒有出版過。他不爲膽怯，又在紙的反面作第二種小說，名無理性的結，但是他當時的著作，各出版家連看都不要看！可是他絲毫不爲膽怯，又繼續作了三種小說。蕭氏自己後來說起這五種最初作品的時候，他說：『我總記得最初的五種作品是幾包很重的黃包紙，常常由出版家陸陸續續寄還我……我總記得當時要想把寄回來的稿子再寄與其他的出版家去試試看，六辨士的寄費就很費一番籌措的工夫。』（可參看生活書店出版的人物評述二七九頁至二九三頁）這種情形，在事後追想，在我們旁人聽來，固是頗饒『幽默』，可是在當時的蕭氏未必覺得有什麼十分的幽默吧。但他不至氣死，能一而再再而三的克服困難，却是靠他的奮鬥的精神。

# 娼與非娼的問題

最近因首都『娼禁』發生問題，在言論界似乎稍稍引起『娼與非娼』問題的波動。據南京電訊所述，首都黨政軍警機關集議禁娼，將劃烏衣巷等地為歌女住宅區，不住區內者以私娼論。時事新報記者對此事頗有幾句妙論，謂『歌女雖無端被剝奪居住之自由，然五十步百步之差便為非娼，亦不可謂非厚幸。獨區內不少不歌之女，自此將同在顏色玻鏡籠罩之下，豈不甚冤？而區外將被誤解為私娼區……豈不更冤？誤解之下，不入於朱，便入於墨……黨政軍警人員乃至諸色人等為其室家卜居，不將大費躊躇歟？』又謂『從寬解釋，人類之不為男盜女娼者幾希？』在『舊秩序』下的『人類』，確然是『不為男盜女娼者幾希？』

現在姑捨『男盜』而論『女娼』，簡單說來，為着生計而賣身者都是娼，自願爲娼的女子有如鳳毛麟角，爲娼十八九是出於強迫的，也就是非出於自願的，但在表面上却不得不服服貼貼地表示願意，不得不盡力獻慇懃。我們如肯用分析的眼光仔細觀察社會上一般婦女的生活，便知道她們被壓迫在『舊秩序』之下，經濟不能完全自立，意志不能完全自由，而爲着不得不求生，雖無女娼之名，（如有人以此相喻，必然地要飽吃幾個道地的耳光，）但依她們實際的生活，和她們的不得已的『苦衷』，在實質上她們不得不遷就或屈伏於她們所不得不倚靠而心裏却實在不願意的男子。明明不願意而却不得不，可見這不能歸咎於任何婦女的個人，只得歸咎於她們所不幸投身的社會制度。若不從這種根本處努力，而只空喊着婦女解放，那便等於儘吹肥皂泡！

再回過來談到首都的『娼禁』問題，聽說這幾年來私娼充斥，倒反比以前公娼來得盛行。首都各業同業公會因此呈請開禁，亦有『公娼禁止，私娼遂增』之語，其實娼固非『禁』所能『止』，私娼亦非公娼之『禁』而『遂增』，爲什麽呢？回想到上段所研究的意思，便可以瞭然了。

（二十二，四，二十二。）

# 廢話

『最愛說廢話的，要數一般要人……天天充滿報紙的，大都是他們的廢話——談話，演講，通電，宣言，等等——他們的目的，無非爲出風頭，表白自己，敷衍人民，攻訐仇敵，或其他私圖。所說出的話儘管表面滿漂亮——多數是笨的——然而全非由衷之言，令人一見而知其是空虛的，所以不但不能動人，反而使人肉麻。』這是董時進先生最近在獨立評論上中國的廢話階級一文裏說的幾句話。辦日報的朋友們最苦痛的大概莫過於天天要把這類『全非由衷』『使人肉麻』的廢話，恭而敬之的記着登載出來，替他們做欺騙民衆的工具。

『對日抵抗決心，始終一貫』，『抗日大計已早經決定』，這已成爲要人們的口頭禪了，這一種好像嘔出心血說的話，在充滿了苦衷的要人們總常怪『阿斗』

們不知體諒，殊不知這個癥結所在實際不是『阿斗』們的過於愚蠢，却在今天放棄一地，明天又放棄一地的事實擺在面前．勝敗原是兵家常事，本不能卽作爲是非的標準，也不能作爲決心是否始終一貫和大計是否早經決定的測量器，不過在『準備反攻』和『防務鞏固』等等話頭鬧得震天價響的當兒，事實上的表現却是『新陣地』源源而來，（所謂『新陣地』者，卽每放棄一地之後，退到後面一地的好名稱，）非『安全退出』，便是打什麼『退兵戰』！（這些都是最近報上戰訊專電中新出現的新戰術名詞．）所謂『決心』，所謂『大計』，非廢話又是什麼呢？話的廢不廢，最好的證明是拿事實來做證據．我們只須把報上所遇見的要人們的話和事實比較一下，便知道廢話之多得可觀！

說廢話的人也許沾沾自喜，以爲得計，其實廢話和空頭支票是難兄難弟；空頭支票所能發生的結果是信用破產，廢話所能發生的結果也並不能達到說話人所希望的目的——欺騙得過——唯一的結果也只是信用破產．俗語所謂『心勞日拙」，實可用以奉贈最愛說廢話的要人先生們。

（二十二，四，二十九。）

# 麻木

華北敵軍橫行無忌，如入無人之境，近來頗聽見有人歎息於民氣之消沉，其實民氣與其說是自動的消沉，不如說是被動的消沉．

據日人芳澤由南而北的觀察，說北方抗日空氣不如南方之濃厚．某要人最近北上視察南返，對於北方學生一掃從前浮囂的習氣及民衆之能鎮靜，有不禁一讚三歎之概．就表面上看，『浮囂』似乎是壞名詞，『鎮靜』似乎是好名詞，但各人因地位不同，所了解的意義亦難免各異．其實鎮靜和麻木似同而實異．有切實的具體計劃——至少知道有這樣的計劃及其內容——成竹在胸，有條不紊，很安定地不慌不亂地依着這具體計劃各竭所能幹去，這纔是鎮靜．倘只不過糊裏糊塗地馴伏如綿羊，或被壓迫得噤若寒蟬，不敢動一下，那只是麻木，不是鎮靜．據曾參加華北軍事的馮庸氏最近來滬與大晚報記者的談話，（見四月二十四日該報）則謂『華北三十萬大軍，未始不能抵抗』，『中央和戰不決，令人莫知所從』，倘若馮氏所說的話不錯，以身與軍事的人尚且『莫知所從』，學生和民衆更不消說了，那末他們的『鎭靜』從何而來，似乎是個疑問吧！

不久以前有個北方來的朋友談起華北情形，據說山海關未失以前，我國在該處站崗的兵士和日本也在該處站崗的守備兵相近，常被日兵無故打耳光開玩笑，我方兵士因奉上官命令，不准還手，以免事態擴大，只得立正着飽吃耳光，打得面紅耳熱，無可如何！但外表上似乎『鎭靜』已極，一點兒沒有『浮囂』習氣，而心裏實在難過到極點，後來安德馨營長所率的一營雖未奉抵抗命令，亦憤不欲生，全營殉難，不復返顧，也就是因爲平日所受侮辱的積憤所至。像這樣雖無故吃耳光而仍須立正不敢動手，這只是麻木，不能稱爲鎭靜——不過在不准還手以免事態擴大的長官們看來，也許是道地十足的鎭靜，求之不可得的鎭靜！但是這樣的鎮靜——麻木——却是一道民族的催命符！不願偕亡的恐怕不止安營長的部下吧！

（二十二，四，二十九．）

# 苦命是注定了的嗎？

上月中旬行政院長汪精衞氏到滬，曾經發表過一篇『關於中日問題之負責談話』，有『國難如此嚴重，言戰則有喪師失地之虞，言和則有喪權辱國之虞，言不和不戰，兩俱可虞』等語，並說他自己『湧身跳入火坑』，且要『竭誠招邀同志們一齊跳入火坑』。他這種立在歧途上無所不『虞』的理論發表後，頗受言論界的詰責，大概因為這個緣故，他最近又發表了一篇『極詳細之解釋』，說得好像一把鼻涕一把眼淚哭訴着的樣子，斷定『中國是苦命的中國，中國人是苦命的中國人，苦命是注定了的，我們安排吃苦，不要隨便叫苦』。

十年來的中國，差不多天天鬧着革命。在革命的過程中，往往難免苦命的事實要暫時忍受着，以待光明之到來，這是歷史上告訴我們的事實。不過他國鬧革命，在若干年後，總有若干減少苦命的事實表示出來，給一般民衆看看，獨我國的革命——照直到現在爲止的事實看來——不但和苦命結了不解緣，而且愈革命愈苦命起來，革命好像是爲着增加苦命而來的！我們常茫然不知道這種現象的責任應由誰來負？應由未得參與政治的大多數苦命的勞苦民衆來負嗎？他們旣未參與政治，政治上如何定策，如何執行，他們都好像蒙在鼓裏，何從負起？應由主持政治的當道負嗎？他們却常常嚷着『國民應與政府共同負責』！現在我們纔恍然明白了，原來中國的『苦命是注定了的』，那就誰都沒有責任可言了！國事弄得糟到如此，原來並不是由於任何主持政治者『弄得』不好，全是由於中國的『苦命是注定了的』！

在眞是爲大衆的福利努力而吃苦，苦中實有至樂，受者決不怨命，也決不叫苦。美國的艾迪博士在所著的蘇俄的眞相一書裏說起『他們從生到死所受整個的訓練，不是要爲個人的財物而競爭，却是要打算社會全體的幸福。社會的公產已經代替了個人的私蓄。我們最感動的一件事，就是在我們和那些在美國享過繁華生活與得過很高工資的人談話時，沒有一個人說歡喜再回到美國去過生活。』可見苦不見得一定沒有人願吃，所要問的是爲什麼吃苦？吃了苦又怎樣？這些問題弄清楚了之後，就是要老百姓『安排吃苦，不要隨便叫苦』，都可不成問題。否則像東三省和熱河的民衆，苦是吃夠了，命也苦得夠了，結果是盡其脂膏奉養不抵抗的將軍安然出洋考察。苦命的民衆得不到絲毫的保障，窮奢極慾誤國害民的人物却得到了十全的保障。熱河的民衆，苦也是吃夠了，命也苦得夠了，但最近監察院還在急叫着，彈劾湯玉麟，說：『玉麟禍熱七載，人民所受痛苦，萬言難盡……近並聞有起用之說』，請問老百姓要再怎樣『安排吃苦』呢？『吃苦』的代價又是什麼呢？無辜的老百姓就活該『吃苦』，而且要吃得『不要隨便叫苦』，吸盡脂膏的軍閥官僚們就『決定了』享福的嗎？現在華北的民衆是否不致和東三省及熱河的民衆『注定了』一樣的苦命，乃至全國的民衆是否不致和華北的民衆『注定了』一樣的苦命，這就很難說了．所以做今日的中國民衆，並不怕吃苦，所怕的是沒有吃苦的路——這當然是指生路，不是死路．

不過汪院長的可憐，我們却也心照不宣的，他說：『以小敗爲大勝，以大敗爲小勝，以失守爲戰略的放棄，以退却爲變更陣地，這種戰事新聞，不但爲敵人所笑，而且助長了國民的虛憍的愛國心』，要知道『這種戰事新聞』決不是號稱無冕帝王而實際可以隨意槍斃的新聞記者所願意揑造的，在實際上還不是有鎗階級自己玩的把戲！在嚴重檢查和包辦新聞的局面之下，不但『苦命是注定了的』新聞記者無可如何，就是『湧身跳入火坑』的行政院長，亦只有在嘴上說說『老話』，實際上還不是被軍閥玩弄於股掌之上而無可如何嗎？

在這種形勢之下，我們誠然承認汪院長所謂『中國是苦命的中國，中國人是苦命的中國人』，不過說『苦命是注定了的』，又無條件的要『我們安排吃苦，不要隨便叫苦』，我們似乎不得不轉轉念頭想一想了．

（二十二，五，六．）

# 擇吉安置遺教

本月八日中央社南京電訊有這麼一段：

『戴傳賢邀粵中大在京之師生七十餘人，合抄總理遺教，盛以銅盒，外鑲石匣，於陵墓左近築塔寶藏，以垂永久，七日晨八時，行奠基禮，林森戴傳賢及粵中大師生均往參加，及石匣由塔頂以繩下繫時，中途繩斷匣碎，惟銅盒尙存，戴決再製石匣擇吉安置』。

我們從報上知道戴院長家裏有『誦經堂』，又常跑到寶華山的和尙寺裏去念經，參加做道場，他對於念經的興味，大概比處理考試院工作的興味更濃厚，尤妙的是一到國難緊急的時候，他的辦法是趕緊加工念經，以消除國難；一聞有內戰風雲將起時，他的辦法也是趕緊加工念經，祈禱和平！這些事實，報上都曾有過專電報告，大概因爲他的念經和國家的存亡安危有了太密切的關係。

他現在築塔寶藏中山先生的遺教，顯然是用尊崇佛經的同類方法，尤其難得的是領導了「粤中大之師生七十餘人合抄」，想來必用正楷的，在此國難日深時間特別可貴的當兒，用在這樣急不容緩的重要工作上面，當然不能算是耗費，所可惜的是不知道「師生七十餘人」能否都寫得出像戴院長那樣好的一手蘇字罷了。

中山先生臨死時還不忘於「奮鬭救中國」，他在天之靈而有知，看見有人「奮鬭」着「抄」他的遺教，「奮鬭」着「築塔寶藏」起來，又「奮鬭」着「擇吉安置」起來，而中國的文化古物却須大遊歷着，卽遊到帕米爾高原的老家去還怕不能終無危險，應能含笑九泉吧！

有人提倡念經可救國難，可免內亂，將來也許有人要把中山先生的遺教當經念着，或更用來大做其道場，那中國就更有希望了！

（二十二，五，十三。）

# 荒謬絕倫的畢業會考

我們不幸生在這樣一個烏烟瘴氣的時代，看到層出不窮的倒行逆施的萬般能事！一幕又一幕的淋漓盡致的醜態繼續不斷地演着！對外作戰就只有『安然退出』，得到了無數的『新陣地』！打自己人，什麼大礮飛機，都不怕沒有，禦外侮就只聽見大刀隊顯其神通；『長期抵抗』更好了，能對外於不求和不妥協中獲得『不喪權不辱國』的『諒解』……眞所謂信手拈來，都成妙諦！現在講到教育的德政，便也不算寂寞，因爲要整頓教育，又有摧殘青年身心的荒謬絕倫的畢業會考。對強權在手頤指氣使的日帝國主義者，當道只有『暫時躺在街心』，現在對付手無寸鐵的中小學的青年，當道自然可以無所顧忌的用壓迫手段來執行這荒謬絕倫的畢業會考！蘇省各中學學生代表於本月十六日到省教廳請願，某科長竟謂：『會考係國家法令，無論合理與否，必須舉行』，說得多麼痛快！

關於畢業會考的罪惡，江蘇省立小學聯合會『為全國兒童請命』，有極剴切詳明的駁斥，其尤沉痛語有謂『小學教育目的不僅在知識之灌注，對於兒童性行習慣之陶冶，生活能力之訓練，尤為重要……乃各地所舉行之畢業會考，無不以書本上之死知識為考查之標準……於是各校揣摩趨向，教師則盡力於知識之灌注，兒童則斤斤於書本之背誦……科舉遺毒，將復見於今日』；『據研究結果，學校平時考試，兒童之體力精力，已不免因過分緊張，而消耗特多，有害於兒童身心，何況大規模之會考，年幼兒童，不無多存提懼之心，其精神上所受之刺激，又何如耶？加之會考必須集中一地，或分區舉行，則舟車之勞頓，寒暑之威逼，咸不可避免，時間經濟之消耗，姑置勿論，即以幼弱之兒童身心而言，又何能堪此！』此外關於此種制度之埋沒人才，養成僥倖心理，忽略智力體力與個性等等方面，該會也都有相當的卓見。（全文見六月十日時事新報。）我們對於天眞爛漫，受着蹂躪只有容忍而不知所謂抗議的兒童，尤寄無限的同情與悲憤，今該會能仗義執言，抉發當局的昏聵糊塗，實值得我們的竭誠贊助。

其實上面所說的罪惡，其流毒並不限於小學兒童，卽中學青年，也感到同樣的痛苦。記者最近接到江蘇省二十一年度高中普通科畢業班全體學生敬告各界人士書，對於畢業會考的抗議，也有很充分的理由，例如『嚮者教廳明令各校，注重平時成績，以爲成績之優劣，非一次大考所能決定，而今教廳所頒布之會考條例，訂定本屆會考科目中有一科不及格者，不得畢業……學生之能否畢業，既全視會考之能否及格，則學生平日孜孜屹屹所造成之成績，勢必等於無效，使能否畢業之問題，卜諸唯一頃刻之會考，以作孤注之一擲，豈非養成學生僥倖之心？』因此指斥當局『言行不一，自相矛盾』，此外對於『高壓學生，抹煞天性』，『不顧健康，摧殘青年』等等，都說得很對。

據教育當局表面的掩飾，說是『以各省公私立中小學畢業生程度至不一致，多數學校雖於入學及編級試驗，尚能嚴格舉行，但平時教學，每不甚認眞，貽誤學生，實非淺鮮，故通令嚴格舉行會考，毋得玩忽，以重教育。』（見四月二十一日時事新報南京專電）公私立中小學都是經政府設立或認爲合格而准許設立的，平時教學不認眞，教育當局當然應負責任，使『平時』『不甚認眞』變爲『認眞』纔對，青年旣入政府所設立或准許設立的學校就學，對教學方面『平時』的『認眞』不『認眞』，並無責任可言，現在教育當局不從負責整頓學校着手，專以荒謬的辦法和學生作對，簡直不知責任爲何物，這不是荒謬到了極點嗎！

不過畢業會考却也有牠的效用，至少：第一，封建遺毒的科舉制度是以利祿奔走天下士的，現在有了這科舉式的畢業會考，好像生死予奪的大權都握在當局的手裏，封建遺毒的關係無形中成立，易於牽着鼻子走！第二，可由此操縱思想，也可以說，可由此汨沒青年的新穎思想，自由思想，痲木他們原有的思考力和判斷力，培成卑鄙下劣唯命是從的十足奴性！

荒謬絕倫的畢業會考！

摧殘青年身心的畢業會考！

（二十二，六，十七。）

# 聽到胡博士的高談

日本人奉為『中國現代思想界之泰斗』的胡適之先生，最近因赴美講演和出席太平洋國際學會，途經上海，對新聞記者發表談話，極力讚美華北停戰協定，有這麼一段話：

『……此舉雖略似於無形中默認偽國之嫌，然在另一方面言之，實係使東北問題，暫行擱置，蓋戰事停止後，則日本之文治派及和平派得以抬頭，同時世界上和平運動，亦得與日本相接觸，否則日本之和平派與文治派，亦祇可聽命於軍部……故余對上海停戰與華北停戰，均屬贊成，須知華北停戰後，最低限度，可減少吾人之損失……』

胡先生向來也是我所佩服的一位學者，雖則我還夠不上說那『肉麻主義』的所謂：『我的朋友胡適之』，但是聽到他近來對國事發表的偉論，實無法『佩服』，只覺得汗毛站班！只就上面這短短一段他最近所發表的高談，也不得不感到這位『思想界之泰斗』的『思想』實在有不可思議的奇異！

他一方面很直率的承認現在對於『東北問題』是『暫行擱置』，一方面特於『默認僞國之嫌』的上面加着『雖略似』的字樣，這眞是革命文學的莫大的妙用！尤其可異的是認爲我們的不抵抗，是可以幫助日本的文治派及和平派得以抬頭，又可以幫助世界的和平運動得與日本相接觸。這樣說來，熱血抗戰的十九路軍，馬占山蘇炳文各軍，以及自動參戰的少數軍隊，都是莫大的罪人，因爲他們既阻礙了日本文治派及和平派的抬頭，又阻礙了世界的和平運動得與日本相接觸！我們所不解的，是從瀋陽到熱河的奉送，都是在不抵抗中『求和平』，日本的文治派及和平派何以不抬起頭來？世界的和平運動何以又不和日本相接觸？在胡博士所『均屬贊成』的『上海停戰』實現之後，何以我們也沒有眼福看到胡博士所幻想的『抬頭』和『接觸』的這麽一回好事？

日帝國主義者的一貫政策是『征服支那，先征服滿蒙』，我們很有充分時間『等候』『抬頭』和『接觸』的實現！怪不得現在不是對外而是盡量對內的時代了！

# 青年體格的檢查

據本市衞生局最近的報告，共已檢查學生三萬一千零五十八人，發現患沙眼的佔百分之六十強，患牙病的佔百分之五十三強，視力不良的佔百分之二十二強，聽力不良的佔百分之六強，患皮膚病的佔百分之三強，肺臟有病的佔百分之二強，心臟有病的佔百分之一強，學生體格健全的僅有百分之十四，卽每百人中，平均有八十六人是患病或有缺點的。三萬多人的數量不能算小，倘若這個檢查的結果可代表上海市青年體格的一般的趨勢，或甚至可代表全國青年體格的一般的趨勢，我們不得不認這是一個很嚴重的問題。

這種危險現象的補救，消極方面，固須力謀療治的便利，使已患病的學生獲得澈底的治愈，並注意健康的障礙之消除，在積極方面，尤須力謀健康知識的普

及和健全體格的獎勵·

尋常學校裏的通病，往往只知道在知識的注入方面用工夫，對於青年體格的健全方面沒有切實的注意·最近教育當局嚴厲執行有百害而無一利的所謂畢業會考，等於獎勵學生於短時期內不要命的強記死書，以博臨考時僥倖中的考績，尤爲摧殘兒童青年健全體格的毒物！

一般青年缺乏衛生知識，這不能怪青年，只能怪辦教育的人只知道教死書·即最近鬧得烏烟瘴氣的什麼會考，把有死書可硬記的科目列入，獨沒有體育一項，體格的健全不健全顯然不在意中·我覺得健全體格的比較，倒値得有會考式的比賽來會牠一下，好像若干時舉行一次運動會一樣·評判員由可靠的醫師擔任，定好健全體格應有的身體各部份的及格標準，每若干時（例如每學期或每學年）先由各校學生在本校內比賽，繼由各校共同比賽，對於健全的體格，特加獎勵，獎勵他平日知道保護身體，增進健康，並作其他青年的模範·（二十二，六，二十四·）

# 二十五位監委的涕泣

最近監察院委員劉莪青等二十五人『謹將愚見所及，爲中央諸公涕泣陳之。』（劉君等呈中央政治會議原文中語，下面引號中語也是。）據說是因爲『×等目睹時艱，懍大患之已至，懼國亡之無日，』所以『不避嫌難，迫切陳辭，務懇中央鑒及愚誠，恕其狂妄，裁奪施行，挽救危亡，不勝惶悚待命之至。』我們從水深火熱中的老百姓的立場看去，對於這二十五位哭喪着臉的監委老爺們的『涕泣』，似乎應該很誠懇地表示謝意才對，但我們仔細拜讀諸位監委老爺們『涕泣陳之』的內容之後，所得的感想是恐怕監委諸公不過一把鼻涕一把眼淚白哭了一頓罷了！

這不是說諸位監委的這篇呈文的文章做得不好，因爲，平心而論，這裏面確說了好些在我們老百姓說出便不免『反動』嫌疑的話·例如『……雖曾以訓政昭示天下，而政治現狀，仍未脫軍政範圍……不知安民，徒事搜刮，貪汚土劣乘之而起……』這樣看來，就是所謂『軍政範圍』，也不過是『徒事搜刮，貪汚土劣乘之而起』這是對於現實何等大膽的分析！

關於『財政』，諸位監委也說得好像淚湧涕流，悲不自勝似的，據說『類多病民而害國，積弊不除，中飽日甚，人民之負擔奇重，國庫之收入絕少·』

此外還含有不少的愼思遠慮，例如『華北雖忍痛停戰，不知有幾日之苟安？棉麥借款雖一時告成，適以啓各方之覬覦』，監委諸公能憂心悄悄地替當局顧到『苟安』日子的多少，又能提防到『各方之覬覦』，這不是很想得周密嗎？

切合事實而又想得周密的『迫切陳辭』，照理應有相當的實效，我們爲什麼恐怕諸位監委老爺們將要白哭了一頓呢？這要看辦法怎樣·據該呈文裏所指出的『修明內政之途徑』，說是『(一)須全國軍人澈底覺悟，一致表示保土安民，不干內政；(二)須各方團結，集中全黨力量，共赴國難；(三)須確定改革內政方針，切實施行』。這三個『須』字，恐怕就不是監委諸公一哭所能辦到的吧。

# 限制文法科招生

教育部近有提議限制全國公私立大學及獨立學院下學年招考文法科學額之令，其標準爲國立私立各大學所招文法科生名額不得超過各該大學原有理科額數，獨立學院所招文法科生名額則亦不得超過各該學院二十年度原有學生之額數。這件事，據各報所載，上海各大學教職員聯合會已有呈文給教育部，表示反對。

有人把『畢業』和『畢命』相提並論；又有人把『畢業』和『無業』聯貫起來。這却不是什麽尋開心的幽默主義，在這樣民不聊生的時代，大衆失業的加速率的猛進，已爲彰明較著的當前事實。天津某大學的畢業女生因尋業碰了一鼻子的灰而悲憤自殺，不是『畢業』之後就繼之以『畢命』的確鑿事實嗎？至於『畢業」之後跑上『無業』之路，那更是尤其普遍的現象，隨時隨地都有遇到聽到的機會。社會的現狀倘若沒有澈底的改變，無論學的是文法科，或是理科，都大多數要走上死路一條的。不求癥結之所在，而曉曉於文法科或理科之孰爲有用，這問題決沒有解決的希望。

況且文法科或理科的選擇，一方面在相當限度內固和個人的個性有關係，有的個性十分偏於文法科的，有的個性十分偏於理科的；但在另一方面，受環境需要所支配的影響也很大。現在中國的所謂建設事業，盡限於紙上空談，實際上並沒有什麼工作可做，已有的理科人材，還有用非所學，甚至無噉飯地。社會上的容量反以文法科的人材較有一部分的去路，現實情形如此，要想用一紙命令強迫服從，辦得到嗎？就是辦到了，除替失業羣增加數量外，還能獲得什麼結果呢？

其實我們如承認政治是衆人的事，人人都應有顧問或參加的權利，人人都應有了解或解決的責任，那末社會科學的研究更有普及化的必要，要人人都能懂得。不過研究社會科學的人愈多，對於政治問題及社會問題往往喜歡分析，喜歡多嘴，不能服從『御意』，在有的人看來，確是一件夠麻煩討厭的事情！在他們看來，解決之道，恐怕非設法建立『御用』的社會科學不可！但科學的精神又在乎有客觀的研究，事實的探討，硬要使牠『奴化』，也是一件很不容易的事情，這却是無可如何的了！

（二十二，七，八。）

# 小言論選集

每册實價叁角
外埠酌加寄費

著者　韜奮
發行者　韜奮
經售者　各大書局



中華民國二十五年三月初版

$0.30